企业贷款保险定价模型研究

胡 斌　胡艳萍　著

科学出版社

北　京

内容简介

本书从多个角度由浅入深地建立起适用于各类企业的贷款保险费率厘定模型以及相关补贴补偿测算模型，系统归纳了各种条件下的企业贷款保险定价规律，为学者们针对不同类型的借款人，兼顾政府关切、银保顾虑和社会所需继续探索贷款保险定价问题，提供较为完整的研究基础；同时为学者们在各种理论条件下，变换多个研究角度、沿着多条研究路径、运用多种研究方法探索相近领域的学术问题，提供值得借鉴的研究经验；也有助于推动贷款保险定价、信用保证保险定价、非寿险精算、保险风险管理、信用风险度量、信用风险转移、风险补偿、普惠金融等相关理论的发展。

本书为企业贷保险的科学定价搭建起了较为完整的模型体系和理论基础，适合从事公司金融、融资信保和风险管理等领域研究的学者、研究生及业界人士阅读参考。

图书在版编目(CIP)数据

企业贷款保险定价模型研究／胡斌，胡艳萍著. --北京：科学出版社，2024.11. --ISBN 978-7-03-079710-0

Ⅰ.F832.42

中国国家版本馆CIP数据核字第2024RA6974号

责任编辑：莫永国／责任校对：彭　映
责任印制：罗　科／封面设计：墨创文化

科学出版社 出版
北京东黄城根北街16号
邮政编码：100717
http://www.sciencep.com

成都锦瑞印刷有限责任公司 印刷
科学出版社发行　各地新华书店经销

*

2024年11月第 一 版　　开本：720×1000 1/16
2024年11月第一次印刷　印张：19 1/4
字数：380 000
定价：144.00元
(如有印装质量问题，我社负责调换)

国家社科基金后期资助项目
出版说明

　　后期资助项目是国家社科基金设立的一类重要项目，旨在鼓励广大社科研究者潜心治学，支持基础研究多出优秀成果。它是经过严格评审，从接近完成的科研成果中遴选立项的。为扩大后期资助项目的影响，更好地推动学术发展，促进成果转化，全国哲学社会科学工作办公室按照"统一设计、统一标识、统一版式、形成系列"的总体要求，组织出版国家社科基金后期资助项目成果。

全国哲学社会科学工作办公室

作者简介

胡斌，现任西南民族大学经济学院副教授，"应用经济学"、"企业管理"、"金融学"和"保险学"等专业研究生导师，获西南交通大学管理学博士学位，电子科技大学经济与管理学院博士后出站，研究方向为信用保险与普惠金融。

主持并完成国家社科基金应用经济类项目、中国保监会部级课题"大数据与小微企业贷款保证保险定价"、成都市社科规划项目"成都构建金融有效支持实体经济的体制机制研究"、中央高校基本科研业务费专项资金项目"双城经济圈下成渝联合构建金融支持小微实体经济发展机制研究"等多项课题。

以第一作者身份在《保险研究》（CSSCI）、《管理评论》（CSSCI）、《上海金融》（CSSCI）、International Review of Financial Analysis（中科院Q1）等国内外期刊上公开发表学术论文多篇，荣获"中国保险学会第八届保险优秀研究成果评选"论文类二等奖。

胡艳萍，现任西南民族大学外国语言文学学院讲师，英语语言文学硕士，研究方向为金融英语，参研国家及省部级科研课题多项，以第一作者和第二作者身份公开发表学术论文多篇，参与本书资料整理和文稿校对等方面。

前 言

改革开放 40 多年来，保险业快速发展的经验告诉我们，一类保险要得到可持续发展，离不开以保险定价模型为基础的定价理论的支持。作为银保协作的重要创新——企业贷款保险，对于分散企业信用风险、促进企业信贷融资、拓展保险市场、提升保险服务实体经济发展及乡村振兴的能力等方面有着特殊意义。然而，企业贷款保险定价模型的发展还比较滞后，相关模型体系亟待建立。

长期以来，有关企业贷款保险定价问题的学术探讨，主要是从非寿险精算理论和信用风险度量理论中简单移植而来，尚未充分考虑借款企业的分类、现实条件的差异、保险机构与放贷机构分担风险的分工、银保双方风险管理的发展方向等因素，缺乏科学、系统的理论支持，导致企业贷款保险价格无法完全覆盖保险风险、保险价格与贷款价格的定价依据相互重叠、保险价格变相抬升企业融资成本、保险价格一刀切等现象频发，不仅挫伤了保险机构承保企业贷款保险的积极性，也削弱了借款企业通过贷款保险获得贷款融资的愿望，不利于企业贷款保险的科学发展及其作用的有效发挥。

为推动企业贷款保险定价理论的发展，作者近年开始致力于企业贷款保险定价模型的研究工作。基于充分的调研工作，作者结合金融保险风险管理的发展趋势，综合应用非寿险精算的基本原理及其他相关学科理论，从改进已有理论成果出发，分别从借款企业信用等级、借款企业负债状况、保险免赔条款等多个角度，由近及远、由浅入深、分门别类地对各种条件下的企业贷款保险定价模型展开研究，构建了一个个既有相互联系又有各自特点的企业贷款保险定价模型及相关补贴补偿测算模型，较为全面地搭建起了企业贷款保险定价理论的基础模型体系，系统揭示了涉及企业贷款保险费率厘定以及相关价格补贴和风险补偿基金测算的科学规律。

经整理，作者现将近年来的研究思路、理论观点和成果结论编著成书奉献给广大读者。本书由五篇 13 章组成。

第一篇主要从研究的背景、内容、贡献、创新和价值等方面介绍本书，综述相关研究现状，带领读者认识企业贷款保险定价问题，并对与本书紧密相关的理论进行梳理，为读者阅读本书做好铺垫。

第二篇主要从借款企业信用等级视角改进已有理论，相继构建基于贷款非预期损失与极端损失的企业贷款保险费率厘定模型、基于 RAROC（Risk-Adjusted Return on Capital，风险调整后的资本收益率）的企业贷款保险费率厘定模型、借款人信用等级视角下的企业贷款保险补贴补偿测算模型，为读者较为完整地呈现从借款企业信用等级视角探索相关问题的思路、方法和观点。

第三篇主要从借款企业负债的角度相继构建基于看跌期权的企业贷款保险费率厘定基本模型、考虑借款企业债务清偿结构的企业贷款保险费率厘定模型、考虑借款企业债务利率结构的企业贷款保险费率厘定模型，为读者较为完整地呈现从借款企业负债视角探索相关问题的思路、方法和观点。

第四篇主要从保险免赔的角度相继推导出考虑保险免赔的企业贷款保险费率厘定基本模型、考虑有限赔付与还款展期的企业贷款保险费率厘定模型、保险免赔视角下的企业贷款保险补贴补偿测算模型，为读者较为完整地呈现从保险免赔视角探索相关问题的思路、方法和观点。

第五篇主要在归纳和比较上述新建模型优劣的基础上，进一步提出各种复杂条件下的企业贷款保险费率厘定模型及企业贷款保险补贴补偿测算模型，为读者较为完整地呈现复杂条件下探索相关问题的思路、方法和观点。

本书属于非寿险精算理论、保险风险管理理论、信用风险管理理论等领域的交叉研究范畴，是为构建企业贷款保险定价理论所进行的基础性研究，在改善已有成果、拓展研究路径、填补理论空白等方面推动着企业贷款保险定价理论的全面发展，创新了研究贷款保险定价及相关问题的视角、方法、对象和内容，相关理论成果有利于包括小微企业在内的各类企业信贷融资难题的解决。

愿本书的出版能为金融保险领域的学者们带来理论参考和研究启发，推动企业贷款保险制度的持续完善，为银保联合支持实体经济发展和乡村振兴以及扩大普惠金融覆盖面贡献学术力量。

本书在编写过程中得到了西南交通大学史本山教授、电子科技大学马永开教授和多位匿名评审专家的批评指正，参阅的文献已在"参考文献"部分专门列出。在此，谨向各位专家学者、参考文献的作者以及编审出版工作人员和始终默默支持我的家人们致以最诚挚的感谢！

胡斌

2023 年秋于瀚思楼

目　　录

第一篇　概　　论

第1章　绪论 … 3
1.1　研究背景与问题提出 … 3
1.1.1　研究背景 … 3
1.1.2　问题提出 … 4
1.2　企业贷款保险的国际经验及启示 … 6
1.2.1　美国经验 … 6
1.2.2　日本经验 … 7
1.2.3　德国经验 … 7
1.2.4　经验启示 … 8
1.3　国内企业贷款保险的发展现状及问题 … 9
1.3.1　国内企业贷款保险的发展现状 … 9
1.3.2　国内企业贷款保险存在的问题 … 10
1.4　国内外研究综述 … 11
1.4.1　信用风险度量 … 11
1.4.2　信用风险管理 … 13
1.4.3　保险风险管理 … 15
1.4.4　贷款保险定价 … 16
1.4.5　存款保险定价 … 18
1.4.6　其他相关保险定价理论 … 19
1.4.7　研究现状评述 … 21
1.5　主要内容与框架 … 23
1.5.1　主要内容 … 23
1.5.2　框架结构 … 24
1.6　主要观点与贡献价值 … 26
1.6.1　主要观点 … 26
1.6.2　特色与贡献 … 35

		1.6.3 创新之处 ··· 35
		1.6.4 学术价值 ··· 36
		1.6.5 应用价值 ··· 37

第2章 企业贷款保险定价研究的相关理论 ·· 38
2.1 企业贷款保险 ··· 38
2.1.1 企业贷款 ··· 38
2.1.2 贷款保险理论 ·· 39
2.1.3 企业贷款保险的发展前景与作用 ··· 41
2.2 贷款保险定价理论及实务 ··· 42
2.2.1 基于贷款预期损失的贷款保险定价理论 ··· 42
2.2.2 有关贷款保险定价的其他方法 ··· 44
2.2.3 贷款保险定价实务 ·· 45
2.3 信用风险管理理论 ·· 46
2.3.1 CreditMetrics 模型 ·· 46
2.3.2 KMV 模型 ·· 47
2.3.3 经济资本理论 ·· 48
2.4 保险定价相关理论 ·· 50
2.4.1 非寿险价格的构成 ·· 50
2.4.2 保费计算原理 ·· 51
2.4.3 基于看跌期权的存款保险定价理论 ··· 53
2.4.4 基于看涨期权的医疗保险定价理论 ··· 54
2.5 本章小结 ·· 55

第二篇 借款企业信用等级视角下的企业贷款保险定价模型

第3章 基于贷款非预期损失与极端损失的企业贷款保险费率厘定模型 ········· 59
3.1 贷款损失及其概率分布 ·· 59
3.1.1 对贷款损失的新认识 ··· 59
3.1.2 贷款损失的度量 ··· 60
3.1.3 贷款损失对应的概率 ··· 62
3.2 较为适合被贷款保险业务转移的信用风险 ··· 63
3.2.1 贷款损失划分与信用风险 ··· 63
3.2.2 较为适合被企业贷款保险转移的信用风险 ·· 64
3.3 模型构建 ·· 65

3.3.1 建模思路 ··· 65
  3.3.2 模型假设 ··· 66
  3.3.3 模型推导 ··· 66
 3.4 运算案例 ··· 70
  3.4.1 案例设计 ··· 70
  3.4.2 运算结果 ··· 71
  3.4.3 结果分析 ··· 72
 3.5 本章小结 ··· 73

第 4 章 基于 RAROC 的企业贷款保险费率厘定模型 ······················· 74
 4.1 经济资本理论中的 RAROC ··· 74
  4.1.1 RAROC 简介 ··· 74
  4.1.2 基于 RAROC 的管理模式 ·· 75
 4.2 基于 RAROC 的企业贷款保险定价思路 ····································· 76
  4.2.1 更加适合被贷款保险业务转移的企业信用风险 ··················· 76
  4.2.2 企业贷款保险业务给银保双方带来的损益 ························· 77
  4.2.3 企业贷款保险定价的桥梁——RAROC ···························· 78
 4.3 模型构建 ··· 78
  4.3.1 模型假设 ··· 78
  4.3.2 模型推导 ··· 79
  4.3.3 模型的应用价值 ·· 83
 4.4 运算案例 ··· 84
  4.4.1 案例设计 ··· 84
  4.4.2 运算结果 ··· 85
  4.4.3 数值分析 ··· 86
 4.5 本章小结 ··· 89

第 5 章 借款企业信用等级视角下企业贷款保险补贴补偿测算模型 ······ 90
 5.1 信用等级视角下企业贷款保险补贴补偿的测算思路 ····················· 90
  5.1.1 信用等级视角下测算企业贷款保险补贴补偿的总体思路 ······ 90
  5.1.2 第一类分担方式下企业贷款保险价格补贴与补偿基金的测
      算思路 ·· 91
  5.1.3 第二类分担方式下企业贷款保险价格补贴与补偿基金的测
      算思路 ·· 93
  5.1.4 第三类分担方式下企业贷款保险价格补贴与补偿基金的测
      算思路 ·· 94
 5.2 第一类分担方式下的企业贷款保险补贴补偿测算模型 ················· 95

v

  5.2.1 模型假设 ·················· 95
  5.2.2 模型推导 ·················· 96
  5.2.3 运算案例 ·················· 99
 5.3 第二类分担方式下的企业贷款保险补贴补偿测算模型 ······ 102
  5.3.1 模型假设 ·················· 102
  5.3.2 模型推导 ·················· 102
  5.3.3 运算案例 ·················· 105
 5.4 第三类分担方式下的企业贷款保险补贴补偿测算模型 ······ 108
  5.4.1 模型假设 ·················· 108
  5.4.2 模型推导 ·················· 108
  5.4.3 运算案例 ·················· 110
 5.5 本章小结 ···················· 113

第三篇 借款企业负债视角下的企业贷款保险定价模型

第 6 章 基于看跌期权的企业贷款保险费率厘定基本模型 ········ 117
 6.1 保险期权定价的理论基础 ··············· 117
  6.1.1 期权的概念与分类 ················ 117
  6.1.2 期权的保险功能 ················· 118
  6.1.3 可用于保险定价的期权定价公式 ············ 119
 6.2 基于看跌期权理论的企业贷款保险定价原理 ········· 120
  6.2.1 企业贷款保险合同赋予投保人的获赔选择权 ········ 120
  6.2.2 基于期权理论的企业贷款保险定价原理 ·········· 122
 6.3 模型构建 ···················· 123
  6.3.1 模型假设 ·················· 123
  6.3.2 模型推导 ·················· 124
 6.4 运算案例 ···················· 127
  6.4.1 案例设计 ·················· 127
  6.4.2 运算结果 ·················· 129
  6.4.3 数值分析 ·················· 130
 6.5 本章小结 ···················· 132

第 7 章 考虑借款企业债务清偿结构的企业贷款保险费率厘定模型 ···· 134
 7.1 来自借款企业债务清偿结构的信用风险 ·········· 134
  7.1.1 破产企业债务清偿原则与借款企业的债务清偿结构 ····· 134
  7.1.2 借款企业的债务清偿结构对企业贷款损失的影响 ······ 135

7.2 考虑借款企业债务清偿结构的企业贷款保险定价思路 ………… 136
7.2.1 虚拟的联合保险业务 ………………………………………… 136
7.2.2 虚拟联合投保人的损益曲线 …………………………………… 137
7.2.3 虚拟的熊市价差期权 …………………………………………… 139
7.3 模型构建 …………………………………………………………… 141
7.3.1 模型假设 …………………………………………………… 141
7.3.2 模型推导 …………………………………………………… 142
7.4 运算案例 …………………………………………………………… 145
7.4.1 案例设计 …………………………………………………… 145
7.4.2 运算结果 …………………………………………………… 147
7.4.3 数据分析 …………………………………………………… 148
7.5 本章小结 …………………………………………………………… 150

第8章 考虑借款企业债务利率结构的企业贷款保险费率厘定模型 … 151
8.1 来自借款企业债务利率结构的信用风险 ………………………… 151
8.1.1 企业债务的利率结构 ……………………………………… 151
8.1.2 借款企业债务利率结构对贷款损失的影响 ……………… 152
8.2 考虑借款企业债务利率结构的企业贷款保险定价思路 ………… 153
8.2.1 虚拟的总债务联合保险 …………………………………… 153
8.2.2 虚拟联合投保人的损益曲线 ……………………………… 154
8.2.3 虚拟的欧式看跌期权 ……………………………………… 155
8.3 考虑借款企业债务利率结构的企业贷款保险定价模型 ………… 155
8.3.1 模型假设 …………………………………………………… 155
8.3.2 模型推导 …………………………………………………… 156
8.4 运算案例 …………………………………………………………… 159
8.4.1 案例设计 …………………………………………………… 159
8.4.2 高利率债务对企业贷款保险定价的影响 ………………… 160
8.4.3 低利率债务对企业贷款保险定价的影响 ………………… 161
8.5 本章小结 …………………………………………………………… 162

第四篇 保险免赔视角下的企业贷款保险定价模型

第9章 考虑保险免赔的企业贷款保险费率厘定基本模型 …………… 165
9.1 保险免赔额与企业贷款保险定价 ………………………………… 165
9.1.1 保险免赔额 ………………………………………………… 165
9.1.2 企业贷款保险设置免赔额 ………………………………… 166

vii

- 9.1.3 保险免赔率对企业贷款保险定价的影响 ……………………… 167
- 9.2 基于欧式看涨期权的企业贷款保险定价原理 ……………………… 168
  - 9.2.1 欧式看涨期权及其保险功能 …………………………………… 168
  - 9.2.2 企业贷款保险的看涨期权属性 ………………………………… 170
  - 9.2.3 基于看涨期权的企业贷款保险定价原理 ……………………… 172
- 9.3 模型构建 ………………………………………………………………… 173
  - 9.3.1 统一量纲 ………………………………………………………… 174
  - 9.3.2 模型假设 ………………………………………………………… 174
  - 9.3.3 企业贷款保险的期望赔付率 …………………………………… 174
  - 9.3.4 参数估计 ………………………………………………………… 177
  - 9.3.5 企业贷款保险定价最终式 ……………………………………… 179
- 9.4 运算案例 ………………………………………………………………… 180
  - 9.4.1 案例设计 ………………………………………………………… 180
  - 9.4.2 样本检验 ………………………………………………………… 181
  - 9.4.3 运算结果 ………………………………………………………… 182
  - 9.4.4 定价规律 ………………………………………………………… 183
- 9.5 本章小结 ………………………………………………………………… 187

第10章 考虑有限赔付与还款展期的企业贷款保险费率厘定模型 …… 189
- 10.1 有限赔付与还款展期对企业贷款保险定价的影响 ………………… 189
  - 10.1.1 有限赔付与还款展期在企业贷款保险中的实际存在 ……… 189
  - 10.1.2 最高赔付额对企业贷款保险定价的影响 …………………… 190
  - 10.1.3 损失分担比例对企业贷款保险定价的影响 ………………… 191
  - 10.1.4 还款展期对企业贷款保险定价的影响 ……………………… 192
- 10.2 考虑有限赔付与还款展期的企业贷款保险定价思路 ……………… 193
  - 10.2.1 同时设置免赔额与最高赔付额时企业贷款保险买卖双方的损益 ………………………………………………………………… 193
  - 10.2.2 熊市价差期权 ………………………………………………… 195
  - 10.2.3 基于价差期权理论的企业贷款保险定价思路 ……………… 197
- 10.3 模型构建 ……………………………………………………………… 198
  - 10.3.1 模型假设 ……………………………………………………… 198
  - 10.3.2 来自价差期权的模型推导 …………………………………… 199
  - 10.3.3 来自保险精算原理的模型推导 ……………………………… 201
- 10.4 运算案例 ……………………………………………………………… 205
  - 10.4.1 案例设计 ……………………………………………………… 205
  - 10.4.2 运算结果 ……………………………………………………… 206

10.4.3　定价规律……………………………………………… 206
　10.5　本章小结……………………………………………………… 212
第11章　保险免赔视角下的企业贷款保险补贴补偿测算模型……… 214
　11.1　免赔视角下企业贷款保险价格补贴与补偿基金的测算思路…… 214
　　11.1.1　免赔视角下测算企业贷款保险价格补贴与补偿基金的总体思路……………………………………………………… 214
　　11.1.2　第一类分担方式下企业贷款保险价格补贴与补偿基金的测算思路……………………………………………………… 216
　　11.1.3　第二类分担方式下企业贷款保险价格补贴与补偿基金的测算思路……………………………………………………… 217
　　11.1.4　第三类分担方式下企业贷款保险价格补贴与补偿基金的测算思路……………………………………………………… 219
　11.2　第一类分担方式下企业贷款保险价格补贴与补偿基金测算模型………………………………………………………………… 220
　　11.2.1　模型假设………………………………………………… 220
　　11.2.2　模型推导………………………………………………… 221
　　11.2.3　运算案例………………………………………………… 223
　11.3　第二类分担方式下企业贷款保险价格补贴与补偿基金测算模型………………………………………………………………… 229
　　11.3.1　模型假设………………………………………………… 229
　　11.3.2　模型推导………………………………………………… 229
　　11.3.3　运算案例………………………………………………… 232
　11.4　第三类分担方式下企业贷款保险价格补贴与补偿基金测算模型………………………………………………………………… 238
　　11.4.1　模型假设………………………………………………… 238
　　11.4.2　模型推导………………………………………………… 238
　　11.4.3　运算案例………………………………………………… 241
　11.5　本章小结……………………………………………………… 244

第五篇　复杂条件下的企业贷款保险定价模型

第12章　复杂条件下的企业贷款保险费率厘定模型……………… 249
　12.1　已建企业贷款保险费率厘定模型的对比分析……………… 249
　　12.1.1　借款企业信用等级视角下的企业贷款保险费率厘定模型…… 249
　　12.1.2　借款企业负债视角下的企业贷款保险费率厘定模型……… 251

  12.1.3　保险免赔视角下的企业贷款保险费率厘定模型 …………254
  12.1.4　各类企业贷款保险定价模型的适用对象 ………………255
 12.2　第一类复杂条件下的企业贷款保险费率厘定模型 ……………256
  12.2.1　企业贷款保险定价面临的第一类复杂条件 ……………256
  12.2.2　第一类复杂条件下的企业贷款保险定价思路 …………257
  12.2.3　第一类复杂条件下的企业贷款保险定价理论模型 ……257
 12.3　第二类复杂条件下的企业贷款保险费率厘定模型 ……………258
  12.3.1　企业贷款保险定价面临的第二类复杂条件 ……………258
  12.3.2　第二类复杂条件下的企业贷款保险定价思路 …………259
  12.3.3　第二类复杂条件下的企业贷款保险定价理论模型 ……259
 12.4　第三类复杂条件下的企业贷款保险费率厘定模型 ……………260
  12.4.1　企业贷款保险定价面临的第三类复杂条件 ……………260
  12.4.2　第三类复杂条件下的企业贷款保险定价思路 …………261
  12.4.3　第三类复杂条件下的企业贷款保险定价理论模型 ……261
 12.5　第四类复杂条件下的企业贷款保险费率厘定模型 ……………262
  12.5.1　企业贷款保险定价面临的第四类复杂条件 ……………262
  12.5.2　第四类复杂条件下的企业贷款保险定价思路 …………263
  12.5.3　第四类复杂条件下的企业贷款保险定价理论模型 ……264
 12.6　本章小结 …………………………………………………………265

第13章　复杂条件下的企业贷款保险补贴补偿测算模型　267
 13.1　已建企业贷款保险补贴补偿测算模型的对比分析 ……………267
  13.1.1　信用等级视角下的企业贷款保险补贴补偿测算模型分析 ‥267
  13.1.2　保险免赔视角下的企业贷款保险补贴补偿测算模型分析 ‥269
  13.1.3　各类企业贷款保险补贴补偿测算模型的适用对象 ………271
 13.2　第一类复杂条件下的企业贷款保险补贴补偿测算模型 ………272
  13.2.1　企业贷款保险补贴补偿测算面临的第一类复杂条件 ……272
  13.2.2　第一类复杂条件下的企业贷款保险补贴补偿测算思路 …272
  13.2.3　第一类复杂条件下的企业贷款保险补贴补偿测算模型 …273
 13.3　第二类复杂条件下的企业贷款保险补贴补偿测算模型 ………274
  13.3.1　企业贷款保险补贴补偿测算面临的第二类复杂条件 ……274
  13.3.2　第二类复杂条件下的企业贷款保险补贴补偿测算思路 …274
  13.3.3　第二类复杂条件下的企业贷款保险补贴补偿测算模型 …275
 13.4　第三类复杂条件下的企业贷款保险补贴补偿测算模型 ………276
  13.4.1　企业贷款保险补贴补偿测算面临的第三类复杂条件 ……276
  13.4.2　第三类复杂条件下的企业贷款保险补贴补偿测算思路 …276

13.4.3　第三类复杂条件下的企业贷款保险补贴补偿测算模型……277
　13.5　本章小结……………………………………………………278
参考文献………………………………………………………………280

第一篇 概 论

  为便于读者了解本书的内容概况与研究脉络，本篇从研究背景、内容架构、主要观点、创新之处、特色贡献、学术价值和应用价值等方面全方位地介绍本书，综述相关研究现状与不足之处，带领读者认识企业贷款保险定价问题，并对与本书相关的信用风险度量、保险风险管理、贷款保险定价等理论进行梳理。

第1章 绪　　论

1.1　研究背景与问题提出

1.1.1　研究背景

党的二十大对我国今后一个时期深化金融体制改革、增强金融服务实体经济能力和防范金融风险等方面提出了新要求(习近平，2022)，体现出国家层面对于促进金融创新、发挥金融作用和防范金融风险的高度重视。

作为传统的金融产品——贷款向各类借款人提供着源源不断的资金支持，为人类社会发展作出了巨大贡献。然而，发端于美国的次贷危机却再次警告人类社会：有贷款就必然有信用风险。需要引起重视的是，贷款源于存款，存款又源于千千万万个储户，如果贷款的正常偿还出现问题，受影响的将不仅是放贷机构，还会直接威胁到存款安全，严重时将引发金融风险乃至经济危机。因此，在各类金融风险中，贷款面临的信用风险属于源头性风险。尤其值得警惕的是，借助于发达的互联网，信用风险在当今社会爆发时的传播速度、波及面和危害性都将超越以往任何一个时代。

中国人民银行和国家金融监督管理总局发布的数据显示：截至2023年第二季度，我国各项贷款余额已达230.58万亿元，关注类贷款占比2.14%，不良贷款率1.62%，而同期我国企(事)业贷款余额已达1522096亿元，占各项贷款余额的2/3。这表明当前我国各类非金融企业贷款在支持社会发展方面贡献突出，但也聚集了社会中最为主要的信用风险，尤其在世界经济下行压力不断增大的背景下，给我国防范系统性金融风险带来了巨大压力。

鉴于此，正规放贷机构在面对某些企业的贷款需求时自然会十分谨慎，贷款融资难、担保门槛高、抵押物不足等问题势必在一定范围内比较突出，迫使某些企业尤其是中小微企业转而寻求非正规的民间借贷，甚至网络借贷，催生出形形色色的小贷公司与网贷平台，这不仅抬高了企业融资成本、扰乱了信贷市场秩序，还加大了金融监管难度。另外，当前贷款担保并没有真正起到为企业贷款融资增信的作用，多数贷款担保公司规模较小、经营不规范、抗风险能力弱，使得许多贷款时常处于"表面有担保，实际无担保，不出事有担保，出事后无担保"的尴尬境地，导致放贷机构面临的融资性担保风险问题比较突出(王少群和刘浏，2015)。因此，无论是监管部门、放贷机构，还是借款企业都希望能借助某种新型的融资增信模式，在风险可控的条件下，扩大正规融资渠道的放贷额度和放贷范围，以缓解持续紧张的企业贷款融资供需矛盾。

与此同时，我国保险业在不断开拓创新中得到了长足发展，保险产品已渗透至人们生产生活的各个方面，风险管控水平在"偿二代"的建设框架下正努力向国际标准看齐(陈文辉，2015，2016)。国家金融监督管理总局公布的数据显示：截至2023年第二季度，我国保险公司总资产已达29.20万亿元，实现原保险保费收入32054亿元，为社会各行各业的风险保障做出了不可替代的贡献。我国保险业在长期经营各类风险的过程中，已经积累了丰富的风险管理经验与雄厚的抗风险实力，为保险参与以企业贷款保险为代表的融资增信创新奠定了坚实基础。

综上，占社会融资规模绝对比例的各类企业贷款在为社会发展做出巨大贡献的同时累积了大量的信贷风险，使得从源头上防范化解系统性金融风险的压力逐年增大；然而，面对巨量的各类企业贷款融资需求，担保等传统融资增信模式已显得捉襟见肘；同时，保险业丰富的风险管理经验与雄厚的抗风险实力，已为推动企业贷款融资增信的创新做好了准备。

1.1.2 问题提出

在上述背景下，我国于20世纪末和21世纪初开始对某些种类的企业贷款试点贷款保险制度，主要通过信用保险和保证保险两种保险形式对借款企业潜在的违约行为承保，尝试让风险管理水平更高、抗风险实力更强的保险机构替代担保公司参与企业贷款融资增信、推动企业贷款融资增信向专业化的信用保险机制方向发展(李勇和郝璐颐，2015；中国人民银行成都分行课题组，2018；彭澎等，2018；余嘉勉，2018；董晓林等，2018；郭翔宇等，2021)，从保险角度分散信贷风险，促进社会融资，服务实体经济。各大保险机构纷纷响应，中国银行保险监督管理委员会(现国家金融监督管理总局)公布的数据显示：仅在2019年，贷款保险就累计帮助237.9万家小微企业获得银行贷款7485.94亿元，体现了企业贷款保险强大的融资增信作用与广阔的发展前景。

近年，为加快缓解企业贷款融资难题，进一步支持实体经济发展，有关发展企业贷款保险的鼓励政策频出，如 2014 年出台的《国务院关于加快发展现代保险服务业的若干意见》和《国务院办公厅关于多措并举着力缓解企业融资成本高问题的指导意见》、2015 年出台的《推进普惠金融发展规划(2016—2020 年)》、2016 年出台的《中国保险业发展"十三五"规划纲要》、2019 年出台的《关于进一步加强金融服务民营企业有关工作的通知》等均鼓励更多的保险机构在风险可控情况下通过开办贷款保险为企业贷款提供融资增信服务。鉴于业界发展势头，中国银行保险监督管理委员会于 2020 年相继出台了《信用保险和保证保险业务监管办法》、《融资性信保业务保前管理操作指引》和《融资性信保业务保后管理操作指引》，引导相关行业健康发展。

随着国家的重视，关注企业贷款保险的文献也逐年增多。在有关企业贷款保险化解企业融资难题方面，郭左践等(2012)认为贷款保险有助于化解小微企业信用风险，推动中小企业融资难题的解决；王少群和刘浏(2015)研究发现，贷款保险在缓解小微企业融资难、降低融资性担保风险、利用少量政府资金"撬动"经济发展、进一步拓展保险市场等方面有促进效果。在有关企业贷款保险促进农企融资方面，庄慧彬和王卓(2011)提出了探索建立以信贷保险为核心的农村融资体系思路和相关政策建议；董晓林等(2018)通过实证发现贷款保险使银行放宽了对农户抵押品的要求，降低了农户的借贷门槛，有助于提高农户的信贷可得性；林乐芬和何婷(2019a)认为银保合作的贷款保险模式，为破解农村信贷和农业保险双重约束提供了新视角，有利于国家乡村振兴战略的实现，并发现涉农贷款保险存在着区域需求差异。在有关企业贷款保险促进对外贸易与投资方面，Fabrice(2010)发现信贷保险在经济危机中对国际贸易能起到保护作用；Lai 和 Soumaré(2010)认为信贷保险能有效促进投资；李晓洁和魏巧琴(2013)认为贷款保险有助于推动外贸出口。此外，文忠平等(2012)研究发现，贷款保险有助于缓解商业银行的资本短缺；李文中(2014)认为通过改进外部条件和进行机制设计，能够有效治理贷款保险面临的逆向选择和道德风险，使得贷款保险比贷款担保更加有效地发挥作用；巴曙松和游春(2015)则分析了发展企业贷款保险在征信环境、保费厘定、专业人才、试点范围和政府支持等方面遇到的问题，并提出了相关改进建议。

然而，学术界对企业贷款保险定价方法的理论探讨，主要是从非寿险精算理论、信用风险度量理论或贷款定价理论中简单移植而来，没有充分考虑借款企业的信用状况、借款企业的债务状况、企业贷款的种类细分、银保双方分担风险的分工、银保双方风险管理的发展方向，缺乏科学、系统的理论支持，导致企业贷款保险价格无法完全覆盖保险风险、保险价格与贷款价格的定价依据相互重叠、保险价格变相抬升企业融资成本、保险价格一刀切等现象频发，不仅挫伤了保险机构承保企业贷款保险的积极性，也削弱了借款企业投保企业贷款保险的愿望，显然不利于企业贷款保险的科学发展(中国人民银行，2013；高琦，2015；李广子，2015)。

综上，作为企业贷款融资增信的创新模式——企业贷款保险有利于从源头上分散、化解各类企业信贷风险，有利于破解企业贷款融资难题，在融资增信领域有着广阔的应用前景，国家和社会对其寄予了较高期望，它的可持续发展需要得到与之配套的贷款保险科学定价理论的支持，而这个理论的核心部分就是一套完整的企业贷款保险定价模型体系。

1.2 企业贷款保险的国际经验及启示

1.2.1 美国经验

1935年，美国国会颁布《米勒法案》，促使实力强大的保险公司逐步替代担保公司承担了90%以上的保证担保业务(其中包括各类企业贷款保险)，成为美国保证担保业务的主要经营者(谢亚伟和金德民，2009)。1986年，美国保监会通过《金融保证保险法案》，禁止综合类保险公司经营金融保证保险业务，进一步将金融保证保险业务限制为专业保险公司开展。专业的金融保证保险公司不仅开展贷款保险业务，还针对各种债务型的金融工具开展保险业务，为各类债务提供增信服务。金融保证保险公司还可将保费收入用于风险投资，以获得更多收益。

1953年，美国联邦政府全额出资成立了小企业管理局(Small Business Administration，SBA)，该机构负责向企业提供融资支持及相关咨询服务，并通过调查和筛选向信用较好且有发展前景的企业提供融资担保。对10万美元以下的企业贷款，小企业管理局提供80%的信用担保；对超过10万美元的企业贷款，小企业管理局提供75%的信用担保；联邦政府对小企业管理局的担保净损失进行补贴(陈帆和丁悦，2019)。

1.2.2 日本经验

为弥补中小企业的信用不足,帮助中小企业融资,日本建立了完善的贷款保险体系。该体系由两项制度组成,包括以信用保证协会为核心的信用保证制度和以中小企业信用保险公库为核心的信用保险制度。在该体系中,企业向放贷机构申请贷款的同时可以向信用保证协会申请信用担保,而信用保证协会则通过向中小企业信用保险公库支付保险费的形式取得关于企业贷款的信用保证保险。当信用保证协会代替企业偿还放贷机构的贷款时,可以从中小企业信用保险公库得到70%~90%的补偿。在代替企业偿还放贷机构的贷款之后,信用保证协会随即取得代位求偿权。如果信用保证协会通过行使代位求偿权收回了企业贷款,信用保证协会则要按照一定的原则向中小企业信用保险公库退还相应的资金(陈帆和丁悦,2019)。

为改变信用保证协会承担全部风险的格局,日本于2007年10月开始推行一种名为"与金融机构责任共有"的制度。该制度将20%的风险留给放贷机构,以遏制某些放贷机构利用贷款保险体系盲目扩张信贷肆意转嫁风险的行为(王宇晨和王媛媛,2014)。

1.2.3 德国经验

德国建立了以商业银行和政策性金融机构(包括德国复兴信贷银行和德国担保银行)为核心的企业金融保障体系,前者向企业直接提供信贷资金,后者类似于保险公司或担保机构为企业融资提供增信服务(亚太农协农业金融研究中心课题组,2020)。

德国复兴信贷银行代表联邦政府向企业借入资金提供全额信用担保,并对商业银行提供资金支持。德国复兴信贷银行内部设立了由联邦政府官员组成的小微企业咨询委员会,负责审议、促进和监督该行的业务开展。德国复兴信贷银行通过商业银行转贷的方式向企业发放低息贷款,形成了"德国复兴信贷银行—商业银行—企业"的金融保障服务模式。企业贷款采取固定利率和浮动利率相结合的形式,且一般都设有固定利率期限,期限过后贷款利率会随市场浮动。当企业发生贷款违约时,商业银行与德国复兴信贷银行按比例承担贷款损失,对一般企业的分担比例为5∶5,对骨干企业的分担比例为1∶9,对大企业的分担比例为3∶7或5∶5(金明植和张雪梅,2013)。

德国担保银行是一家由信贷机构、保险公司以及工商业协会等出资成立的非营利专业性担保公司，主要支持各州内的小微企业和初创企业贷款融资。德国担保银行利用自身的联合评级系统评定企业的信用等级，并交由独立于贷款经办人的担保委员会审批。担保委员会主要由工商会和行业协会、银行业及州政府财政部门和经济部门的代表组成，其中政府代表拥有一票否决权。德国政府为德国担保银行提供资金和政策支持，是德国担保银行发展的强大后盾。虽然德国担保银行与商业银行贷款风险承担比例为 8∶2，但联邦政府和州政府会为其分别提供 39%和 26%或 45%和 30%再担保（根据德国担保银行协会官网资料整理）。当德国担保银行的损失率超过 3%时，将被允许启动提高保费率、股东增资和请求政府提高反担保比例等风险补偿机制。同时，只要新增利润用于企业贷款担保业务，德国担保银行将免于赋税（张希，2018）。

1.2.4　经验启示

由于经济发展水平和政府职能方面的差异，各国对于企业贷款的保险保障体系各具特色：美国采取的是政府引导下的市场主导型模式，德国采取的是政府和市场共同参与的平衡型模式，日本采取的是政府主导型的模式（福建社科院课题组，2012）。尽管各国采用的模式并不相同，但对于我国发展企业贷款保险仍然具有如下几点启示。

第一，健全的法律法规和制度设计是企业贷款保险健康发展的前提。发达国家较为完善的法律法规，为企业贷款保险业务发展提供了强有力的法律支撑。第二，政府支持是推动企业贷款保险快速发展的重要力量。发达国家充分发挥政府扶持作用，美国的小企业管理局由联邦政府全额出资成立，日本的中小企业贷款保险机构从设立到资金拨付、借款政策、损失补偿和风险分摊都是政府主导。政府的适度介入将大大增强银保双方联合开展企业贷款保险业务的信心。第三，合理的保险费率和风险分担机制是保证企业贷款保险持续发展的技术关键。通过制定合理的保险费率和构建合理的风险分担机制，才能充分调动银行与保险公司参与企业贷款保险业务的积极性。

总之，从各国开展企业贷款保险的经验来看，企业贷款保险的可持续发展离不开健全的法律法规和制度设计，离不开政府的大力支持，更离不开合理的保险费率厘定和风险分担机制（陈帆和丁悦，2019），这给本书研究带来了启发。

1.3 国内企业贷款保险的发展现状及问题

1.3.1 国内企业贷款保险的发展现状

在我国，企业贷款保险属于信用保证保险范畴。近年来，我国的信用保证保险保持了逐年快速增长的势头。截至 2021 年底，我国正常经营的财产保险公司共有 84 家，其中有 55 家保险公司开展信用保证保险业务。目前，我国信保市场 70%以上的份额仍然由平安产险、人保财险、太保产险、大地保险、阳光财险等险企占据(杨晶晶，2023)。

近年，在经济下行压力加大和中小企业融资难的背景下，随着 2015 年《推进普惠金融发展规划(2016—2020 年)》、2016 年《中国保险业发展"十三五"规划纲要》、2019 年《关于进一步加强金融服务民营企业有关工作的通知》、2020 年《信用保险和保证保险业务监管办法》以及《融资性信保业务保前管理操作指引》和《融资性信保业务保后管理操作指引》的出台，多个省市以政府名义制定了有关发展企业贷款保险的政策性文件。目前，已有广东、浙江、上海等十余个省市在政府主导下开展了企业贷款保险业务。

我国的企业贷款保险业务直接由保险公司提供，被保险人为商业银行。借款企业将购买贷款保险的保单作为重要资信材料向商业银行申请贷款，以提高自身信用等级，从而更加便捷地从商业银行获得贷款。商业银行作为被保险人则享受着来自企业贷款保险合同的保障。如果借款企业违约且达到保单约定的赔付条件，保险公司负责向商业银行偿还损失的贷款。相关理赔完成后，保险公司依法取得被保险企业贷款的代位求偿权，从而有权向借款企业继续追偿。

目前，各地区的企业贷款保险通常采取"政府引导+市场运作+风险共担"的运作模式。保险公司和商业银行在地方政府引导下实施商业化运作，地方政府则通过财政出资设立专项基金，向参与各方给予适当的保费补贴和赔付风险补偿(李勇和郝璐颐，2015)。同时，多地都建立了企业贷款保险业务的熔断制度，当企业贷款逾期率达到一定比例或赔付率超过一定比例时，随即停办企业贷款保险。在损失分摊方面，试点地区商业银行和保险公司通常按照 3∶7 或 2∶8 的比例分担企业贷款损失，而某些地方政府会对超过一定比例的企业贷款损失部分进行补偿(陈帆和丁悦，2019)。

1.3.2 国内企业贷款保险存在的问题

1. 产品有效供给不足

目前，企业通过保险增信的方式获得的贷款在企业总资金需求中的占比还不高。同时，贷款保险涉及的贷款金额通常在 100 万元以下，保险期限多数在 1 年左右(陈帆和丁悦，2019)。与企业经营所需的长周期、大额资金相比，目前国内贷款保险的承保金额与保险期限与企业的贷款融资需求之间还有一定距离。总之，较之旺盛的企业信贷需求，保险市场中企业贷款保险产品的有效供给显得不足。

2. 保险融资成本偏高

目前，相关部门公开资料显示，部分国内企业通过贷款保险取得融资的年融资成本高达 20%左右，其中年均保费占 70%～80%(陈帆和丁悦，2019)。因此，较之单纯通过银行取得贷款付出的融资成本，企业通过保险取得贷款的融资成本明显偏高。显然，贷款保险能够解决企业融资难的问题，但没有解决企业融资成本高的问题。这也再次说明了研究企业贷款保险定价问题的意义所在。

3. 缺乏法律法规支持

我国虽然于 2020 年出台了《信用保险和保证保险业务监管办法》以及《融资性信保业务保前管理操作指引》和《融资性信保业务保后管理操作指引》来规范整个融资性信用保险业务，但鉴于企业贷款保险业务的发展前景、重要作用和业务特点，还应对其专门制定更为具体的法律法规，以便进一步明确相关操作标准、规范企业贷款保险的可持续发展。

4. 缺乏财税政策支持

我国已针对中小企业融资出台了诸多财税支持政策，如信用担保机构免收三年营业税、部分小额贷款利息收入免征营业税、对种植险和养殖险的保费收入减免税收等政策。然而，除了一些地方政府颁布的临时性的财税支持政策之外，全国范围内关于企业贷款保险尤其是小微企业贷款保险的财税支持政策非常少见。这将导致部分财产保险公司对于开展企业贷款保险业务的积极性不高。

5. 放贷机构的道德风险较高

目前，国内的贷款保险业务中，银保双方通常按照 3∶7 或 2∶8 的比例分担实际发生的贷款损失(陈帆和丁悦，2019)。相对于放贷银行，保险公司在其中承担了较多的信贷风险。这种失衡的比例容易引发放贷银行在贷前放松审贷标准、肆意扩张信贷规模，进而导致放贷银行在贷后履行信贷风险防控职责方面容易发生道德风险。这同样会导致部分财产保险公司对于开展企业贷款保险业务的积极性偏低。

1.4 国内外研究综述

有关企业贷款保险定价问题的学术探讨主要以信用风险度量、信用风险管理、保险风险管理、贷款保险定价等理论为基础展开，涉及对存款保险和医疗保险等其他非寿险定价理论的借鉴，属于交叉学科的基础性研究。现围绕本书主题，分领域逐一梳理相关文献，并做综述。

1.4.1 信用风险度量

源自借款人的信用风险是保险机构在企业贷款保险业务中面临的最主要风险(顾海峰，2012，2013)，故了解信用风险度量领域的发展方向是研究贷款保险定价模型的基础。

经众多学者的归纳与比较分析(Altman and Saunders，1997；Crouhy et al.，2000；Gordy，2000；程鹏等，2002；沈沛龙和任若恩，2002；Daffie and Singleton，2003；曹道胜和何明升，2006)，国际上主流的信用风险度量模型大致包括：借助信用转移概率矩阵计算贷款 VaR[①]值的 CreditMetrics^{TM} 模型(Gupton et al.，1997)、应用期权理论计算贷款违约距离的 KMV(Kealhofer，McQuown，and Vasicek)模型(Kealhofer，1997)、应用保险精算方法得出贷款组合损失分布的 CreditRisk^{+}模型(Credit Suisse First Boston，1997)以及考虑宏观经济变化影响的信贷组合审查系统(credit portfolio view system)(McKinsey，1998)。

其中，CreditMetrics^{TM} 模型与 KMV 模型分别代表着信用风险度量研究的两条经典路径：第一条是以 CreditMetrics^{TM} 模型为代表的基于社会信

---

① VaR(value at risk)称为"风险价值"或"在险价值"，指在一定置信水平下某金融资产在一定时期内的损失上限。例如，概率 $P(L_{\Delta t} \leqslant \text{VaR})=95\%$可理解为某金融资产在一定时间 Δt 的损失 $L_{\Delta t}$不大于 VaR 的概率(置信水平)为 95%。

用评价体系、应用信用风险转移概率矩阵发展起来的研究路径；第二条是以 KMV 模型为代表的基于借款人的市场价值信息应用期权理论发展起来的研究路径。两条路径都遵从了盯市原理(mark to market)，旨在较为准确地捕捉到信用风险的细小变化，不同之处在于前者对社会信用评价体系的完善程度要求较高，而后者则要求能够有效、准确和及时地获取借款人的市场价值信息。因此，研究信用风险度量问题时，要特别注意相关理论在适用条件与适用范围上的差异(沈沛龙和任若恩，2002)。

随着国内对信用风险度量问题的日益重视，结合国情探讨上述经典理论的研究不断增多。李兴法和王庆石(2006)认为 CreditMetrics^{TM} 模型在我国的应用有赖于信用评级体系的建立健全和利率市场化的推进；杨栋和张建龙(2009)应用 CreditMetrics^{TM} 模型发现我国农户的信用风险高于农企；张能福和张佳(2010)通过修正违约点参数，使得 KMV 模型更加适合于度量我国上市企业的信用风险；杨秀云等(2016)实证发现综合利用 KMV 模型与上市企业的财务数据能使风险度量结果更加可靠；王慧和张国君(2018)通过修正 KMV 模型中的违约距离构建了适合于我国上市房企的信用风险度量模型。

同时，借助不断发展的数理统计和现代金融理论，国内外学者从不同角度、考虑不同因素始终保持着对信用风险度量问题的研究热度。Andersson 等(2001)研究了运用 CVaR(Conditional Value at Risk，条件风险价值模型)度量信用风险的方法；Finger(2001)构建了新巴塞尔资本协议下的单因素信用风险度量模型；Dietsch 和 Petey(2002)探讨了中小企业贷款组合的信用风险度量模型；Saunders 和 Allen(2002)、Zhu 和 Fukushima(2009)相继优化了信用风险 VaR 的度量方法；Grundke(2007)基于 CreditMetrics^{TM} 模型，运用傅里叶(Fourier)变换技术度量出信用资产组合损失分布的尾部概率；He 和 Xiong(2012)研究了当借款人流动性恶化时用旧债券购买新债券的信用风险度量问题；白保中等(2009)、杨继光和刘海龙(2009)、迟国泰等(2012)先后应用 Copula 系统研究了贷款组合的信用风险度量问题；Parlour 和 Winton(2009)从信用风险转移的角度对贷款出售和信用违约互换进行了比较；许友传和裘佳杰(2011)实证发现贷款损失分布往往呈现出对数正态分布的特征；Su 和 Wang(2012)尝试应用期权定价模型度量信用风险；Arora 等(2012)对信用违约互换市场中交易对手的信用风险度量问题进行了研究；魏岚(2013)应用 Logit 模型研究了农户小额信用风险评价体系；Liang 和 Dong(2014)应用马尔可夫链对双边交易对手风险下的信用违约互换定价问题进行了研究；陈荣达等(2017)应用多元

t-Copula 模型研究了风险因子多元厚尾分布情形下的信用资产组合风险度量问题；许友传(2017)深入揭示了不同杠杆和融资成本约束下工业部门的信用风险及其演变趋势；胡胜等(2018)基于主成分分析法和 Logistic 模型原理，筛选指标构建出我国房地产信用风险度量模型；陈荣达等(2018)建立了基于混合泊松分布的信用资产组合多因子的风险度量模型。

此外，随着人类社会步入大数据时代，利用数据挖掘理论来发展信用风险度量理论正逐渐成为该领域新的研究热点。在大数据环境中，评估信用风险时将大量采用包括互联网上的行为数据和关系数据在内的非传统信用数据(刘新海，2014)，借款人文化、客户关系、借款人喜好等与信用风险相关的一些软信息将比财务数据等传统硬信息更为重要(Dorfleitner et al.，2016)，文本、音频、视频等非结构化数据信息以及大数据处理模式将在信用风险度量领域有着广阔的应用空间(韩嵩和李晓俊，2018)，使得根据大数据动态评估违约概率将成为可能(谢平等，2015)。鉴于此，杨扬等(2017)已着手利用上市公司年报标准文本数据以及在线数据，探索文本大数据对上市企业信用风险度量的影响。

总之，经过多年发展，信用风险度量理论已成体系。其中，基于社会信用评级体系、应用信用转移概率矩阵展开的研究，以及基于借款人市场价值信息、应用期权理论展开的研究，分别代表着研究信用风险度量问题的两条经典路径，为企业贷款保险定价问题的研究奠定了基础。同时，借助数理统计、金融工程、大数据等学科发展，信用风险度量理论也正处于不断完善和创新中，给本书研究带来了启发。

1.4.2 信用风险管理

企业贷款保险不仅以度量借款人的信用风险为基础，还涉及放贷机构对借款人信用风险的管理，因此了解银行业信用风险管理的发展方向是研究企业贷款保险定价模型的又一重要前提。

按照新巴塞尔协议的要求，防控信用风险已成为银行业管理信用风险的必然趋势。*Basel III： A global regulatory framework for more resilient banks and banking systems*(Basel Committee on Banking Supervision，2011)和 *Basel III： Finalising post-crisis reforms*(Basel Committee on Banking Supervision，2017)的相继发布，标志着 Basel III 修订工作的最终完成。Basel III 是对 Basel II 资本监管框架的根本性改变(陈忠阳，2018)，代表着不同市场条件下金融机构风险管理和金融监管的改革方向(巴曙松等，2019)。

新巴塞尔协议要求银行为信用风险配置经济资本，并将风险调整资本收益率(risk-adjusted return on capital，RAROC)设为决策和评价信贷业务的重要指标(Basel Committee on Banking Supervision，2011，2017)，这种模式有助于推动金融机构在风险可控的条件下保持业绩增长(Bandyopadhyay and Saha，2007)、有助于优化金融机构的资本配置(Stoughton and Zechner，2007)、有助于提升金融机构的债务结构(Cocozza and Orlando，2009)，是金融机构实现全面风险管理的重要途径(Crouhy，2006；Mark and Bishop，2007)。

鉴于经济资本以及RAROC指标对信用风险管理的上述特殊意义，国内外学者在系统介绍经济资本管理理论(武剑，2009；Saunders and Allen，2010；梁世栋，2011；彭建刚，2011)的基础上，借助数理统计方法对经济资本及RAROC的度量与应用问题展开了研究。Alessandri和Drehmann(2010)在综合考虑信用风险与利率风险的条件下构建了银行经济资本的度量模型；Engelmann和Kamga-Wafo(2010)提出可将RAROC的概念应用到非流动性资产的投资决策中；Naimy(2012)发现RAROC能够替代经济增加值(economic value added，EVA)对银行业绩和资本配置进行科学分析；Breeden等(2012)探讨了经济资本理论在零售贷款业务中的应用；慕文涛等(2013)通过使用Johnson变换解决非正态数据情况下经济资本的计算问题；Lima等(2014)比较发现RAROC的几种算法在计算效果方面没有显著差异；沈庆劼(2014)和黄国平(2014)相继发现金融危机产生于监管资本和经济资本的不一致性所导致的监管套利行为；陈忠阳(2018)分析了Basel III框架下经济资本与监管资本的互动发展及其面临的共同困境，并提出了我国的应对策略。

值得一提的是，经济资本及RAROC理论已被学者应用于贷款定价研究领域。Repullo和Suarez(2004)以及杨继光等(2010)相继尝试应用经济资本理论改进传统的贷款定价方法；周朝阳和王皓白(2012)基于RAROC模型开展实证研究，发现我国的贷款定价方法对贷款非损失期望风险的补偿不足；黄纪宪和顾柳柳(2014)则从客户关系的角度构建起了基于RAROC的贷款定价模型。

此外，在现代金融理论的框架下，不少学者从其他角度对信用风险管理问题进行了研究。Bauer和Ryser(2004)基于信用风险度量模型向银行提出了操作性较强的风险管理策略；许友传和裘佳杰(2011)研究发现，信用风险缓释工具在我国贷款相关风险定价中的作用似乎未能得到合理体现，科学的信用风险定价机制亟待建立；张宗益等(2012)定量研究了利率市场化下银行价格竞争与信贷风险的关系;顾海峰(2012,2013)基于银保协作路径,分别研究了商业银行信用风险转移、传导、管控机制与预警机制以及商业银行主观信用风险形成机理;隋聪等(2009,2012,2013)基于非完全利率市场化背景,通过度量贷款面临的信用风险及比较分析,发现我国银行贷款定价覆盖违约风险的能力较差;郝项超(2013)从银行所有权改革的角度研究发现,国内贷款定价没有充分考虑借款企业的信用风险。

总之,在次贷危机后,银行业对于信用风险的管理越来越精细化(赵英伟,2013),其中以巴塞尔协议所倡导的经济资本管理理论为主,推动着贷款定价理论的创新,为企业贷款保险定价问题的研究奠定了基础;同时,学者们从其他角度进行的探讨,也在促进着信用风险管理理论的不断发展,给本书研究带来了启发。

1.4.3 保险风险管理

由于借款人信用风险的存在,保险机构在开展企业贷款保险时可能遇到赔付水平、费用水平等与预期发生不利偏离而遭受非预期损失的风险,《保险公司偿付能力监管规则第4号:保险风险最低资本(非寿险业务)》将这类风险定义为保险风险(中国保险监督管理委员会,2015)。而保险价格直接关乎赔付水平与保费水平的高低,影响着保险风险,故研究企业贷款保险定价模型时有必要了解保险风险管理的发展方向。

在保险业,保险偿付能力监管历来被视作保险监管的核心(李朝锋等,2013)。借鉴银行业构建巴塞尔协议框架的做法,用经济资本量化保险机构面临的保险风险、市场风险、信用风险,推行偿付能力监管体系下的风险管理模式,已成为全球保险业的必然趋势(陈志国,2008;朱南军和何小伟,2008)。当前,我国正立足国情,借鉴欧盟保险偿付能力监管标准Ⅱ(简称"Solvency Ⅱ")和美国风险资本制度(简称"RBC"),构建适合国内保险业发展的风险导向偿付能力体系(简称偿二代),促使保险市场由规模控制向风险控制转变(陈文辉,2015,2016)。

随着保险监管理念的转变,偿付能力监管问题无疑是保险业风险管理的研究热点。在国际偿付能力监管体系中,由于Solvency Ⅱ力图在所有商业类型下制定一个兼顾风险管理质量和风险评估准确性的可持续的偿付能力框架,故更加值得我国借鉴(王颖和叶安琪,2014);在偿二代框架下,财险公司应抑制部分金融中介活动(周桦和张娟,2017),承保业务质量和成本管理是国企财险公司的风险控制要点(欧阳越秀等，2019)，监管规则有助于保险业在风险可控的条件下参与普惠金融及保险扶贫(赵宇龙，2018)。

同时，鉴于经济资本对于保险机构风险管理的重要意义(杨雅明和李静，2018)，经济资本相关问题正逐步成为保险领域的另一个研究热点。在偿付能力监管框架下，与保险风险、市场风险和信用风险所对应的经济资本均采用在险价值(VaR)法计量(Buckham et al.，2010；陈迪红和王清涛，2013)，主要考虑风险因子之间的相关系数、风险模型的参数、风险资产配置比例等影响因素(李秀芳和邓平紧，2018)，而度量经济资本时所涉及的风险聚合问题则一直是学者们(Alessandri and Drehmann，2010；Gatzert and Martin，2012；Christiansen et al.，2012；王向楠，2018)试图攻克的难点；经济资本理论中的RAROC指标在绩效评估方面比资本收益率(ROC)、净资产收益率(return on equity，ROE)、资本回报率(return on asset，ROA)等指标更全面有效(窦尔翔和熊灿彬，2011)，有助于促使保险公司优化资本配置(Nakada et al.，1999；Tian et al.，2012)、优化保险基金投资决策(王丽珍和李静，2011)、优化保险成本效益评估(Mango et al.，2013)。

此外，随着大数据时代的到来，学者们敏锐地注意到了大数据对保险风险管理带来的影响。大数据将从拓展可保范围、降低信息不对称、提高精算准确性等方面给传统数据条件下的保险业带来深刻变革(王和，2014；谢平等，2015；孙祁祥，2016)，为重新审视、发展保险风险度量方法和保险定价模型创造了条件(孙祁祥，2016)，势必促进保险产品与保险定价的创新(Nicoletti，2016)。

总之，在偿付能力监管体系的框架下，借鉴银行业的做法，经济资本理论开始被应用于保险风险管理，为在统一的风险管理理论框架下研究横跨银保两个行业的企业贷款保险定价理论创造了条件；同时，借助数理统计和大数据技术的发展，保险风险管理理论必将进一步完善，这给本书研究带来了启发。

1.4.4　贷款保险定价

鉴于前述贷款保险对于借款人融资增信的重要作用，不断有学者开始关注贷款保险定价问题，相关研究已初成体系。企业贷款保险转移的主要是来自借款企业的信用风险，且我国保险法将与贷款保险有关的两类保险——信用保险和保证保险归为财产保险，故在贷款保险定价领域，综合借鉴信用风险度量理论和财险定价理论来探讨相关问题是一个时期以来的研究范式。

在该研究范式下，研究成果主要包括参考以保险标的损失期望值为定价基础的财险传统定价原理(孙祁祥，2013)，以构建借款人信用转移概率矩阵、度量贷款损失分布及其分类为基础展开的一系列探讨，由借鉴度量信贷资产 VaR 值的 CreditMetrics 模型(Gupton et al.，1997)发展而来。在该研究体系中，唐吉平和陈浩(2004)率先以贷款预期损失为定价基础构建了单笔贷款保险定价模型，之后唐吉平等(2006)结合信贷资产相关性提出了贷款组合保险定价理论，为后续研究奠定了坚实的基础；随后，Puustelli等(2008)考虑外部经济的影响，研究了不同经济状态下的贷款保险保费；基于此方法，郭心义等(2013)测算了北京市小额信贷保证保险费率；Liang 和 Ye(2017)基于中小企业信用评级体系，探讨了科技类企业的贷款保险保费厘定问题。

然而，该研究路径存在以下两方面不足。一方面，传统贷款定价理论也是建立在由违约概率和违约损失率共同决定的贷款预期损失之上的(戴国强和吴许均，2005；邓超等，2010)，故上述以贷款预期损失作为保险定价主要依据的贷款保险定价理论，无意中造成了贷款保险价格与贷款价格在定价依据上的重叠，容易导致两种风险定价无法明确体现出保险机构与放贷机构在覆盖借款人信用风险方面的不同分工，势必引发借款人由于同一损失风险被收取两次费用的现象，不利于贷款融资贵等问题的解决；另一方面，上述理论的基础——CreditMetrics 模型受制于社会信用评价体系的完善程度，使得相关研究成果的主要理论假设是在一个完善的信用评价体系中能够准确测度借款人的信用等级及其变动概率，研究成果的应用高度依赖于借款人所属信用评价体系的完善性，不能有效满足小微企业贷款保险定价的现实需求。

此外，还有一些学者从特定角度利用特定方法研究了贷款保险定价理论，例如，Chen 等(2020)从动态博弈的角度研究了消费贷款保险的定价问题；安平等(2021)借助 Cox 模型构建了考虑成本和利润的个人贷款保险定价模型等。虽然这些研究尚不构成体系，但在研究思路方面同样给本书研究带来了一定启发。

与此同时，为强化经营风险防控能力，经济资本管理理论已经在银行业和保险业全面推广(武剑，2009；Saunders and Allen，2010；梁世栋，2011；彭建刚，2011)；在利率市场化和融资多元化的环境中，借款人的债务结构越来越复杂(郑振华和熊幸红，2008)；为避免道德风险，保险免赔条款已被广泛设置于包括贷款保险合同在内的各大财险保险合同中（Szpiro，1985；Dimitriyadis and Oney，2009；Dreze and Schokkaert，2013；Mao et al.，2013；赵尚梅等，2017；王晓博等，2018；Woodard et al.，2020；黄一凡和孟生旺，2022）；为扶持贷款保险尤其是小微企业贷款保险、缓解实体经济融资难和融资贵的矛盾，一些地方政府针对贷款保险纷纷出台了以保费补贴和损失补偿为主要形式的具体措施（中国人民银行成都分行课题组，2018；黄建辉和林强，2019）。

总之，面对发展企业贷款保险的现实需求，当前已有学者开始基于经典的信用风险度量模型探讨贷款保险定价理论，为本书在该领域的进一步研究奠定了坚实的基础，并带来诸多启发。然而，上述研究仍然存在以下几点不足：①定价依据值得商榷，已有模型不能有效避免银保双方对同一风险的重复定价问题；②考虑因素需要拓展，已有模型应考虑到经济资本的应用趋势、保险免赔条款、借款人债务结构等重要因素；③研究内容需要拓展，现有成果忽视了小微贷款保险定价实践的社会需求，适用于小微借款人的理论成果较为缺乏；④研究角度需要创新，除了借款人信用等级的研究视角，还有借款人负债和保险免赔等研究视角值得学者们进一步尝试；⑤模型体系有待健全，相关模型体系的构建不应仅限于保险定价本身，对关联紧密的贷款保险补贴补偿测算问题也应适当关注。

1.4.5　存款保险定价

贷款源自存款，存款在本质上是放贷机构向储户借贷的资金，储户同样面临着来自放贷机构的信用风险。鉴于此，为保护存款安全，维护存款者利益，存款保险应运而生，相关理论研究对于企业贷款保险定价模型的探讨具有重要的借鉴意义。

在存款保险定价领域，最为经典的文献当属 Merton（1977）提出的将看跌期权定价原理（Black and Scholes，1973）应用于存款保险定价模型的理论。该理论将存款保险合同看作一项以存款机构资产价值为期权标的、以存款机构总负债为执行价格、以保险期限为期权期限的看跌期权，借助期权定价原理为存款保险定价；在此基础上，Ronn 和 Verma（1986）改进了计算存款机构资产市场价值及其波动率的方法。

在上述研究框架下，国内外众多学者考虑不同因素对存款保险定价问题展开了研究。应用 Merton 的模型，Marcus 和 Shaked（1984）对美国联邦存款保险公司（Federal Deposit Insurance Corporation，FDIC）的存款保险定价进行了测算；Duan 和 Yu(1999)借助广义自回归条件异方差(generalized autoregressive conditional heteroskedast, GARCH)模型提出了兼顾宽容条件与道德风险的存款保险定价模型；Episcopos(2004)对存款保险基金进行了估计；Sironi 和 Zazzara(2004)应用信用风险度量模型对意大利的存款保险公平定价方法进行了研究；Hwang 等(2009)加入了破产损失和破产关停政策等对存款保险定价的影响因子；Ellyne 和 Cheng(2014)计算了南非开展存款保险业务的价格；Lee 等(2015)结合银行间的相关性提出了考虑系统风险的存款保险定价模型；张金宝和任若思(2006，2007b，2007c)在模型中相继加入了监管宽容条件、银行债务清偿结构、未保险存款利率等影响因素；赖叔懿等(2008)则在相同的研究思路下分析了存款保险单一费率引发的银行道德风险；Mao 等(2013)用多元回归方法构建了考虑投资、免赔额和政策限制的存款保险定价模型。上述基于看跌期权进行的存款保险定价研究，其本质都是从存款机构的负债角度，以存款机构市场价值是否低于存款机构负债为依据来度量存款机构的违约风险，进而为存款保险定价。因此，上述理论的前提条件是准确测度投保存款机构的市场价值及其波动率，且对存款机构所处资本市场的有效性要求较高。换言之，上述理论仅适用于在有效资本市场中的上市存款机构，而对未上市的中小存款机构或处于无效资本市场的存款机构，上述存款保险定价理论并不适用。

为规避上述理论局限，有学者开始尝试从其他角度研究存款保险定价问题。Freixas 和 Rochet(1998)对存款保险公平定价的激励相容机制进行了研究；魏志宏(2004)构建了以存款损失期望为主要定价依据的存款保险定价模型；张金宝和任若恩(2007a)基于银行资本配置的角度对存款保险定价展开了研究；李钢等(2010)研究了聚合存款保险保费的设计问题，提出了去经济周期影响的存款保险定价方法；刘海龙和杨继光(2011)则结合存款保险定价的期权定价法和期望损失定价法，提出了利用银行破产时被保险存款的期望损失来定价的存款保险定价新思路；陈学民和吴仰儒(2012)基于效用理论和无赔款优待构建了新的存款保险定价模型。

总之，贷款保险与存款保险存在诸多相似之处，存款保险定价领域的丰硕研究成果，尤其是大量基于看跌期权理论的相关文献，对于企业贷款保险定价模型的创新研究具有重要的借鉴意义。

1.4.6 其他相关保险定价理论

随着金融理论的快速发展，保险研究的分析方法和研究范式深受现代金融理论的影响(孙祁祥和孙立明，2002)，这从期权理论被广泛用于保险定价相关研究便可见一斑。除了存款保险定价领域，期权理论还常见于其他保险定价问题的相关探讨之中，给企业贷款保险定价模型的研究带来了启发。

在医疗保险定价领域，郑红等(2010)和宋湘宁(2010)改进了Bladt和Rydberg(1998)的研究，相继运用供需均衡原理推导出经典的布莱克-斯科尔斯(Black-Scholes)期权定价模型，将保险精算与期权定价统一于一般经济学研究框架。基于此，高额医疗费用保险被看成一个向上敲出的看涨期权(宋湘宁，2010)，社区医疗服务期权相当于一个以人均医疗费用为执行价格的欧式看涨期权(娄成武和郑红，2010)，医疗保险被视作一个以医保期内个人医疗费用为期权标的、以医保免赔额为执行价格、以医保期限为期权期限的欧式看涨期权(郑红，2011)，各种基于看涨期权理论的医保定价模型应运而生。沿着该研究路径，郑红和游春(2011)进一步将医保赔偿限额视作期权执行障碍，运用障碍期权理论构造了兼顾免赔额、赔偿限额和保险分担比例的补充医疗保险定价模型，并系统探讨了政府购买社会保障服务的期权定价模式(郑红，2015)。

在巨灾保险定价领域，巨灾保险被视作以巨灾损失指数为基础的期权合同(Cummins and Geman 1995；Geman et al.，1995；Bruggeman，2007；Cummins，2008)，主要借鉴看涨期权、看跌期权、看涨价差等期权理论，通过构造巨灾期权买权、巨灾期权卖权、巨灾买权价差等巨灾期权为巨灾保险定价(谢世清，2010；胡炳志和吴亚玲，2013)。基于此思路，在我国遭受汶川特大地震灾害的背景下，诸多学者运用期权理论对巨灾保险定价问题展开了深入研究。Biagini等(2008)基于傅里叶变换构建了巨灾损失指数期权的定价模型；王博(2009)用保险精算方法和看涨期权理论，对带跳跃过程的巨灾期权进行了定价；丁波和巴曙松(2010)以巨灾指数作为标的物、以特定巨灾风险的损失限额或指数作为行权价，结合国情构建了中国地震巨灾期权的定价模型；谢世清和梅云云(2011)从保险精算的角度推导出了巨灾期权的理论定价公式，并利用巨灾指数分布表对巨灾期权进行了保险精算实证定价；胡炳志和吴亚玲(2013)运用看涨期权价差理论和蒙特卡罗模拟构建模型，对中国大陆地震巨灾保险进行定价；为能同时处理巨灾指数的三个关键特征——跳跃性、两部性(损失期和延展期)和上界性，程铖等(2014)提出了一种基于Esscher变换的巨灾指数期权定价的解析表达式；李永等(2014)将破产理论引入巨灾权益卖权定价模型，尝试解决巨灾期权定价中涉及的复杂现金流折现和巨灾跳跃拟合等问题；Koo和

Kim(2017)提出了具有指数跳变和违约风险的巨灾看跌期权定价公式；许玲燕等(2018)将干旱指数巨灾期权视作一种以干旱指数作为标的资产、带有障碍条款的、具有多个行权日的百慕大式看涨期权，推导出了用于巨灾期权定价的三叉树模型。

在其他保险产品定价领域，期权理论同样被广泛应用。李志学和张丽(2011)以环境责任为保险标的资产、以保险金为执行价格的欧式看跌期权，运用期权理论构建定价模型为环境责任险定价；彭红枫和肖祖沔(2016)将防癌险产品视作以癌症发病概率序列为标的、附带特殊敲出条款的多个看涨障碍期权所组成的结构化期权产品，构建了适用于消费型和返还型互联网保险产品的期权定价模型；孟令松等(2016)基于风险中性原则，以网贷公司的市场价值为期权标的、以网贷公司的负债为执行价格、以保险期限为期权到期期限，应用欧式看跌期权定价原理，构建了网络信贷保险风险准备金定价模型。

总之，在现代金融理论框架下，为摆脱传统保险精算理论的局限，看跌期权、看涨期权、价差期权等期权理论已被学者们广泛用于存款保险、医疗保险、巨灾保险、环境责任保险、网络保险等保险定价问题的探讨，为拓展企业贷款保险定价模型的研究思路带来了启发。

1.4.7 研究现状评述

综上所述，当前已有学者注意到贷款保险在促进实体经济发展和扩大普惠金融覆盖面等方面所具有的重要作用，并开始基于经典的信用风险度量理论对贷款保险的科学定价问题展开研究，为系统研究企业贷款保险定价模型开辟了一条值得借鉴的重要路径。然而，该领域仍然存在以下几点不足，值得学者们在开展有关企业贷款保险定价问题的研究时予以进一步完善。

1. 定价基础有待改进

如前所述，已有贷款保险定价模型普遍以贷款预期损失值作为保险定价主要基础的做法，不能有效避免银保双方对同一风险的重复定价问题。那么，除了贷款预期损失之外，还能否以贷款非预期损失或极端损失作为企业贷款保险的主要定价基础呢？当前，经济资本管理理论在银行业和保险业的推广似乎已经给出了答案。

2. 研究视角需要变换

如前所述，借款人的信用等级是关于贷款保险定价问题研究的第一视角。相关研究是基于经典的 CreditMetric 模型发展起来的，故其成果应用自然受制于社会信用评价体系的完善程度。那么，除了借款人的信用等级，还能找到其他探讨贷款保险定价问题的研究视角吗？在其他保险定价研究领域，以银行负债视角开展的存款保险定价研究与以保险免赔视角开展的医疗保险定价研究，为变换贷款保险定价问题的研究视角带来了诸多启发。

3. 考虑因素较为单一

如前所述，当前贷款保险定价模型主要考虑借款人的信用等级变化状况和保险期限，考虑因素比较单一。结合企业贷款保险的特点，基于对存款保险、医疗保险等其他保险定价前沿理论的参考，不难发现尚有诸多重要因素值得在探讨企业贷款保险定价模型时予以考虑，例如，银保双方的风险管理目标、借款企业的市场价值、借款企业的债务清偿结构、借款企业的债务利率结构、保险免赔额、最高赔付额等。

4. 研究内容需要拓展

如前所述，已有贷款保险定价模型要求借款人的信用等级及其转移概率能够被准确测度，需要社会构建起健全的信用评价体系和准确的信用风险转移概率矩阵，即已有研究主要着眼于信用信息完善的借款人。因此，相关研究成果对于缺乏信用数据的小微借款人而言不太适用。小微企业相比大中型企业在数量上占据绝对优势，它们往往是通过贷款保险方式融资的主力军，故构建适用于小微企业的贷款保险定价模型理应成为研究企业贷款保险定价问题的重要内容。

5. 模型体系不够完整

如前所述，当前贷款保险定价的研究成果尚未注意到政府在一定时期内对某些种类企业贷款保险进行补贴补偿的现实情况，导致贷款保险定价模型体系在有关保费补贴和风险补偿测算方面存在理论空白。鉴于此，为构建完整的企业贷款保险定价模型体系，有必要顺应政府扶持某类企业贷款保险发展的现实需求，将企业贷款保险补贴补偿测算模型纳入企业贷款保险定价理论的研究范畴。

总之，尽管当前有关贷款保险定价问题的研究还存在诸多不足，但不断发展的信用风险度量理论、信用风险管理理论和保险风险管理理论，以及存款保险定价、医疗保险精算等相关领域的前沿成果，都为在弥补上述不足的基础上，深入研究企业贷款保险定价模型带来了诸多启发。

1.5 主要内容与框架

1.5.1 主要内容

本书旨在为企业贷款保险定价理论搭建基础模型体系，主要包括概论、借款企业信用等级视角下的企业贷款保险定价模型、借款企业负债视角下的企业贷款保险定价模型、保险免赔视角下的企业贷款保险定价模型和复杂条件下的企业贷款保险定价模型 5 个既相互联系又各有不同的部分，每部分的主要内容如下。

第一篇，概论

本篇从研究背景、学术价值、主要内容和学术创新等方面介绍本书，综述相关研究现状与不足之处，带领读者认识企业贷款保险定价问题，并对与本书研究紧密相关的信用风险度量与管理理论、贷款保险定价理论和其他保险定价理论进行梳理。

第二篇，借款企业信用等级视角下的企业贷款保险定价模型

为利用社会信用评价体系改进已有理论的定价依据，本篇从贷款损失分类的角度，首先以贷款非预期损失与极端损失为主要依据构建企业贷款保险费率厘定模型；然后，引入经济资本理论，构建基于 RAROC 的企业贷款保险费率厘定模型；最后，提出在社会信用评价体系下科学测算企业贷款保险保费补贴与风险补偿基金的理论模型。

第三篇，借款企业负债视角下的企业贷款保险定价模型

为利用借款企业市场价值信息创新企业贷款保险定价理论，本篇从借款企业负债的角度，引入欧式看跌期权理论，首先提出基于看跌期权的企业贷款保险定价基本原理，并构建基于看跌期权的企业贷款保险费率厘定基本模型；然后，结合破产企业债务清偿原则，运用熊市价差期权原理，建立考虑借款企业债务清偿结构的企业贷款保险费率厘定模型；最后，鉴于借款企业债务利率结构给企业贷款带来的信用风险，构建考虑借款企业债务利率结构的企业贷款保险定价模型。

第四篇，保险免赔视角下的企业贷款保险定价模型

为利用同类贷款损失数据创新企业贷款保险定价理论，本篇从保险免

赔额的角度，引入欧式看涨期权原理，首先提出基于看涨期权的企业贷款保险定价基本原理，并运用保险精算原理推导出基于看涨期权的企业贷款保险费率厘定基本模型；然后，结合保险最高赔付额、保险分担比例与贷款还款展期的存在事实，运用价差期权原理，进一步推导出考虑有限赔付与还款展期的企业贷款保险费率厘定模型；最后，构建运用同类贷款损失数据科学测算企业贷款保险保费补贴与风险补偿基金的理论模型。

第五篇，复杂条件下的企业贷款保险定价模型

为构建更加全面的企业贷款保险定价模型体系，本篇在归纳分析单一视角条件下企业贷款保险定价模型的基础上，提出复杂条件下的企业贷款保险费率厘定模型与企业贷款保险补贴补偿测算模型，最终完成企业贷款保险定价理论基础模型体系的搭建。

图 1-1 较为直观地展示了本书研究内容及其相互之间的关系。

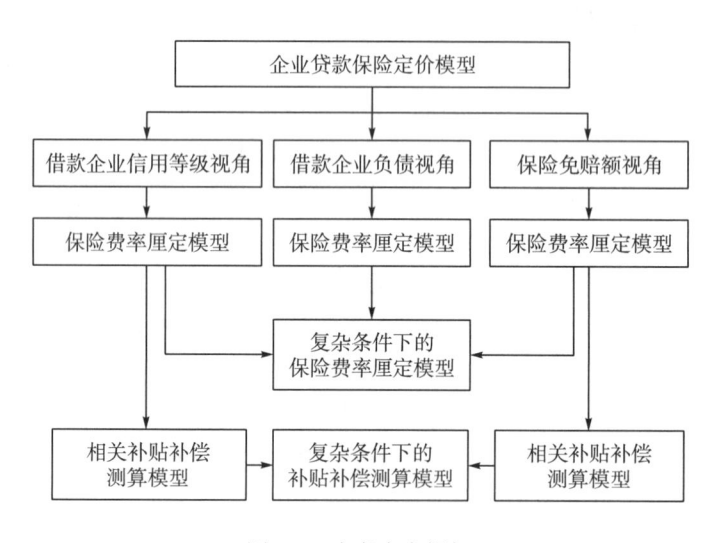

图 1-1　本书内容框架

1.5.2　框架结构

为保证在企业贷款保险定价基础理论方面的研究广度和研究深度，根据前述研究内容本书编排了五篇共 13 章。较之已有理论，本书力求给读者带来由近及远、由窄变宽和由浅入深的层次感，具体结构安排如下。

第一篇，概论

第 1 章，绪论

本章从研究背景、问题提出、文献综述、主要内容、学术创新和学术

价值等方面全方位地介绍本书,引导读者了解本书的整体框架。

第2章,企业贷款保险定价研究的相关理论

本章将对涉及企业贷款保险定价的相关理论进行梳理和分析,引导读者了解本书的相关理论基础。

第二篇,借款企业信用等级视角下的企业贷款保险定价模型

第3章,基于贷款非预期损失与极端损失的企业贷款保险费率厘定模型

为改进已有模型在定价依据方面存在的不足,本章以贷款非预期损失与极端损失为企业贷款保险定价的主要依据,构建相应的企业贷款保险费率厘定模型。

第4章,基于RAROC的企业贷款保险费率厘定模型

为顺应经济资本理论发展和应用的潮流,本章在第3章的基础上,进一步将经济资本理论中的RAROC指标引入企业贷款保险定价研究,构建相应的企业贷款保险费率厘定模型。

第5章,借款企业信用等级视角下企业贷款保险补贴补偿测算模型

为从贷款损失分类的角度运用社会信用评价数据更加科学地测算企业贷款保险补贴价格与风险补偿基金,本章在第3章和第4章的基础上,构建相应的企业贷款保险补贴补偿测算模型。

第三篇,借款企业负债视角下的企业贷款保险定价模型

第6章,基于看跌期权的企业贷款保险费率厘定基本模型

为降低企业贷款保险定价模型对社会信用评价体系的依赖程度,本章针对上市借款企业市场价值易于被测度的特点,从借款企业负债的角度提出基于欧式看跌期权理论的企业贷款保险定价原理,并构建基于看跌期权的企业贷款保险费率厘定基本模型。

第7章,考虑借款企业债务清偿结构的企业贷款保险费率厘定模型

为使企业贷款保险价格更加准确地反映出隐藏于借款企业债务清偿结构中的信用风险,本章在第6章的基础上,结合破产企业债务清偿原则,构建相应的企业贷款保险费率厘定模型。

第8章,考虑借款企业债务利率结构的企业贷款保险费率厘定模型

为使企业贷款保险价格准确地反映出隐藏于借款人债务利率结构中的信用风险,本章在第6章和第7章的基础上,结合借款企业债务利率结构的特点,构建相应的企业贷款保险费率厘定模型。

第四篇,保险免赔视角下的企业贷款保险定价模型

第9章,考虑保险免赔的企业贷款保险费率厘定基本模型

为在社会信用体系尚不健全或无法准确测度借款企业市场价值的条件

下能够继续探讨企业贷款保险定价模型，本章从保险免赔的角度，提出基于欧式看涨期权的企业贷款保险定价基本原理，并运用保险精算原理构建基于看涨期权的企业贷款保险费率厘定基本模型。

第10章，考虑有限赔付与还款展期的企业贷款保险费率厘定模型

为使企业贷款保险价格准确地反映出有限赔付与还款展期的影响，本章在第9章的基础上，结合最高免赔额、保险分担损失和还款展期的特点，构建相应的企业贷款保险费率厘定模型。

第11章，保险免赔视角下的企业贷款保险补贴补偿测算模型

为从保险免赔额的角度运用同类贷款损失数据更加科学地测算企业贷款保险补贴价格与风险补偿基金，本章在第9章和第10章的基础上，构建相应的企业贷款保险补贴补偿测算模型。

第五篇，复杂条件下的企业贷款保险定价模型

第12章，复杂条件下的企业贷款保险费率厘定模型

为规避简单条件下企业贷款保险费率厘定理论的局限性，本章在归纳分析第3~4章、第6~10章的基础上，提出复杂条件下的企业贷款保险费率厘定原理与理论模型。

第13章，复杂条件下的企业贷款保险补贴补偿测算模型

为规避简单条件下企业贷款保险补贴补偿测算理论的局限性，本章在归纳分析第5章和第11章的基础上，提出复杂条件下的企业贷款保险补贴补偿测算原理与理论模型。

1.6 主要观点与贡献价值

1.6.1 主要观点

1. 第一篇的主要观点

(1)较之其他贷款，企业贷款有着单笔信贷资金规模大、银行贷款占比大、种类繁多、违约原因复杂等特点，集聚了社会贷款融资中最为主要的信用风险；为便于从现实角度开展企业贷款保险定价研究，企业贷款可被划分为纳入社会信用评价体系的企业贷款、上市企业贷款、中小微企业贷款等几个主要类型。

(2)在信用风险度量理论中，CreditMetrics模型使得人们在完善的社会信用评级体系下准确度量企业贷款损失分布及其风险分类成为可能，而

KMV 模型使得人们在有效资本市场条件下利用企业债务准确度量上市企业信用风险成为可能,它们对于企业贷款保险定价研究都具有重要的借鉴意义。

(3)在新巴塞尔资本协议和保险偿付能力监管的各自框架下,经济资本理论势必成为银保双方管理风险的重要理论;故未来通过企业贷款保险业务转移的将不仅仅是信用风险,还有与信用风险相匹配的经济资本占用,这对于变革传统意义上的信用风险转移定价理论将产生深远影响。

(4)纯保费及其纯费率是非寿险价格的核心,而赔付额的期望值则是厘定纯保费的主要依据;在非寿险定价理论的框架下,企业贷款保险定价研究的核心问题应是在各种条件下针对各类借款企业如何科学地测算出与保险风险相匹配的纯保费及其纯费率,并尽可能地兼顾相关因素的影响。

(5)基于贷款预期损失的贷款保险定价理论,为在完善的社会信用评价体系下研究贷款保险定价模型开创了一条重要路径,其理论局限性恰好为学者们从借款企业信用等级视角下继续研究企业贷款保险定价问题留下了巨大空间。

(6)看跌期权在存款保险定价研究中的应用,对于从企业负债视角研究上市企业贷款的保险定价问题具有重要的借鉴意义;而看涨期权在医疗保险定价研究中的应用,则为从保险免赔视角探讨企业贷款保险定价问题尤其是小微企业贷款保险定价问题带来了启发。

2. 第二篇的主要观点

(1)在运用信用转移概率矩阵度量企业贷款损失分布时,应兼顾借款企业信用状况在贷款期限内经不同路径上下波动的实际情况,同时基于借款企业信用状况始终如初的假设计算得到的企业贷款风险不变价值更适合作为衡量企业贷款损失的参照标准。

(2)较之表现为贷款预期损失的信用风险,表现为贷款非预期损失与极端损失的信用风险具有损失大、概率小的特点,更适合且更需要借助保险等信用风险转移业务来分散化解。

(3)基于贷款发生非预期损失与极端损失的各种情况及其概率计算出的损失期望值,可作为制定企业贷款保险价格等信用风险转移价格的重要依据,且制定出的企业贷款保险价格存在着可能的价格优势。

(4)随着借款企业在保险期初信用状况的逐步恶化,表现为贷款非预期损失与极端损失的信用风险将呈现出加速上升的趋势,企业贷款保险价格应随之加速提高。

(5)在放贷机构和保险机构均实行经济资本管理业务风险的条件下,表现为贷款非预期损失的信用风险更适合作为企业贷款保险风险转移对象,而经济资本理论中的 RAROC 将成为该思路下制定信用风险转移价格的桥梁。

(6)在银保双方 RAROC 目标约束下,以企业贷款保险为代表的信用风险转移价格是有上下限的;当其他条件保持不变时,企业贷款保险价格的上限随放贷银行的 RAROC 目标反向变动,企业贷款保险价格的下限随保险人的 RAROC 目标同向变动。

(7)在银保双方 RAROC 目标的约束下,较之企业贷款保险价格的上限,企业贷款保险价格的下限对借款企业在保险期初的信用状况更为敏感,导致企业贷款保险定价区间随借款企业在保险期初信用状况的下降呈现出由宽变窄,逐步上移,直至消失的特征,企业贷款保险的基准价格应在该区间内随之逐步升高。

(8)对于参与企业贷款保险的银保双方而言,任何一方 RAROC 目标的提高均会导致企业贷款保险定价区间的收窄,银保双方的 RAROC 目标与企业贷款保险定价区间的宽度保持反向变化关系。

(9)在借款企业信用等级视角下,企业贷款的非预期损失与极端损失更适合财政参与分担,故可将政府参与企业贷款保险损失分担的方式划分为三类:第一类,政府仅参与企业贷款极端损失的分担;第二类,政府仅参与企业贷款非预期损失的分担;第三类,政府同时参与企业贷款非预期损失和极端损失的分担。

(10)在政府仅参与分担企业贷款极端损失的分担方式下,当借款企业初始信用等级由高到低变化时,风险价格补贴率及其对应的风险补偿基金应随之持续上升;当风险容忍度由小到大变化时,风险价格补贴率及其对应的风险补偿基金也应随之持续上升。在此情况下,政府给予企业贷款保险的补贴补偿行为应主要针对面向较低信用等级借款企业投放贷款或风险容忍度较高的放贷机构实施。

(11)在政府仅参与分担企业贷款非预期损失的分担方式下,当借款企业初始信用等级由高到低变化时,风险价格补贴率及其对应的风险补偿基金应随之持续上升;当风险容忍度由小到大变化时,风险价格补贴率及其对应的风险补偿基金应随之持续下降。在此情况下,政府给予企业贷款保险的补贴补偿行为应主要针对面向较低信用等级借款企业承保或风险容忍度较低的保险机构实施。

(12)在政府同时参与分担企业贷款非预期损失和极端损失的分担方式

下，当借款企业初始信用等级由高到低变化时，风险价格补贴率及其对应的风险补偿基金应随之持续上升；当银保双方风险容忍度由小到大变化时，风险价格补贴率及其对应的风险补偿基金应视具体情况而定。在此情况下，政府给予企业贷款保险的补贴补偿行为应主要针对面向较低信用等级借款企业承保或放贷的银保机构实施。

3. 第三篇的主要观点

(1) 企业贷款保险赋予了放贷银行在保险期末当贷款发生损失时要求投保人予以赔偿的选择权，该选择权等同于一项欧式看跌期权，期权标的是借款企业资产的市场价值，行权价是借款企业的总负债，到期日与保险期限同步。银保双方签订企业贷款保险合同的实质就是在交易这项选择权，该项选择权价格就是企业贷款保险业务的价格。

(2) 如果将借款企业的资产市场价值是否低于其总负债视作判断借款企业是否违约进而导致企业贷款出现损失的决定因素，则可借助一项虚拟的欧式看跌期权，应用经典的欧式看跌期权定价公式，计算出隐含于企业贷款保险合同中投保人获赔选择权的价格，从而求得企业贷款保险纯保费。

(3) 从借款人负债的角度归纳，为与所面临的信用风险相匹配，企业贷款保险价格应随保险期内借款企业资产市场价值波动率的加大而加速提高，应随借款企业在保险期初资产负债率的加大而提高，应随借款企业在保险期初权益与负债价值之比的加大而降低，应随保险期的加长而加速提高。

(4) 借助第 6 章所建模型不仅能够找到与借款企业状况较为匹配的贷款保险期限区间，还可度量出不同借款企业在未来同一保险期限内的信用风险大小，筛选出真正需要购买保险的企业贷款。

(5) 企业贷款往往并非企业的全部负债，由于企业债务清偿顺序的客观存在，致使企业贷款在借款企业债务中的清偿优先级及其占比会给贷款的正常偿还带来风险，故在研究企业贷款保险定价问题时不能忽略来自借款企业债务清偿结构的信用风险。

(6) 在借款企业的债务清偿结构中，清偿顺序优先于企业贷款的优先债，有加重企业贷款信用风险的作用，且作用明显。为充分反映出此类信用风险，企业贷款保险价格应随优先债比重的增加而加速上升。

(7) 在借款企业的债务清偿结构中，清偿顺序次后于企业贷款的次级债，有减轻企业贷款所面临的信用风险的作用，且作用明显。为充分反映出此类信用风险，企业贷款保险价格应随次级债比重的增加而减速下降。

(8)在借款企业的债务清偿结构中,清偿顺序与企业贷款相同的同级债,也有加重企业贷款所面临的信用风险的作用,但作用有限。为充分反映出此类信用风险,企业贷款保险价格应随"同级债"比重的增加而逐步上升。

(9)在多渠道融资和利率多元化及市场化的条件下,其他债务在借款企业总负债中的占比及其不同利率,同样会影响到被保险贷款的正常还贷,故企业贷款保险定价不能忽略来自借款企业债务利率结构的信用风险。

(10)在企业负债中,非贷款类债务的利率水平,是构成企业贷款信用风险的一个重要因素。若保持其他因素不变,企业贷款的信用风险将随非贷款类债务利率水平的升高而升高,进而推动企业贷款保险定价水平的升高。

(11)在企业负债中,比银行贷款利率高的债务(高利率债),是推高企业贷款信用风险的另一个重要因素。若保持其他因素不变,企业贷款的信用风险将随高利率债在借款企业债务中占比的增加而增大,进而推动企业贷款保险定价水平的升高。

(12)在企业负债中,比银行贷款利率低的债务(低利率债),是消减企业贷款信用风险的一个重要因素。若保持其他因素不变,企业贷款的信用风险将随低利率债在借款企业债务中占比的增加而减小,进而降低相应企业贷款保险的定价水平。

4. 第四篇的主要观点

(1)附带免赔条款的企业贷款保险合约可视作一项以企业贷款到期损失率(企业贷款到期损失)为期权标的物、以免赔率(免赔额)为执行价格、以保险到期日为期权到期日的欧式看涨期权,保险机构即期权卖出方,投保人即期权购买方,保险纯费率即卖出该期权的价格。

(2)根据保险精算基本原理,利用被保险企业贷款的同类贷款损失率的历史数据,在综合考虑保险免赔率、保险期初同类贷款损失率、保险期限、同类贷款损失率的漂移率及波动率五大因素的情况下,即可推导出免赔视角下的企业贷款保险纯费率厘定模型。

(3)在第9章新建的模型中,企业贷款保险的纯费率与保险期初贷款损失率、贷款损失率的漂移均方差、保险期限、贷款损失率的漂移率分别保持着不同程度的同向变化关系,而与保险免赔率则保持着较强的反向变化关系,在企业贷款保险精算过程中应准确把握上述因素对保险价格的影响方向与影响程度。

(4) 如果承保机构在提高免赔率的同时适当缩短保险期限，会更大幅度地降低企业贷款保险纯费率，保险机构可主动利用这个定价规律为合理降低贷款保险价格和适度扩大承保利润创造更大空间。

(5) 在免赔额和最高赔付额条款并存的条件下，买入一份企业贷款保险等同于以被保险企业贷款到期损失（损失率）为期权标的，用两份期限相同操作方向相反的欧式看涨期权构造的一份熊市价差期权：免赔额（免赔率）即为构造价差期权过程中买入的那份欧式看涨期权的行权价，最高赔付额（最高赔付率）即为构造价差期权过程中卖出的那份欧式看涨期权的行权价，而企业贷款保险纯费率即为该价差期权的价值，沿此思路可推导出考虑有限赔付和还款展期的企业贷款保险定价模型。

(6) 在第 10 章新建的模型中，最高赔付率、保险损失分担比例、保险期初同类贷款损失率对企业贷款保险定价水平起着不同程度的同向推高作用，而免赔率则对企业贷款保险定价水平起着明显的反向消减作用。

(7) 在第 10 章新建的模型中，由于同时设置免赔率与最高赔付率赋予企业贷款保险合约的价差期权属性的存在，企业贷款保险定价水平不一定会随保险期限、同类贷款损失率的漂移率及波动率同向变化。

(8) 企业贷款保险纯费率应随免赔率与最高赔付率之间的差距大小同向变化。保险机构可利用此特性，在提高免赔率的同时适度降低最高赔付率，将企业贷款保险纯费率维持在一个比较低的水平，为降低企业贷款融资成本或增加保险利润预留更加充足的空间。

(9) 免赔视角下，由于保险免赔额与保险最高赔付额的同时存在，可将财政对企业贷款损失的分担方式划分为三类：第一类，政府仅参与分担最高赔付额之上无法被放贷银行承担的企业贷款损失；第二类，政府仅参与分担介于免赔额和最高赔付额之间无法被保险承担的企业贷款损失；第三类，政府既要参与分担超过最高赔付额而未被放贷银行承担的企业贷款损失，又要参与分担介于免赔额和最高赔付额之间未被保险承担的企业贷款损失。

(10) 在第一类分担方式下，除财政分担比例外，还有五大因素影响着企业贷款保险的风险价格补贴与风险补偿基金的测算结果。其中，最高赔付率对企业贷款保险补贴补偿测算结果起着较大的反向消减作用，保险期初同类贷款损失率、保险期限、同类贷款损失率的漂移率及波动率等因素对企业贷款保险补贴补偿测算结果起着不同程度的同向推动作用；此时，补贴补偿测算者应重视最高赔付率和保险期初贷款损失率（或相关企业贷款近期损失数据）对企业贷款保险补贴补偿测算结果的影响。

(11)在第二类风险分担方式下,除财政分担比例外,还有六大因素影响着企业贷款保险的风险价格补贴与风险补偿基金的测算结果。其中,免赔率对企业贷款保险补贴补偿测算结果起着明显的反向消减作用,最高赔付率、保险期初同类贷款损失率对企业贷款保险补贴补偿测算结果起着不同程度的同向推高作用;但由于同时设置免赔率与最高赔付率赋予企业贷款保险合约的价差期权属性的存在,保险期限、同类贷款损失率的漂移率及波动率等其他决定因素对企业贷款保险补贴补偿测算结果的影响规律将不一定呈现同向推动作用。此时,补贴补偿测算者应重视免赔率、最高赔付率和保险期初同类贷款损失率(或相关企业贷款近期损失数据)对企业贷款保险补贴补偿测算结果的影响。

(12)在第三类分担方式下,当财政以分担超过最高赔付额(最高赔付率)未被放贷银行承担的企业贷款损失为主时,各因素对于企业贷款保险补贴补偿测算结果的影响方向和影响程度整体上近似于第一类分担方式;当财政以分担介于保险免赔额(免赔率)和最高赔付额(最高赔付率)未被保险机构承担的企业贷款损失为主时,各因素对企业贷款保险补贴补偿测算结果的影响方向和影响程度整体上类似于第二类分担方式;当财政补贴补偿银保双方的力度相当时,各因素对企业贷款保险补贴补偿测算结果的影响方向和影响程度要视实际情况和具体数据而定。

5. 第五篇的主要观点

(1)借款企业信用等级视角下的企业贷款保险费率厘定模型擅长捕捉隐藏于借款企业信用等级变化中的信用风险,有助于学者们在完善的社会信用评价体系下,运用贷款损失分布或顺应风险管理的发展趋势,针对纳入征信体系的企业展开更加深入的贷款保险费率厘定理论研究;然而,该类模型对企业信用评级的准确性和及时性以及银保双方经济资本管理水平的要求较高,给该类模型应用带来了局限。

(2)借款企业负债视角下的企业贷款保险费率厘定模型擅长捕捉隐藏于借款企业债务结构中的信用风险,有助于学者们在有效的资本市场内,运用借款企业的市场价值信息,针对上市企业展开更加深入的贷款保险费率厘定理论研究;然而,该类模型对借款企业市场价值信息的准确性和及时性要求较高,即对借款企业所在资本市场的有效性要求较高,给该类模型应用带来了局限。

(3)保险免赔视角下的企业贷款保险费率厘定模型擅长捕捉隐藏于一定空间和时间范围同类贷款历史损失数据中的信用风险,有助于学者们在细分企业贷款种类的条件下，运用充足的同类贷款损失数据，针对各类企业尤其是小微企业展开更加深入的贷款保险费率厘定理论研究；然而，该类模型对企业贷款的细分程度和同类贷款损失数据的充足性要求较高，给该类模型应用带来了局限。

(4) 兼顾借款企业债务状况和借款企业信用等级是企业贷款保险定价实践面临的第一类复杂条件。在该条件下，可以在基于 RAROC 的企业贷款保险定价模型和考虑借款企业债务清偿结构的企业贷款保险定价模型的基础上，以前者作为保险纯费率的取值范围，以后者作为保险纯费率的主要表达式，酌情综合构建企业贷款保险定价模型。

(5) 兼顾借款保险免赔条款和借款企业信用等级是企业贷款保险定价实践面临的第二类复杂条件。在此条件下，可以在基于 RAROC 的企业贷款保险定价模型和考虑有限赔付的企业贷款保险费率厘定模型的基础上，以前者作为保险纯费率的取值范围，以后者作为保险纯费率的主要表达式，酌情综合构建企业贷款保险定价模型。

(6) 兼顾借款企业债务状况和借款保险免赔条款是企业贷款保险定价实践面临的第三类复杂条件。在此条件下，可以在考虑借款企业债务清偿结构的企业贷款保险定价模型和考虑有限赔付的企业贷款保险费率厘定模型的基础上，依据承保风险最小化和保险收益最大化的原则来确定保险纯费率的主要表达式，酌情综合构建企业贷款保险定价模型。

(7) 兼顾借款企业债务状况、借款企业信用等级及保险免赔条款是企业贷款保险定价实践面临的第四类复杂条件。在此条件下，可以在基于 RAROC 的企业贷款保险定价模型、考虑借款企业债务清偿结构的企业贷款保险定价模型和考虑有限赔付的企业贷款保险费率厘定模型的基础上，以基于 RAROC 的企业贷款保险定价模型计算保险纯费率的取值范围，依据承保风险最小化和保险收益最大化的原则来确定保险纯费率的主要表达式，酌情综合构建企业贷款保险定价模型。

(8) 借款企业信用等级视角下的企业贷款保险补贴补偿测算模型擅长捕捉隐藏于借款企业信用等级变化中的信用风险，有助于学者们在完善的社会信用评价体系下，运用贷款损失分布或顺应风险管理的发展趋势，针对所有纳入征信体系的企业尤其是小微企业展开更加深入的贷款保险补贴补偿理论研究；然而，该类模型对企业信用评价数据的准确性和及时性要求较高，同时忽视了企业贷款保险合约中的免赔条款对补贴补偿测算的影响，可能导致测算的企业贷款保险风险价格补贴率或风险补偿基金偏高。

(9) 保险免赔视角下的企业贷款保险补贴补偿测算模型擅长捕捉隐藏于一定空间和时间范围同类贷款历史损失数据中的信用风险，有助于学者们在细分企业贷款种类的条件下，运用充足的同类贷款损失数据，针对各类企业尤其是小微企业展开更加深入的贷款保险补贴补偿测算理论研究；然而，该类模型对企业贷款的细分程度和同类贷款损失数据的充足性要求较高，同时忽视了借款企业信用等级对补贴补偿测算的影响，可能导致测算的企业贷款保险风险价格补贴率或风险补偿基金偏高。

(10) 在财政较为有限的背景下兼顾借款企业信用等级和保险免赔条款，政府既可以参与分担表现为企业贷款极端损失的信贷风险，又可以参与分担表现为超出最高赔付率的企业贷款损失，是企业贷款保险补贴补偿测算实践面临的第一类复杂条件。综合第 5 章和第 11 章在第一类分担方式下推导相应企业贷款保险补贴补偿测算模型的做法，能构建出在该复杂条件下测算政府扶持企业贷款保险发展所需的最小风险价格补贴率和最小风险补偿基金的模型，为政府在该复杂条件下利用有限的财政资金最大限度地推动企业贷款保险发展提供理论参考。

(11) 在财政较为有限的背景下兼顾借款企业信用等级和保险免赔条款，政府既可以参与分担表现为企业贷款非预期损失的信贷风险，又可以参与分担表现为介于免赔率和最高赔付率之间的企业贷款损失，是企业贷款保险补贴补偿测算实践面临的第二类复杂条件。综合第 5 章和第 11 章在第二类分担方式下推导相应企业贷款保险补贴补偿测算模型的做法，能构建出在该复杂条件下测算政府扶持企业贷款保险发展所需的最小风险价格补贴率和最小风险补偿基金的模型，为政府在该复杂条件下利用有限的财政资金最大限度地推动企业贷款保险发展提供理论参考。

(12) 在财政较为有限的背景下兼顾借款企业信用等级和保险免赔条款，政府既可以参与分担表现为企业贷款非预期损失和极端损失的信贷风险，又可以参与分担表现为超过免赔率的企业贷款损失，是企业贷款保险补贴补偿测算实践面临的第三类复杂条件。综合第 5 章和第 11 章在第三类分担方式下推导相应企业贷款保险补贴补偿测算模型的做法，能构建出在该复杂条件下测算政府扶持企业贷款保险发展所需的最小风险价格补贴率和最小风险补偿基金的模型，为政府在该复杂条件下利用有限的财政资金最大限度地推动企业贷款保险发展提供理论参考。

1.6.2 特色与贡献

1. 构建起较为完整的企业贷款保险定价模型体系

针对业界缺乏企业贷款保险定价模型的现状,本书从企业贷款保险的费率厘定到相关风险价格补贴和补偿基金的测算,构建了一整套分别适用于一般企业、上市企业和小微企业的贷款保险定价模型体系。

2. 从借款人信用等级视角完善已有理论

针对已有研究的不足,引入贷款损失划分方法和经济资本管理原理,改善贷款保险的定价依据,并使其能兼顾银保双方的 RAROC 目标,为在完善的社会信用评价体系下研究企业贷款保险定价问题提供了新的思路和方法。

3. 从借款人负债视角开拓贷款保险定价研究新路径

结合上市企业市场价值易被测度的事实,引入欧式看跌期权定价原理,将借款人的债务结构纳入贷款保险定价考虑范畴,为在有效的资本市场中研究上市企业的贷款保险定价问题提供了新的思路和方法。

4. 从保险免赔视角开创贷款保险定价研究新路径

结合保险合约普遍设置免赔条款的事实,引入欧式看涨期权定价原理,将典型的保险免赔条款纳入贷款保险定价考虑范畴,为在社会信用体系尚不健全或无法准确测度企业市场价值的条件下研究小微企业的贷款保险定价问题提供了新的思路和方法。

5. 填补贷款保险补贴补偿测算理论的研究空白

结合地方政府对小微企业贷款保险的扶持,分别从借款人信用等级视角和保险免赔额视角创立企业贷款保险补贴补偿测算模型,弥补了相关研究的空白。

1.6.3 创新之处

本书结合信用风险度量理论、信用风险管理理论和保险风险管理理论,以及其他相关保险定价领域的前沿成果，从已有理论的研究路径出发，分别以借款企业信用等级、借款企业负债状况和保险免赔条款等为研究视角，由近及远、由浅入深、分门别类地构建起一整套科学的企业贷款保险定价基础模型体系，主要的学术创新如下。

(1) 研究视角创新。除了已有研究涉及的借款人信用等级视角，本书相继涉及借款人负债视角、保险免赔视角以及复杂条件下的多元化视角，丰富了看待相关问题的角度。

(2) 研究方法创新。本书采用的研究方法不再拘泥于对 CreditMetrics 模型的应用，而是采用了贷款损失划分、经济资本度量、期权定价、价差期权构造等多种方法。

(3) 研究内容创新。本书内容不再拘泥于纯粹的企业贷款保险费率厘定，而是拓展到了与之紧密相关的风险价格补贴及补偿基金的测算，顺应了政府的相关扶持政策。

(4) 研究对象创新。本书的研究对象不仅限于信用评级信息完善的大中型企业，还包括更加需要贷款保险支持但信用评级信息不够完善的小微企业，充实了普惠金融理论体系。

1.6.4 学术价值

本书属于非寿险精算、保险风险管理、信用风险管理等理论交叉的研究范畴，是为构建企业贷款保险定价理论所进行的基础性研究，大为拓展了企业贷款保险定价理论的研究视角、研究方法、研究对象和研究内容。本书对于发展相关定价理论和学者们从事相关研究具有较高的学术价值。

(1) 为学者们针对不同类型的借款人，变换不同研究内容，兼顾政府关切、银保顾虑和社会所需继续探索贷款保险定价问题，提供了较为完整的研究基础。

(2) 为学者们在各种理论条件下，变换多个研究角度、沿着多条研究路径、运用多种研究方法探索相近领域的学术问题，提供了值得借鉴的研究经验。

(3) 有助于推动贷款保险定价、信用保证保险定价、非寿险精算、保险风险管理、信用风险度量、信用风险转移、风险补偿、普惠金融等相关理论的发展。

1.6.5 应用价值

基于上述理论观点、主要贡献、创新之处和学术价值，本书对于政府联合银保双方科学发展企业贷款保险，进而扩大普惠金融覆盖面具有较强的应用价值。

(1)基于借款人信用等级视角构建的定价模型，有助于捕捉隐藏于借款企业信用等级变化中的信用风险，可为业界顺应风险管理发展趋势、利用社会信用评价体系制定企业贷款保险价格提供参考。

(2)基于借款企业负债视角构建的定价模型，有助于捕捉隐藏于借款企业债务结构中的信用风险，可为业界利用资本市场制定上市企业贷款保险价格提供参考。

(3)基于保险免赔视角构建的定价模型，有助于捕捉隐藏于各类贷款损失数据中的信用风险，可为业界绕开信用评价体系和资本市场制定小微企业贷款保险价格提供参考。

(4)基于借款人信用等级视角和保险免赔视角构建的补贴补偿测算模型，可为政府制定扶持企业贷款保险的补贴补偿政策提供参考。

第2章 企业贷款保险定价研究的相关理论

本章在 1.1 节与 1.2 节的基础上，结合企业贷款保险的特点，对涉及企业贷款保险定价研究的相关理论基础进行梳理和分析，从中探寻企业贷款保险定价模型的研究思路，为本书系统展开研究工作做好理论准备。

2.1 企业贷款保险

2.1.1 企业贷款

企业贷款又称公司贷款，是指为满足企业生产经营需要，银行等放贷机构按一定利率和期限向企业放款并按期归还的间接融资方式。它历来是各类企业最为主要的融资途径之一。企业贷款在助力企业发展、创造就业机会、拉动经济增长等方面有着积极作用。

对于企业贷款的类型，从不同角度有着不同的分类。按还款期限划分，企业贷款可分为短期贷款和中长期贷款；按还款保障方式划分，企业贷款可分为企业信用贷款、企业抵押贷款和企业担保贷款等；按借款企业规模划分，企业贷款可分为大型企业贷款、中型企业贷款、小微企业贷款；按借款企业是否上市划分，企业贷款可分为上市企业贷款和非上市企业贷款；按借款企业是否为金融机构划分，企业贷款可分为金融机构类企业贷款和非金融机构类企业贷款；按借款企业所属行业划分，企业贷款则可分为若干类；按借款企业是否纳入社会征信体系划分，企业贷款可分为纳入社会征信体系的企业贷款和未纳入社会征信体系的企业贷款。

较之个人贷款，企业贷款存在如下几个显著的特点。一是单笔信贷资金规模较大。通常，一笔企业贷款少则几百万元，多则上亿元；一旦借款企业违约，对于放贷机构的损失都不可小视。二是企业贷款往往占据放贷机构贷款余额的绝对比重。据中国人民银行和国家金融监督管理总局的数据显示，截至 2023 年第二季度末，以各类企业贷款为主的非金融企业及机关团体贷款已达 1522096 亿元，占据同期全国贷款余额(230.58 万亿元)的绝对比重。三是导致企业贷款发生违约的原因较为复杂。在市场经济环境中，尽管有贷前调查、抵押、担保等各种前置的风险防范措施，但由于借款企业经营不善、决策失误、市场波动、人为事故、自然灾害等原因，借款企业不能按时还款或不能足额还款的情况总是客观存在的。从上述企业贷款的特点不难推断，企业贷款集聚了经济社会中最为主要的信用风险，防范与化解企业贷款的信用风险任重而道远。

企业贷款面临的信用风险主要表现为借款企业信用状况恶化和借款企业违约两种情况，最终形成放贷机构的贷款损失以及相对应的贷款违约损失率。而已有研究认为，贷款损失的概率分布呈现出明显的非正态性特点（李姗姗和吴涛，2009），且与贷款违约损失率相对应的贷款违约回收率还服从一定特征的 β 分布（Carty and Lieberman，1996）。

总之，企业贷款有多种分类，具有单笔信贷资金规模大、贷款余额占比大、违约原因复杂等特点，集聚了经济社会中最为主要的信用风险，历来是金融风险管理的重点领域；同时，企业贷款损失及其分布有着自身的特点。

2.1.2 贷款保险理论

如前所述，作为传统的金融产品——贷款向包括企业在内的各类借款人提供着如血液般重要的资金支持，为人类社会发展做出了巨大贡献。然而，借助当今高度发达的计算机网络和通信技术，具有金融风险源头属性的信用风险一旦大规模爆发，其传播速度、波及范围和破坏程度都将超越以往任何一个时代。为借助强大的保险力量来防范与化解信贷风险，贷款保险应运而生。

贷款保险主要是指为促进放贷机构向借款人放贷，由保险机构针对借款人违约风险开展的一项保险业务，属于非寿险的范畴（Miran，2013）。发展贷款保险的目的是让保险机构与放贷机构共同分担所面临的信用风险，为贷款融资增信。根据投保人的不同，贷款保险通常分为贷款保证保险和贷款信用保险两大类。

1. 贷款保证保险

贷款保证保险属于信用保证保险的险种范畴。保证保险是指义务人根据权利人的要求，请求保险人向权利人担保义务人自己信用的保险。基于保证保险的定义，贷款保证保险是指借款人根据放贷银行的要求申请保险人向放贷银行担保自身信用的保险。在贷款保证保险中，借款人的投保行为往往被银行要求发生在放贷行为之前，即贷款保证保险的保单是借款人成功获得贷款的重要依据，其运作机理如图2-1所示。

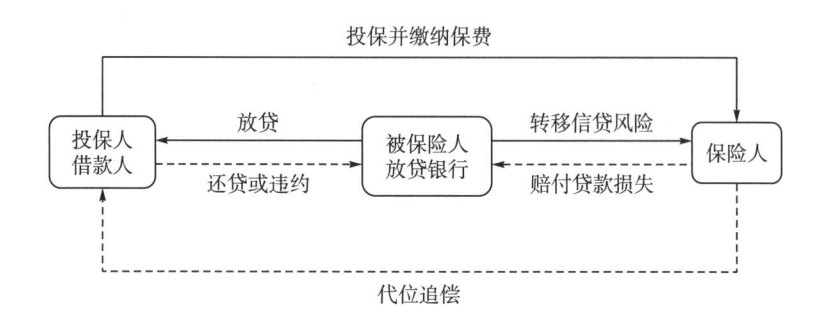

图 2-1 贷款保证保险运作机理

注：图中实线箭头代表必然发生的情况及方向，虚线箭头代表或有发生的情况及方向。

如图 2-1 所示，在贷款保证保险过程中，当投保人不能按期偿还贷款致使被保险人遭受损失时，由保险人承担赔偿责任并取代放贷机构向借款人继续追索贷款损失（柏雪冬，2009）；同时，被保险人为银行或其他放贷机构（债权人），投保人为借款人（债务人），即保费由借款人（债务人）缴纳，这是贷款保证保险区别于贷款信用保险的最大特点。

目前，贷款保证保险包括机动车消费贷款保证保险、个人住房抵押贷款保证保险、个人消费贷款保证保险、企业贷款保证保险等险种。

2. 贷款信用保险

贷款信用保险属于信用保证保险的险种范畴。信用保险是指以信用风险为保险标的，由权利人投保，要求保险人担保义务人信用的保险。基于信用保险的定义，贷款信用保险是在商业银行或其他金融机构对借款人进行贷款时，以债务人的还款信用作为保险标的，承保贷款人由于债务人违约而遭受信贷风险的保险。在贷款信用保险中，金融机构的投保行为往往发生在放贷行为之后，即贷款信用保险的对象通常为金融机构的存量贷款，其运作机理如图 2-2 所示。

如图 2-2 所示，在贷款信用保险过程中，当投保人不能按期偿还贷款致使被保险人遭受损失时，由保险人承担赔偿责任，并取代放贷机构向借款人继续追索贷款损失（柏雪冬，2009）；被保险人和投保人均为银行或其他放贷机构(债权人)，即保费变为由银行或其他放贷机构(债权人)缴纳，这是贷款信用保险区别于贷款保证保险的最大特点。

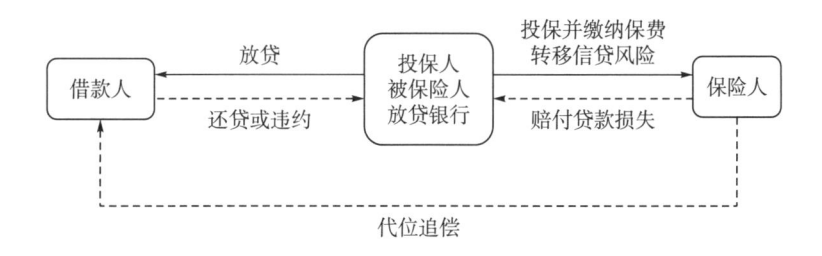

图 2-2 贷款信用保险运作机理

注：图中实线箭头代表必然发生的情况及方向，虚线箭头代表或有发生的情况及方向。

目前，贷款信用保险一般包括个人贷款信用保险和企业贷款信用保险等险种。

综上，无论属于保证保险还是信用保险，贷款保险的借款人或放贷机构均以全部或部分贷款本金以及利息为保险对象，向保险机构投保，被保险人都是放贷银行。当借款人不能按期全额归还放贷机构的贷款本息时，由保险机构负责向放贷机构赔付贷款损失，保险机构则取代放贷机构向借款人继续追索贷款损失（柏雪冬，2009）。总之，贷款保险的本质是保险人对借款人信贷风险的有偿分担，故保费理应与保险人承担的信贷风险相匹配。

2.1.3 企业贷款保险的发展前景与作用

基于 2.1.2 节的分析，企业贷款保险应指放贷机构为化解自身面临的企业贷款信用风险，由借款企业或放贷机构向保险机构购买的一项险种，以此将企业贷款面临的全部或部分信用风险转移给保险机构。在企业贷款保险过程中，保险受益人为企业贷款放贷机构，保险标的为全部或部分企业贷款的本金和利息。当借款企业不能按期归还银行贷款本息时，由保险公司负责向放贷银行赔偿企业贷款损失的本金和利息，保险机构则取代放贷银行向借款企业继续追索贷款损失，最大限度地消除放贷银行对于企业贷款的后顾之忧。因此，企业贷款保险在防范化解企业贷款信用风险的同时，还能推动放贷机构向借款企业放贷，恰好与当前我国完善金融风险防范体系、创新银保协作方式、支持实体经济发展的金融改革愿景相一致，具有广阔的发展前景。

美国次贷危机之后，随着国家对企业信贷风险重视程度的提高，已有多家保险公司开办企业贷款保险业务,主要涉及大中型企业出口贷款保险、中小企业贷款保险、涉农企业贷款保险等；特别是党的十八大以来，随着国家对发展普惠金融、金融支持实体经济、防范化解重大社会风险等问题的重视，与之相关的小微企业贷款保险则受到了来自国家层面的持续高度重视。

鉴于企业贷款保险的发展前景，为便于完整地搭建企业贷款保险定价理论框架，本书根据1.1.2所述的已有研究的不足和几个可能的研究方向，结合 2.1.1 节所述的企业贷款划分方式以及社会所需，按照借款企业是否被纳入完善的社会征信体系、借款企业是否上市以及借款企业的规模大小来划分企业贷款的种类，将其划分为纳入社会信用评价体系的企业贷款、上市企业贷款、中小微企业贷款等几个主要类型，使本书理论能从不同角度较为全面地回应社会所需。

总之，企业贷款保险对于分散化解企业贷款的信用风险和推动企业贷款融资有着直接作用，发展前景广阔。

2.2 贷款保险定价理论及实务

2.2.1 基于贷款预期损失的贷款保险定价理论

关于贷款保险定价问题的研究起源于对贷款预期损失理论的运用，其核心理论成果是唐吉平等(2004，2006)构建的贷款保险定价模型和信贷组合保险定价模型。该理论为贷款保险的科学定价开辟了一条重要的研究路径，多位学者在此基础上进行了后续研究。

该理论认为贷款保险的费率是一种差别费率，这种差别由借款人信用级别、贷款期限、利率等因素决定。同时，为构建贷款保险定价模型，该理论做了三个重要假定：①有足够多的历史数据用于构造信用转移概率矩阵，以便预测借款人在贷款保险期内信用状况的变化方向及其概率；②为保证使用历史数据进行预测的有效性，假定贷款期限内的经济环境相对稳定；③假定借款人每年年末支付贷款利息，到期一次还本，保险期限与贷款期限同步，投保对象为贷款在贷款期限内本息现值的平均水平；④评级机构将借款人的信用等级分为 n 个级别(从高到低分别由 $1\sim n$ 代表)，某一信用等级的借款人在时间 T 之后变为第 i 级信用等级的概率为 p_i (可通过查询相应期间的信用转移概率矩阵计算得到)。此外,该理论还有一个重要的隐含假设,即市场中有着完善的信用评级体系,使得价格制定者能够及时而准确地掌握借款人的信用状况。按照假设条件,便可计算出当借款人为不同信用等级时贷款到期日价值的现值,具体表达式为

$$V_i = \sum_{j=1}^{T} \frac{E \times r}{(1+R_j+S_j)^j} + \frac{E}{(1+R_T+S_T)^T} \qquad (2\text{-}1)$$

式中,V_i 表示借款人信用等级为 i 时贷款到期日价值的现值;E 表示贷款本金;r 表示贷款利率;R_j 表示第 j 年的无风险利率;S_j 表示借款人的信用等级为 i 级时第 j 年的信用风险价差;R_T 和 S_T 分别表示 T 时间条件下与贷款本金对应的无风险利率和信用风险价差;整个第二项为本金的折现值。学者认为信用风险等级的改变只影响利息的折现率。而后,根据借款人在不同信用等级下贷款到期日价值的现值和借款人变动到某个信用等级的概率,便可得到贷款现值的加权平均值:

$$\overline{V} = \sum_{i=1}^{n} p_i \times V_i \qquad (2\text{-}2)$$

再将每个贷款现值同贷款现值的加权平均值相比较,找出前者小于后者的情况(该理论将此情况下二者之差定义为一种可能的贷款损失);同时,结合借款人变动到某个信用等级的概率,求出贷款损失的加权平均值(由 L 表示):

$$L = \sum_{i=k}^{n} (\overline{V} - V_i) \times p_i \qquad (2\text{-}3)$$

式中,k 表示贷款现值小于贷款现值加权平均值时借款人可能处于的最高信用等级。不难发现,L 则表示各种可能的贷款现值偏离贷款本息平均水平的期望,即该理论假设条件下贷款损失期望值的现值。最终,该理论认为 L 便是需要求解的贷款保险纯保费。相应地,贷款保险的纯费率可由 L 除以 E 得到。

然而,该理论存在两个较为明显的局限性,一是需要一个完善的社会信用评价体系作为后盾,这在现实条件下较难实现;二是贷款预期损失同时也是放贷机构在制定贷款价格时所要考虑的主要依据之一,贷款保险与放贷业务在定价依据上的重叠不利于划分两个不同业务之间在分担贷款违约风险上的边界,而且会抬高借款人的融资成本。

总之,上述基于贷款预期损失的贷款保险定价理论,为在完善的社会信用评价体系下研究贷款保险定价问题开创了一条重要路径;同时,该理

论的保险定价基础值得进一步商榷，而且对于现代风险管理理论下的其他种类贷款损失也尚未涉及，为从借款企业信用等级视角下研究企业贷款保险定价问题留下了巨大的空间。

2.2.2 有关贷款保险定价的其他方法

1. 基于借款死亡率的信贷保险定价方法

借鉴寿险定价方法，按借款人违约与否将借款分为两类，借款人违约即视为借款死亡，进而可开发出借款的死亡率表(Altman,1989)，再根据历史数据列出保险期内每年的边际借款死亡率和累计借款死亡率，最终以保险期内的借款死亡率为主要依据制定信贷保险的纯费率(魏志宏,2004)。该方法的创新之处在于应用了寿险定价思路。然而，保险公司缺乏足够的相关数据以支撑起贷款死亡率表的开发。

2. 出口信用保险费率的厘定方法

出口信用保险分为短期出口信用保险和中长期出口信用保险。

短期出口信用保险费率的制定通常包括以下步骤：首先以出口国别、支付方式和信用期限为基本因素，根据国别风险等级、支付方式的种类和信用期限的长短制定相应费率表；在此基础上综合考虑出口企业投保范围及风控水平、国外买方的资信状况、贸易双方交易历史、出口市场风险程度等因素对费率表做出适当调整以确定最终费率。

中长期出口信用保险的费率通常是以项目为单位制定，费率的制定通常包括以下步骤：首先根据国别风险分类和项目期限制定基础费率表；参考基础费率表，综合项目国家风险类别、项目宽限期和还款期的长短、债务人和担保人的信用等级、项目风险保障安排等因素为每一个项目确定适用的费率。

3. 基于"双保险"构想的贷款保险定价方法

梁丽丽(2015)仿效机动车保险中固有的"机动车交通事故责任强制保险"和"机动车商业第三者责任险"提出了将贷款保险业务拆分成"贷款违约责任强制险"和"贷款违约商业险"两部分来制定保险价格，并认为一笔贷款保险业务的价格应由这两部分保费构成。

"贷款违约责任强制险"的保费率由基准费率和调整幅度之和构成：

基准费率按照商业银行平均不良贷款率确定；调整幅度按借款人的信用等级状况和贷款的担保方式设定；同时，该研究认为该项保费必须由借款人向保险公司缴纳。

"贷款违约商业险"则根据骆驼评级法综合评估放贷机构的资本充足率、资产质量、管理水平、盈利水平、流动性和市场风险以及其他影响放贷机构风险的因素，得到一个综合评级，并结合该放贷机构的不良贷款率，综合确定保费率；同时，该研究认为该项保费应由放贷机构向保险公司自愿缴纳。

4. 住房抵押贷款保险的定价方法

在我国的住房抵押贷款保险定价领域，为降低保险机构自身面临的风险，保险机构通常并未严格按保险学相关原理计算相关保费（崔兴岩等，2013），而是根据高于风险损失率的标准来确定保险费率。然而，在现实中我国住房抵押贷款的违约情况却较少发生。这使得在出险率较低的情况下保险公司收取的保费与其承担的风险不相称，导致住房抵押贷款保险价格普遍偏高（高志坚，2008）。这不仅有失公平，还会打击放贷银行主动与保险机构联合开展住房抵押贷款保险业务的积极性，不利于住房抵押贷款保险的健康发展。

2.2.3 贷款保险定价实务

1. 政府限价模式

中国人民银行、国家金融监督管理总局等行业主管部门官方网站发布的相关资料显示，近年先后在多地试点并推行的小微企业贷款保险、涉农贷款保险和助学贷款保险等具有普惠金融性质的贷款保险业务，保险公司只能依据地方出台的相关政策，按照相对单一的费率向借款人收取保费，年费率被限定在 1.5%～3%。同时，多地出台的相关政策还将保险机构与放贷银行在开展普惠型贷款保险过程中的贷款损失分担比例限定为 8∶2 或 7∶3，即当发生企业贷款损失时由保险机构分担绝大部分贷款损失。

然而，这样做至少存在以下几个弊端：一是相对单一的保费率并未体现出信贷风险的种类差异和个体差别，容易造成低风险者补贴高风险者的现象发生；二是较之放贷银行能在贷款保险过程中获得 5%～7%的贷款利率，保险机构在贷款保险过程中的收益风险比明显偏小，容易降低保险机构对于贷款保险业务的展业积极性；三是向借款人直接收取保费的做法不仅会加重小微借款人的融资成本，还会诱导放贷机构借助贷款保险的免费保障降低审贷风控标准或向保险机构过度转移信贷风险，这会进一步削弱保险公司开展贷款保险业务的积极性，不利于贷款保险行业的健康发展。

2. 传统加成模式

针对企业贷款保险、个人消费贷款保险等非普惠性质的贷款保险业务，保险费率通常以基本费率乘以调整系数的方式得到。其中，基准费率仅与借款期限挂钩，而调整费率因保险机构不同而不同，大致包括贷款历史损失数据、借款人抵押情况、保险免赔情况、借款人还款能力等多种因素，定价过程属于传统的保险费率加成模式。

然而，出于对所承保的信贷风险以及合作银行道德风险的顾虑，经此过程制定的贷款保险费率往往偏高。2020年以来各地银保监局发布的相关资料显示，部分贷款保险产品的年化费率已逾20%。同时，放贷银行并未因为贷款保险的保障而大幅降低贷款利率水平。于是，偏高的保险价格加上基本不变的贷款价格时常让摆脱"融资难"的各类借款人又陷入了"融资贵"的困境。这样不仅会挫伤各类借款人通过申请贷款保险获得融资增信的意愿，更有违国家推动金融保险有效支持实体经济发展的政策意图。

总之，当前贷款保险价格的制定通常简单依据贷款损失历史数据和一些定性方法完成，保险机构通过贷款保险价格获得的收益与其承担的风险不匹配，甚至还存在"一刀切"和费率过高的现象，贷款保险定价实务缺乏科学定价理论模型的支撑，不利于贷款保险的健康发展。

2.3 信用风险管理理论

2.3.1 CreditMetrics 模型

J.P.摩根于1997年发布的CreditMetrics模型(Gupton et al.，1997)是一个基于信用产品(债券、贷款等)价值分布的信用风险VaR模型。该模型的假设主要有：信用产品的信用风险来自借款人的信用状况，信用产品的价值与市场风险无关；借款人的信用状况能被信用等级有效表示；评级机构对于借款人的信用评级是及时且准确的；借款人信用等级转移概率遵循稳定的马尔可夫过程；在相同时期内，位于同一信用等级中的借款人具有完全相同的信用转移概率矩阵；实际违约率等于历史统计的平均违约率。

归纳该模型文本,其基本思路主要包括以下几步。

步骤 1:基于大量且充足的历史信用数据,对借款人的信用等级在过去一定时期内发生转移的情况进行统计,形成适用于某种信用产品的信用转移概率矩阵;结合借款人之间信用变化的相关性,应用信用转移概率矩阵预测出未来一定时期内借款人的信用等级转移到其他任一信用等级的概率。

步骤 2:考虑信用产品的利率结构与信用等级的对应关系以及违约回收率等因素,采用价值折现的方法计算出信用产品及其组合在未来一定时期内当借款人的信用状况处于不同信用等级时所对应的盯市价值现值。

步骤 3:根据步骤 1 计算出的信用产品的借款人在未来一定时期内处于某一信用等级的概率和步骤 2 计算出的相同条件下信用产品及其组合对应的盯市价值现值,求出信用产品及其组合在未来一定时期内的盯市价值概率分布。

步骤 4:根据步骤 3 计算得到的信用产品及其组合在未来一定时期内的盯市价值概率分布和 VaR 理论,便可找出一定置信水平下该信用产品及其组合的 VaR 值,以度量信用风险的大小。

CreditMetrics 模型度量信用风险的思路简明直观,故自诞生以来便受到信贷风险管理相关领域学者的青睐,诸多研究都基于该模型思路展开。然而,CreditMetrics 模型对于社会信用评价体系和相关信用数据的准确性和及时性要求较高,给模型的应用推广带来了局限。

总之,CreditMetrics 模型使得人们从信用等级及其变化趋势的角度准确度量企业信用风险成为可能。该模型应用信用风险转移概率矩阵测算违约损失概率分布的做法,已成为学者们探索贷款保险定价问题时所遵循的第一条研究路径,给企业贷款保险定价问题的研究带来诸多启发。

2.3.2 KMV 模型

与 CreditMetrics 模型同年诞生的 KMV 模型(Kealhofer, 1997)则认为,当企业的资产价值低于一定水平(即违约点,default point)时,企业便会对债权人或股东违约。故 KMV 模型将违约的可能性定义为资产价值小于违约点的概率,并通过以下三个步骤来估计企业的违约概率,从而达到度量企业信用风险的目的。

(1)预测企业资产价值及其波动率。KMV 模型将企业股权视作以企业资产为标的、以企业债务为执行价格、以风险期限为到期期限的看涨期权,应用布莱克-斯科尔斯期权定价原理来构造隐含企业资产价值与波动率的方程组，进而通过求解二元方程组的方式来预测一定时期内企业资产价值及其波动率。

(2)测算企业违约距离。KMV 模型将企业资产价值在风险期限内由当前水平降至违约点的相对距离定义为违约距离(distance to default)，在结合企业负债确定违约点的基础上，运用预测的企业资产价值及其波动率来测算企业的违约距离。

(3)计算企业违约概率。基于测算出的企业违约距离，在企业资产收益正态分布的条件下，以企业资产价值在风险期限内小于违约点的累计概率来计算企业的违约概率。

与其他信用风险度量模型相比，KMV 模型可利用不断更新的企业市场价值数据，实时地计算企业的违约概率，使得信用风险度量结果不仅能较为准确地反映企业的历史和现状，还能兼顾市场对企业未来前景的预期，体现出了模型较强的前瞻性。然而，KMV 模型对企业所在资本市场有效性和市场数据的高要求，限制了该模型的应用范围。

总之，KMV 模型使得人们从市场价值的角度准确度量企业信用风险成为可能，该模型应用期权定价原理测算企业违约距离和违约概率的做法，同样给企业贷款保险定价问题的研究带来诸多启发。

2.3.3 经济资本理论

放贷银行和保险机构都是经营风险的企业，而资本正是放贷机构和保险机构用以抵御风险的基础。随着风险管理理论的发展，金融保险界对资本的认识经历了从账面资本(book capital)、监管资本(regulatory capital)到经济资本(economic capital)的演变。当前，在新巴塞尔资本协议和偿付能力监管标准的不断推进下，经济资本管理理论受到了银行业和保险业的共同推崇，正变革着金融保险业传统的风险管理模式。

经济资本的概念起源于 1978 年美国信孚银行开发的风险调整资本收益率(RAROC)模型，具体是指在一定期限内、一定风险容忍度条件下，金融机构用来吸收由所有风险带来的非预期损失的资本(武剑，2009；Saunders and Allen，2010；梁世栋，2011；彭建刚，2011)，这自然包括信贷风险。

自诞生之日起，经济资本理论便成了银行、保险公司等金融机构度量应对风险管理所需资本的尺度，也是一个综合性很强的风险管理指标，现已成为先进银行和保险机构计量风险、进行全面风险管理的重要手段，受到实务界和学术界的重视。经济资本通过计算覆盖各类风险非预期损失所需的资本金统一了量化各类风险的标准,并通过风险调整资本收益率(RAROC)平衡盈利性与安全性,体现着金融机构对收益、风险和资本的综合考量,是金融机构高层战略管理和日常经营决策的重要依据。

金融保险机构通常按计算经济资本、汇总经济资本以及分配经济资本等几个相对固定的步骤来实现对风险的全面管理,并为度量经过风险调整的业绩奠定基础,具体作用如下。

(1)作为风险计量的通用标准,经济资本能直观反映出银行等金融机构的各类风险状况,便于金融机构将其汇总或分配;同时,按风险大小通过将经济资本分配到银行等金融机构的各部门、各分支机构以及各业务线的方式,真正实现了资本与风险的精细化匹配。

(2)在经济资本与风险相匹配的基础上,可进一步计算出各部门、各分支机构以及各业务线的风险调整资本收益率(RAROC)。该指标同时考虑到了金融机构的盈利目标与面临的风险,不仅能对各部门、各分支机构以及各业务线的绩效做出更为科学的考评,还被广泛应用到贷款定价模型和贷款组合优化模型的研究工作中。

(3)将经济资本与实际资本的比较结果作为银行等金融机构确定风险控制边界的依据,能够充分兼顾金融机构的盈利性与安全性。例如,当某家银行维持经营所需的经济资本总量超过了该银行的实际资本,说明该银行的风险管理措施需要调整,其安全性不能得到保障,此时银行可通过增加实际资本或收缩风险业务的方式来降低风险;反之,则说明该银行的风险管理措施是有效的,其安全性能够得到保障,此时银行可通过适当扩张风险业务的方式来提高银行的盈利性。

(4)经济资本的提出发展了人们对金融风险管理的认识,使金融机构和监管者意识到:一是风险需要资本覆盖;二是承担风险是对资本的一种现实的占用;三是风险的大小还与金融机构的风险容忍度有关。

简言之,经济资本既不是风险本身,也不是真实的资本,是金融保险机构管理风险的先进方法。鉴于本书主题,以下对测算企业贷款业务所需经济资本的方法做一个简要的归纳。

方法一,通过应用银行等金融机构对借款企业的违约概率(probability of default,PD)、企业贷款的违约损失率(loss given default,LGD)和企业贷款的违约风险暴露(exposure at default,EAD)等参数的历史统计数据,可直接计算出单笔企业贷款所需的经济资本:

$$EC = UL = EAD \times \sqrt{LGD^2 \times \sigma_{PD}^2 + PD \times \sigma_{LGD}^2} \qquad (2\text{-}4)$$

式中，σ_{PD}^2 和 σ_{LGD}^2 分别是 PD 和 LGD 的标准差；EC 表示经济资本；UL 表示非预期损失。

方法二，通过应用某种信用风险度量模型计算出企业贷款的损失分布，基于此找到一定条件下贷款的非预期损失，进而根据非预期损失与经济资本的对应关系求得企业贷款所占用的经济资本。

根据上述对经济资本理论的介绍不难发现，随企业贷款产生的信用风险与发放企业贷款所占用的经济资本成对应关系。由此推断，在未来经济资本理论将被广泛应用于市场环境中，随企业贷款保险业务转移的不仅有放贷机构面临的信用风险，还有企业贷款在放贷机构中所占用的经济资本额度。

总之，企业贷款保险同时涉及放贷银行和保险机构对风险的管理问题，在新巴塞尔资本协议和保险偿付能力监管标准的各自框架下，经济资本理论势必成为银保双方管理风险的重要理论，对变革传统意义上的信用风险转移定价方法必将产生深远的影响，自然会给企业贷款保险定价问题的研究带来诸多启发。

2.4 保险定价相关理论

2.4.1 非寿险价格的构成

非寿险是寿险之外其他保险险种的统称，主要包括财产保险、责任保险、短期健康保险和意外伤害保险等，在定价理论上与寿险有着明显的区别，已形成了较为成熟的理论体系(孟生旺等，2015)。非寿险价格则是建立非寿险赔偿基金的源泉，在很大程度上影响着保险市场的竞争秩序，对于非寿险各险种的发展至关重要。从大类划分，本书研究内容即属于非寿险定价理论体系。

非寿险定价又称非寿险费率厘定，是根据保单的损失经验和其他相关信息建立模型，并对未来的保险成本进行预测的过程。它是一种前瞻性预测，应在两个层次上达到平衡：一是总体水平上的平衡，要使保险公司收取的保费足以补偿预期赔款和费用支出，同时实现保险公司的承保利润目标；二是个体水平上的平衡，对于不同的个体风险或不同类别的风险，保费应该与风险水平相匹配，风险越高，保费也应该越高。因此，非寿险产品的费率主要由三部分构成：纯保费、费用附加和利润附加。

纯保费用于补偿保险公司在未来的期望赔款，是指保险公司对每一风险单位的平均赔款金额。对应的纯费率通常用赔款总额与风险单位数之比进行估计。其计算公式如下：

$$g = \frac{L}{E} \qquad (2-5)$$

式中，g 表示纯费率；L 表示赔款总额；E 表示风险单位数。如用 N 表示索赔次数，则纯费率也可表示为

$$g = \frac{N}{E} \times \frac{L}{N} \qquad (2-6)$$

式中，$\frac{N}{E}$ 是索赔次数与风险单位数之比，表示索赔频率；$\frac{L}{N}$ 是赔款总额与索赔次数之比，表示索赔强度。因此，纯费率也可以定义为期望索赔频率与期望索赔强度的乘积。

同时，保险机构为控制保险风险，往往会在非寿险合同中设置免赔额和赔偿限额等条款。在免赔额条件下，保险机构对低于免赔额的损失不予赔偿，这样能够提高保单持有人的风险防范意识，减少保险公司的小额赔款，降低理赔费用，从而对索赔次数和赔付金额产生影响。在赔偿限额条件下，保险机构对高于赔偿限额的损失不予赔偿，只会影响到赔偿金额，不会对索赔次数产生影响。因此，免赔额和赔偿限额等条款的出现，必然影响到纯保费及其纯费率的计算。

此外，费用附加用于补偿保险公司经营保险业务各种必要的费用支出；利润附加则是保险公司经营保险业务所得到的收益，可以看作保险公司经营保险业务所使用的资本金的成本。保险费应该与保单持有人的潜在损失成比例。

综上，纯保费及其纯费率是非寿险价格的核心，有关非寿险定价的研究长期关注的是在各种条件下如何科学地计算出与风险相匹配的纯保费及其纯费率，并尽可能地兼顾相关影响因素。这对于同属非寿险定价范畴的企业贷款保险定价研究自然适用。

2.4.2 保费计算原理

如前所述，纯保费与被保险标的物发生损失的概率和发生损失的程度有着直接关系。保费计算原理是指计算纯保费所遵循的建立在大数法则之上的准则(孙祁祥，2013)。为便于介绍，首先设 H 表示保费计算原理，S 表示个体保单的年索赔额[它是一年内 N 次事故所对应的索赔额 X_i(i=1,…,

N)之和，即 $S=X_1+\cdots+X_N$)]，假设 N 与 X_i 相互独立，$X_i(i=1,\cdots,N)$ 独立同分布，$H(S)$ 表示按某种保费计算原理计算的保费，$E(*)$ 表示变量*的期望值，max{*}代表变量*的最大值，Var(*)表示变量*的方差(孙祁祥，2013)。

1. 期望值原理

期望值原理认为赔付额的期望值是计算纯保费和安全附加的基础，具体表达式如下：

$$H(S)=(1+r)E(S)=(1+r)\times E(N)\times E(X) \quad (2\text{-}7)$$

式中，$E(S)=E(N)E(X)$ 表示纯保费；$rE(S)=rE(N)E(X)$ 表示安全附加。

2. 最大损失原理

最大损失原理在计算风险保费时同时考虑了索赔额的均值和最大值，具体表达式如下：

$$H(S)=\alpha E(S)+(1-\alpha)\max\{S\}=\alpha E(N)E(X)+(1-\alpha)\max\{N\}\max\{X\} \quad (2\text{-}8)$$

式中，α 表示赔付额期望值占保费的权重。

3. 方差原理

在方差原理中，纯保费为索赔额的均值，而安全附加则用一定比例的索赔额的方差来代替，具体表达式如下：

$$H(S)=E(S)+\beta\times\mathrm{Var}(S) \quad (2\text{-}9)$$

式中，β 表示赔付额方差的取值系数。

4. 标准差原理

在标准差原理中，纯保费仍然为索赔额的均值，不同的是安全附加是用一定比例的索赔额的标准差来代替，具体表达式如下：

$$H(S)=E(S)+\beta\times\sqrt{\mathrm{Var}(S)} \quad (2\text{-}10)$$

式中，β 表示赔付额标准差的取值系数。

综上，赔付额的期望值在每个保险定价原理中都有所贡献，这说明在制定企业贷款保险价格时，赔付额的期望值是保险定价的主要依据，这对于制定企业贷款保险价格同样适用。

2.4.3 基于看跌期权的存款保险定价理论

在保险定价理论中,与贷款保险定价最为接近的便是存款保险定价理论。由 Merton(1977)提出的存款保险期权定价模型是存款保险定价研究领域的经典理论,该模型是对布莱克-斯科尔斯期权定价模型(Black and Scholes,1973)的创造性应用,它开创了应用市场指标而非会计核算指标来评估银行资产价值的存款保险定价思路,为其他学者从不同角度、考虑不同因素深入研究存款保险定价问题奠定了基础。

该模型将存款保险视为投保者购买的一份以银行资产市场价值为标的物的看跌期权,银行债务(包括所有存款在内)是该看跌期权的执行价格,存款保险期限为该看跌期权的期限。在保险期末,当银行资产市场价值不足以支付包括银行存款在内的所有银行债务时,视为存款出现损失,保险人应对存款损失给予赔付。在保险期末,当银行资产市场价值足以支付包括银行存款在内的所有银行债务时,视为存款未出现损失,保险人对存款不存在任何赔付。由于银行绝大部分的负债即为存款,故该看跌期权的价格就近似于对银行所有存款进行保险的价格。

该模型的基本假设主要有:上市银行对于存款的还款保障来自银行自身的资产价值;上市银行所在的资本市场是有效市场;当上市银行的资产价值低于其总负债时,银行就会对存款者违约;银行资产的市场价值处于不断的波动中,服从如下几何布朗运动:

$$d\ln V = \mu dt + \sigma dZ \tag{2-11}$$

式中,V 为银行资产价值;μ 为银行资产的即时预期回报;σ 为 μ 的标准差;Z 为标准的维纳过程;t 表示时间,当 $t=0$ 时表示保险初始时刻。基于这些假设,借助期权定价公式(Black and Scholes,1973)便可列出求解存款保险价格的算式。

然而,要顺利应用该模型,还需对银行资产价值及其波动率这两个无法观测的变量赋值。Ronn 和 Verma(1986)通过建立并求解两个约束方程,解决了这一难题。第一个约束方程将在资本市场中可直接观测的银行股权价值视为以银行资产价值为标的物的看涨期权的价格,该看涨期权的标的物、期限、执行价格与存款保险定价公式中设想的看跌期权均一致,借助期权定价公式(Black and Scholes,1973)便可列出第一个约束方程;第二个约束方程则来自银行股权价值波动率和银行资产价值波动率间的关系。

综上,基于看跌期权的存款保险定价理论模型在学术界具有开创意义,存款保险定价领域的诸多研究成果均由该模型演变而得。由于存款面临的信用风险由吸收存款的银行的信用状况决定，而企业贷款面临的信用风险由获得贷款的企业的信用状况决定，银行存款与企业贷款所面临的信用风险存在相似之处；同时，企业贷款的借款人中也有相当部分为上市企业，它们的市场价值及其波动率容易被测度。因此，上述基于看跌期权的存款保险定价理论，对于从企业负债视角研究上市企业的贷款保险定价问题具有重要的借鉴意义。

2.4.4 基于看涨期权的医疗保险定价理论

医疗保险是对投保人未来医疗费用的保险，本质上是保险机构向被保险人出售的"医疗费用或有索取权"，这与期权相类似。鉴于此，为克服传统医疗保险精算方法的某些局限，近年有学者将保险精算理论与看涨期权定价理论相结合，对医疗保险定价问题进行全新的探讨，给传统的保险定价研究带来了新的思路。

在医疗保险中，为减少小额赔款给保险机构带来的烦琐工作和控制道德风险，保险免赔额被广泛应用。在设置保险免赔额的条件下，当投保人在未来累积的医疗费用没有达到免赔额时，医疗费用由投保人自行承担；当投保人在未来累积的医疗费用达到免赔额时，超过免赔额的医疗费用由保险机构代替投保人承担。从中不难发现，保险免赔额在医疗保险中发挥着类似于期权执行价格的作用。

同时，当某类个人的医疗累积费用数据足够多时，该类投保人在未来累积的医疗费用便呈现出与期权标的资产价格类似的对数正态分布特征（郑红，2015）。在此条件下，如果将投保人在未来累积的医疗费用视作随机变量，并假定医疗保险仅在某个保险期末索赔，那么医疗保险便类似于一项特殊的欧式看涨期权，期权的买方为医疗保险投保人，期权的卖方为出售医疗保险的保险机构。

在这项欧式看涨期权中，期权的标的为该类投保人在一个医疗保险期内累积的医疗费用，期权的执行价格为保险免赔额，期权的期限为一个医疗保险期。当期权的买方（医疗保险投保人）在一个医疗保险期内累积的医疗费用低于期权的执行价格（保险免赔额）时，期权的买方（医疗保险投保人）自行承担在该保险期内产生的医疗费用。当期权的买方（医疗保险投保人）在一个医疗保险期内累积的医疗费用高于期权的执行价格（保险免赔额）时，期权买方（医疗保险投保人）在该保险期内超过保险免赔额的医疗费用由期权的卖方(出售医疗保险的保险机构)承担。

相应地,在某类投保人的医疗费用数据充足且服从对数正态分布的条件下,可通过构造欧式看涨期权的方式,运用期权定价原理,求解考虑了免赔额的医疗保险纯保费,此即基于看涨期权的医疗保险定价理论。

综上,如果将借款企业视作健康程度参差不齐的自然人,那么上述基于看涨期权的医疗保险定价理论对于从保险免赔视角探讨企业贷款保险定价问题尤其是小微企业的贷款保险定价问题将具有重要的借鉴意义。

2.5 本章小结

本章介绍了企业贷款保险定价相关的诸多理论,并从中梳理出研究企业贷款保险定价问题时应该遵循的理论框架和值得借鉴的研究思路。

回顾全章,可归纳出以下几点阶段性的理论观点。

(1)较之其他贷款,企业贷款有着单笔信贷资金规模大、银行贷款占比大、种类繁多、违约原因复杂等特点,集聚了社会贷款融资中最为主要的信用风险;为便于从现实角度开展企业贷款保险定价研究,企业贷款可被划分为纳入社会信用评价体系的企业贷款、上市企业贷款、中小微企业贷款等几个主要类型。

(2)在信用风险度量理论中,CreditMetrics 模型使得人们在完善的社会信用评级体系下准确度量企业贷款损失分布及其风险分类成为可能,而 KMV 模型使得人们在有效资本市场条件下利用企业债务准确度量上市企业信用风险成为可能,它们对于企业贷款保险定价研究都具有重要的借鉴意义。

(3)在新巴塞尔资本协议和保险偿付能力监管的各自框架下,经济资本理论势必成为银保双方管理风险的重要理论;故未来通过企业贷款保险业务转移的将不仅仅是信用风险,还有与信用风险相匹配的经济资本占用,这对于变革传统意义上的信用风险转移定价理论将产生深远影响。

(4)纯保费及其纯费率是非寿险价格的核心,而赔付额的期望值则是厘定纯保费的主要依据;在非寿险定价理论的框架下,企业贷款保险定价研究的核心问题应是在各种条件下针对各类借款企业如何科学地测算出与保险风险相匹配的纯保费及其纯费率,并尽可能地兼顾相关因素的影响。

(5)基于贷款预期损失的贷款保险定价理论,为在完善的社会信用评价体系下研究贷款保险定价模型开创了一条重要路径,其理论局限性恰好为学者们从借款企业信用等级视角下继续研究企业贷款保险定价问题留下了巨大空间。

(6)看跌期权在存款保险定价研究中的应用,对于从企业负债视角研究上市企业贷款的保险定价问题具有重要的借鉴意义;而看涨期权在医疗保险定价研究中的应用,则为从保险免赔视角探讨企业贷款保险定价问题尤其是小微企业贷款保险定价问题带来了启发。

第二篇　借款企业信用等级视角下的企业贷款保险定价模型

　　基于第一篇的介绍与分析，已有研究借鉴 CreditMetrics 模型计算贷款损失分布进而测算贷款保险定价依据的做法，为从借款企业信用等级视角研究企业贷款保险定价问题开创了一条重要路径。

　　为改进已有研究中贷款保险定价依据的不足，本篇首先以贷款非预期损失与极端损失为企业贷款保险定价的主要依据，构建起基于贷款非预期损失与极端损失的企业贷款保险定价模型；其次，在充分考虑企业贷款保险业务给银保双方带来的损益与风险的基础上，将经济资本理论引入企业贷款保险定价研究，构建起基于 RAROC 的企业贷款保险定价模型；最后，考虑到政府对中小微企业的贷款保险融资存在的扶持政策，又从借款企业信用等级视角进一步构建科学测算企业贷款保险补贴价格与风险补偿基金的模型。

第 3 章 基于贷款非预期损失与极端损失的企业贷款保险费率厘定模型

基于第一篇的介绍与分析，借鉴 CreditMetrics 模型测算企业贷款保险定价依据的做法是当前研究企业贷款保险定价模型的重要路径。在此路径下，在探讨适合于企业贷款保险转移的信用风险和完善贷款损失分布度量技术的基础上，本章将运用保险定价原理，对已有的企业贷款保险定价模型进行改进，力求构建起定价依据更为合理的企业贷款保险定价模型。

3.1 贷款损失及其概率分布

准确计算贷款的损失分布是传统范式下研究企业贷款保险定价问题的基础。本节将结合对企业贷款损失的新认识，对计算企业贷款损失分布的方法做出适当调整，使其更加符合企业贷款所面临的信用风险实际状况，为本章的后续研究创造条件。

3.1.1 对贷款损失的新认识

企业贷款损失是指企业贷款价值相对于企业贷款价值标准的负偏离。最新的信用风险管理理念认为，导致这种负偏离的原因应该有两个：一是借款企业的违约；二是借款企业信用状况的恶化。因此，度量企业贷款损失首先应明确企业贷款的价值如何计算，其中包括企业发生违约和借款企业信用状况恶化两种情况；其次，应明确企业贷款的价值标准如何取值。目前，学术界对于上述问题尚未形成定论，也未进行专门的探讨，本书根据已有做法和信用风险的实际情况提出下列改进意见。

一方面，已有研究往往借鉴 CreditMetrics 模型的思路，通过将企业贷款在贷款期限内每年产生的现金流（包括每年借款企业应向放贷银行偿还的本金和应支付的利息），用无风险利率与信用风险价差相加得到的贴现率折算至贷款期初的方式来计算各种可能的企业贷款价值。然而，已有研究并未注意到 CreditMetrics 模型中相关主要算式隐含着借款企业的信用状况一经变化后就不再改变的假设，这使得式(2-1)中用于折算价值的信用风险价差在每年都对应着借款企业的同一信用等级，这与借款企业信用状况的实际变动过程是不相符的。因此，本书认为在计算企业贷款各种可能的价值时应对式(2-1)做出适当调整，使其更为接近借款企业信用状况的实际变动过程。

另一方面，有学者在研究中将企业贷款价值在未来所有可能值的均值作为衡量企业贷款损失的参照标准。然而，较之企业贷款价值的均值，以贷款期内借款企业信用状况始终如初为假设条件求得的企业贷款价值更能还原企业贷款最初所面临的信用风险。因此，本书认为若将后者作为衡量企业贷款损失的参照标准，能使企业贷款损失更加准确地反映出信用风险相较于贷款期初发生的变化。

3.1.2 贷款损失的度量

根据对企业贷款损失的新认识，本节对企业贷款损失的度量展开具体讨论。

首先假定社会的信用评级体系是完善而有效的，并设企业贷款期限内共有 i 个时点，贷款期初为 0 时点，评级机构在每个时点(由 t 表示)都会对借款企业进行一次信用评级；同时，用 A_t 表示因贷款合同在时点 t 给放贷银行产生的现金回流，该现金流由借款企业按贷款合同在时点 t 向放贷银行支付的本金与利息构成；此外，用脚标 k 表示贷款期间借款企业的信用状况所经历的信用转移路径。

基于上述设定，现按照借款企业是否违约，用 V_k 表示借款企业的信用状况在贷款期间经历第 k 条信用转移路径后所对应的折算至 0 时点的企业贷款价值，具体表达如下：

$$V_k = \begin{cases} \dfrac{A_1}{1+r_1} + \dfrac{A_2}{(1+r_1)\times(1+r_2)} + \cdots + \dfrac{A_i}{\prod\limits_{t=1}^{i}(1+r_t)}, & \text{(借款企业未发生违约)} \\ \dfrac{A_1}{1+r_1} + \dfrac{A_2}{(1+r_1)\times(1+r_2)} + \cdots + \dfrac{A_{d-1}}{\prod\limits_{t=1}^{d-1}(1+r_t)} + \dfrac{A_d \times \text{REC}}{(1+y_{df})^d}, & \text{(借款企业在 }d\text{ 时点违约)} \end{cases}$$

(3-1)

式中，d 表示借款企业发生违约的时点；A_d 表示放贷银行在借款企业违约当期理论上应收回的现金流；REC 表示企业贷款的违约回收率[①]；y_{df} 表示从 d 时点将当期回收的企业贷款价值折算至 0 时点采用的贴现率；r_t 表示从时点 t 向前一个时点($t-1$)折算价值所采用的短期贴现率，它由借款企业在时点 t 的信用等级决定，它与以 0 时点为折算终点的长期贴现率 y_t 存在如下关系：

$$r_t = \frac{(1+y_t)^t}{(1+y_{(t-1)})^{t-1}} - 1 \tag{3-2}$$

式中，y_t 由无风险利率和信用风险价差组成：

$$y_t = y_{tf} + s_t \tag{3-3}$$

式中，y_{tf} 表示从时点 t 向 0 时点折算价值时需要采用的无风险利率；s_t 表示从时点 t 向 0 时点折算价值时需要采用的信用风险价差，它由借款企业在时点 t 的信用等级决定。这样通过式(3-2)计算的企业贷款价值可及时反映出借款企业的信用状况在贷款期内的细微变化，从而提升企业贷款价值运算结果的准确性，为更加准确地计算企业贷款损失奠定基础。

根据 3.1.1 节的分析，以下将借款企业信用状况(不含违约情况)在贷款期限内始终保持不变的企业贷款价值称为"企业贷款的风险不变价值"，由 V_f 表示，并将其作为衡量企业贷款损失的参照值。变换式(3-1)可得到企业贷款风险不变价值的计算式：

$$V_f = \frac{A_1}{1+r_{o1}} + \frac{A_2}{(1+r_{o1}) \times (1+r_{o2})} + \cdots + \frac{A_i}{\prod_{t=1}^{i}(1+r_{ot})} \tag{3-4}$$

式中，脚标"f"表示贷款期初借款企业所处的信用等级；r_{ot} 表示当借款企业的信用状况在贷款期间始终保持在贷款期初的信用等级时从时点 t 向前一个时点($t-1$)折算价值所采用的短期贴现率，它由借款企业在 0 时点的信用等级决定。

基于前述对 V_k 和 V_f 的定义，根据对企业贷款损失的新认识，本章认为企业贷款损失指因借款企业信用状况恶化或借款企业违约导致的企业贷款价值低于其参照标准值的部分，具体表达式如下：

$$L_k = \begin{cases} 0, & (V_k \geq V_f) \\ V_f - V_k, & (V_k < V_f) \end{cases} \tag{3-5}$$

式中，L_k 表示贷款期间借款企业的信用状况经历第 k 条信用转移路径后折

[①] Gupton 等(1997)指出贷款的违约回收率(recovery rate，REC)是指当借款人发生违约时放贷银行能够收回贷款价值的程度，它服从一定特征的 β 分布。

算至 0 时点的企业贷款损失，其他符号含义同前。观察式(3-5)不难发现，企业贷款损失的最小值是 0，而最大值是用于衡量企业贷款损失的参照值 V_f，即企业贷款损失的取值范围为$[0, V_f]$。

3.1.3 贷款损失对应的概率

首先假定基于完善的信用评级体系和大量的历史数据，能够针对借款企业在贷款期间的信用转移状况建立起较为准确的信用转移概率矩阵。

观察式(3-1)~式(3-5)不难发现，企业贷款损失的大小与借款企业在贷款期间每个还款时点的信用状况有直接联系，而借款企业在贷款期间每个还款时点的信用状况组成了借款企业在贷款期间的某条信用转移路径(k)。因此，本章认为借款企业的信用状况在贷款期间经历第 k 条信用转移路径的概率等同于借款企业在该条信用转移路径下发生企业贷款损失 L_k 的概率，本章用 p_k 表示该概率。由概率论推断，p_k 应由第 k 条信用转移路径中借款企业在相邻还款时点间的信用转移概率(本章用 p_{kt} 表示)连续相乘得到。

$$p_k = \prod_{t=1}^{i} p_{kt} \qquad (3-6)$$

进一步设定借款企业一旦违约其信用转移路径随即终止，如果借款企业的信用状况共分为 j 个等级(其中包括违约情况)，则可应用排列组合理论推算出借款企业在贷款期间可能经历的信用转移路径总数(本章用 N 表示)。经推导，归纳出 N 的具体算式如下：

$$N = \sum_{t=1}^{i} (j-1)^t + 1 \qquad (3-7)$$

由式(3-7)不难理解，借款企业的信用状况在贷款期间存在 N 条信用转移路径，它们对应着 N 个 p_k，那么所有信用转移路径的概率之和应为 1。相应地，与每个企业贷款损失可能值 L_k 所对应的概率之和也应为 1，具体表达式如下：

$$\sum_{k=1}^{N} p_k = 1 \qquad (3-8)$$

在求得企业贷款可能的损失值 L_k 及其对应的概率 p_k 之后，企业贷款损失的概率分布便呈现出来。一方面，由于借款企业信用状况的恶化较为常见，发生企业贷款损失的概率分布范围较大，但造成的企业贷款损失往往较小；另一方面，由于借款企业违约情况较少发生，发生企业贷款损失的概率分布范围较小，但造成的企业贷款损失往往很大。因此，企业贷款损失的概率分布往往呈现出明显的非正态性，给计算和模拟工作带来了一定困难。

3.2 较为适合被贷款保险业务转移的信用风险

在能更加准确地求得企业贷款损失分布的基础上，本节将按企业贷款损失的分类对信用风险进行细分，并对适合被企业贷款保险业务转移的信用风险进行探讨，为改进已有的企业贷款保险定价模型奠定基础。

3.2.1 贷款损失划分与信用风险

在现代风险管理理论中，基于企业贷款损失分布，武剑(2009)等认为企业贷款损失应被细分为预期损失、非预期损失和极端损失三种类型。本书认为这种划分实质上代表着信用风险的三种表现形式。

1. 表现为企业贷款预期损失的信用风险

企业贷款的预期损失(expected loss，EL)是指企业贷款损失的期望值。在已知企业贷款损失概率分布的条件下，企业贷款的预期损失可表示为

$$\text{EL} = \sum_{k=1}^{N} L_k \times p_k \tag{3-9}$$

式中，EL 表示企业贷款的预期损失。

观察式(3-9)可发现，当已知企业贷款损失分布时，企业贷款的预期损失是一个确定值。因此，表现为企业贷款预期损失的信用风险属于易预测风险。

2. 表现为企业贷款非预期损失的信用风险

企业贷款的非预期损失是指一定风险容忍度[①]下介于企业贷款预期损失和企业贷款 VaR 值之间的损失。在已知企业贷款损失概率分布的条件下，企业贷款的非预期损失(unexpected loss，UL)可表示为

$$\text{UL}_k = L_k - \text{EL}, \quad (\text{EL} < L_k < \text{VaR}) \tag{3-10}$$

[①] 本书提到的风险容忍度是指金融保险机构在一段时间内对贷款损失的可容忍程度，它等于 1 减发生可容忍最大损失的置信水平，其取值范围为[0,1]。例如，当一段时间内发生放贷银行可容忍最大损失的置信水平为 99.7%，则放贷银行的风险容忍度为 0.3%。

式中，UL_k 表示借款企业的信用状况在贷款期间经历第 k 条信用转移路径之后所对应的企业贷款非预期损失。

观察式(3-10)可发现，当已知企业贷款损失概率分布时，企业贷款非预期损失的大小与 L_k 和企业贷款 VaR 的取值有关，即与借款企业在贷款期间的信用转移路径和企业贷款 VaR 的置信水平有关。因此，企业贷款的非预期损失 UL_k 并不是一个确定值，表现为企业贷款非预期损失的信用风险属于不易预测风险。

3. 表现为企业贷款极端损失的信用风险

企业贷款的极端损失是指超过一定置信水平下企业贷款 VaR 值的损失。在已知企业贷款损失概率分布的条件下，企业贷款的极端损失(extreme loss，XL)可表达为：

$$XL_k = L_k - \text{VaR}, \quad (L_k > \text{VaR}) \tag{3-11}$$

式中，XL_k 表示借款企业的信用状况在贷款期间经历第 k 条信用转移路径之后所对应的企业贷款极端损失。

观察式(3-11)可发现，当已知企业贷款损失概率分布时，企业贷款极端损失的大小同样与 L_k 和企业贷款 VaR 的取值有关，即与借款企业在贷款期间的信用转移路径和企业贷款 VaR 的置信水平有关。因此，企业贷款的极端损失 XL_k 同样不是一个确定值，表现为企业贷款极端损失的信用风险也属于不易预测风险。

归纳上述分析，本书认为表现为企业贷款预期损失的信用风险属于易预测风险；而表现为企业贷款非预期损失和极端损失的信用风险则属于不易预测风险。

3.2.2 较为适合被企业贷款保险转移的信用风险

根据保险学理论，并非所有的信用风险都能够被企业贷款保险业务所转移。面对 3.2.1 节对信用风险的划分，需要找出适合或较为适合被企业贷款保险业务转移的信用风险，以便改进企业贷款保险定价的主要依据。

首先需要梳理目前已有的各类信用风险应对方式：对于企业贷款的预期损失，银行主要通过传统的企业贷款定价和损失准备等方式来应对；对于企业贷款的非预期损失，越来越多的银行正按照巴塞尔协议的要求通过配置总量有限的经济资本来加以应对；对于企业贷款的极端损失，银行自身尚无有效应对措施。

分析上述应对各类信用风险的措施不难发现,目前,银行靠自身力量已能有效应对以 EL 为表现形式的易预测信用风险,但对于以 UL_k 和 XL_k 为表现形式的不易预测信用风险尚不能完全应对;同时,按照巴塞尔协议的要求,银行将用有限的经济资本额度去应对不易预测的信用风险,这样会加剧银行的资本短缺。

基于上述分析,可进一步推断:较之易预测的信用风险(表现为贷款预期损失的风险),银行更希望借助保险等外部力量来转移不易预测的信用风险(表现为贷款非预期损失与极端损失的风险),这样可以达到化解信用风险和释放经济资本的双重目的。在此目的下,同时也为了避免企业贷款保险费率与企业贷款价格的主要依据以及风险覆盖面产生重叠,在制定企业贷款保险定价问题时,理应将表现为企业贷款非预期损失和极端损失的信用风险列为关注的重点。

同时,为便于分析和推导算式,可通过合并式(3-10)和式(3-11)得到借款企业的信用状况在贷款期间经历第 k 条信用转移路径之后所对应的企业贷款非预期损失与极端损失之和,由 $(UL+XL)_k$ 表示,具体表达式如下:

$$(UL+XL)_k = L_k - EL, \quad (L_k > EL) \qquad (3\text{-}12)$$

观察式(3-12),由于企业贷款的预期损失(EL)是确定值,而企业贷款的最大损失为企业贷款的风险不变价值 (V_f),故 $(UL+XL)_k$ 的取值范围应为 $[0,(V_f-EL)]$。

此外,由企业贷款损失概率分布的非正态性可推断:随着企业贷款非预期损失与极端损失之和的逐步增大,对应的发生概率将变得越来越小,这恰好比较符合被保险资产的损失特点。

综上所述,较之表现为企业贷款预期损失的信用风险,表现为企业贷款非预期损失与极端损失的信用风险更需要且更适合借助保险等非银行自身的力量来转移或化解,对企业贷款保险费率等信用风险转移定价问题的研究工作可尝试基于该思路展开。

3.3 模型构建

3.3.1 建模思路

根据 3.2 节的分析结果,本节将表现为贷款非预期损失和极端损失的信用风险作为保险转移对象。在此前提下,企业贷款保险业务可简化为如下过程：投保人①向保险人支付保费后，保险人按一定赔付比例②对企业贷款的非预期损失和极端损失(即超出预期损失的企业贷款损失)承担有限度的赔偿责任。

基于上述简化的企业贷款保险业务过程，为公平维护投保人和保险人双方的利益，促进企业贷款保险业务的顺利开展，对企业贷款非预期损失与极端损失的度量以及保险赔付比例的取值自然成为计取企业贷款保险纯保费的主要依据。照此思路，可以对现有的企业贷款保险定价模型做出适当调整。

为以示与同类模型的区别，结合本章建模思路，本书将调整后的模型称为基于贷款非预期损失与极端损失的企业贷款保险定价模型。

3.3.2 模型假设

为便于模型构建，简化推导过程，根据 3.1 节和 3.2 节的分析，本章做出如下假设。

假设 1：借款企业信用状况的恶化和违约行为是导致企业贷款出现损失的两大原因。

假设 2：企业贷款保险金额和度量企业贷款损失的标准均以保险期内企业贷款的风险不变价值为基准。

假设 3：信用评级体系和信用转移概率矩阵能较为准确地反映出企业贷款保险期内借款企业的信用状况及其转移概率。

假设 4：借款企业的违约行为将立即导致企业贷款合同的终止和企业贷款清偿的发生。

假设 5：企业贷款的违约回收率按企业贷款的类型服从一定特征的β分布③。

假设6：企业贷款保险业务转移的是表现为企业贷款非预期损失和极端损失的信用风险。

3.3.3 模型推导

如果某商业银行希望通过保险方式对一笔企业贷款在未来一定时期内

---

① 贷款保险业务的投保人在实践中为放贷银行或贷款的借款人。
② 保险赔付比例代表保险人对承保损失的赔付程度，取值范围为[0, 1]。为防止投保人的道德风险，赔付比例的取值通常不为 1。
③ β分布是一个作为伯努利分布和二项式分布的共轭先验分布的密度函数。

的非预期损失和极端损失予以保险，保险人可按以下程序建立模型制定保险费率。

1. 基于贷款非预期损失与极端损失的企业贷款保险纯费率

在已知企业贷款损失概率分布的条件下，对于表现为企业贷款非预期损失和极端损失的不易预测的信用风险，可结合企业贷款损失超过预期损失的可能值与对应的概率，通过计算企业贷款非预期损失和极端损失的期望值来衡量其风险大小，故理应将企业贷款非预期损失和极端损失的期望值作为计算企业贷款保险纯保费的主要依据之一；同时，赔付比例体现着对被保险资产损失的赔偿程度，也是制定各类保险费率时不可忽略的传统因素之一。

因此，相应的企业贷款保险纯保费至少应考虑到保险期内企业贷款非预期损失与极端损失的期望值和保险赔付比例这两个因素，具体表达式如下：

$$G = \delta \times E(\mathrm{UL}+\mathrm{XL}) \tag{3-13}$$

式中，G 表示企业贷款保险纯保费；δ 表示保险赔付比例；$E(\mathrm{UL}+\mathrm{XL})$ 表示保险期内企业贷款非预期损失与极端损失的期望值。

由于纯保费除以保险金额即为保险纯费率，而保险金额又设为企业贷款的风险不变价值，则相应的企业贷款保险纯费率为

$$g = \frac{G}{V_f} = \frac{\delta \times E(\mathrm{UL}+\mathrm{XL})}{V_f} \tag{3-14}$$

式中，V_f 表示保险期内企业贷款的风险不变价值。

观察式(3-14)，在现实中赔付比例 δ 通常按行业标准取值，而企业贷款在保险期内的风险不变价值 V_f 可由式(3-4)求得，仅有准确求解保险期内企业贷款非预期损失与极端损失之和的期望值 $E(\mathrm{UL}+\mathrm{XL})$ 略显复杂。

2. 求解保险期内企业贷款非预期损失与极端损失的期望值

1) 保险期内所有可能的企业贷款损失及其概率

如 3.1 节所述，以保险期内企业贷款的风险不变价值 V_f 为计算企业贷款损失的基准值，借助信用转移概率矩阵，可求得保险期内借款企业的信用状况经历每条信用转移路径后的企业贷款损失 L_k 及其对应概率 p_k。通常情况下，为使企业贷款损失分布呈现得更为精细，进而使基于企业贷款损失分布的其他运算更加准确，往往需要对企业贷款损失进行足够多次的模拟。

然而，目前对贷款损失的主流模拟方式至少存在着两点值得改进之处：一是已有的模拟步骤中实际隐含着借款企业的信用状况在未来一定期限内经历第一次变换后就不再变动的假设，这与借款企业的信用状况在一定时期中随机变动的事实不符；二是已有的模拟步骤中仅涉足一年期企业贷款的损失概率，未探讨多年期企业贷款的损失概率。

鉴于此，为得到更加准确和更加接近现实状况的企业贷款非预期损失与极端损失的期望值，本书对主流模拟方式稍加改进，归纳出模拟保险期内企业贷款损失的主要步骤，具体如下。

步骤1：假定借款企业的资产收益率服从正态分布，并随机产生1个服从$N(0,1)$的随机数R以模拟标准化后的借款企业资产收益率。

步骤2：应用信用转移概率矩阵和标准正态分布的反函数求得保险期内借款企业的信用状况经每条信用转移路径变化的阈值[①]。

步骤3：将步骤1产生的随机数R与经步骤2计算的所有阈值进行比对，以最接近R的两个阈值中的最小值所对应的信用转移路径来判定在此次模拟中借款企业的信用状况所经历的那条信用转移路径。

步骤4：若经步骤3判定借款企业在保险期内经历的信用转移路径中未发生违约，则应用式(3-1)及式(3-5)即可得到企业贷款损失的1个模拟值。

步骤5：若经步骤3判定借款企业在保险期内经历的信用转移路径中存在违约，则根据企业贷款种类按一定特征的β分布对企业贷款的违约回收率(REC)进行1次模拟，并将模拟结果代入式(3-1)及式(3-5)即可得到企业贷款损失的1个模拟值。

步骤6：重复步骤$1\sim 5n$次，记录对保险期内企业贷款损失的每个模拟值。值得一提的是，为提升模拟效果，重复次数应足够多。

2) 保险期内企业贷款的预期损失

借助对企业贷款损失的模拟，企业贷款在保险期内的预期损失(EL)除了可用式(3-9)表示外还可表示为

---

① 下面举例简单说明本书求解多年期贷款阈值的过程。如果借款人信用等级由高到低依次为AAA、AA、A、BBB、BB、B、CCC、违约，且每年末对借款人进行一次信用评级，要计算3年内借款人的信用状况经信用转移路径(BBB→A→BBB→BB)变化的阈值，则可通过如下两步完成(该计算过程充分考虑到了借款人的信用状况在每个时点的所有可能)：第一步，应用概率转移矩阵，通过逐级累加求得借款人的信用状况在3年内不低于该信用转移路径(BBB→A→BBB→BB)的所有情况的累计概率$\Sigma p_{BBB\to A\to BBB\to BB}$，计算式为$\Sigma p_{BBB\to A\to BBB\to BB}= p_{BBB\to AAA}+p_{BBB\to AA}+[p_{BBB\to A\to AAA}+p_{BBB\to A\to AA}+p_{BBB\to A\to A}+(p_{BBB\to A\to BBB\to AAA}+p_{BBB\to A\to BBB\to AA}+p_{BBB\to A\to BBB\to A}+p_{BBB\to A\to BBB\to BBB}+p_{BBB\to A\to BBB\to BB})]$；第二步，将第一步求得的累计概率代入标准正态分布的反函数，求得3年内借款人的信用状况经信用转移路径(BBB→A→BBB→BB)变化的阈值，计算式为$\Phi^{-1}(1-\Sigma p_{BBB\to A\to BBB\to BB})$。

$$\mathrm{EL} = \frac{\sum_{m=1}^{n} L_m}{n} \tag{3-15}$$

式中，m 为第 m 次模拟；n 为模拟总次数；L_m 为对保险期内企业贷款损失的 1 个模拟值。

3) 计算保险期内企业贷款非预期损失与极端损失的期望值

相对于企业贷款的预期损失(EL)和企业贷款的最大损失(V_f)，企业贷款损失 L_k 存在以下两种情况。

(1) 当 $0 \leqslant L_k \leqslant \mathrm{EL}$，企业贷款损失不超过企业贷款预期损失，此时不存在企业贷款的非预期损失或极端损失。

(2) 当 $\mathrm{EL} < L_k \leqslant V_f$，企业贷款损失超过企业贷款预期损失，此时存在企业贷款非预期损失或极端损失，算式同式(3-12)。式(3-12)中，$(\mathrm{UL+XL})_k$ 为在保险期内借款企业经第 k 条信用转移路径所对应的企业贷款非预期损失与极端损失之和。

同时，参照 3.1 节的分析，借助保险期内的企业贷款损失分布，容易找到每个企业贷款非预期损失与极端损失之和 $(\mathrm{UL+XL})_k$ 所对应的概率 p_k，故计算企业贷款非预期损失与极端损失期望值 $E(\mathrm{UL+XL})$ 的表达式为

$$E(\mathrm{UL+XL}) = \sum_{\mathrm{EL} < L_k \leqslant V_f} (L_k - \mathrm{EL}) \times p_k \tag{3-16}$$

基于式(3-16)，通过对保险期内企业贷款损失的模拟，可得到 $E(\mathrm{UL+XL})$ 更为准确的表达式：

$$E(\mathrm{UL+XL}) = \sum_{\mathrm{EL} < L_m \leqslant V_f} (L_m - \mathrm{EL}) \times \frac{n_{\mathrm{EL} < L_m \leqslant V_0}}{n} \tag{3-17}$$

式中，$n_{\mathrm{EL} < L_m \leqslant V_f}$ 表示当 $\mathrm{EL} < L_m \leqslant V_f$ 时的模拟次数。

3. 完成企业贷款保险的最终定价

将求得的保险期内企业贷款非预期损失与极端损失的期望值 $E(\mathrm{UL+XL})$ 代入式(3-14)即得企业贷款保险纯费率。

此外，根据 2.4 节的分析，企业贷款保险费率的最终确定还应考虑与企业贷款保险业务相关的营运费用、代理佣金、国家税收和利润附加等因素，这需要在纯保费率的基础上加上保费附加率予以体现。因此，基于贷款非预期损失与极端损失的企业贷款保险费率厘定最终算式应为

$$g_{E(\mathrm{UL+XL})} = \frac{\delta \times E(\mathrm{UL+XL})}{V_f} + \varepsilon \tag{3-18}$$

式中，$g_{E(UL+XL)}$ 表示考虑了保费附加的企业贷款保险费率；ε 表示企业贷款保费附加率。

3.4 运算案例

企业贷款保险业务多涉及对银行风险管理水平的评价或借款企业的商业秘密，且该业务目前在国内尚处于起步阶段，故可供学术界查找和利用的数据十分有限。为验证本章模型、揭示相关定价规律，本章从金融市场和相关文献中提取部分有用数据，以尽可能贴近市场现实的方式构造运算案例，并对结果进行数值分析。

3.4.1 案例设计

设某商业银行有一笔本金为 1000 万元的企业贷款，企业贷款合同距到期日还剩下 3 年，年利率 9%，约定每年末付息，到期一次性偿还本金。为避免该笔企业贷款的非预期损失和极端损失，放贷银行计划对其投保，保险期为 3 年。

运算案例借鉴 CreditMetrics 技术文本中的信用等级划分（表 3-1）、1 年期信用转移概率矩阵（表 3-1）以及计算企业贷款价值所用的与信用等级对应的贴现率（表 3-2）；并参考 Carty 和 Lieberman（1996）的研究成果设置企业贷款的违约回收率服从均值为 53.80%、标准差为 26.86% 的 β 分布；同时，在不影响数据分析的前提下，为简化运算将企业贷款保险赔付比例设为 100%，将保费附加率设为 0。

表 3-1　1 年期信用转移概率(%)矩阵（范南，2002）

信用等级	AAA	AA	A	BBB	BB	B	CCC	违约
AAA	90.81	8.33	0.68	0.06	0.12	0.00	0.00	0.00
AA	0.70	90.65	7.79	0.64	0.06	0.14	0.02	0.00
A	0.09	2.27	91.05	5.52	0.74	0.26	0.01	0.06
BBB	0.02	0.33	5.95	86.93	5.30	1.17	0.12	0.18
BB	0.03	0.14	0.67	7.73	80.53	8.84	1.00	1.06
B	0.00	0.11	0.24	0.43	6.48	83.46	4.07	5.21
CCC	0.22	0.00	0.21	1.3	2.38	11.24	64.86	19.79

表 3-2 与信用等级对应的贴现率(%)(Gupton et al., 1997)

信用等级	第 1 年		第 2 年		第 3 年	
	1 年期贴现率	短期贴现率	2 年期贴现率	短期贴现率	3 年期贴现率	短期贴现率
AAA	3.6	3.6	4.17	4.74	4.73	5.86
AA	3.65	3.65	4.22	4.79	4.78	5.91
A	3.72	3.72	4.32	4.92	4.93	6.16
BBB	4.1	4.1	4.67	5.24	5.25	6.42
BB	5.55	5.55	6.02	6.49	6.78	8.32
B	6.05	6.05	7.02	8	8.03	10.08
CCC	15.05	15.05	15.02	14.99	14.03	12.08

同时，为便于比较，将运算案例保险期初借款企业的信用等级依次设为 AAA、AA、A、BBB、BB、B、CCC。

3.4.2 运算结果

在上述条件下，借助 MATLAB 软件编写程序(Brandimarte，2006)，运用本章所建模型对保险期内的企业贷款损失及其概率进行计算和模拟。

图 3-1 是保险期初借款企业信用等级为 BBB 时，对企业贷款损失进行 500 万次模拟得到的企业贷款损失分布。该图直观地揭示了企业贷款损失的有界性和企业贷款损失分布的非正态性。

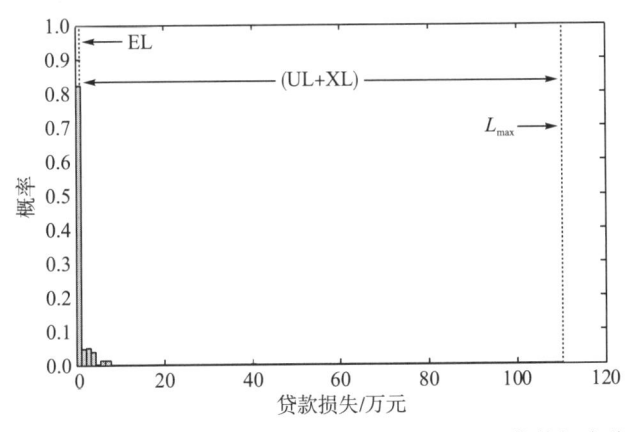

图 3-1 保险期初借款企业信用等级为 BBB 的企业贷款损失分布

观察图 3-1 可发现，在企业贷款损失分布中，企业贷款预期损失的位置相对确定，说明其具有数值小、概率大、易于预测的特点；而超过企业贷款预期损失的区域[即企业贷款的非预期损失与极端损失，图中由(UL+XL)表示的区域，介于企业贷款的预期损失 EL 和最大损失 L_{max} 之间]却十分宽广，说明其具有数值大、概率小、不易预测的特点。这印证了将表现为企业贷款非预期损失和极端损失的信用风险作为保险业务风险转移对象的相对合理性。

基于不同条件的企业贷款损失分布，应用本章所建模型计算出基于贷款非预期损失与极端损失的企业贷款保险费率[用 $g_{E(UL+XL)}$ 表示]，运算结果见表 3-3。同时，为比较对定价模型的改进效果，借鉴唐吉平和陈浩(2004)的研究思路，用式(3-19)计算出相同条件下以企业贷款的预期损失为主要定价依据的企业贷款保险费率(用 g_{EL} 表示)，运算结果见表 3-3。

$$g_{EL} = \frac{\delta \times EL}{V_f} + \varepsilon \qquad (3-19)$$

表 3-3 企业贷款保险纯费率(%)

保险期初借款企业的信用等级	AAA	AA	A	BBB	BB	B	CCC
$g_{E(UL+XL)}$	0.038	0.106	0.261	0.765	1.886	5.327	9.815
g_{EL}	0.051	0.142	0.320	0.935	2.453	6.650	14.189

3.4.3 结果分析

为便于模型改进前后的定价效果和揭示定价规律，根据表 3-3 所列数据绘制了图 3-2，图中直观呈现了模型改进前后计算的企业贷款保险费率随保险期初借款企业信用等级变化的趋势曲线。

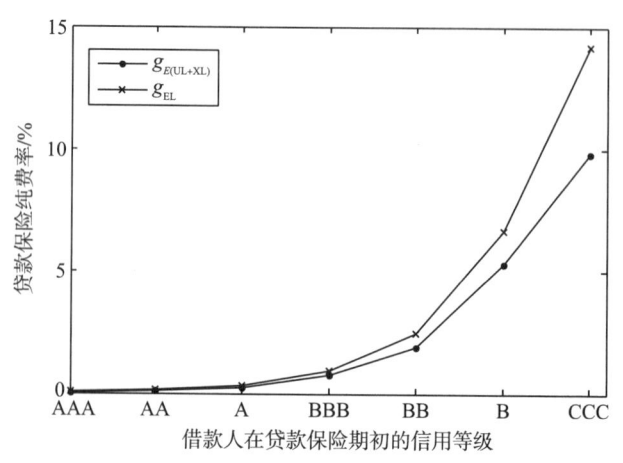

图 3-2 随保险期初借款企业信用等级变化的企业贷款保险费率曲线

图 3-2 中，g_{EL} 表示基于贷款预期损失的企业贷款保险费率曲线，即为模型改进前的企业贷款保险定价曲线；$g_{E(UL+XL)}$ 表示基于贷款非预期损失和极端损失的企业贷款保险费率曲线，即为模型改进后的企业贷款保险定价曲线。

观察图 3-2 可发现，随着借款企业在保险期初信用等级的降低，两条曲线都呈现出了向上翘起的特征，但 $g_{E(UL+XL)}$ 始终在 g_{EL} 的下方。这说明无论是表现为企业贷款非预期损失和极端损失的信用风险，还是表现为企业贷款预期损失的信用风险，均具有随借款企业信用状况的恶化而加速升高的特点，但在相同条件下二者的风险程度存在明显差异，$g_{E(UL+XL)}$ 较之 g_{EL} 存在着可能的价格优势。

3.5 本章小结

为弥补已有同类定价模型的不足，本章在完善信用风险度量技术的基础上，对已有同类模型进行了改进，并提出了基于贷款非预期损失与极端损失的企业贷款保险定价模型。改进后的企业贷款保险定价模型，有助于扩大企业贷款保险费率对信用风险的覆盖面，有助于拓展信用风险转移定价的研究思路。

回顾全章，可归纳出以下几点阶段性的理论观点。

(1) 在运用信用转移概率矩阵度量企业贷款损失分布时，应兼顾借款企业信用状况在贷款期限内经不同路径上下波动的实际情况，同时基于借款企业信用状况始终如初的假设计算得到的企业贷款风险不变价值，更适合作为衡量企业贷款损失的参照标准。

(2) 较之表现为贷款预期损失的信用风险，表现为贷款非预期损失与极端损失的信用风险具有损失大、概率小的特点，更适合且更需要借助保险等信用风险转移业务来分散化解。

(3) 基于贷款发生非预期损失与极端损失的各种情况及其概率计算出的损失期望值，可作为制定企业贷款保险价格等信用风险转移价格的重要依据，且制定出的企业贷款保险价格存在着可能的价格优势。

(4) 随着借款企业在保险期初信用状况的逐步恶化，表现为贷款非预期损失与极端损失的信用风险将呈现出加速上升的趋势，企业贷款保险价格应随之加速提高。

第 4 章　基于 RAROC 的企业贷款保险费率厘定模型

据第一篇的介绍与分析，在新巴塞尔协议和偿付能力监管的推动下，经济资本理论正逐步被国际先进银行和保险机构用于风险管理工作。在此背景下，尝试将经济资本理论引入以企业贷款保险定价为代表的信用风险转移定价领域已显得很有必要。鉴于此，为顺应现代风险管理理论的发展方向，本章将在第 3 章的研究基础上，引入经济资本理论，进一步优化企业贷款保险定价的主要依据，构建起基于 RAROC 的企业贷款保险费率厘定模型。

4.1　经济资本理论中的 RAROC

4.1.1　RAROC 简介

据武剑(2009)以及梁世栋(2011)的介绍，风险调整后资本收益率(RAROC)是经济资本理论中的一个核心指标，由美国信孚银行的风险管理团队于 20 世纪 70 年代末创立，它是将回报与投入资本相比较的风险调整业绩测度方法(risk-adjusted performance measurement，RAPM)之一。

20 世纪末，RAROC 技术开始在国际先进银行得到应用，并得到巴塞尔银行监管委员会(Basel Committee on Banking Supervision，BCBS)的首肯。伴随着巴塞尔协议在各国的推广，目前 RAROC 已受到各国银行业的普遍认同与应用。值得一提的是，由于保险业频频涉足传统的银行业务，近年来 RAROC 技术也逐渐受到各大保险机构的关注甚至应用尝试。

目前，业界和学术界普遍认为，集收益与风险于一体的 RAROC 技术弥补了传统资产收益率指标偏重账面收益而忽视风险的缺陷，是金融机构在新常态下进行全面风险管理的核心技术之一，在金融风险管理领域有着广阔的应用空间。

RAROC 指标从创立以来，在计算方法方面经历着不断的发展变化。

参照 Saunders 和 Allen(2010)的定义，RAROC 通常是指经调整后的业务收益与开展该业务所占用的经济资本的比值，其基本表达式为

$$\text{RAROC} = \frac{\text{Adjusted income}}{\text{Capital at risk}} = \frac{\text{收益} - \text{预期损失} - \text{成本}}{\text{经济资本}} \quad (4\text{-}1)$$

观察式(4-1)可发现，RAROC 指标的分子是经调整后的业务收益，它通常由扣除业务预期损失和成本的业务收益构成；RAROC 指标的分母是该项业务所占用的经济资本，由一定置信度下该业务的非预期损失决定。

相比传统的盈利性指标，RAROC 综合考虑了业务的收益、成本、预期损失、经济资本等因素，其中以资本占用的方式考虑风险因素的做法，恰好与现代银行所追求的资本收益目标相契合，较好地兼顾了金融机构所关注的"效益性"与"安全性"。

4.1.2 基于 RAROC 的管理模式

RAROC 是一种综合性的风险管理手段，借助 RAROC 进行全面风险管理已成为或即将成为以银行为核心的金融机构的管理新模式，这种管理模式在现代金融业中体现在以下三个层面。

1. 对金融机构单个业务的管理

在国际先进银行，业务的 RAROC 已成为是否从事某项业务决策时的重要依据。在现代金融风险管理框架下，以银行为核心的金融机构往往会为某类业务设定 RAROC 目标。当测算出开展某项业务的 RAROC 值达到设定目标时，说明这项业务符合金融机构自身对风险与效益的综合要求，从而准予开展；反之，则不予开展。显然，这种通过衡量业务收益与风险是否相匹配进而决定是否开展业务的做法，可使金融机构的业务决策变得更加科学。同理，这种借助 RAROC 的管理方式也可运用到金融机构的绩效考核、激励机制中，从而促进金融机构的健康发展。

2. 对金融机构资产组合的管理

在国际先进银行，RAROC 还是管理资产组合(包括信贷资产组合)的有效工具。以银行为核心的金融机构可以通过设立各类资产组合的 RAROC 目标值，常态化地对各类资产组合的 RAROC 实际值进行监测，衡量某类资产组合的收益与风险是否匹配，进而根据 RAROC 实际值的变化情况对资产组合做出及时调整，以保证金融机构的盈利性和安全性。

3. 对金融机构总体层面的管理

对于以银行为核心的金融机构，RAROC 可成为从总体层面分配资本与设定经验目标的决策依据。金融机构可通过将经济资本总体需求与监管资本、账面资本相比较，对自身的资本充足率做出客观的评价；同时，根据各类业务线、各级各地机构 RAROC 值的高低，完成对有限的经济资本总额的合理分配，进而使金融机构能以经济资本配额控制的方式对自身的总体风险和分类风险实施有效管理，推动金融机构内部自上而下形成注重风险与收益相平衡的企业管理文化。

4.2 基于 RAROC 的企业贷款保险定价思路

4.2.1 更加适合被贷款保险业务转移的企业信用风险

基于 3.2.2 节的探讨，本节对适合被企业贷款保险业务转移的信用风险做出进一步分析。前述分析已知，与表现为企业贷款预期损失的信用风险相比，表现为企业贷款非预期损失和极端损失的信用风险较为适合通过保险业务来转移。

然而，按照保险学理论的一般原则，现实中的保险公司考虑到自身的风险承受能力和防范道德风险的需要，通常不会承担所有可能的企业贷款非预期损失与极端损失；现实中的放贷银行考虑到保险费用的支出和自身已具备的风险管理水平，也不会为所有潜在的企业贷款非预期损失与极端损失购买保险。因此，在兼顾银保双方利益的前提下，实际能通过保险方式转移的企业贷款损失应小于企业贷款非预期损失与极端损失之和。

根据 3.2.2 节的分析，表现为企业贷款非预期损失与极端损失的信用风险同属不易预测风险，但二者表现出的风险程度以及目前对其的应对措施有着明显的区别。企业贷款发生非预期损失时对放贷银行的影响往往小于发生极端损失时的影响，而且企业贷款发生非预期损失的概率往往大于发生极端损失的概率。同时，对于企业贷款的非预期损失，在引入经济资本管理模式的条件下，银行必须按照巴塞尔协议的要求通过配置经济资本来加以应对；而对于企业贷款的极端损失，银行自身尚无有效应对措施。由此推断，对于风险较大、概率较小、放贷银行自身尚无有效应对措施的企业贷款极端损失，现实中的保险公司不会主动去开展相关的企业贷款保险业务。

此外，根据 2.3 节的分析，按 BCBS 的要求，在引入经济资本管理模式后，为确保银行的安全性，商业银行为各项业务非预期损失配置的经济资本实行总量控制。对此，文忠平等(2012)分析指出信贷业务的非预期损失将占据商业银行大部分有限的经济资本额度，这样不仅会制约商业银行的业务发展，还会加剧商业银行的资本短缺，容易引发商业银行频繁通过资本市场融资的行为，进而给资本市场带来动荡。由此推断，出于拓展业务、缓解资本短缺的目的，相比于未占用经济资本的企业贷款极端损失，放贷银行更希望通过保险等方式将信贷业务的非预期损失转移出去。

基于上述分析可以推断，在 3.2.2 节所定义的不易预测的信用风险中，较之表现为企业贷款极端损失的信用风险，表现为企业贷款非预期损失的信用风险更适合通过保险业务来转移。因此，本章认为企业贷款的非预期损失更适合作为贷款保险的风险转移对象。这不仅更加符合保险公司在实际业务中的风险承受能力，也更符合放贷银行用有限的保险成本释放出宝贵的经济资本的愿望，从而更加有利于企业贷款保险业务在银保双方之间的实际达成。

4.2.2 企业贷款保险业务给银保双方带来的损益

在表现为企业贷款非预期损失的信用风险被作为企业贷款保险业务转移对象的条件下，企业贷款保险业务的过程可进一步简化为放贷银行向保险公司支付保费，保险公司按赔付比例承担企业贷款的部分非预期损失。在此过程中，放贷银行在支付保费后，不仅能避免被保险企业贷款的部分非预期损失，还会释放出被保险企业贷款占用的相关经济资本，这些释放出的经济资本将被放贷银行重新配置给新增业务，进而取得新增净利润；而保险公司在得到保费的同时，不仅按赔付比例承担起了企业贷款的部分非预期损失，还产生了开展企业贷款保险业务的综合成本。

为便于后续分析，表 4-1 列出了企业贷款保险业务给银保双方带来的主要损益。

表 4-1 企业贷款保险给银保双方带来的主要损益

参与方	收益	损失
放贷银行	新增业务净利润 避免被保险贷款非预期损失的期望值	支付保费
保险公司	得到保费	承担被保险贷款非预期损失的期望值 开展企业贷款保险业务的综合成本

4.2.3 企业贷款保险定价的桥梁——RAROC

根据 4.1.2 节的介绍，在经济资本管理模式下，仅凭表 4-1 中所列损益指标的大小，银保双方并不能做出是否开展企业贷款保险业务的决策，还需要借助 RAROC 这类更为科学的衡量指标。

为便于研究，根据银保双方应用经济资本管理风险的趋势，可进一步假定银保双方各自在实施经济资本管理的过程中都为企业贷款保险业务设定了 RAROC 目标。在此假定下，由 4.1.2 节的介绍可以推断，只要企业贷款保险业务给放贷银行带来的 RAROC 高于银行自身设定的 RAROC 目标，银行将愿意支付保费，以释放部分经济资本配置给新增业务，进而赚取新的利润；同理，只要企业贷款保险业务给保险公司带来的 RAROC 高于保险公司自身设定的 RAROC 目标，保险公司也愿意按赔付比例为企业贷款的非预期损失承担部分赔偿责任，以赚取保费。

基于第 2 章的介绍，在将银行为企业贷款配置的经济资本等同于企业贷款的非预期损失的前提下，将表 4-1 中所列损益指标数据代入式(4-1)，理论上能够测算出企业贷款保险业务给银保双方各自带来的 RAROC；反之，如果将银保双方的 RAROC 目标和表 4-1 中除保费外的其他已知损益指标数据代入式(4-1)，便可反推出在 RAROC 目标下银保双方各自对于保费的理想取值范围。

这无疑为在经济资本管理框架下制定出满足银保双方 RAROC 要求的企业贷款保险费率提供了一条新思路，本章将其称为基于 RAROC 的企业贷款保险定价思路。

4.3 模型构建

基于第 3 章中对企业贷款损失及其概率分布的认识和 4.2 节提出的建模思路，本节对基于 RAROC 的企业贷款保险定价模型进行推导，模型中部分符号及其含义与第 3 章相同。

4.3.1 模型假设

为便于模型构建，简化推导过程，本章做出如下假设。

假设 1：借助现有的信用风险度量模型能够较为准确地度量出企业贷款损失的概率分布。

假设 2：企业贷款保险业务的风险转移对象为企业贷款的非预期损失。

假设 3：企业贷款保险的购买方为参保企业贷款的放贷银行。

假设 4：银保双方对于企业贷款的非预期损失、经济资本和 RAROC 等有着相同的认识与计算方法。

假设 5：配置给企业贷款业务的经济资本在数值上与企业贷款的非预期损失相等。

4.3.2 模型推导

若风险容忍度为 α 的某商业银行，在未来一定时期内希望通过保险方式转移表现为企业贷款非预期损失的部分风险，以便释放出一定经济资本用于开展某项新增业务；同时，某保险公司也希望通过承接这笔企业贷款保险业务而取得保费收入。双方可按以下步骤建立定价模型，以制定出令银保双方都能接受的企业贷款保险费率。

1. 企业贷款保险的保费下限

根据前述定价思路，企业贷款保险业务给保险公司带来的风险调整后收益不应小于保险公司的 RAROC 目标值（用 RAROC_A 表示；本章各符号的脚标 A 均为 Assurer 的缩写，表示保险公司），根据式(4-1)其具体表达如下：

$$\frac{G - \Delta L_A - C}{\Delta EC_A} \geqslant \text{RAROC}_A \tag{4-2}$$

式中，G 为保险公司开展企业贷款保险业务应收取的保费；ΔL_A 为企业贷款保险业务为保险公司带来的企业贷款损失期望值，在数值上等于贷款保险为放贷银行避免的企业贷款非预期损失期望值；C 为保险公司开展企业贷款保险业务的综合成本；ΔEC_A 为保险公司为企业贷款保险业务配置的经济资本期望值，在数值上等于企业贷款保险为放贷银行释放的经济资本期望值。

变换式(4-2)可得保险公司在 RAROC_A 的约束下开展企业贷款保险业务至少应收取的保费，即企业贷款保险保费的下限：

$$G \geqslant \text{RAROC}_A \times \Delta EC_A + \Delta L_A + C \tag{4-3}$$

2. 企业贷款保险的保费上限

根据前述定价思路，企业贷款保险业务给放贷银行带来的风险调整后收益不应低于放贷银行自身设定的 RAROC 目标值(用 RAROC_B 表示；本章各符号的脚标 B 均为 Bank 的缩写，表示放贷银行)，根据式(4-1)其具体表达如下：

$$\frac{R_X + \Delta L_B - G}{\Delta EC_B} \geqslant \text{RAROC}_B \tag{4-4}$$

式中，R_X 为放贷银行利用企业贷款保险释放的经济资本配置给某新增业务 X 产生的净利润期望值；ΔL_B 为企业贷款保险业务为放贷银行避免的企业贷款非预期损失期望值，它应按保险赔付比例从风险容忍度 α 下的企业贷款非预期损失期望值(EUL_α)中计取；G 为商业银行为企业贷款保险支付的保费；ΔEC_B 为企业贷款保险为放贷银行释放的经济资本期望值，按照假设 5 它在数值上应与保险业务为放贷银行避免的企业贷款非预期损失期望值 ΔL_B 相等。

变换式(4-4)可得放贷银行在 RAROC_B 的约束下能向保险公司支付的最高保费，即企业贷款保险保费的上限：

$$G \leqslant \text{RAROC}_B \times \Delta EC_B + \Delta L_B + R_X \tag{4-5}$$

3. 企业贷款保险业务的定价区间

由前述分析知，ΔL_A、ΔEC_A、ΔL_B、ΔEC_B 存在如下关系：

$$\Delta L_A = \Delta L_B = \Delta EC_A = \Delta EC_B = \delta \times \text{EUL}_\alpha \tag{4-6}$$

式中，δ 为企业贷款保险业务的保险赔付比例。

联立式(4-3)、式(4-5)、式(4-6)可得同时满足银保双方 RAROC 目标的企业贷款保险的保费区间：

$$\delta \times \text{EUL}_\alpha \times (1 + \text{RAROC}_A) + C \leqslant G \leqslant \delta \times \text{EUL}_\alpha \times (1 - \text{RAROC}_B) + R_X \tag{4-7}$$

式(4-7)说明，在银保双方 RAROC 目标的约束下，当且仅当保费落在式(4-7)所示的区间内，企业贷款保险业务才有开展的可能。

进一步，由式(4-7)可推导出企业贷款保险保费率的表达式为

$$\frac{\delta \times \text{EUL}_\alpha \times (1 + \text{RAROC}_A) + C}{V_f} \leqslant g \leqslant \frac{\delta \times \text{EUL}_\alpha \times (1 - \text{RAROC}_B) + R_X}{V_f} \tag{4-8}$$

式中，V_f 为保险期内企业贷款的风险不变价值；g 为企业贷款保险费率。

式(4-8)即为基于 RAROC 的企业贷款保险定价区间，其中左侧表达式为企业贷款保险费率的下限 $g_下$；右侧表达式为企业贷款保险费率的上限 $g_上$。

观察式(4-8)，除 EUL_α 外其他参数的取值较易得到，故求解 EUL_α 成为构建本模型的关键问题之一。

4. 求解风险容忍度 α 下保险期内的 EUL_α

1) 计算保险期内企业贷款的损失分布与最大损失

基于 3.1 节对企业贷款损失的新认识,此处仍以保险期内企业贷款的风险不变价值 V_f 为计算企业贷款损失的基准值,并借助信用转移概率矩阵,求得保险期内借款企业的信用状况经历每条信用转移路径后的企业贷款损失 L_k 及其对应概率 p_k。由于计算保险期内 EUL_α 的基础是企业贷款损失分布,此处仍需参考 3.4 节的做法对企业贷款损失进行足够多次的模拟,进而得到更为精细的企业贷款损失分布。

借鉴 VaR 的思想,在求得企业贷款损失分布的前提下,累计概率恰为 α 的企业贷款损失值 L_k 即为风险容忍度 α 下企业贷款的最大损失 $VaR_{1-\alpha}$[意为它与置信水平 $(1-\alpha)$ 下的企业贷款 VaR 同值]。然而,根据有限的企业贷款损失 L_k 及其对应概率 p_k,往往较难准确找出累计概率恰为 α 的企业贷款损失值 L_k,这同样就需要借助对企业贷款损失进行足够多次的模拟来完成对企业贷款 $VaR_{1-\alpha}$ 的计算。

在模拟企业贷款损失分布的同时,需要兼顾对企业贷款 $VaR_{1-\alpha}$ 的求解,故必须对 3.4 节的模拟步骤做出一些调整,具体模拟步骤如下。

步骤 1:假定借款企业的资产收益率服从正态分布,并随机产生 1 个服从 $N(0,1)$ 的随机数 R 以模拟标准化后的借款企业资产收益率。

步骤 2:应用信用转移概率矩阵和标准正态分布的反函数求得保险期内借款企业的信用状况经每条信用转移路径变化的阈值。

步骤 3:将步骤 1 产生的随机数 R 与经步骤 2 计算的所有阈值进行比对,以最接近 R 的两个阈值中的最小值所对应的信用转移路径来判定在此次模拟中借款企业的信用状况所经历的相应信用转移路径。

步骤 4:若经步骤 3 判定借款企业在保险期内经历的信用转移路径中未发生违约,则应用式(3-1)及式(3-5)即可得到企业贷款损失的 1 个模拟值。

步骤 5:若经步骤 3 判定借款企业在保险期内经历的信用转移路径中存在违约,则根据企业贷款类型按一定特征的 β 分布对企业贷款的违约回收率(REC)进行 1 次模拟,并将模拟结果代入式(3-1)及式(3-5)即可得到企业贷款损失的 1 个模拟值。

步骤 6:重复步骤 1~5 n 次,记录对保险期内企业贷款损失的每个模拟值;同时,为提升模拟效果,重复次数应足够多。

步骤 7:将企业贷款损失的各模拟值 L_m(m 的取值范围为 0~n 的整数)按由大到小的顺序排序,排在第 $n \times \alpha$ 位的企业贷款损失模拟值 L_m 即为风

险容忍度 α 下保险期内企业贷款的最大损失 $\text{VaR}_{1-\alpha}$。

2) 计算保险期内企业贷款的预期损失（EL）

参照第 3 章的做法，对于保险期内企业贷款预期损失的求解同样存在两个算式：基于企业贷款损失 L_k 及其对应概率 p_k 的算式同式(3-9)；基于企业贷款损失模拟值 L_m 与模拟次数的算式同式(3-15)。

3) 计算保险期内的 EUL_α

参照 3.1 节对企业贷款非预期损失的认识，相对于前面求得的 EL 和 $\text{VaR}_{1-\alpha}$，随着企业贷款损失 L_k 的变化，对应于 L_k 的保险期内企业贷款的非预期损失 UL_k 存在以下几种可能情况。

(1) 当 $0 \leqslant L_k \leqslant \text{EL}$，说明企业贷款损失在预期范围内，此时 UL_k 为 0。

(2) 当 $\text{EL} < L_k < \text{VaR}_{1-\alpha}$，说明企业贷款损失超出预期范围，此时 UL_k 为 L_k 超出预期损失的部分：

$$\text{UL}_k = L_k - \text{EL} \qquad (4-9)$$

(3) 当 $L_k \geqslant \text{VaR}_{1-\alpha}$，说明企业贷款损失超过风险容忍度 α 下所能容忍的最大损失，此时 UL_k 为

$$\text{UL}_k = \text{VaR}_{1-\alpha} - \text{EL} \qquad (4-10)$$

同时，由 L_k 与 UL_k 的对应关系和 L_k 与 p_k 的对应关系可推断，UL_k 与 p_k 也存在对应关系。故可综合保险期内企业贷款非预期损失的上述三种可能情况及其对应概率，推出计算风险容忍度 α 下保险期内企业贷款非预期损失期望值的表达式：

$$\text{EUL}_\alpha = \sum_{\text{EL} < L_k < \text{VaR}_{1-\alpha}} (L_k - \text{EL}) \times p_k + \sum_{L_k \geqslant \text{VaR}_{1-\alpha}} (\text{VaR}_{1-\alpha} - \text{EL}) \times p_k \qquad (4-11)$$

进一步，借助对保险期内企业贷款损失分布的模拟，可推出 EUL_α 更为准确的表达式：

$$\begin{aligned}\text{EUL}_\alpha = & \sum_{\text{EL} < L_m < \text{VaR}_{1-\alpha}} (L_m - \text{EL}) \times \frac{n_{\text{EL} < L_m < \text{VaR}_{1-\alpha}}}{n} \\ & + \sum_{\text{VaR}_{1-\alpha} \leqslant L_m \leqslant V_f} (\text{VaR}_{1-\alpha} - \text{EL}) \times \frac{n_{\text{VaR}_{1-\alpha} \leqslant L_m \leqslant V_f}}{n}\end{aligned} \qquad (4-12)$$

式中，L_m 为对 L_k 的模拟值；n 为模拟总次数；$n_{\text{EL} < L_m < \text{VaR}_{1-\alpha}}$ 为 $\text{EL} < L_m < \text{VaR}_{1-\alpha}$ 时的模拟次数；$n_{L_m \geqslant \text{VaR}_{1-\alpha}}$ 为 $L_m \geqslant \text{VaR}_{1-\alpha}$ 时的模拟次数。

5. 完成企业贷款保险费率厘定

将求得的 EUL_α 代入式(4-8)即得企业贷款保险费率区间，可能会遇到以下两种情况。

情况一，若求出的企业贷款保险业务价格上限小于其价格下限，即$g_{上}<g_{下}$，说明此时不存在企业贷款保险定价的空间，企业贷款保险业务不可能被开展。

情况二，若求出的企业贷款保险业务价格上限大于或等于其价格下限，即$g_{上} \geqslant g_{下}$，说明此时存在企业贷款保险定价空间，企业贷款保险业务可以开展。

在情况二下，为促进企业贷款保险业务的达成，本章将式(4-8)中企业贷款保险费率上下限的算术平均值作为企业贷款保险业务的基准费率g_0(简称"基准费率")，具体表达式为

$$g_0 = \frac{\delta \times \text{EUL}_\alpha \times (2 + \text{RAROC}_A - \text{RAROC}_B) + R_X + C}{2V_f} \quad (4\text{-}13)$$

观察式(4-13)可发现，该基准费率综合考虑了保险赔付比例、企业贷款损失分布、放贷银行的风险容忍度、银保双方的RAROC目标、放贷银行的新增业务净利润、企业贷款保险业务的综合成本以及企业贷款的风险不变价值等因素。因此，基于RAROC制定的企业贷款保险基准价格已经考虑到了保费附加应该考虑的部分问题，在经济资本理论得到充分应用的市场环境下，式(4-13)将对企业贷款保险费率厘定起到指导作用。

4.3.3 模型的应用价值

从现实需求分析，如果条件具备，本章所建模型能促进放贷银行、保险人以及金融管理部门提升解决企业贷款保险定价问题相关措施的操作性，具体表现在以下几方面。

(1)在经济资本理论得到充分应用的市场环境下，企业贷款保险业务的实际价格可在式(4-8)划定的企业贷款保险费率区间内，参照式(4-13)的运算结果，并结合企业贷款保险市场的供需情况合理确定。

(2)放贷银行可借助本模型识别出能够通过保险业务转移的信用风险，并计算出实现自身RAROC目标的企业贷款保险费率上限(即放贷银行所能承受的保费上限)，确保放贷银行在转移信用风险、释放经济资本的同时，投入的风险防范成本可控。

(3)保险人则可借助本模型识别出自身通过保险业务能承受的信用风险，并计算出实现自身RAROC目标的企业贷款保险费率下限(即保险人能接受的保费下限)，确保保险人在赚取保费的同时，因开展企业贷款保险业务带来的风险处于可控范围。

(4) 金融管理部门则可根据社会对发展企业贷款保险业务的需要,参考本模型计算出的企业贷款保险费率范围,适时出台可行性较强的企业贷款保险业务指导价格或相关扶持补贴政策,让参与企业贷款保险业务的银保双方的风险可控,从而吸引更多力量参与到企业贷款保险业务中,规范并促进企业贷款保险业务的健康发展。

4.4 运算案例

鉴于与 3.4 节相同的原因,本章根据模型运算对数据的要求,选择金融市场中的一些常见数据和相关研究文献中一些已被学术界认可的关键数据来构造运算案例,以期用最贴近现实的方式来突出模型思想、揭示相关规律。

4.4.1 案例设计

设风险容忍度为 α 的某商业银行有一笔企业贷款,其基本情况为本金 100 万元、年利率 9%、企业贷款期限为 5 年,借款企业每年末向放贷银行付息,到期一次性偿还本金;目前,该笔企业贷款距离合同到期日还剩下 3 年。为避免该笔企业贷款在未来 3 年内的非预期损失,同时把释放出的经济资本配置给某新增业务,该商业银行准备对其投保,并要求赔付比例为 100%,保险期为 3 年;另设放贷银行新增业务的净利润率为 3%,保险公司开展企业贷款保险业务的综合成本率 c 为 1%。

以企业贷款的风险不变价值 V_f 为度量企业贷款损失的参照值,借鉴 CreditMetrics 模型思路,采用 CreditMetrics 模型文本中的信用等级划分(表 3-1)、1 年期信用转移概率矩阵(表 3-1)和信用等级对应的贴现率(表 3-2)等数据,依次计算出当保险期初借款企业信用等级分别为 AAA、AA、A、BBB、BB、B、CCC 时保险期内的企业贷款损失分布。

同时,为根据不同条件更加准确地计算出企业贷款非预期损失的期望值 EUL_α 和企业贷款在风险容忍度 α 下的最大损失值 $VaR_{1-\alpha}$,应用 MATLAB 软件编写程序对各条件下的企业贷款损失进行了足够次数的模拟。

为便于比较,将放贷银行对企业贷款信用风险的容忍度 α 依次设为 1%、0.9%、0.8%、0.7%、0.6%、0.5%、0.4%、0.3%、0.2%、0.1%;将银保双方各自的 RAROC 目标依次设为 10%、15%、20%、25%、30%、35%、40%。

4.4.2 运算结果

图 4-1 是保险期初借款企业信用等级为 BBB 时，对企业贷款损失进行 500 万次模拟得到的企业贷款损失分布。图中，放贷银行对信用风险的容忍度分别取 0.3%和 0.1%，$VaR_{99.9\%}$为保险期内置信水平为 99.9%（即 1-0.1%）的最大企业贷款损失，$VaR_{99.7\%}$为保险期内置信水平为 99.7%（即 1-0.3%）的最大企业贷款损失，$UL_{0.3\%}$为风险容忍度为 0.3%的企业贷款非预期损失取值范围，$UL_{0.1\%}$为风险容忍度为 0.1%的企业贷款非预期损失取值范围。

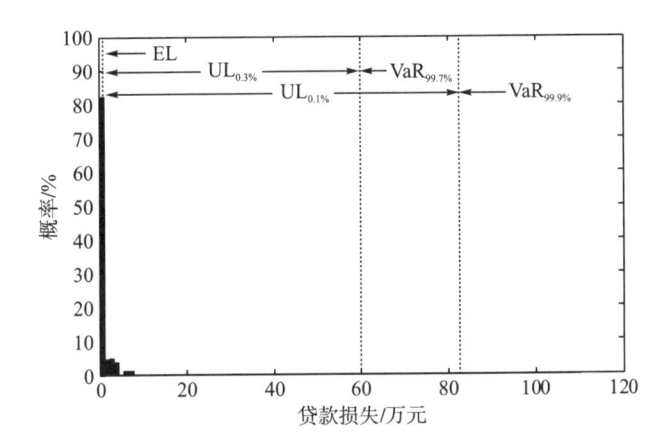

图 4-1 保险期初借款企业信用等级为 BBB 的企业贷款损失分布（$\alpha=0.3\%$和$\alpha=0.1\%$）

观察图 4-1 可发现，企业贷款损失分布呈现出明显的有偏离散型特征，企业贷款非预期损失的取值范围比企业贷款预期损失的取值范围宽许多，且风险容忍度为 0.1%的企业贷款非预期损失取值范围比风险容忍度为 0.3%的企业贷款非预期损失取值范围更宽。这印证了企业贷款的非预期损失更加适合作为企业贷款保险信用风险转移对象的推断，也说明企业贷款非预期损失的取值范围与放贷银行的风险容忍度成反比。

基于保险期内企业贷款损失分布，应用本章模型可计算出上述不同条件下企业贷款保险业务的一次性价格区间及其基准价格。表 4-2 列出了当银保双方的 RAROC 目标均为 25%时，保险期初借款企业信用等级分别为 AAA、AA、A、BBB、BB、B、CCC 时的企业贷款保险价格上限和下限及其基准价格。

表 4-2　企业贷款保险价格的上下限与基准价格(%)(RAROC$_A$=RAROC$_B$=25%)

价格区间	信用等级	α								
		1	0.9	0.8	0.7	0.6	0.5	0.4	0.3	0.2	0.1
价格上限 $g_上$	AAA	3.02	3.02	3.02	3.02	3.02	3.02	3.02	3.02	3.02	3.02
	AA	3.04	3.05	3.05	3.05	3.06	3.06	3.06	3.06	3.07	3.06
	A	3.10	3.12	3.11	3.11	3.12	3.12	3.12	3.13	3.16	3.19
	BBB	3.36	3.37	3.39	3.41	3.45	3.48	3.51	3.54	3.56	3.57
	BB	4.32	4.34	4.34	4.36	4.38	4.38	4.40	4.40	4.41	4.41
	B	6.95	6.95	6.96	6.97	6.98	6.98	6.98	6.98	6.99	7.00
	CCC	10.33	10.33	10.34	10.35	10.35	10.34	10.35	10.35	10.36	10.37
价格下限 $g_下$	AAA	1.03	1.03	1.03	1.03	1.03	1.03	1.04	1.04	1.04	1.04
	AA	1.07	1.08	1.08	1.09	1.09	1.09	1.10	1.10	1.11	1.10
	A	1.16	1.19	1.18	1.18	1.20	1.20	1.20	1.21	1.26	1.31
	BBB	1.59	1.61	1.64	1.68	1.74	1.81	1.86	1.90	1.93	1.95
	BB	3.20	3.23	3.24	3.27	3.30	3.30	3.33	3.33	3.35	3.35
	B	7.59	7.58	7.59	7.61	7.63	7.63	7.63	7.64	7.64	7.67
	CCC	13.21	13.22	13.24	13.24	13.25	13.23	13.26	13.26	13.26	13.28
基准价格 g_0	AAA	2.03	2.03	2.03	2.03	2.03	2.03	2.03	2.03	2.03	2.03
	AA	2.06	2.07	2.07	2.07	2.08	2.08	2.08	2.08	2.09	2.08
	A	2.13	2.16	2.15	2.15	2.16	2.16	2.16	2.17	2.21	2.25
	BBB	2.48	2.49	2.52	2.55	2.60	2.65	2.69	2.72	2.75	2.76
	BB	3.76	3.79	3.79	3.82	3.84	3.84	3.87	3.87	3.88	3.88

观察表 4-2 可发现，当借款企业在保险期初的信用等级一定时，企业贷款保险价格的上限和下限及基准价格将随放贷银行风险容忍度的降低而呈现出不同程度的升高趋势。

此外，为比较本章所建模型与现实情况的偏差，参照式(3-20)计算出相同条件下以企业贷款预期损失为主要定价依据的企业贷款保险价格 g_{EL}，结果见表 4-3。

表 4-3　基于预期损失的企业贷款保险价格(%)

保险期初借款企业的信用等级	AAA	AA	A	BBB	BB	B	CCC
g_{EL}	1.051	1.142	1.320	1.935	3.453	7.650	15.189

4.4.3　数值分析

根据表 4-2 和表 4-3 数据，可描绘出一定风险容忍度下企业贷款保险价格上下限和基准价格随借款企业在保险期初信用等级变化的趋势曲线，同时可比较本章构建的企业贷款保险定价模型与现实主流定价模型间的偏差,如图 4-2 所示。

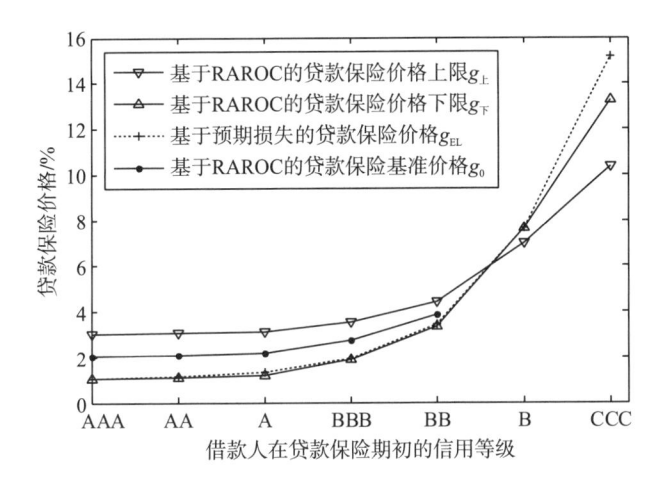

图 4-2 相同条件下的各种企业贷款保险价格
(α=0.3%,$RAROC_A$=$RAROC_B$=25%)

观察图 4-2 可发现,随借款企业在保险期初信用等级的下降,企业贷款保险价格的上限趋势曲线与下限趋势曲线同时上升,均经历了由平坦向陡峭变化的过程,但价格下限曲线比价格上限曲线更为陡峭,使得两线最终相交于一点;交点以左、价格上下限曲线之间的区域即为该运算案例条件下的企业贷款保险定价区域;交点以左的价格上下限间距的中点线即为该运算案例条件下的企业贷款保险基准价格的趋势曲线;而交点以右则为企业贷款保险的不可定价区域,这也正是表 4-2 和图 4-2 中没有信用等级 B 和 CCC 对应的基准价格的原因。

图 4-2 说明,在本运算案例条件下,保险公司基于对 RAROC 目标的考虑,不会为信用等级为 B 和 CCC 的借款企业的企业贷款承保;如果将贷款的预期损失作为企业贷款保险定价的主要依据,则保险公司将无法识别出信用等级为 B 和 CCC 的借款企业的信用风险对自身 RAROC 目标的影响;在相同条件下,当借款企业在企业贷款保险期初的信用等级依次为 AAA、AA、A、BBB、BB 时,由于考虑了企业贷款非预期损失的因素,基于 RAROC 目标的企业贷款保险基准价格普遍高于基于贷款预期损失的企业贷款保险费率。

同时,为揭示银保双方 RAROC 目标对企业贷款保险定价区域的影响规律,还根据运算结果分别绘制出图 4-3 和图 4-4。在图 4-3 中,放贷银行的风险容忍度维持在 0.3%，保险公司的 RAROC 目标恒为 25%；在图 4-4 中，放贷银行的风险容忍度仍然维持在 0.3%，放贷银行的 RAROC 目标恒为 25%。

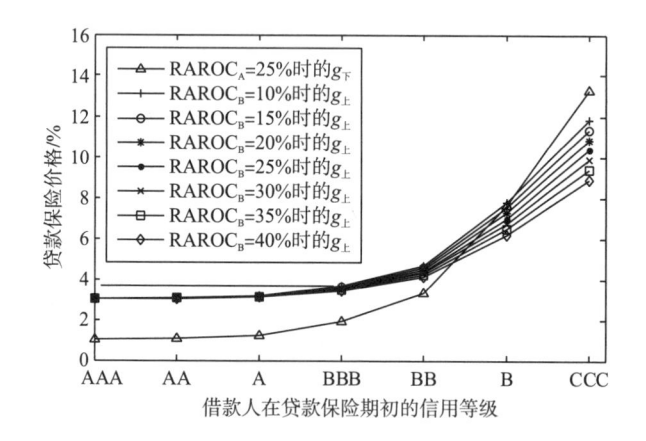

图 4-3　放贷银行的 RAROC 目标对企业贷款保险价格区间的影响
（α=0.3%，$RAROC_A$=25%）

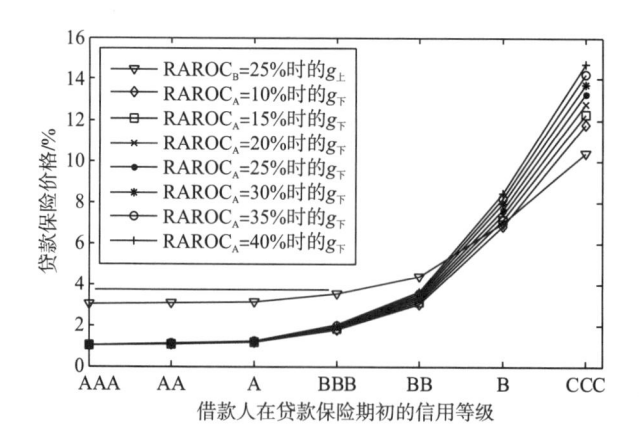

图 4-4　保险公司的 RAROC 目标对企业贷款保险价格区间的影响
（α=0.3%，$RAROC_B$=25%）

观察图 4-3 可发现，若其他条件不变，企业贷款保险价格上限曲线将随放贷银行 RAROC 目标的升高而逐步下移，会导致企业贷款保险定价区域向左逐渐萎缩。

观察图 4-4 可发现，若其他条件不变，企业贷款保险价格下限曲线将随保险公司 RAROC 目标的升高而逐步上移，同样会导致企业贷款保险定价区域向左逐渐萎缩。

4.5 本章小结

本章以 RAROC 指标为纽带和基础，充分考虑企业贷款保险业务给银保双方带来的损益与经济资本转移所构建的企业贷款保险定价模型，为在经济资本管理模式下探索企业贷款保险定价方法及信用风险转移定价理论提供了新思路，弥补了现有同类模型或方法的某些不足，并带有一定的前瞻性。

回顾本章，可归纳出以下几点阶段性的理论观点。

(1)在放贷机构和保险机构均实行经济资本管理业务风险的条件下，表现为贷款非预期损失的信用风险更适合作为企业贷款保险风险转移对象，而经济资本理论中的 RAROC 将成为该思路下制定信用风险转移价格的桥梁。

(2)在银保双方 RAROC 目标约束下，以企业贷款保险为代表的信用风险转移价格是有上下限的；当其他条件保持不变时，企业贷款保险价格的上限随放贷银行的 RAROC 目标反向变动，企业贷款保险价格的下限随保险人的 RAROC 目标同向变动。

(3)在银保双方 RAROC 目标的约束下，较之企业贷款保险价格的上限，企业贷款保险价格的下限对借款企业在保险期初的信用状况更为敏感，导致企业贷款保险定价区间随借款企业在保险期初信用状况的下降呈现出由宽变窄，逐步上移，直至消失的特征，企业贷款保险的基准价格应在该区间内随之逐步升高。

(4)对于参与企业贷款保险的银保双方而言，任何一方 RAROC 目标的提高均会导致企业贷款保险定价区间的收窄，银保双方的 RAROC 目标与企业贷款保险定价区间的宽度保持反向变化关系。

第 5 章 借款企业信用等级视角下企业贷款保险补贴补偿测算模型

为推动中小企业尤其是小微企业贷款保险融资，政府通常会拿出财政资金对相关企业贷款保险进行补贴补偿。在此背景下，如何科学测算企业贷款保险保费补贴与风险补偿基金，准确高效地发挥财政资金的杠杆作用，已成为企业贷款保险定价理论研究中无法回避的一个现实需求。鉴于此，本章将在第 3 章和第 4 章的基础上，继续从借款企业信用等级视角，结合企业贷款损失的风险分类，进一步构建企业贷款保险的补贴补偿测算模型，为政府的科学决策提供理论支持。

5.1 信用等级视角下企业贷款保险补贴补偿的测算思路

5.1.1 信用等级视角下测算企业贷款保险补贴补偿的总体思路

企业贷款保险的补贴补偿其实暗含政府利用财政扶持企业贷款保险发展的两项措施：一项是给予企业贷款保险保费补贴；另一项是对企业贷款保险设立风险补偿基金。

从各地的扶持政策看，企业贷款保险的保费补贴主要有两种形式：一种是政府承担对借款人减免的保费，将其直接补贴给保险机构，具体是指政府向开展企业贷款保险业务的保险机构给予一定保费补贴，使得保险机构能在保费限价政策下取得与所承担风险相匹配的收益，从而保护保险机构开办企业贷款保险业务的积极性；另一种是直接补贴给申请企业贷款保险的企业，具体是指政府向申请企业贷款保险的企业给予一定保费补贴，使得借款企业能够向保险机构缴纳与自身风险相匹配的高额保费，目的在于帮助企业通过贷款保险顺利融资。

无论采取哪种形式，企业贷款保险的保费补贴本质上都是对保险价格的有益补充，与之对应的则是在一份保单中保险机构和放贷机构根据自身风险管理要求不愿意分担或根据自身风险承受能力无力分担的那部分或有贷款损失的期望值，即企业贷款保险的保费补贴应与财政分担的或有贷款损失期望相匹配，这与企业贷款保险纯保费和保险机构分担的或有损失期望之间的对应关系同理。因此，根据价格与风险对等原则，某笔企业贷款保险的保费补贴理论上应等于财政分担该笔企业贷款损失的期望值。

同时，政府设立企业贷款保险风险补偿基金的目的则是直接弥补某类企业贷款保险业务中超出保险机构和放贷机构自身风险管理要求和风险承受能力的那部分或有企业贷款损失。换言之，在特定时间和范围内，针对某类企业贷款保险业务，需要财政分担的或有贷款损失即为企业贷款保险风险补偿基金的规模。因此，某类企业贷款保险的风险补偿基金理论上应等于特定时间和范围内财政分担该类企业贷款损失的期望值汇总。

总之，在一笔企业贷款保险中，如果求得财政分担贷款损失的期望值，便测算出了该笔企业贷款保险的保费补贴；在某类企业贷款保险业务中，如果求得特定时间和范围内财政分担贷款损失的期望值汇总，即测算出了特定条件下某类企业贷款保险风险补偿基金的设立规模。此即构建企业贷款保险财政补贴补偿测算模型的基本思路。

进一步思考，根据第 3 章和第 4 章中关于企业贷款损失的风险管理分类以及企业贷款保险的风险转移最佳对象为企业贷款非预期损失的论述，本章假定：在没有政府的干预时，企业贷款的非预期损失由保险机构分担，而企业贷款的预期损失和极端损失由放贷机构自行分担。在此假定下，政府通过补贴补偿参与企业贷款保险的损失分担则存在以下三类方式：第一类，财政仅参与企业贷款极端损失的分担，以降低放贷银行的信贷风险；第二类，财政仅参与非贷款预期损失的分担，以降低保险机构的承保风险；第三类，财政同时参与贷款极端损失和非贷款预期损失的分担，以同时降低保险机构的承保风险和放贷银行的信贷风险。

不同的分担方式必然导致不同的企业贷款损失财政分担期望值，最终引起企业贷款保险保费补贴和风险补偿基金规模的差异。因此，在测算企业贷款保险保费补贴与风险补偿基金时，应全面考虑具体的财政分担方式。

5.1.2 第一类分担方式下企业贷款保险价格补贴与补偿基金的测算思路

基于 5.1.1 节的分析，根据贷款损失的分类和政府扶持企业贷款保险的现实情况，本节把由财政资金全额或部分分担被保险企业贷款极端损失的情况定义为政府分担企业贷款保险损失的第一类典型方式(以下简称"第一类分担方式")。

在该分担方式下,政府通过价格补贴和设置风险补偿基金的形式,全额或部分分担企业贷款极端损失。这意味着根据第 3 章中对企业贷款损失的风险分类及相应的原始承担主体,政府将按一定比例参与分担超过企业贷款 $VaR_{1-\alpha}$ 值[即金融机构在置信水平 $(1-\alpha)$ 下能容忍的企业贷款损失上限]的那部分原本应由放贷机构自行承担的企业贷款损失。该方式下的风险补贴补偿对象自然为放贷银行。图 5-1 直观地展示了该分担方式。

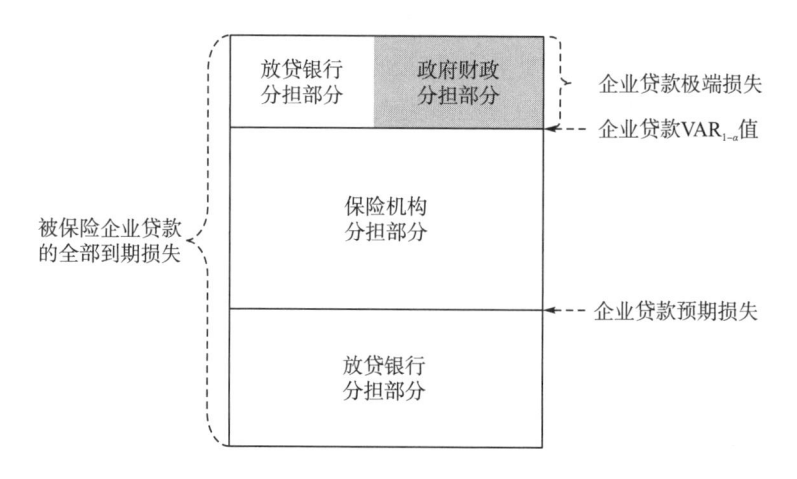

图 5-1 信用等级视角下政府分担企业贷款损失的第一类方式

如图 5-1 所示,对于政府而言,该分担方式所占用的财政资金除了与贷款违约风险和政府分担比例有关外,还取决于企业贷款极端损失期望值。如果企业贷款极端损失期望值越小,需要政府分担的企业贷款极端损失就越少,风险价格补贴会随之降低,风险补偿基金也会随之变小,最终政府分担行为所占用的财政资金较小;如果企业贷款极端损失期望值越大,需要政府分担的企业贷款极端损失就越高,风险价格补贴会随之提高,风险补偿基金也会随之变大,最终政府分担行为所占用的财政资金较大。

总之,在该分担方式下预测财政分担期望值时,除了要考虑贷款违约风险和政府分担比例外,还要重点关注企业贷款极端损失期望值的大小,基于此进行测算才能确保相关风险价格补贴和风险补偿基金的准确性。鉴于此,借鉴第 3 章和第 4 章中有关企业贷款极端损失期望值的求解过程,充分考虑企业贷款极端损失在第一类分担方式下对财政分担贷款损失期望值的影响机理,推导相应的企业贷款保险风险价格补贴测算模型和风险补偿基金测算模型。此即第一类分担方式下测算企业贷款保险财政补贴补偿的具体思路。

5.1.3 第二类分担方式下企业贷款保险价格补贴与补偿基金的测算思路

基于 5.1.1 节的分析，根据贷款损失的分类和政府扶持企业贷款保险的现实情况，本节把由财政资金全额或部分分担被保险企业贷款非预期损失的情况定义为政府分担企业贷款保险损失的第二类典型方式，以下简称"第二类分担方式"。

在该分担方式下，政府通过价格补贴和设置风险补偿基金的形式，全额或部分分担企业贷款非预期损失。这意味着根据第 3 章中对企业贷款损失的风险分类及相应的原始承担主体，政府将按一定比例参与分担超过企业贷款 $VaR_{1-\alpha}$ 值的那部分原本应由保险机构承担的企业贷款损失。该方式下的风险补贴补偿对象自然为保险机构。图 5-2 直观地展示了该分担方式。

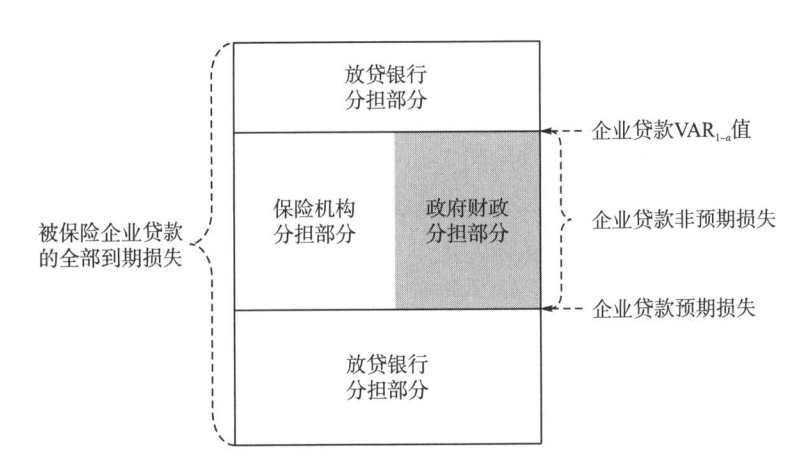

图 5-2 信用等级视角下政府分担企业贷款损失的第二类方式

如图 5-2 所示，对于政府而言，该分担方式所占用的财政资金除了与贷款违约风险和政府分担比例有关外，还取决于企业贷款非预期损失期望值。如果企业贷款非预期损失期望值越小，需要政府分担的企业贷款非预期损失就越少，风险价格补贴会随之降低，风险补偿基金也会随之变小，最终政府分担行为所占用的财政资金较小；如果企业贷款非预期损失期望值越大，需要政府分担的企业贷款非预期损失就越高，风险价格补贴会随之提高，风险补偿基金也会随之变大，最终政府分担行为所占用的财政资金较大。

总之，在该分担方式下预测财政分担期望值时，除了要考虑贷款违约风险和政府分担比例外，还要重点关注企业贷款非预期损失期望值的大小，基于此进行测算才能确保相关风险价格补贴和风险补偿基金的准确性。鉴于此，借鉴第 3 章和第 4 章中有关企业贷款非预期损失期望值的求解过程，充分考虑企业贷款非预期损失在第二类分担方式下对财政分担贷款损失期望值的影响机理，推导相应的企业贷款保险风险价格补贴测算模型和风险补偿基金测算模型。此即第二类分担方式下测算企业贷款保险财政补贴补偿的具体思路。

5.1.4 第三类分担方式下企业贷款保险价格补贴与补偿基金的测算思路

基于 5.1.1 的分析，根据贷款损失的分类和政府扶持企业贷款保险的现实情况，本节把由财政资金全额或部分分担被保险企业贷款非预期损失和极端损失的情况定义为政府分担企业贷款保险损失的第三类典型方式，以下简称"第三类分担方式"。

在该分担方式下，政府通过价格补贴和设置风险补偿基金的形式，全额或部分分担企业贷款非预期损失和极端损失。这意味着根据第 3 章中对企业贷款损失的风险分类及相应的原始承担主体，政府将按一定比例参与分担超过企业贷款损失 VaR 值的那部分原本应由保险机构和放贷银行承担的企业贷款损失。该方式下的风险补贴补偿对象自然为保险机构和放贷银行。图 5-3 直观地展示了该分担方式。

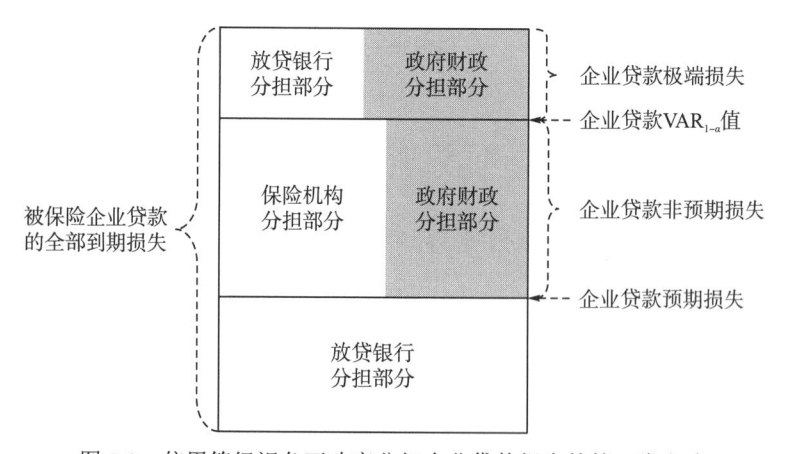

图 5-3 信用等级视角下政府分担企业贷款损失的第三类方式

如图 5-3 所示，对于政府而言，该分担方式所占用的财政资金除了与贷款违约风险和政府分担比例有关外，还取决于企业贷款非预期损失和极端损失期望值。如果企业贷款非预期损失和极端损失期望值越小，需要政府分担的企业贷款非预期损失和极端损失就越少，风险价格补贴会随之降低，风险补偿基金也会随之变小，最终政府分担行为所占用的财政资金较小；如果企业贷款非预期损失和极端损失期望值越大，需要政府分担的企业贷款非预期损失和极端损失就越高，风险价格补贴会随之提高，风险补偿基金也会随之变大，最终政府分担行为所占用的财政资金较大。

总之，在该分担方式下预测财政分担期望值时，除了要考虑贷款违约风险和政府分担比例外，还要重点关注企业贷款非预期损失和极端损失期望值的大小，基于此进行测算才能确保相关风险价格补贴和风险补偿基金的准确性。鉴于此，借鉴第 3 章和第 4 章中有关企业贷款非预期损失和极端损失期望值的求解过程，充分考虑企业贷款非预期损失和极端损失在第三类分担方式下对财政分担贷款损失期望值的影响机理，推导相应的企业贷款保险风险价格补贴测算模型和风险补偿基金测算模型。此即第三类分担方式下测算企业贷款保险财政补贴补偿的具体思路。

5.2 第一类分担方式下的企业贷款保险补贴补偿测算模型

5.2.1 模型假设

为便于构造第一类分担方式下的企业贷款保险补贴补偿测算模型，结合第一类分担方式下企业贷款保险的补贴补偿测算思路，参照第 3 章和第 4 章的做法，现对模型推导做出如下假设。

假设 1：在企业贷款保险中，通过财政补贴补偿分担的表现为贷款极端损失的信用风险。

假设 2：借款企业信用状况的恶化和违约行为是导致贷款出现损失的两大原因，借款企业的违约行为将导致贷款终止和贷款清偿的发生。

假设 3：企业贷款保险金额和度量贷款损失的标准均以保险期内企业贷款的风险不变价值为基准。

假设 4：信用评级体系和某类借款企业的信用转移概率矩阵能较为准确地反映出企业贷款保险期内该类借款企业的信用状况及其转移概率。

假设 5：企业贷款的违约回收率按贷款类型服从一定特征的 β 分布。

5.2.2 模型推导

根据第一类分担方式下企业贷款保险补贴补偿测算思路，在企业贷款保险期末：当贷款损失超过企业贷款 $\text{VaR}_{1-\alpha}$ 值时，由财政按比例分担超出企业贷款 $\text{VaR}_{1-\alpha}$ 值的贷款损失；其他情况下，财政不分担任何企业贷款损失。

鉴于此，如果将企业贷款保险期初借款企业的信用状况划分为 j 个等级（j 是从 $1\sim J$ 的自然数；j 个等级中不包括违约等级，因为放贷机构绝对不会向已处于违约等级的借款企业放贷），则第一类分担方式下财政对处于第 j 个信用等级借款企业分担的贷款损失 G_{1j}（脚标1表示第一类分担方式，脚标 j 表示处于第 j 个信用等级借款企业）可表达成保险期末贷款损失 L_k 的一个函数：

$$G_{1j} = \begin{cases} 0, 0 < L_k < \text{VaR}_{1-\alpha} \\ \gamma_1(L_k - \text{VaR}_{1-\alpha}), \text{VaR}_{1-\alpha} < L_k \leq V_f \end{cases} \quad (5\text{-}1)$$

式中，γ_1 为第一类分担方式下的财政分担比例，$\gamma_1 \in [0, 1]$。当 $\gamma_1=0$ 时，表示政府对超过贷款企业 $\text{VaR}_{1-\alpha}$ 的贷款损失不予分担；当 $0<\gamma_1<1$ 时，表示政府部分分担超过贷款 $\text{VaR}_{1-\alpha}$ 的贷款损失；当 $\gamma_1=1$ 时，表示政府对超过贷款 $\text{VaR}_{1-\alpha}$ 的贷款损失全额分担。

如前所述，财政分担贷款损失的期望是计算企业贷款保险风险价格补贴与风险补偿基金的基础，它的取值通常又由如下两个因素的乘积决定：一是未来由财政分担的贷款损失；二是财政分担贷款损失所对应的概率。因此，结合式(5-1)，令与 L_k 对应的概率为 p_k，则第一类分担方式下财政在企业贷款保险期末对处于第 j 个信用等级借款企业分担贷款损失的期望现值 EG_{1j} 可表达为

$$\begin{aligned} \text{EG}_{1j} &= G_{1j} \times p_k \\ &= \sum_{\text{VaR}_{1-\alpha} < L_k \leq V_f} \gamma_1(L_k - \text{VaR}_{1-\alpha}) \times p_k \end{aligned} \quad (5\text{-}2)$$

根据 5.1.1 节的论述，企业贷款保险风险价格补贴与财政分担贷款损失的期望值相等，故式(5-2)也为第一类分担方式下财政对处于第 j 个信用等级借款企业的某笔企业贷款保险业务风险价格补贴的测算公式。其中，除财政分担比例 γ_1 可以直接设定和被保险贷款的风险不变价值 V_f 可以直接用式(3-4)计算之外，参数 L_k、p_k、$\text{VaR}_{1-\alpha}$ 都无法直接得到。此时，可以参照 3.4 节的做法，借助模拟对上述参数进行估计。

第5章 借款企业信用等级视角下企业贷款保险补贴补偿测算模型

基于对企业贷款损失的认识，借助模拟估计各参数的基本原理：以保险期内处于第 j 个信用等级的企业的某笔被保险企业贷款的风险不变价值 V_f 为计算企业贷款损失的基准值，运用被保险贷款企业的信用转移概率矩阵，模拟出足够多的信用转移路径下的企业贷款损失及其对应概率，用企业贷款损失的模拟值替代 L_k，用企业贷款损失的模拟值发生的频率替代 p_k，借助 VaR 理论对 $\text{VaR}_{1-\alpha}$ 予以计算。

经整理，借助模拟估计式(5-2)中参数的具体步骤如下。

步骤 1：假定借款企业的资产收益率服从正态分布，并随机产生 1 个服从 $N(0,1)$ 的随机数 R 以模拟标准化后的借款企业资产收益率。

步骤 2：应用信用转移概率矩阵和标准正态分布的反函数求得保险期内借款企业的信用状况经每条信用转移路径变化的阈值。

步骤 3：将步骤 1 产生的随机数 R 与经步骤 2 计算的所有阈值进行比对，以最接近 R 的两个阈值中的最小值所对应的信用转移路径来判定在此次模拟中借款企业的信用状况所经历的那条信用转移路径。

步骤 4：若经步骤 3 判定借款企业在保险期内经历的信用转移路径中未发生违约，则应用式(3-1)及式(3-5)即可得到贷款损失的 1 个模拟值。

步骤 5：若经步骤 3 判定借款企业在保险期内经历的信用转移路径中存在违约，则根据企业贷款类型按一定特征的 β 分布对贷款的违约回收率(REC)进行 1 次模拟，并将模拟结果代入式(3-1)式(3-5)即可得到企业贷款损失的 1 个模拟值。

步骤 6：重复步骤 1～5 n 次，记录对保险期内企业贷款损失的每个模拟值。为提升模拟效果，模拟次数应足够多。

步骤 7：根据 VaR 理论，将企业贷款损失的各模拟值 L_m (m 的取值为 1～n 的自然数)按由大到小的顺序排序，排在第 $n \times \alpha$ 位的企业贷款损失模拟值 L_m 便为风险容忍度 α 下保险期内企业贷款的最大损失值，即企业贷款 $\text{VaR}_{1-\alpha}$ 值的估计值，用 $\widehat{\text{VaR}}_{1-\alpha}$ 表示。

接下来，基于式(5-2)，用企业贷款损失的模拟值 L_m 替代 L_k，用企业贷款损失模拟值 L_m 的发生频率替代贷款损失概率 p_k，用企业贷款 VaR 的模拟估计值 $\widehat{\text{VaR}}_{1-\alpha}$ 替代贷款 $\text{VaR}_{1-\alpha}$ 值，便可得到第一类分担方式下财政对处于第 j 个信用等级的企业的某笔企业贷款保险期末分担贷款损失期望值 EG_{1j} 的另一种表达式，即第一类分担方式下财政对处于第 j 个信用等级的企业的某笔企业贷款保险业务测算的风险价格补贴 S_{1j} 的最终表达式：

$$S_{1j} = EG_{1j}$$

$$= \sum_{\hat{VaR}_{1-\alpha} < L_m \leq V_f} \gamma_1(L_m - \hat{VaR}_{1-\alpha}) \times \frac{n_{\hat{VaR}_{1-\alpha} < L_m \leq V_f}}{n} \quad (5\text{-}3)$$

式中，$n_{\hat{VaR}_{1-\alpha} < L_m \leq V_f}$ 为贷款损失模拟值 L_m 介于贷款 $\hat{VaR}_{1-\alpha}$ 值和贷款风险不变价值 V_f 之间的模拟次数。基于式(5-3)可进一步求得第一类分担方式下政府对处于第 j 个信用等级的企业的贷款保险风险价格补贴率 s_{1j}：

$$s_{1j} = \frac{S_{1j}}{V_f}$$

$$= \frac{\sum_{\hat{VaR}_{1-\alpha} < L_m \leq V_f} \gamma_1(L_m - \hat{VaR}_{1-\alpha}) \times \frac{n_{\hat{VaR}_{1-\alpha} < L_m \leq V_f}}{n}}{V_f} \quad (5\text{-}4)$$

与此同时，根据 3.1.1 节的论述，在特定时间和范围内，只要求得财政在企业贷款保险业务中分担贷款损失的期望值，便测算出了特定条件下企业贷款保险风险补偿基金的设立规模。设特定时限和地域范围内，处于第 j 级信用等级的企业所需贷款总额为 Q_j，则在第一类分担方式下政府对第 j 级信用等级的企业申请企业贷款保险而设立的风险补偿基金 F_{1j} 可表示为

$$F_{1j} = s_{1j} \times Q_j$$

$$= \frac{Q_j}{V_f} \times \sum_{\hat{VaR}_{1-\alpha} < L_m \leq V_f} \gamma_1(L_m - \hat{VaR}_{1-\alpha}) \times \frac{n_{\hat{VaR}_{1-\alpha} < L_m \leq V_f}}{n} \quad (5\text{-}5)$$

如果某类借款企业的信用等级共有 J 个，则在式(5-5)的基础上，可得第一类分担方式下政府对特定时限和地域的某类企业贷款保险而设立的风险补偿基金总额 F_1：

$$F_1 = \sum_{j=1}^{J} F_{1j}$$

$$= \sum_{j=1}^{J} s_{1j} \times Q_j \quad (5\text{-}6)$$

式(5-3)～式(5-6)便组成了第一类分担方式下企业贷款保险的补贴补偿测算模型。

5.2.3 运算案例

1. 案例设计

由于信用风险转移概率矩阵以及相关贷款损失数据涉及金融机构和借款企业的商业保密，为以最贴近企业贷款保险现实情况的方式来验证模型、揭示规律，本章延续前两章的做法，通过采集在金融界和学术界公开的类似数据来构造运算案例。采用的借款企业信用等级划分、1年期信用转移概率矩阵以及贴现率均源自借鉴 CreditMetrics 技术文本（表 3-1、表 3-2）；同时，参考 Carty 和 Lieberman(1996)的研究成果，设置贷款的违约回收率服从均值为 53.80%、标准差为 26.86%的 β 分布。

运算案例假定：某地政府为缓解某类借款企业的贷款融资难题，准备通过风险价格补贴和设立风险补偿基金的形式，支持银保双方针对这类借款企业开展企业贷款保险业务，以促进放贷机构向这类借款企业放贷；经初步估计，在特定时限和地域内，该类借款企业的贷款申请总额为 10 亿元，即 Q=10 亿元；除违约等级之外，该类借款企业的信用等级被划分为 AAA、AA、A、BBB、BB、B、CCC 等 7 个等级，并设每个信用等级借款企业的贷款总需求均为 1.43 亿元；为高效精准地发挥财政资金的扶持作用，政府相关部门需要较为准确地测算出相关风险价格补贴和风险补偿基金；在第一种分担方式下，财政分担超过企业贷款 $VaR_{1-\alpha}$ 值的贷款损失的比例为 1 (γ_1=1)，即财政全额分担超过贷款 $VaR_{1-\alpha}$ 值的贷款损失，风险容忍度 α 为 1%。

2. 随借款企业初始信用等级变化的运算结果

为比较不同的借款企业初始信用等级对企业贷款保险补贴补偿测算结果的影响，以金额为 100 万元、年利率 9%、贷款期限 3 年的单笔企业贷款为测算样本，以单笔企业贷款的风险不变价值 V_f 为度量贷款损失的基准，应用 MATLAB 软件编写程序对从各种初始信用等级开始经历各种信用转移路径后的贷款损失进行了 500 万次模拟，依次测算出了借款企业初始信用等级分别为 AAA、AA、A、BBB、BB、B、CCC 时所对应的风险不变价值 V_f、贷款 VaR 值的估计值 $\widehat{VaR}_{99\%}$、风险价格补贴率 s_{1j}、风险补偿基金 F_{1j}，运算结果见表 5-1。

表 5-1　第一类分担方式下随初始信用等级变化的企业贷款保险补贴补偿测算结果

类别	借款企业的初始信用等级						
	AAA	AA	A	BBB	BB	B	CCC
贷款需求/亿元	1.43	1.43	1.43	1.43	1.43	1.43	1.43
单笔贷款的 V_f/万元	111.87	111.72	111.29	110.35	106.06	102.80	88.14
单笔贷款的 $\widehat{\text{VaR}}_{99\%}$ 值/万元	0.58	1.37	5.23	12.94	66.96	83.73	78.73
风险价格补贴率 s_{1j}/%	0.02	0.05	0.17	0.29	0.42	0.48	0.52
风险基金 F_{1j}/万元	2.37	7.18	16.70	41.23	59.34	68.66	74.91

汇总表 5-1 中与借款企业各信用等级所对应的风险补偿基金 F_{1j}，便可得到财政在全额分担贷款极端损失的第一类分担方式下，政府面向特定时限和地域内某类总额为 10 亿元的企业贷款保险而设立的风险补偿基金 F_1 应为 270.39 万元。

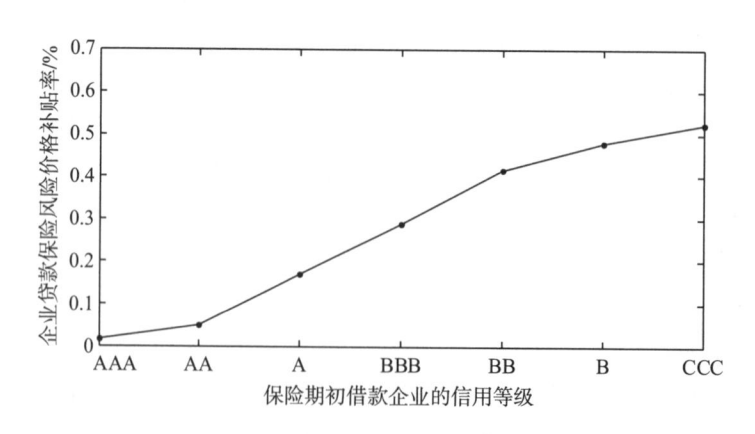

进一步，根据表 5-1 的数据可绘制出第一类分担方式下随借款企业初始信用等级变化的风险价格补贴率曲线（图 5-4），以期有代表性地呈现出第一类分担方式下企业贷款保险补贴补偿的设置规律。

图 5-4　第一类分担方式下随借款企业初始信用等级变化的风险价格补贴率曲线

观察表 5-1 和图 5-4 可发现，在第一类分担方式下，随着借款企业初始信用等级由高到低变化，风险价格补贴率及其对应的风险补偿基金呈现出持续上升的趋势，反映出贷款极端损失及其代表的信贷风险随借款人信用等级降低而升高的事实。进一步可推断，在政府仅参与分担贷款极端损失的情况下，企业贷款保险的补贴补偿行为应主要针对那些面向较低信用等级借款企业放贷的金融机构实施。

3. 随风险容忍度变化的运算结果

为比较不同的风险容忍度对企业贷款保险补贴补偿测算结果的影响，运用本节所建模型，同样以某类企业贷款总需求10亿元、单笔企业贷款金额为100万元、年利率9%、贷款期限3年的贷款为测算样本，以信用等级为BBB的借款企业的单笔贷款风险不变价值 V_f(110.35万元)为度量企业贷款损失的基准，应用MATLAB软件编写程序对从各种初始信用等级开始经历各种信用转移路径后的贷款损失进行了500万次模拟，测算出当风险容忍度 α 分别为1.0%、0.9%、0.8%、0.7%、0.6%、0.5%、0.4%、0.3%、0.2%、0.1%时所对应的贷款VaR的模拟估计值 $\widehat{VaR}_{1-\alpha}$、风险价格补贴率 s_{1BBB}、风险补偿基金 F_{1BBB}，结果见表5-2。

表 5-2 第一类分担方式下随风险容忍度变化的企业贷款保险补贴补偿测算结果

类别	α									
	1.0%	0.9%	0.8%	0.7%	0.6%	0.5%	0.4%	0.3%	0.2%	0.1%
$\widehat{VaR}_{1-\alpha}$/万元	12.94	14.28	17.14	22.21	30.07	39.94	49.54	60.33	71.02	82.92
s_{1BBB}/%	0.29	0.28	0.25	0.22	0.17	0.12	0.08	0.05	0.02	0.01
F_{1BBB}/万元	288.27	276.49	250.39	216.49	167.47	120.53	81.02	47.58	23.65	7.70

为直观反映出第一类分担方式下风险容忍度对企业贷款保险补贴补偿测算的影响，根据表5-2的数据，可绘制出第一类分担方式下风险价格补贴率随风险容忍度变化的曲线，如图5-5所示。

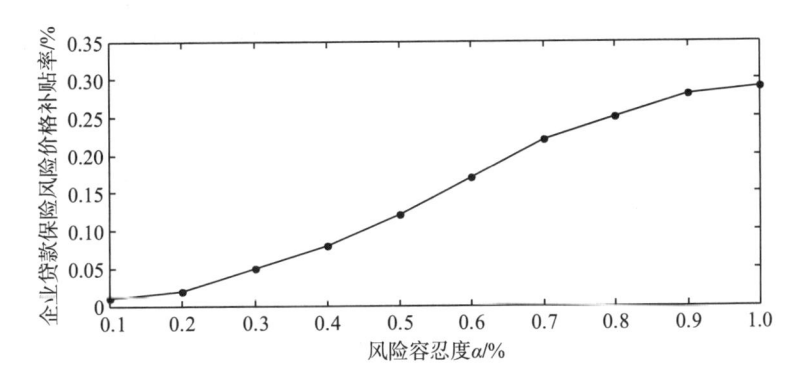

图 5-5 第一类分担方式下随风险容忍度变化的风险价格补贴率曲线

观察图 5-5 可发现，在第一类分担方式下，随着风险容忍度由小变大，风险价格补贴率呈现出持续上升的趋势。反映出在企业贷款理论价值 V_f 保持不变（借款企业初始信用等级保持不变）的条件下，企业贷款极端损失的度量区间随风险容忍度的增加而变宽的事实。进一步可推断，在政府仅分担贷款极端损失的情况下，企业贷款保险补贴补偿应主要补贴给那些风险容忍度较大的放贷机构。

5.3 第二类分担方式下的企业贷款保险补贴补偿测算模型

5.3.1 模型假设

为便于构造第二类分担方式下的企业贷款保险补贴补偿测算模型，结合第二类分担方式下企业贷款保险的补贴补偿测算思路，参照第 3 章和第 4 章的做法，现对模型推导做出如下假设。

假设 1：在企业贷款保险中，通过财政补贴补偿分担的是表现为企业贷款非预期损失的信用风险。

假设 2～假设 5 同 5.2.1 节，此处不再赘述。

5.3.2 模型推导

根据第二类分担方式下企业贷款保险补贴补偿测算思路，在企业贷款保险期末，当贷款损失介于贷款预期损失和贷款 $\text{VaR}_{1-\alpha}$ 值之间时，由财政按比例分担超出贷款预期损失部分的贷款损失；当贷款损失超过贷款 $\text{VaR}_{1-\alpha}$ 值时，由财政按比例分担介于贷款预期损失和贷款 $\text{VaR}_{1-\alpha}$ 值之间的贷款损失；其他情况下，财政不分担任何贷款损失。鉴于此，如果将企业贷款保险期初借款企业的信用状况划分为 j 个等级（说明同 5.2.2 节），则第二类分担方式下财政对处于第 j 个信用等级的借款企业分担的贷款损失 G_{2j}（脚标 2 表示第二类分担方式，脚标 j 表示处于第 j 个信用等级借款企业）可表达成保险期末贷款损失 L_k 的一个函数：

$$G_{2j}=\begin{cases} 0, & 0<L_k<\text{EL} \\ \gamma_2(L_k-\text{EL}), & \text{EL}<L_k\leqslant\text{VaR}_{1-\alpha} \\ \gamma_2(\text{VaR}_{1-\alpha}-\text{EL}), & \text{VaR}_{1-\alpha}<L_k\leqslant V_f \end{cases} \quad (5\text{-}7)$$

式中，γ_2 为第二类分担方式下的财政分担比例，$\gamma_2\in[0,1]$。当 $\gamma_2=0$ 时，代表政府对介于贷款预期损失和贷款 $\text{VaR}_{1-\alpha}$ 值之间的贷款损失不予分担；当

0<γ_2<1 时，代表政府部分分担介于贷款预期损失和贷款 $\text{VaR}_{1-\alpha}$ 值之间的贷款损失；当 γ_2=1 时，代表政府对介于贷款预期损失和贷款 $\text{VaR}_{1-\alpha}$ 值之间的贷款损失全额分担。

如前所述，财政分担贷款损失的期望是计算企业贷款保险风险价格补贴与风险补偿基金的基础，而它通常又由如下两个因素的乘积决定：一是未来由财政分担的贷款损失；二是财政分担贷款损失所对应的概率。因此，结合式(5-7)，令与 L_k 对应的概率为 p_k，则第二类分担方式下财政在企业贷款保险期末对处于第 j 个信用等级的借款企业分担贷款损失的期望现值 EG_{2j} 可表达为

$$\text{EG}_{2j} = G_{2j} \times p_k \\ = \sum_{\text{EL}<L_k\leqslant \text{VaR}_{1-\alpha}} \gamma_2(L_k - \text{EL}) \times p_k + \sum_{\text{VaR}_{1-\alpha}<L_k\leqslant V_f} \gamma_2(\text{VaR}_{1-\alpha} - \text{EL}) \times p_k \quad (5\text{-}8)$$

根据 5.1.1 节的论述，企业贷款保险风险价格补贴与财政分担贷款损失的期望值相等，故式(5-8)亦为第二类分担方式下财政对处于第 j 个信用等级的借款企业的某笔企业贷款保险业务风险价格补贴的测算公式。其中，除财政分担比例 γ_2 可以直接设定、被保险贷款的风险不变价值 V_f 可以直接用式(3-4)计算之外，参数 L_k、p_k、$\text{VaR}_{1-\alpha}$、EL 都无法直接得到。当现实中的贷款损失数据及其对应概率不够理想时，准确估计这些参数的一种有效方法便是模拟。

基于 3.1 节对贷款损失的认识，参照 3.4 节的做法，此处借助模拟估计各参数的基本原理：以保险期内处于第 j 个信用等级借款企业的某笔被保险贷款的风险不变价值 V_f 为计算贷款损失的基准值，运用被保险贷款借款企业的信用转移概率矩阵，模拟出足够多的信用转移路径下的贷款损失及其对应概率，用贷款损失的模拟值替代 L_k，贷款损失的模拟值发生的频率替代 p_k，借助 VaR 理论和均值理论对 $\text{VaR}_{1-\alpha}$ 和 EL 予以计算。

经整理，借助模拟估计式(5-8)中参数的具体步骤如下。
步骤 1～7 同 5.2.2 节，此处不再赘述。
步骤 8：根据均值理论，经模拟后的贷款预期损失值 $\widehat{\text{EL}}$ 为

$$\widehat{\text{EL}} = \frac{\sum_{m=1}^{n} L_m}{n} \quad (5\text{-}9)$$

式中，m 为第 m 次模拟，m 的取值范围为 1～n 的自然数；n 代表模拟总次数；L_m 为对保险期内企业贷款损失的 1 个模拟值。

接下来,在式(5-8)中,用贷款损失的模拟值 L_m 替代 L_k,用贷款损失模拟值 L_m 的发生频率替代贷款损失概率 p_k,用贷款 VaR 的模拟估计值 $\hat{\text{VaR}}_{1-\alpha}$ 替代贷款 $\text{VaR}_{1-\alpha}$ 值,可得到第二类分担方式下财政对处于第 j 个信用等级借款企业的某笔企业贷款保险期末分担贷款损失期望值 EG_2 的另一种表达式,即第二类分担方式下对处于第 j 个信用等级借款企业的某笔企业贷款保险业务测算的风险价格补贴 S_{2j} 的最终表达式:

$$\begin{aligned} S_{2j} &= EG_{2j} \\ &= \sum_{\hat{\text{EL}} < L_m \leq \hat{\text{VaR}}_{1-\alpha}} \gamma_2 (L_m - \hat{\text{EL}}) \times \frac{n_{\hat{\text{EL}} < L_m \leq \hat{\text{VaR}}_{1-\alpha}}}{n} \\ &\quad + \sum_{\hat{\text{VaR}}_{1-\alpha} < L_m \leq V_f} \gamma_2 (\hat{\text{VaR}}_{1-\alpha} - \hat{\text{EL}}) \times \frac{n_{\hat{\text{VaR}}_{1-\alpha} < L_m \leq V_f}}{n} \end{aligned} \quad (5\text{-}10)$$

式中,$n_{\hat{\text{EL}} < L_m \leq \hat{\text{VaR}}_{1-\alpha}}$ 为贷款损失模拟值 L_m 介于贷款 $\hat{\text{EL}}$ 和贷款 $\hat{\text{VaR}}_{1-\alpha}$ 值之间的模拟次数;$n_{\hat{\text{VaR}}_{1-\alpha} < L_m \leq V_f}$ 为贷款损失模拟值 L_m 介于贷款 $\hat{\text{VaR}}_{1-\alpha}$ 和贷款风险不变价值 V_f 之间的模拟次数。基于式(5-10)可进一步求得在第二类分担方式下,政府对处于第 j 个信用等级借款企业的企业贷款保险的风险价格补贴率 s_{2j}:

$$\begin{aligned} s_{2j} &= \frac{S_{2j}}{V_f} \\ &= \frac{\displaystyle\sum_{\hat{\text{EL}} < L_m \leq \hat{\text{VaR}}_{1-\alpha}} \gamma_2 (L_m - \hat{\text{EL}}) \times \frac{n_{\hat{\text{EL}} < L_m \leq \hat{\text{VaR}}_{1-\alpha}}}{n} + \displaystyle\sum_{\hat{\text{VaR}}_{1-\alpha} < L_m \leq V_f} \gamma_2 (\hat{\text{VaR}}_{1-\alpha} - \hat{\text{EL}}) \times \frac{n_{\hat{\text{VaR}}_{1-\alpha} < L_m \leq V_f}}{n}}{V_f} \end{aligned}$$

$$(5\text{-}11)$$

与此同时,根据 3.1.1 节的论述,在特定时间和范围内,只要求得财政在企业贷款保险业务中分担贷款损失的期望值,便测算出了特定条件下企业贷款保险风险补偿基金的设立规模。设特定时限和地域范围内,处于第 j 个信用等级的借款企业所需贷款总额为 Q_j,则在第二类分担方式下政府对第 j 个信用等级的借款企业申请企业贷款保险而设立的风险补偿基金 F_{2j} 可表示为

$$F_{2j} = s_{2j} \times Q_j$$

$$= \frac{Q_j}{V_f} \times \left[\sum_{\hat{EL} < L_m \leqslant \hat{VaR}_{1-\alpha}} \gamma_2(L_m - \hat{EL}) \times \frac{n_{\hat{EL} < L_m \leqslant \hat{VaR}_{1-\alpha}}}{n} \right. \\ \left. + \sum_{\hat{VaR}_{1-\alpha} < L_m \leqslant V_f} \gamma_2(\hat{VaR}_{1-\alpha} - \hat{EL}) \times \frac{n_{\hat{VaR}_{1-\alpha} < L_m \leqslant V_f}}{n} \right] \quad (5\text{-}12)$$

如果某类贷款所属借款企业的信用等级共有 J 个，则在式(5-12)的基础上，可得第二类分担方式下政府对特定时限和地域的某类企业贷款保险而设立的风险补偿基金总额 F_2：

$$F_2 = \sum_{j=1}^{J} F_{2j} \\ = \sum_{j=1}^{J} s_{2j} \times Q_j \quad (5\text{-}13)$$

式(5-10)～式(5-13)即组成了第二类分担方式下企业贷款保险的补贴补偿测算模型。

5.3.3 运算案例

1. 案例设计

该部分同 5.2.3 节，此处不再赘述。

2. 随借款企业初始信用等级变化的运算结果

运算案例设定：在第二类分担方式下，财政分担介于贷款预期损失 EL 与贷款 $VaR_{1-\alpha}$ 值之间的贷款损失比例为 0.3（即 $\gamma_2=0.3$），即财政仅分担 30%的介于贷款预期损失 EL 与贷款 $VaR_{1-\alpha}$ 值之间的贷款损失，风险容忍度为 1%。

为比较借款企业不同的初始信用等级对企业贷款保险补贴补偿测算结果的影响，以金额为 100 万元、年利率 9%、贷款期限 3 年的单笔企业贷款为测算样本，以样本贷款的风险不变价值 V_f 为度量贷款损失的基准，应用 MATLAB 软件编写程序对从各种初始信用等级开始经历各种信用转移路径后的贷款损失进行了 500 万次模拟，在风险容忍度为 1%的条件下，依次测算出了借款企业的初始信用等级分别为 AAA、AA、A、BBB、BB、B、CCC 时所对应的风险不变价值 V_f、贷款 VaR 值的估计值 $\hat{VaR}_{1-\alpha}$、风险价格补贴率 s_{2j}、风险补偿基金 F_{2j}，结果见表 5-3。

表 5-3 第二类分担方式下随初始信用等级变化的企业贷款保险补贴补偿测算结果

类别	借款企业的初始信用等级
	AAA	AA	A	BBB	BB	B	CCC
贷款需求/亿元	1.43	1.43	1.43	1.43	1.43	1.43	1.43
V_f/万元	111.87	111.72	111.29	110.35	106.06	102.80	88.14
$\widehat{VaR}_{1-\alpha}$/万元	0.58	1.37	5.23	12.94	66.96	83.73	78.73
s_{2j}/%	0.01	0.02	0.04	0.14	0.53	1.58	2.93
F_{2j}/万元	0.26	0.68	1.67	6.11	22.68	67.81	125.74

汇总表 5-3 中与各信用等级借款企业对应的风险补偿基金 F_{2j}，便可得到财政在仅分担 30%贷款非预期损失的第二类分担方式下，政府为面向特定时限和地域内某类总额为 10 亿元的企业贷款保险而设立的风险补偿基金 F_2 应为 224.95 万元。

进一步，根据表 5-3 的数据可绘制出第二类分担方式下风险价格补贴率随借款企业初始信用等级变化的曲线（图 5-6），以期有代表性地呈现出第二类分担方式下企业贷款保险补贴补偿的设置规律。

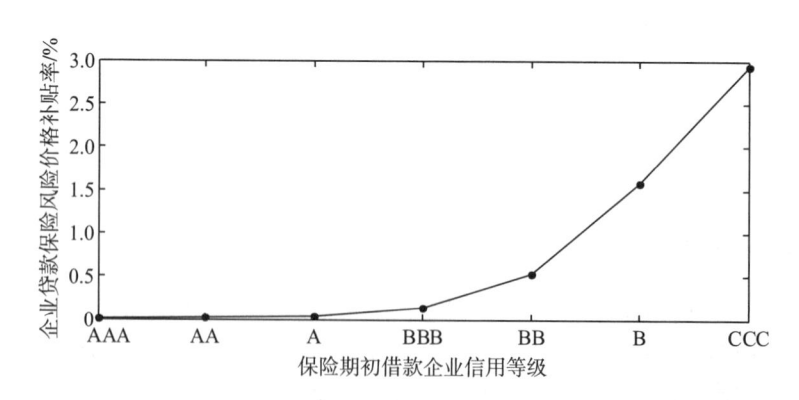

图 5-6 第二类分担方式下随借款企业初始信用等级变化的风险价格补贴率曲线

观察表 5-3 和图 5-6 可发现，在第二类分担方式下，随着借款企业初始信用等级由高到低变化，风险价格补贴率及其对应的风险补偿基金呈现出持续上升的趋势，反映出贷款非预期损失及其代表的信贷风险随借款企业信用等级降低而升高的事实。进一步可推断，在政府仅参与分担贷款非预期损失的情况下，企业贷款保险的补贴补偿行为应主要针对那些面向较低信用等级借款企业承保的保险机构实施。

3. 随风险容忍度变化的运算结果

为比较不同风险容忍度对企业贷款保险补贴补偿测算结果的影响，运用本节所建模型，同样以某类企业贷款总需求 10 亿元、单笔企业贷款金额为 100 万元、年利率 9%、贷款期限 3 年的贷款为测算样本，以信用等级为 BBB 的借款企业的单笔贷款风险不变价值 V_f(110.35 万元)为度量企业贷款损失的基准，应用 MATLAB 软件编写程序对从各种初始信用等级开始经历各种信用转移路径后的贷款损失进行了 500 万次模拟，测算出当风险容忍度 α 分别为 1.0%、0.9%、0.8%、0.7%、0.6%、0.5%、0.4%、0.3%、0.2%、0.1%时所对应的贷款 VaR 值的估计值 $\widehat{\text{VaR}}_{1-\alpha}$、风险价格补贴率 $s_{2\text{BBB}}$、风险补偿基金 $F_{2\text{BBB}}$，结果见表 5-4。

表 5-4 第二类分担方式下随风险容忍度变化的企业贷款保险补贴补偿测算结果

类别	α									
	1.0%	0.9%	0.8%	0.7%	0.6%	0.5%	0.4%	0.3%	0.2%	0.1%
$\widehat{\text{VaR}}_{1-\alpha}$/万元	12.94	14.28	17.14	22.21	30.07	39.94	49.54	60.33	71.02	82.92
$s_{2\text{BBB}}$/%	0.14	0.15	0.15	0.16	0.18	0.19	0.21	0.22	0.22	0.23
$F_{2\text{BBB}}$/万元	42.76	44.12	46.35	48.73	53.63	58.15	61.73	65.08	67.04	68.18

为直观反映出第二类分担方式下风险容忍度对企业贷款保险补贴补偿测算的影响，根据表 5-4 的数据，可绘制出第二类分担方式下风险价格补贴率随风险容忍度变化的曲线，如图 5-7 所示。

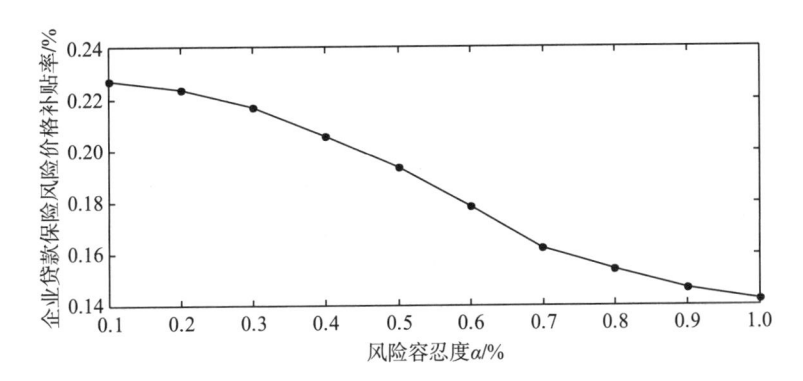

图 5-7 第二类分担方式下随风险容忍度变化的风险价格补贴率曲线

观察图 5-7 可发现，在第二类分担方式下，随着风险容忍度由小到大变化，风险价格补贴率呈现出持续下降的趋势，反映出在企业贷款理论价值 V_f 保持不变（借款企业初始信用等级保持不变）的条件下企业贷款非预期损失的度量区间随风险容忍度的增加而收窄的事实。进一步可推断，在政府仅分担企业贷款非预期损失的情况下，企业贷款保险补贴补偿应主要补贴给那些风险容忍度较小的保险机构。

5.4 第三类分担方式下的企业贷款保险补贴补偿测算模型

5.4.1 模型假设

为便于构造第三类分担方式下的企业贷款保险补贴补偿测算模型，结合第三类分担方式下企业贷款保险的补贴补偿测算思路，参照第 3 章和第 4 章的做法，现对模型推导做出如下假设。

假设 1：在企业贷款保险中，通过财政补贴补偿分担的是表现为贷款非预期损失和极端损失的信用风险。

假设 2～假设 5 同 5.2.1 节，此处不再赘述。

5.4.2 模型推导

根据第三类分担方式下企业贷款保险补贴补偿测算思路，在企业贷款保险期末，当贷款损失介于贷款预期损失和贷款 $\mathrm{VaR}_{1-\alpha}$ 值之间时，由财政按比例分担超出贷款预期部分的贷款损失；当贷款损失超过贷款 $\mathrm{VaR}_{1-\alpha}$ 值时，由财政按不同比例分别分担介于贷款预期损失和贷款 $\mathrm{VaR}_{1-\alpha}$ 值之间的贷款损失以及超过贷款 $\mathrm{VaR}_{1-\alpha}$ 值的贷款损失；其他情况下，财政不分担任何贷款损失。

鉴于此，如果将企业贷款保险期初借款企业的信用状况划分为 j 个等级（说明同 5.2.2 节），则第三类分担方式下财政对处于第 j 个信用等级借款企业分担的贷款损失 G_{3j}（脚标 3 表示第三类分担方式，脚标 j 表示处于第 j 个信用等级借款企业）可表达成保险期末贷款损失 L_k 的一个函数：

$$G_{3j} = \begin{cases} 0, & 0 < L_k < \mathrm{EL} \\ \gamma_2(L_k - \mathrm{EL}), & \mathrm{EL} < L_k \leqslant \mathrm{VaR}_{1-\alpha} \\ \gamma_2(\mathrm{VaR}_{1-\alpha} - \mathrm{EL}) + \gamma_1(V_f - \mathrm{VaR}_{1-\alpha}), & \mathrm{VaR}_{1-\alpha} < L_k \leqslant V_f \end{cases} \quad (5\text{-}14)$$

式中，γ_2 为财政对介于贷款预期损失和贷款 $\mathrm{VaR}_{1-\alpha}$ 值之间的贷款损失的分担比例，$\gamma_2 \in [0,1]$；γ_1 为财政对超过贷款 $\text{VaR}_{1-\alpha}$ 值的贷款损失的分担比例，$\gamma_1 \in [0,1]$。

如前所述，财政分担贷款损失的期望是计算企业贷款保险风险价格补贴与风险补偿基金的基础，它通常由如下两个因素的乘积决定：一是未来由财政分担的贷款损失；二是财政分担贷款损失所对应的概率。因此，结合式(5-14)，令与 L_k 对应的概率为 p_k，则第三类分担方式下财政在企业贷款保险期末对处于第 j 个信用等级借款企业分担贷款损失的期望现值 EG_{3j} 可表达为

$$\begin{aligned}\text{EG}_{3j} &= G_{3j} \times p_k \\ &= \sum_{\text{EL} < L_k \leq \text{VaR}_{1-\alpha}} \gamma_2(L_k - \text{EL}) \times p_k \\ &\quad + \sum_{\text{VaR}_{1-\alpha} < L_k \leq V_f} \left[\gamma_1(V_f - \text{VaR}_{1-\alpha}) + \gamma_2(\text{VaR}_{1-\alpha} - \text{EL})\right] \times p_k\end{aligned} \quad (5\text{-}15)$$

根据 5.1.1 节的论述，企业贷款保险风险价格补贴与财政分担贷款损失的期望值相等，故式(5-15)也为第三类分担方式下财政对处于第 j 个信用等级借款企业的某笔企业贷款保险业务风险价格补贴的测算公式。其中，除财政分担比例 γ_1 和 γ_2 可以直接设定、被保险贷款的风险不变价值 V_f 可以直接用式(3-4)计算之外，参数 L_k、p_k、$\text{VaR}_{1-\alpha}$、EL 都无法直接得到。当现实中的贷款损失数据及其对应概率不够理想时，准确估计这些参数的一种有效方法同样是模拟。

基本模拟原理和模拟步骤同 5.3.2 节，此处不再赘述。

接下来，在式(5-15)中，用贷款损失的模拟值 L_m 替代 L_k，用贷款损失模拟值 L_m 的发生频率替代贷款损失概率 p_k，用贷款 VaR 的模拟估计值 $\widehat{\text{VaR}}_{1-\alpha}$ 替代 $\text{VaR}_{1-\alpha}$ 值，可得到第三类分担方式下财政对处于第 j 个信用等级借款企业的某笔企业贷款保险期末分担贷款损失期望值 EG_{3j} 的另一种表达式，即第三类分担方式下财政对处于第 j 个信用等级借款企业的某笔企业贷款保险业务测算的风险价格补贴 S_{3j} 的最终表达式：

$$\begin{aligned}S_{3j} &= \text{EG}_{3j} \\ &= \sum_{\widehat{\text{EL}} < L_m \leq \widehat{\text{VaR}}_{1-\alpha}} \gamma_2(L_m - \widehat{\text{EL}}) \times \frac{n_{\widehat{\text{EL}} < L_m \leq \widehat{\text{VaR}}_{1-\alpha}}}{n} \\ &\quad + \sum_{\widehat{\text{VaR}}_{1-\alpha} < L_m \leq V_f} \left[\gamma_1(V_f - \widehat{\text{VaR}}_{1-\alpha}) + \gamma_2(\widehat{\text{VaR}}_{1-\alpha} - \widehat{\text{EL}})\right] \times \frac{n_{\widehat{\text{VaR}}_{1-\alpha} < L_m \leq V_f}}{n}\end{aligned} \quad (5\text{-}16)$$

式中，$n_{\widehat{\text{EL}} < L_m \leq \widehat{\text{VaR}}_{1-\alpha}}$ 为贷款损失模拟值 L_m 介于贷款 $\widehat{\text{EL}}$ 和贷款 $\widehat{\text{VaR}}_{1-\alpha}$ 值之间

的模拟次数；$n_{\hat{\text{VaR}}_{1-\alpha}<L_m\leqslant V_f}$ 为贷款损失模拟值 L_m 介于贷款 $\hat{\text{EL}}$ 和贷款风险不变价值 V_f 之间的模拟次数。基于式(5-16)可进一步求得在第三类分担方式下，政府对处于第 j 个信用等级借款企业的企业贷款保险的风险价格补贴率 s_{3j}：

$$s_{3j} = \frac{S_{3j}}{V_f}$$

$$= \frac{1}{V_f} \sum_{\hat{\text{EL}}<L_m\leqslant\hat{\text{VaR}}_{1-\alpha}} \gamma_2(L_m - \hat{\text{EL}}) \times \frac{n_{\hat{\text{EL}}<L_m\leqslant\hat{\text{VaR}}_{1-\alpha}}}{n} \quad (5\text{-}17)$$

$$+ \frac{1}{V_f} \sum_{\hat{\text{VaR}}_{1-\alpha}<L_m\leqslant V_f} \left[\gamma_1(V_f - \hat{\text{VaR}}_{1-\alpha}) + \gamma_2(\hat{\text{VaR}}_{1-\alpha} - \hat{\text{EL}})\right] \times \frac{n_{\hat{\text{VaR}}_{1-\alpha}<L_m\leqslant V_f}}{n}$$

与此同时，根据 3.1.1 节的论述，在特定时间和范围内，只要求得财政在企业贷款保险业务中分担贷款损失的期望值，便测算出了特定条件下企业贷款保险风险补偿基金的设立规模。设特定时限和地域范围内，处于第 j 个信用等级的借款企业所需贷款总额为 Q_j，则在第三类分担方式下政府对第 j 个信用等级的借款企业申请企业贷款保险而设立的风险补偿基金 F_{3j} 可表示为

$$F_{3j} = s_{3j} \times Q_j$$

$$= \frac{Q_j}{V_f} \times \sum_{\hat{\text{EL}}<L_m\leqslant\hat{\text{VaR}}_{1-\alpha}} \gamma_2(L_m - \hat{\text{EL}}) \times \frac{n_{\hat{\text{EL}}<L_m\leqslant\hat{\text{VaR}}_{1-\alpha}}}{n} \quad (5\text{-}18)$$

$$+ \frac{Q_j}{V_f} \times \sum_{\hat{\text{VaR}}_{1-\alpha}<L_m\leqslant V_f} \left[\gamma_1(V_f - \hat{\text{VaR}}_{1-\alpha}) + \gamma_2(\hat{\text{VaR}}_{1-\alpha} - \hat{\text{EL}})\right] \times \frac{n_{\hat{\text{VaR}}_{1-\alpha}<L_m\leqslant V_f}}{n}$$

如果某类贷款所属借款企业的信用等级共有 J 个，则在式(5-18)的基础上，可得第三类分担方式下政府对特定时限和地域的某类企业贷款保险而设立的风险补偿基金总额 F_3：

$$F_3 = \sum_{j=1}^{J} F_{3j} = \sum_{j=1}^{J} s_{3j} \times Q_j \quad (5\text{-}19)$$

式(5-16)～式(5-19)即组成了第三类分担方式下企业贷款保险的补贴补偿测算模型。

5.4.3 运算案例

1. 案例设计

该部分同 5.2.3 节，此处不再赘述。

2. 随借款企业初始信用等级变化的运算结果

运算案例设定：在第三种分担方式下，财政分担超过贷款 $VaR_{1-\alpha}$ 值的贷款损失的比例为 1（即 $\gamma_1=1$），即财政全额分担超过贷款 $VaR_{1-\alpha}$ 值的贷款损失；财政分担介于贷款预期损失 EL 与贷款 $VaR_{1-\alpha}$ 值之间的贷款损失的比例为 0.3（即 $\gamma_2=0.3$），即财政仅分担 30%的介于贷款预期损失 EL 与贷款 $VaR_{1-\alpha}$ 值之间的贷款损失；风险容忍度为 1%。

为比较借款企业不同的初始信用等级对企业贷款保险补贴补偿测算结果的影响，以金额为 100 万元、年利率 9%、贷款期限 3 年的贷款为测算样本，以样本贷款的风险不变价值 V_f 为度量贷款损失的基准，应用 MATLAB 软件编写程序对从各种初始信用等级开始经历各种信用转移路径后的贷款损失进行了 500 万次模拟，在风险容忍度为 1%的条件下，依次测算出了借款企业的初始信用等级分别为 AAA、AA、A、BBB、BB、B、CCC 时所对应的风险不变价值 V_f、贷款 VaR 值的估计值 $\widehat{VaR}_{1-\alpha}$、风险价格补贴率 s_{3j}、风险补偿基金 F_{3j}，结果见表 5-5。

表 5-5 第三类分担方式下随初始信用等级变化的企业贷款保险补贴补偿测算结果

类别	借款企业的初始信用等级						
	AAA	AA	A	BBB	BB	B	CCC
贷款需求/亿元	1.43	1.43	1.43	1.43	1.43	1.43	1.43
V_f/万元	111.87	111.72	111.29	110.35	106.06	102.80	88.14
$\widehat{VaR}_{1-\alpha}$/万元	0.58	1.37	5.23	12.94	66.96	83.73	78.73
s_{3j}/%	0.02	0.05	0.12	0.30	0.54	0.93	1.59
F_{3j}/万元	2.63	7.86	18.37	47.34	82.02	136.47	200.65

汇总表 5-5 中与各信用等级借款企业对应的风险补偿基金 F_{3j}，便可得到财政在既要全额分担超过贷款 $VaR_{1-\alpha}$ 值的贷款损失，又要分担 30%贷款非预期损失的第三类分担方式下，政府为面向特定时限和地域内某类总额为 10 亿元的企业贷款保险而设立的风险补偿基金 F_3 应为 495.34 万元。

进一步，根据表 5-5 的数据可绘制出第三类分担方式下风险价格补贴率随借款企业初始信用等级变化的曲线（图 5-8），以期有代表性地呈现出第三类分担方式下企业贷款保险补贴补偿的设置规律。

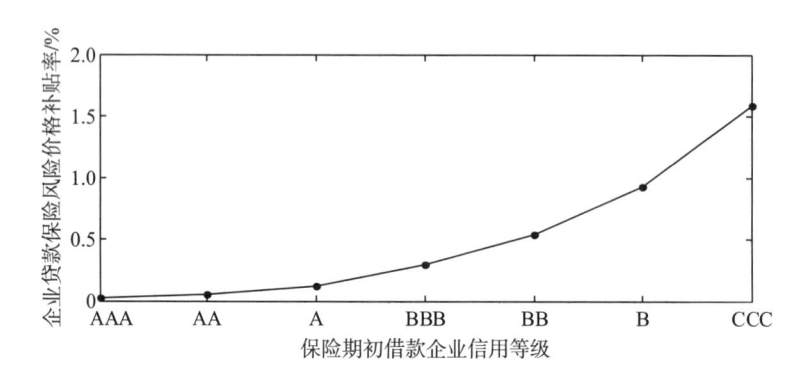

图 5-8　第三类分担方式下随借款企业初始信用等级变化的风险价格补贴率曲线

将图 5-8 与图 5-1 和图 5-3 进行对比，不难发现，第三类分担方式下随借款企业初始信用等级变化的风险价格补贴率变化曲线是对第一类分担方式下与第二类分担方式下的风险价格补贴率变化曲线的综合。

观察表 5-5 和图 5-8 可发现，在第三类分担方式下，随着借款企业初始信用等级由高到低变化，风险价格补贴率及其对应的风险补偿基金呈现出持续上升的趋势，反映出贷款非预期损失和极端损失及其代表的信贷风险随借款人信用等级降低而升高的事实。进一步可推断，在政府参与分担贷款非预期损失和极端损失的情况下，企业贷款保险的补贴补偿行为应主要针对那些面向较低信用等级借款企业联合开展贷款保险的银保机构实施。

3. 随风险容忍度变化的运算结果

为比较不同的风险容忍度对企业贷款保险补贴补偿测算结果的影响，运用本节所建模型，同样以金额为 100 万元、年利率 9%、贷款期限 3 年的单笔企业贷款为测算样本，以信用等级为 BBB 的借款企业的贷款风险不变价值 V_f(110.35 万元) 为度量贷款损失的基准，应用 MATLAB 软件编写程序对从各种初始信用等级开始经历各种信用转移路径后的贷款损失进行了 500 万次模拟，测算出当风险容忍度 α 分别为 1.0%、0.9%、0.8%、0.7%、0.6%、0.5%、0.4%、0.3%、0.2%、0.1%时所对应的贷款 VaR 值的估计值 $\widehat{\text{VaR}}_{1-\alpha}$、风险价格补贴率 $s_{3\text{BBB}}$、风险补偿基金 $F_{3\text{BBB}}$，结果见表 5-6。

第 5 章 借款企业信用等级视角下企业贷款保险补贴补偿测算模型 ·113·

表 5-6 第三类分担方式下随风险容忍度变化的企业贷款保险补贴补偿测算结果

类别	α									
	1.0%	0.9%	0.8%	0.7%	0.6%	0.5%	0.4%	0.3%	0.2%	0.1%
$VaR_{1-\alpha}$/万元	12.94	14.28	17.14	22.21	30.07	39.94	49.54	60.33	71.02	82.92
s_{3BBB}/%	0.30	0.29	0.27	0.24	0.20	0.16	0.13	0.10	0.08	0.07
F_{3BBB}/万元	332.76	324.12	296.35	268.73	223.63	178.15	141.73	115.08	87.04	78.18

为便于更加直观反映出第三类分担方式下风险容忍度对企业贷款保险补贴补偿测算的影响及其形成机理，基于表 5-6 中的风险价格补贴率数据，可绘制出第三类分担方式下风险价格补贴率随风险容忍度变化的曲线，如图 5-9 所示。

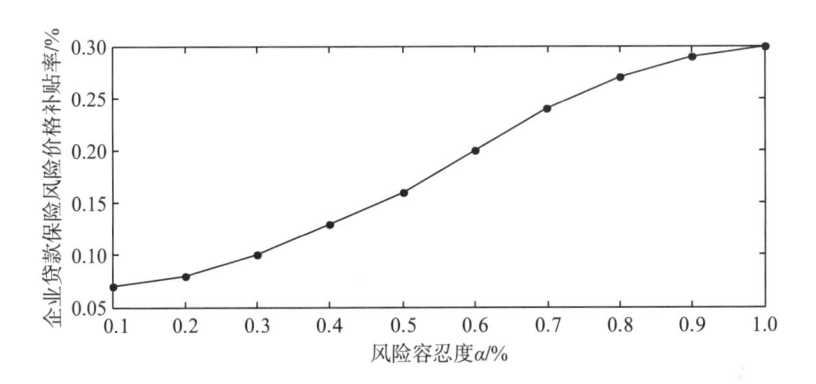

图 5-9 第三类分担方式下随风险容忍度变化的风险价格补贴率曲线

将图 5-9 与图 5-2 和图 5-4 进行对比，不难发现，第三类分担方式下随风险容忍度变化的风险价格补贴率变化曲线本质上是对第一类分担方式下与第二类分担方式下的风险价格补贴率变化曲线的综合。观察图 5-9 可发现，在第三类分担方式下，风险容忍度变化对于财政补贴补偿的影响方向和影响程度取决于第一类分担方式和第二类分担方式下相应的影响方向和影响程度。进一步可推断，在政府参与分担贷款极端损失的情况下，企业贷款保险补贴补偿的多少应同时兼顾银保机构的风险容忍度。

5.5 本章小结

面对银保双方根据自身风控要求均不愿或不能过多承担的企业贷款非预期损失与极端损失，政府有时会动用财政资金通过设置企业贷款保险风险价格补贴和企业贷款保险风险补偿基金的形式,在特定时间和范围内有效提高保险机构针对特定企业开展贷款保险的积极性,促进放贷机构向特定借款企业放贷,进而达到投入少量资金破解特定借款企业融资困局的目的。在此背景下,如何准确地测算企业贷款保险相关价格补贴与风险补偿基金,对于政府运用宝贵的财政资金发挥杠杆作用破解特定企业融资难题就显得尤为重要。

本章基于第 3 章和第 4 章的研究,从借款企业信用等级视角,将政府参与企业贷款保险损失分担的情况分为三类,尝试性地构建了相应的企业贷款保险风险价格补贴和风险补偿基金的测算模型。

回顾全章,可归纳出以下几点阶段性的理论观点。

(1)在借款企业信用等级视角下,企业贷款的非预期损失与极端损失更适合财政参与分担,故可将政府参与企业贷款保险损失分担的方式划分为三类:第一类,政府仅参与企业贷款极端损失的分担;第二类,政府仅参与企业贷款非预期损失的分担;第三类,政府同时参与企业贷款非预期损失和极端损失的分担。

(2)在政府仅参与分担企业贷款极端损失的分担方式下,当借款企业初始信用等级由高到低变化时,风险价格补贴率及其对应的风险补偿基金应随之持续上升;当风险容忍度由小到大变化时,风险价格补贴率及其对应的风险补偿基金也应随之持续上升。在此情况下,政府给予企业贷款保险的补贴补偿行为应主要针对面向较低信用等级借款企业投放贷款或风险容忍度较高的放贷机构实施。

(3)在政府仅参与分担企业贷款非预期损失的分担方式下,当借款企业初始信用等级由高到低变化时,风险价格补贴率及其对应的风险补偿基金应随之持续上升;当风险容忍度由小到大变化时,风险价格补贴率及其对应的风险补偿基金应随之持续下降。在此情况下,政府给予企业贷款保险的补贴补偿行为应主要针对面向较低信用等级借款企业承保或风险容忍度较低的保险机构实施。

(4)在政府同时参与分担企业贷款非预期损失和极端损失的分担方式下,当借款企业初始信用等级由高到低变化时,风险价格补贴率及其对应的风险补偿基金应随之持续上升;当银保双方风险容忍度由小到大变化时,风险价格补贴率及其对应的风险补偿基金应视具体情况而定。在此情况下,政府给予企业贷款保险的补贴补偿行为应主要针对面向较低信用等级借款企业承保或放贷的银保机构实施。

第三篇　借款企业负债视角下的企业贷款保险定价模型

　　基于第一篇的介绍与分析,看跌期权理论对于从借款企业负债的角度研究上市企业的贷款保险定价问题具有重要的借鉴意义。

　　鉴于此,针对上市借款企业市场价值易于被测度的特点,本篇首先从借款企业负债的角度,提出基于欧式看跌期权理论的企业贷款保险定价原理,并基于该原理构建基于看跌期权的企业贷款保险费率厘定基本模型;为使企业贷款保险价格能准确反映隐藏于借款企业债务清偿结构中的信用风险,本篇进一步结合破产企业债务清偿原则,运用熊市价差期权构造原理,建立考虑借款企业债务清偿结构的企业贷款保险费率厘定模型;最后,为使企业贷款保险价格能准确反映隐藏于借款企业债务利率结构中的信用风险,本篇还结合借款企业债务利率结构的特点,通过优化基于看跌期权的企业贷款保险费率厘定基本模型,构建考虑借款企业债务利率结构的企业贷款保险费率厘定模型。

　　需要说明的是,考虑到上市企业均为大中型企业,这类企业的贷款保险融资通常无需政府扶持,故本篇不涉及企业贷款保险补贴补偿测算的内容。

第6章 基于看跌期权的企业贷款保险费率厘定基本模型

据第一篇的介绍与分析，看跌期权理论已被广泛应用于各类保险定价问题的研究，给企业贷款保险定价的理论研究带来了启发；与此同时，较之非上市借款企业，上市借款企业往往具有市场价值及其波动性更易于被外界测度的特征。鉴于此，本章将在探讨企业贷款保险的看跌期权属性基础上，从借款企业负债的角度，引入看跌期权理论对上市企业的贷款保险定价问题展开基础性研究，为借助市场信息研究企业贷款保险定价问题探寻新路径。

6.1 保险期权定价的理论基础

6.1.1 期权的概念与分类

作为最传统的金融衍生工具之一，期权早已成为世界各国金融市场中不可缺少的重要组成部分，与期权相关的理论也随之得到长足发展。根据期权理论(Hull, 2014)，按期权购买者对标的资产的涨跌预期，可将期权划分为看涨期权和看跌期权两种基本类型。

看涨期权(call option)是指期权购买者拥有以执行价格(exercise price)在未来购买期权标的资产的权利。只有在所要购买资产的市值超过执行价格时，看涨期权购买者才会执行期权合约所赋予的权利；反之，当期权标的资产的市值低于执行价格时，看涨期权购买者将放弃期权合约所赋予的权利。因此，看涨期权的价值是所要购买资产在到期日的价格高出执行价格的部分。

看跌期权(put option)是指期权购买者拥有以执行价格在未来期权到期日或之前售出期权标的资产的权利。只有在所要购买资产的市值低于执行价格时，看跌期权购买者才会执行期权合约所赋予的权利；反之，当期权标的资产的市值高于执行价格时，看跌期权购买者将放弃期权合约所赋予的权利。因此,看跌期权的价值是所要购买资产在到期日的价格低于执行价格的部分。

同时,按行权时间是否必须在期权到期日,期权又分为美式期权和欧式期权。欧式期权(european option)的购买者只能在期权到期日当天行权;而美式期权的购买者不仅能在期权到期日当天行权,也可在到期日之前行权。

从上述对各类期权的描述中能够归纳出构成期权的关键要素有:期权到期时间、期权标的物资产的市场价值、期权的执行价格等。

6.1.2 期权的保险功能

基于 6.1.1 节对期权的介绍,根据各类期权执行价格所起的作用,不难发现,期权对于投资标的资产的风险底线具有锁定功能。该功能使得期权合约类似于某种保险合约,即当期权标的资产的未来价值向不利方向变化时,标的资产的拥有者可以利用期权合约来保护自己免受更大损失;当期权标的资产的未来价值向有利方向变化时,标的资产的拥有者仍然可以从中取得收益,需要付出的成本仅为购买期权的价格。

因此,自诞生之日起,期权本身就是风险管理的有效工具之一,常常被投资者用于套期保值,其中最为常见的就是投资者对保护性看跌期权的应用。例如,当投资者在购买股票的同时购买了该股票的欧式看跌期权:如果期权到期时标的股票价格低于执行价格,则投资者将选择行权,按执行价格将标的股票卖给期权出售者,投资者从而免受股票价格低于执行价格而造成的损失,进而对股票投资起到保险作用;如果期权到期时标的股票价格高于执行价格,则投资者将选择放弃行权,并不会影响其取得正常的股票收益。

值得一提的是,许多金融工具或经济合同都赋予了交易双方或明或暗的选择权。由于某些选择权包含了类似于期权合约中标的资产的当前价值、标的资产的未来价值、执行价格、期权期限;并且,标的资产的价值波动率又能够被较为准确地测度。所以,这些选择权在某种意义上也等同于期权。

正是基于上述期权的价值保险功能和存在于某些经济合同或金融工具中等同于期权的选择权,激发着一些学者不断将期权定价理论应用于某些经济合同或金融工具的定价问题等研究领域。其中,最为经典的理论正是参与构建布莱克-斯科尔斯期权定价模型的默顿(Merton)在 1977 年所提出的。

根据 2.4.3 所述,Merton(1977)将存款保险合同视为投保者购买的一份以银行资产市场价值为标的物的欧式看跌期权,包括所有存款在内的银行债务等同于该看跌期权的执行价格,存款保险的期限则是该看跌期权的期限。在保险期末,当银行资产市场价值不足以支付包括银行存款在内的所有银行债务时,即视为存款出现损失,保险人应对存款损失给予赔付;在保险期末,当银行资产市场价值足以支付包括银行存款在内的所有银行债务时,视为存款未出现损失,保险人对存款不存在任何赔付。由于银行绝大部分的负债即为存款,故该看跌期权的价格就近似于对银行所有存款进行保险的价格。

Merton 将期权定价理论应用到存款保险定价的构想对于保险定价问题的研究具有开创性意义,得到了广大学者的认同与持续发展,对于拓展企业贷款保险定价问题的研究思路具有重要的启发意义。

6.1.3 可用于保险定价的期权定价公式

根据 Merton 在 1977 年所提出的理论,借助期权理论对保险定价问题展开研究时需要应用到欧式看涨期权定价公式与欧式看跌期权定价公式。

欧式期权价格是指期权购买方为获得期权合约所赋予的在未来期权到期时点对标的资产的买卖权利而必须先行支付的费用。期权卖方则用期权价格来弥补当期权在未来期权时点被执行后给自己带来的损失。

基于期权价格的实质和市场对期权定价的现实需要,20 世纪大量学者对期权定价公式展开了长期而深入的研究。1973 年,费希尔·布莱克(Fischer Black)、迈伦·斯科尔斯(Myron Scholes)、罗伯特·默顿(Robert Merton)终于在这一领域取得重大突破,提出了著名的布莱克-斯科尔斯期权定价模型。该模型对金融工程在全球的发展起到了重要作用,也为借助期权理论探讨保险定价问题创造了条件。

布莱克-斯科尔斯期权定价模型的推导得益于有多条重要假设(Black and Scholes,1973),例如,①短期利率是已知的,并且随着时间的推移是恒定的;②股票价格在连续时间内遵循随机游走,在任何有限区间结束时,股票价格的分布都是对数正态的;③该股票不支付股息或其他分配;④期权是"欧式"的,只能在到期时行使等。基于上述假设,三位学者推导出了期权 0 时刻的股票欧式看涨期权定价公式和欧式看跌期权定价公式,分别为

$$C = S_0 N(d_1) - Ke^{-rt} N(d_2) \tag{6-1}$$

和

$$P = -S_0 N(-d_1) + Ke^{-rt} N(-d_2) \tag{6-2}$$

式中，C 和 P 分别为欧式看涨期权价格和欧式看跌期权价格；S_0 为标的资产在期权合约 0 时刻的价格；K 为期权执行价格；r 为期权存续期内的无风险利率；t 为期权距离到期日的时间；$N(d)$ 为标准正态分布中小于 d 的概率；d_1 和 d_2 的表达式分别为

$$d_1 = \frac{\ln(S_0/K) + t(r + \sigma^2/2)}{\sigma\sqrt{t}} \quad (6\text{-}3)$$

和

$$d_2 = \frac{\ln(S_0/K) + t(r - \sigma^2/2)}{\sigma\sqrt{t}} = d_1 - \sigma\sqrt{t} \quad (6\text{-}4)$$

式中，σ 为期权标的股票的价格波动率。

6.2 基于看跌期权理论的企业贷款保险定价原理

6.2.1 企业贷款保险合同赋予投保人的获赔选择权

据 2.4.3 节的分析，受 6.1.2 节的启发，如果能在企业贷款保险业务中寻找到等同于期权的某种选择权，就有可能将企业贷款保险定价问题的研究同期权保险功能结合起来，为在企业贷款保险定价领域引入期权相关理论创造条件。

为便于分析，有三点需要先行明确：一是被保险企业贷款属于借款企业的负债；二是借款企业的资产市场价值是借款企业偿还现有总负债的主要基础；三是借款企业自身资产的价值会随着经营状况和市场环境上下波动。

基于上述三点，可将企业贷款保险合同双方的履约行为描述为以下过程：放贷银行为规避企业贷款面临的信用风险，以企业贷款到期时的理论价值(包括还贷本金与利息)为投保对象向保险人(保险公司)投保，在向投保银行收取了根据企业贷款保险合同计算的保费后，将被保险企业贷款的风险敞口转移给保险人，同时继续对借款企业履行放贷义务和监控其信用状况的职责；保险人审查与监控借款企业的信用状况和来自投保银行的道德风险，对企业贷款保险到期时的企业贷款损失承担赔付责任；如果贷款保险合同到期时借款企业自身资产的市场价值大于自身总负债，则认为借款企业能够偿还包括投保企业贷款在内的总负债，投保银行无权获得企业贷款损失的保险理赔；如果企业贷款保险到期时借款企业自身资产的市场价值小于自身总负债，则认为借款企业偿还包括投保企业贷款在内的总负

债存在问题，投保银行有权获得企业贷款损失的保险理赔。根据上述过程绘制出图 6-1，以便更加直观地反映出企业贷款保险合同的履约过程。

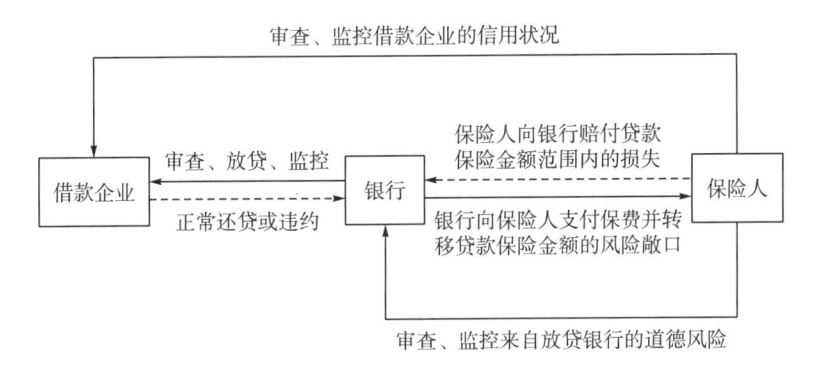

图 6-1　隐藏于企业贷款保险合同履约过程中的获赔选择权

注：图中实线代表确定发生的情况，虚线代表可能发生的情况。

根据上述分析及图 6-1 不难发现，企业贷款保险业务实质上赋予了投保银行在未来某个时候获得企业贷款损失赔偿的一项选择权，本章将其简称为投保人的"获赔选择权"，在图 6-1 中反映为银行和保险人之间的那条虚线。换言之，企业贷款保险合同双方实际上就是在买卖这项获赔选择权，该获赔选择权的买方为企业贷款保险的投保人（放贷银行），获赔选择权的卖方为企业贷款保险的选择人（保险公司）。

进一步分析企业贷款保险合同双方的履约行为，还可发现投保人（投保银行）决定是否行使该项获赔选择权，需要综合考虑企业贷款保险合同到期时间、借款企业资产的市场价值、借款企业现有的总负债市场价值等因素。如果将这些决定企业贷款保险合同中投保人获赔选择权的关键因素与期权的关键因素进行对比，可以推断：企业贷款保险合同到期时间等同于期权的到期时间；借款企业资产的市场价值等同于期权标的物资产的市场价值；借款企业现有的总负债市场价值等同于期权的执行价格。同时，鉴于企业贷款保险合同到期时间往往是未来某个确定时点的现实状况，并结合前述欧式期权的定义，可进一步推断：企业贷款保险合同赋予投保人的获赔选择权还等同于一项欧式看跌期权。

综上所述，企业贷款保险合同赋予了投保银行在保险期末当企业贷款发生损失时要求投保人予以赔偿的获赔选择权，银保双方签订企业贷款保险合同的实质就是在交易这项获赔选择权，该获赔选择权等同于一项欧式看跌期权。

6.2.2 基于期权理论的企业贷款保险定价原理

根据 6.2.1 节的分析，可以认为购买企业贷款保险投保人获赔选择权的费用正是企业贷款保险业务的纯保费。因此，求解企业贷款保险费率的实质就是在求解企业贷款保险投保人获赔选择权的价格，具体思路如下。

首先，基于企业贷款只是借款企业一部分负债的事实以及将借款企业资产市场价值低于借款企业总负债作为判断企业贷款是否会存在损失的依据，并结合企业贷款保险合同中赋予投保人获赔选择权与欧式看跌期权的类比关系，可以推断：企业贷款保险投保人的获赔选择权被包括在一项更大的同样等同于欧式看跌期权的获赔选择权中，这项更大的获赔选择权赋予借款企业的全部债权人在当借款企业资不抵债时能向保险人取得债务损失赔偿的权利（显然，这项更大的获赔选择权并非真实存在，但它对于求解企业贷款保险投保人获赔选择权的价格具有桥梁作用）。为便于与真实存在于企业贷款保险合同中投保人的获赔选择权相区分，本章将这项更大的获赔选择权及其价格分别称作"虚拟获赔选择权"和"虚拟获赔选择权价格"。

借鉴前述获赔选择权与期权的类似关系，对与虚拟获赔选择权类似的欧式看跌期权可描述如下：期权的标的物是企业贷款所属借款企业的资产市场价值；期权的执行价格是包括投保贷款在内的借款企业总负债；期权距离到期日的时间是企业贷款保险期限；期权的卖方是包含为投保贷款在内的借款企业所有债务提供保险的所有保险人；期权的买方是包括投保银行在内的借款企业的所有债权人；当期权到期（即企业贷款保险到期）时，若标的物价值（即借款企业资产市场价值）低于期权执行价格（即借款企业总负债），期权买方有权获得来自期权卖方的赔偿，即包含投保人获赔选择权的虚拟获赔选择权将得到执行，否则包含投保人获赔选择权的虚拟获赔选择权将不会被执行。

同时，套用期权价格的概念，虚拟获赔选择权的价格应该是指包括企业贷款保险投保人在内的借款企业的全部债权人，为获得在保险合同到期时对借款企业资产以借款企业总债务（包括投保企业贷款）的市场价值卖出的权利，而必须先行支付的费用；为借款企业所有债务提供保险的保险人（包括企业贷款保险承保方）则靠出售虚拟获赔选择权获得的费用来弥补该虚拟获赔选择权在未来如果被执行给自己带来的损失。

为更加直观地反映等同于虚拟获赔选择权的欧式看跌期权及其价格，

本节根据欧式看跌期权的损益图绘制出图 6-2。图中，横轴代表借款企业资产的市场价值，纵轴代表损益。

根据企业贷款保险投保人获赔选择权与虚拟获赔选择权的关系，并结合上述对与虚拟获赔选择权相类似的欧式看跌期权的描述以及对虚拟获赔选择权价格的认识，从理论上可以推断：如果相关数据齐备，则可应用经典的欧式看跌期权定价公式计算出该虚拟获赔选择权的价格；基于该虚拟获赔选择权价格，按投保企业贷款的价值占借款企业负债价值的比重，即可将企业贷款保险投保人获赔选择权的价格从中提取出来，从而便可求得企业贷款保险费率中的纯保费。

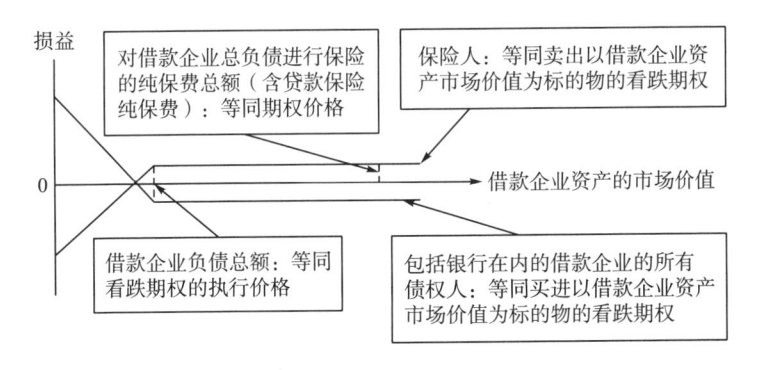

图 6-2 等同于虚拟获赔选择权的欧式看跌期权

本章将上述求解企业贷款保险费率的思路与方法统称为基于期权理论的企业贷款保险定价原理，它是应用期权理论研究企业贷款保险定价问题的基本原理。

6.3 模型构建

根据基于期权理论的企业贷款保险定价原理，可以构造出企业贷款保险期权定价的基本模型。该模型是从借款人负债角度构建基于看跌期权理论的企业贷款保险定价模型或方法的基础。

6.3.1 模型假设

为便于构造模型，根据基于期权理论的企业贷款保险定价原理，并借鉴经典的期权定价理论，做出如下假设。

假设1：借款企业的资产市场价值是否低于其总负债价值，是判断借款企业是否有能力按期全额偿还全部贷款的关键因素。

假设2：借款企业总负债和企业贷款金额在企业贷款保险期内均保持不变。

假设3：借款企业所在的资本市场是有效市场，借款企业在保险期内的资产市场价值及其波动率能够被准确测度。

假设4：企业贷款保险金额由根据企业贷款合同计算出的在保险期内银行应收回的企业贷款本金和利息构成。

假设5：保险期内的无风险利率保持不变。

6.3.2 模型推导

为简化描述，本节将前述等同于虚拟获赔选择权的欧式看跌期权及其价格分别简称为"虚拟欧式看跌期权"和"虚拟欧式看跌期权价格"。下面分4个部分推导基于企业贷款保险期权定价基本模型。

1. 期权理论下对企业贷款损失的表达

按前述基于期权理论的企业贷款保险定价原理，在企业贷款保险期末，当借款企业资产市场价值小于总负债价值时，保险人应向企业贷款保险投保银行赔偿的损失为

$$B = \max\{0, (K-V)\} \times (L/K) \quad (6-5)$$

式中，K 为在企业贷款保险期初借款企业的总负债价值，它等同于虚拟欧式看跌期权的执行价格；V 为借款企业资产市场价值，它等同于虚拟欧式看跌期权中期权标的资产的价值；L 为企业贷款保险金额。式(6-5)的含义是投保人按 L/K 的比例从借款企业资产市场价值 V 小于总负债价值 K 的差值中计取应向保险公司索赔的企业贷款损失。

2. 计算虚拟看跌期权的价格

借鉴 Merton(1977)的思路，假设借款企业的资产市场价值 V 服从如下几何布朗运动：

$$d\ln V = \mu dt + \sigma dZ \quad (6-6)$$

式中，μ 为借款企业资产的即时预期回报；σ 为 μ 的波动率；Z 遵循标准维纳过程。参照布莱克-斯科尔斯期权定价模型[式(6-2)～式(6-4)]列出计算

虚拟欧式看跌期权价格的公式，该价格即为等同于对借款企业总负债进行保险时的纯保费 P：

$$P = Ke^{-rt}N(-d_2) - V_0 N(-d_1) \tag{6-7}$$

式中，d_1 和 d_2 的表达式分别为

$$d_1 = \frac{\ln(V_0/K) + t(r + \sigma^2/2)}{\sigma\sqrt{t}} \tag{6-8}$$

$$d_2 = d_1 - \sigma\sqrt{t} \tag{6-9}$$

式中，t 为企业贷款保险期(等同于虚拟欧式看跌期权中距离期权到期日的时间)；V_0 为借款企业在企业贷款保险期初资产的市场价值(等同于虚拟欧式看跌期权中期权标的资产的最初价值)；σ 为企业贷款保险期内借款企业资产市场价值的波动率(等同于虚拟欧式看跌期权中期权标的资产在期权期限内的价值波动率)；r 为保险期内的无风险利率；$N(\cdot)$ 为正态分布累积概率。

3. 计算借款企业在企业贷款保险期初资产的市场价值 V_0 及其在企业贷款保险期内的波动率 σ

观察式(6-7)～式(6-9)，除了容易得到的借款企业在企业贷款保险期初的总负债 K、保险期内的无风险率 r、保险期限 t 之外，还需要计算出借款企业在企业贷款保险期初资产的市场价值 V_0 以及借款企业资产市场价值在保险期内的波动率 σ。此处根据企业贷款保险业务的特点，借鉴 Ronn 和 Verma (1986) 的研究成果，尝试通过建立方程组来求解计算虚拟看跌期权价格所需的 V_0 与 σ，具体过程如下。

首先，将借款企业在企业贷款保险期初的股权价值 E 视为与虚拟欧式看跌期权对应的那个看涨期权的价格。为便于区分，本章将该期权及其价格分别称为"虚拟欧式看涨期权"和"虚拟欧式看涨期权价格"。该虚拟欧式看涨期权同样以借款企业资产的市场价值 V 为期权标的物、以借款企业在企业贷款保险期初的总负债 K(含企业贷款)为执行价格、以企业贷款保险期 t 为距离到期日时间。

基于此，参照布莱克-斯科尔斯期权定价模型可列出计算该虚拟欧式看涨期权价格的公式，从而构建起求解 V_0 与 σ 所需的第一个方程：

$$E = V_0 N(d_1) - Ke^{-rt} N(d_2) \tag{6-10}$$

为便于更加直观地展现构建该方程组的思路及其与虚拟欧式看跌期权的关系，绘制了图 6-3。该图展示了标的物 V、执行价格 K、期限 t、无风险利率 r 以及 V_0 和波动率 σ 均相同的一对看涨期权与看跌期权。对于虚拟

欧式看涨期权，其价格 E 在资本市场上是可观测的，这为求解 V_0 与 σ 找到了一条思路。

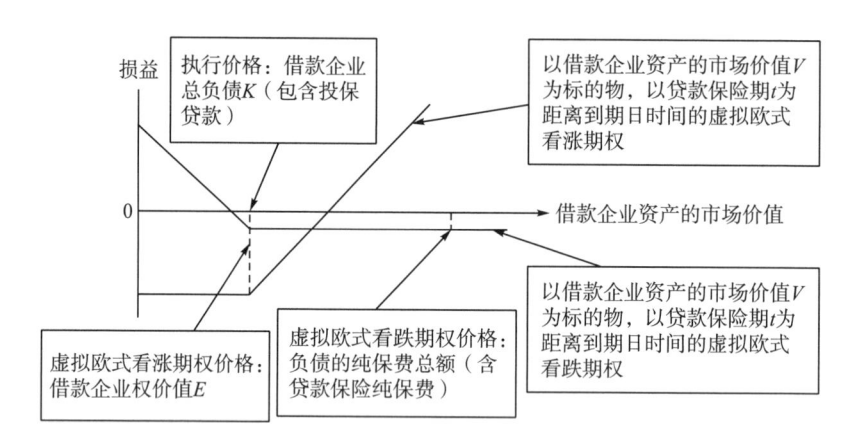

图 6-3　与虚拟欧式看跌期权对应的虚拟欧式看涨期权

同时，借鉴 Ronn 和 Verma(1986)的研究成果，通过借款企业股权价值的波动率和借款企业资产市场价值波动率的关系可构建起求解 V_0 与 σ 的第二个方程：

$$\sigma = \frac{\sigma_E E}{V_0 N(d_1)} \quad (6-11)$$

式中，σ_E 为借款企业股权价值在保险期内的波动率，可通过对未来保险期内借款企业的股票价格或股权价值进行蒙特卡罗模拟得到(此处不对该模拟做深入讨论)。设 S_i 为模拟出的借款企业第 i 日的股票价格，u_i 为对应的股票价格收益率，σ_d 为对应股票价格收益率的日波动率，n 为模拟股票交易的天数，具体计算公式如下：

$$u_i = \ln \frac{S_i}{S_{i-1}} \quad (6-12)$$

$$\sigma_d = \left[\frac{1}{n-1}\sum_{i=1}^{n}(u_i - \bar{u})^2\right]^{1/2} \quad (6-13)$$

$$\sigma_E = \sigma_d \sqrt{n} \quad (6-14)$$

联立式(6-10)～式(6-14)，运用 MATLAB 软件编写计算程序，便可求出计算虚拟欧式看跌期权价格所需的 V_0 及 σ。

4. 企业贷款保险的纯费率与费用附加

在求得 V_0 及 σ 的基础上，通过式(6-7)～式(6-9)便可得到虚拟看跌期

权的价格 P。随后，按企业贷款保险金额 L 占借款企业总负债 K 的比重，从虚拟看跌期权的价格 P 中计取企业贷款保险的纯保费 G：

$$G = \frac{L}{K} \times P \tag{6-15}$$

再将企业贷款保险的纯保费 G 除以企业贷款保险金额 L 可求出企业贷款保险采用的纯费率 g：

$$g = \frac{\frac{L}{K} \times P}{L} = \frac{P}{K} \tag{6-16}$$

最后，根据保费厘定原则，企业贷款保险保费中还应考虑保险人开展企业贷款保险业务的营运费用、代理佣金、国家税收和利润附加等因素。因此，投保银行实际支付的保险费率还必须在纯费率的基础上加上费用附加，具体算式如下：

$$g_P = \frac{P}{K} + \varepsilon \tag{6-17}$$

式中，g_P 为企业贷款保险业务的最终费率(脚标 P 为借助欧式看跌期权定价理论运算得到的企业贷款保险费率)；ε 为保费附加率。

6.4 运算案例

鉴于相关数据获取困难，本章结合企业贷款期权保险定价模型的特点，从股票市场和债券市场提取部分有用数据，以最贴近市场现实的方式构造运算案例，并对运算案例结果进行数值分析。

6.4.1 案例设计

为便于构造运算案例，首先假定企业的长期借款为放贷银行贷出的企业贷款。运算案例设定放贷银行拟对一批企业的长期借款向保险公司投保，保险公司需要计算出相应的保费。

为避开 2008 年金融危机对资本市场的影响，保险期限从 2010 年 1 月 1 日起计算，保险期限分别取 1 年、1.5 年、2 年、2.5 年。为便于研究和数据获取，本章运算案例按下列条件在我国中小板股市中筛选出非金融类上市公司作为假想的借款企业。

条件 1：借款企业应是在保险期内处于正常交易状态的非金融类中小

板上市公司，以确保运算案例中的借款企业是对企业贷款有着真实需求并处于正常运营的企业。

条件 2：为确保在本运算案例的假定下借款企业的负债中存在银行贷款，借款企业 2009 年公司年报中的长期借款不能为 0。

条件 3：为体现出放贷银行对企业贷款所面临的信用风险的担忧，借款企业在保险期初的资产负债率高于 60%，且股权价值 E 与总负债 K 之比小于 2（即借款企业的总负债应占到其资产的相当比例）。

条件 4：为确保借款企业的股价在保险期内属于正常波动，借款企业在保险期内股权价值 E 的单日波动率在 10% 以内。

同时，为使运算案例数据尽可能涵盖不同行业，增强行业选择的代表性，本运算案例按锐思金融研究数据库对上市企业的行业分类，分别从房地产、建筑、交运仓储、社会服务、石化塑料、造纸印刷 6 个对贷款需求较大的行业中各随机选择 1 家公司作为假想借款企业。假想借款企业的部分数据见表 6-1。

表 6-1 保险期初（2010 年 1 月 1 日）假想借款企业基本信息

序号	假想借款企业名称	股权价值 E /亿元	账面资产 /亿元	负债总额 K /亿元	长期借款 /亿元	E/K	资产负债率 /%	长期借款占负债比重/%
1	大港股份	19.202	22.598	15.822	0.050	1.214	70.01	0.32
2	宏润建设	60.210	61.100	43.948	4.850	1.370	71.93	11.04
3	飞马国际	24.480	29.057	24.669	0.352	0.992	84.90	1.43
4	怡亚通	64.061	91.841	78.237	0.090	0.819	85.19	0.12
5	江山化工	19.653	16.479	10.811	4.200	1.818	65.60	38.85
6	太阳纸业	103.847	92.788	56.011	12.812	1.854	60.36	22.87

数据来源：锐思金融研究数据库。

同时，根据本运算案例保险期限的计取起点和可能的保险期限长度，按照我国 2010 年第一期的 1 年期和 3 年期国债利率，用内插法近似得到各保险期限对应的无风险利率（表 6-2）。

表 6-2 各保险期限对应的无风险利率（%）

期限	1 年期	1.5 年期	2 年期	2.5 年期	3 年期
利率	2.60	2.88	3.17	3.45	3.73

数据来源：锐思金融研究数据库。

最后，为使数据更加贴近现实，本运算案例直接选取自保险期初(2010年1月1日)起各借款企业在各保险期限内的真实股票日收盘价作为计算股权价值及其波动率的基础数据。

需要说明的是，一是所选借款企业的长期借款利率不便查找，故本运算案例的企业贷款保险金额中只计取了长期借款的本金，忽略了长期借款的利息；二是为简化运算过程、突出模型计算重点，本运算案例未对相对固定的企业贷款保险费用附加进行计算，仅以企业贷款保险纯费率来代表企业贷款保险费率。这些并不影响结果分析。

6.4.2 运算结果

基于上述数据，运用企业贷款保险期权定价基本模型可计算得到：当保险期限分别为1年、1.5年、2年、2.5年时，保险公司对各借款企业的长期借款进行保险的基础价格——企业贷款保险纯保费与纯保费率，结果见表6-3～表6-6。

表6-3　保险期为1年的企业贷款保险纯保费与纯保费率

序号	假想借款企业名称	借款企业所在行业	σ_d	σ_E	V_0/亿元	σ	纯保费/万元	企业贷款保险纯保费率/%
1	大港股份	房地产业	0.026	0.497	34.615	0.276	0.10	0.02
2	宏润建设	建筑业	0.020	0.389	103.031	0.227	0.22	0.00
3	飞马国际	交运仓储	0.026	0.498	48.510	0.252	0.97	0.03
4	怡亚通	社会服务	0.024	0.459	140.279	0.210	0.13	0.01
5	江山化工	石化塑料	0.021	0.400	30.187	0.260	0.10	0.00
6	太阳纸业	造纸印刷	0.021	0.396	158.422	0.259	0.24	0.00

表6-4　保险期为1.5年的企业贷款保险纯保费与纯保费率

序号	假想借款企业名称	借款企业所在行业	σ_d	σ_E	V_0/亿元	σ	纯保费/万元	企业贷款保险纯保费率/%
1	大港股份	房地产业	0.027	0.622	34.237	0.355	3.64	0.73
2	宏润建设	建筑业	0.020	0.464	102.267	0.274	29.91	0.06
3	飞马国际	交运仓储	0.024	0.553	48.011	0.286	13.21	0.38
4	怡亚通	社会服务	0.021	0.501	138.818	0.234	1.85	0.21
5	江山化工	石化塑料	0.023	0.529	29.991	0.348	57.88	0.14
6	太阳纸业	造纸印刷	0.020	0.464	157.463	0.307	46.89	0.04

表 6-5　保险期为 2 年的企业贷款保险纯保费与纯保费率

序号	假想借款企业名称	借款企业所在行业	σ_d	σ_E	V_0/亿元	σ	纯保费/万元	企业贷款保险纯保费率/%
1	大港股份	房地产业	0.025	0.688	33.591	0.412	14.56	2.91
2	宏润建设	建筑业	0.020	0.546	101.152	0.330	339.35	0.70
3	飞马国际	交运仓储	0.022	0.602	47.251	0.324	54.72	1.55
4	怡亚通	社会服务	0.021	0.564	136.596	0.275	10.32	1.15
5	江山化工	石化塑料	0.023	0.609	29.678	0.410	472.79	1.13
6	太阳纸业	造纸印刷	0.019	0.508	156.249	0.339	389.07	0.30

表 6-6　保险期为 2.5 年的企业贷款保险纯保费与纯保费率

序号	假想借款企业名称	借款企业所在行业	σ_d	σ_E	V_0/亿元	σ	纯保费/万元	企业贷款保险纯保费率/%
1	大港股份	房地产业	0.025	0.742	32.633	0.470	34.25	6.85
2	宏润建设	建筑业	0.020	0.590	99.589	0.369	1034.61	2.13
3	飞马国际	交运仓储	0.022	0.658	46.069	0.375	148.75	4.23
4	怡亚通	社会服务	0.022	0.652	132.514	0.343	38.20	4.24
5	江山化工	石化塑料	0.023	0.699	29.099	0.491	1832.51	4.36
6	太阳纸业	造纸印刷	0.018	0.558	154.540	0.381	1582.36	1.24

6.4.3　数值分析

为便于从运算案例结果中发现一些带有共性又符合定价规律的现象，基于表 6-3～表 6-6 中的数据绘制出图 6-4～图 6-6。下面结合数据与图形依次做出分析与说明。

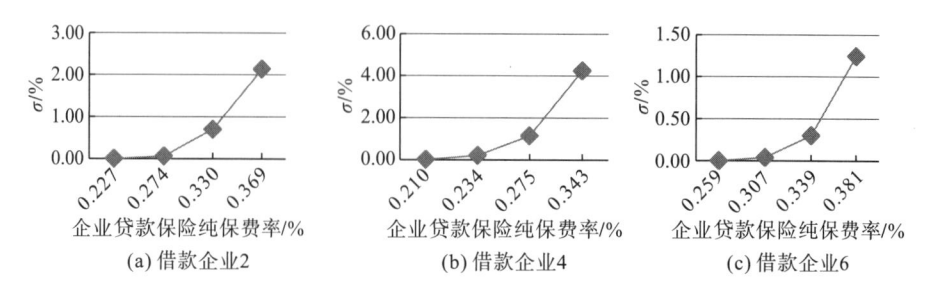

图 6-4　企业贷款保险定价与保险期内借款企业资产市场价值波动率 σ 之间的关系

图 6-4 所示为 3 个不同借款企业贷款保险定价与保险期内借款企业资产市场价值波动率 σ 之间的关系。观察图 6-4 可发现，当其他条件保持不变时，无论对于哪个借款企业的贷款，保险期内借款企业资产市场价值的波动率 σ 越大，企业贷款保险费率将越高，且企业贷款保费率的增长速度明显快于 σ 的增长速度。这说明为与企业贷款所面临的信用风险相匹配，企业贷款保险费率应随保险期内借款企业资产市场价值的波动率 σ 的增大而加速提高。

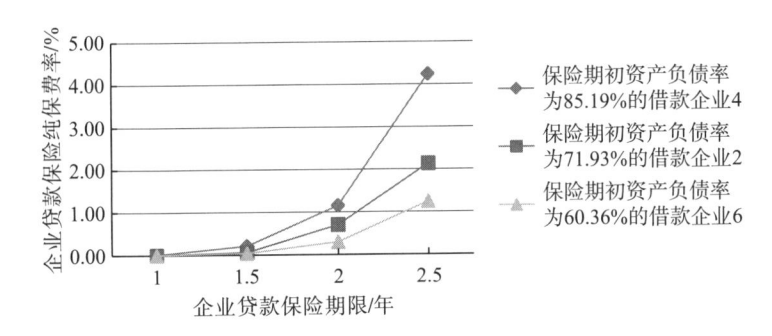

图 6-5　企业贷款保险定价与借款企业在保险期初资产负债率之间的关系

图 6-5 所示为 3 个不同借款企业企业贷款保险定价与借款企业在保险期初资产负债率之间的关系。观察图 6-5 可发现，保险期初借款企业的资产负债率越高，则企业贷款保险定价越高。这说明为与企业贷款所面临的信用风险相匹配，企业贷款保险费率应随借款企业在保险期初资产负债率的升高而提高。

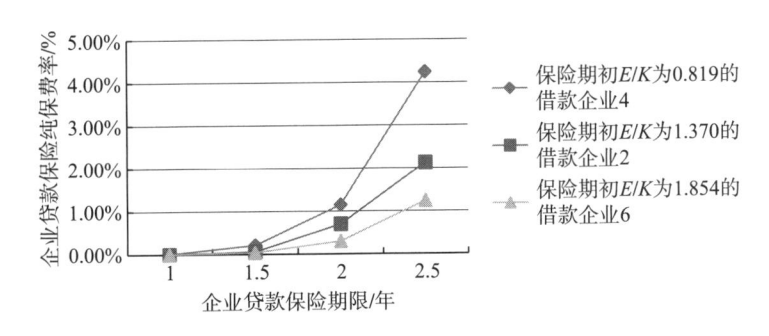

图 6-6　企业贷款保险定价与借款企业在保险期初 E/K 值之间的关系

图 6-6 所示为 3 个不同借款企业贷款保险定价与借款企业保险期初 E/K 值之间的关系。观察图 6-6 可发现，保险期初借款企业的 E/K 值越大，

则企业贷款保险定价越低。这说明为与企业贷款所面临的信用风险相匹配，企业贷款保险费率应随借款企业在保险期初 E/K 值的加大而降低。

图 6-5 和图 6-6 还共同反映出，企业贷款保险期 t 越长，企业贷款保险定价越高，且企业贷款保险费率的增长速度明显快于保险期限的增长速度。这说明为与企业贷款所面临的信用风险相匹配，企业贷款保险费率应随保险期 t 的加长而加速提高。

通过对运算案例结果的进一步分析，可发现企业贷款保险期权定价基本模型在计算企业贷款保险费率的同时还具备如下两个功能。

一是借助该模型能够找到与借款企业状况较为匹配的企业贷款保险期限区间。运算案例中，若保险期限太短(如 1 年)，则过低的保险定价(甚至为 0)对保险人没有吸引力；若保险期限太长(如 2.5 年)，则多数保险定价显得太高，银行承受不起。这说明，企业贷款保险定价应该处于银行可以承受且保险人有利可图的范围内。因此，企业贷款保险期限并不是一个随意选取的量，它应处于一个合理区间内。例如，运算案例中借款企业 1、3、4、5 的企业贷款保险期为 1.5～2 年较为合理，而借款企业 2 和 6 的企业贷款保险期则可为 2～2.5 年甚至更长时间段。换言之，支付相同的企业贷款保费率，对风险较高的借款企业只能选取相对较短的企业贷款保险期限，而对风险较低的借款企业则可以选取较长的企业贷款保险期限。

二是借助该模型可度量出不同借款企业在未来同一保险期限内的信用风险大小，筛选出真正需要购买保险的企业贷款。例如，当保险期为 2 年时，借款企业 1 的企业贷款纯保费率已达 2.91%，而借款企业 6 的企业贷款纯保费率仅为 0.30%。这说明在未来 2 年中，放贷给借款企业 1 的贷款面临着较大的风险，需要为其企业贷款购买保险，而面向借款企业 6 的贷款则恰好相反。

6.5 本章小结

为降低企业贷款保险定价模型对社会信用评价体系的依赖程度，进一步丰富企业贷款保险定价的实现途径，本章尝试性地将期权理论引入到企业贷款保险定价研究领域，提出基于期权理论的企业贷款保险定价原理，并在该原理下构建起了企业贷款保险期权定价基本模型。

模型综合考虑了保险期内借款企业资产市场价值的波动率 σ、借款企业在保险期初的资产负债率、借款企业在保险期初的 E/K 值、企业贷款保险期 t 等与信用风险密切相关的多个因素，且定价思路较为简洁，所需数据也较易获得。同时，基于看跌期权理论的企业贷款保险定价原理和基本模型的提出，还使研学者们能够比较容易结合信用风险的各种实际情况，通过适当变换定价思路与模型条件而建立起考虑更多不同因素的企业贷款保险定价模型，为在有效资本市场中借助市场信息深入研究企业贷款保险定价模型奠定了基础。

回顾全章，可归纳出以下几点阶段性的理论观点。

(1) 企业贷款保险赋予了放贷银行在保险期末当贷款发生损失时要求投保人予以赔偿的选择权，该选择权等同于一项欧式看跌期权，期权标的是借款企业资产的市场价值，行权价是借款企业的总负债，到期日与保险期限同步。银保双方签订企业贷款保险合同的实质就是在交易这项选择权，该项选择权价格就是企业贷款保险业务的价格。

(2) 如果将借款企业的资产市场价值是否低于其总负债视作判断借款企业是否违约进而导致企业贷款出现损失的决定因素，则可借助一项虚拟的欧式看跌期权，应用经典的欧式看跌期权定价公式，计算出隐含于企业贷款保险合同中投保人获赔选择权的价格，从而求得企业贷款保险纯保费。

(3) 从借款人负债的角度归纳，为与所面临的信用风险相匹配，企业贷款保险价格应随保险期内借款企业资产市场价值波动率的加大而加速提高，应随借款企业在保险期初资产负债率的加大而提高，应随借款企业在保险期初权益与负债价值之比的加大而降低，应随保险期的加长而加速提高。

(4) 借助本章所建模型不仅能够找到与借款企业状况较为匹配的贷款保险期限区间，还可度量出不同借款企业在未来同一保险期限内的信用风险大小，筛选出真正需要购买保险的企业贷款。

第7章 考虑借款企业债务清偿结构的企业贷款保险费率厘定模型

在市场经济环境中，企业破产时有发生。然而，当借款企业濒临破产时，作为借款企业众多债务中的一项，贷款的最终清偿程度与借款企业各项债务的构成和清偿顺序有着直接关系，这给贷款带来了潜在的信用风险。第6章提出的基于期权理论的企业贷款保险定价原理和基本模型，为在企业贷款保险费率中反映出这类信用风险奠定了基础。本章将结合破产企业债务清偿原则，借助期权价差理论，进一步构建起考虑债务清偿结构的企业贷款保险费率厘定模型。

7.1 来自借款企业债务清偿结构的信用风险

7.1.1 破产企业债务清偿原则与借款企业的债务清偿结构

随着金融体制改革步伐的加快和企业融资渠道的拓宽，贷款往往是企业众多债务中的一项。当企业破产清算时，企业须按法律程序对所欠的各项债务予以清偿，但各项债务受法律保护的程度是存在差别的。这种差别主要体现在各国企业破产法所反映的破产企业债务清偿原则中。这类原则被学者概括为(郑振华和熊幸红，2008)：破产企业必须遵循一定先后顺序对所欠各项债务予以清偿，即破产企业的债权人获得清偿的优先权是有差别的；在前一优先级债权人的债务获得全部清偿之前，后一级债权人的债务不能获得清偿；若破产企业的财产不足以全额偿还处于同一清偿优先级的债权人的债务时，同级的债权人应按各自拥有的债权价值份额占比获得清偿。对此，《中华人民共和国企业破产法》第一百一十三条明确规定了我国破产企业的债务清偿顺序与清偿原则(国务院法制办公室，2010)。

由此推断：存在于各国法规中的破产企业债务清偿原则，必然造成破产企业债务不一定得到全额清偿，从而可能影响到企业贷款在企业破产时能够被清偿的程度，进而给放贷机构带来风险。为便于研究，根据各国法规中的破产企业债务清偿原则,本节把借款企业各项债务在清偿顺序中所处的位置及其债务价值占借款企业总债务价值的比重称为借款企业的债务清偿结构。

同时,以借款企业债务中的贷款为参照标准,将借款企业的各项债务按破产企业债务清偿先后顺序分为四类:第一类是清偿顺序排在企业贷款之前的债务,将其简称为优先债;第二类是企业贷款本身;第三类是清偿顺序与企业贷款相同的其他债务,将其简称为同级债;第四类是清偿顺序排在企业贷款之后的债务,将其简称为次级债。相应地,如果借款企业发生破产清算,借款企业将按照优先债、企业贷款与同级债、次级债的顺序依次清偿;当借款企业的破产资产不足以偿还处于同级的企业贷款和同级债时,企业贷款和同级债则按相互价值比例获得部分清偿。

7.1.2 借款企业的债务清偿结构对企业贷款损失的影响

基于各国法规中的破产企业债务清偿原则,根据 7.1.1 节对借款企业债务清偿结构的定义和对借款企业债务的分类,本节通过一个运算案例简要分析借款企业债务清偿结构对企业贷款损失可能构成的潜在影响。

设某银行对某借款企业发放了一笔 2000 万元的企业贷款,同级债的数额为 2000 万元,该借款企业负债总额始终维持在 1 亿元;由于经营不善,借款企业在贷款未到期前破产,且破产时已无力清偿全部债务,借款企业能用于清偿所欠债务的资产价值仅剩 6000 万元。

此时,如果该借款企业有着如表 7-1 所示的 3 种不同的债务清偿结构,这 3 种结构分别代表着企业贷款在借款企业的债务清偿顺序中所处的不同位置,即靠前、居中和靠后。按 7.1.1 节中的债务清偿原则,同样一笔 2000 万元的企业贷款将因借款企业债务清偿结构的不同而面临差异明显的损失(运算案例将不能被清偿的贷款计为企业贷款损失;且为简化计算,在计算各项债务价值时忽略了利息),运算结果见表 7-1。

表 7-1　借款企业债务清偿结构对企业贷款损失的潜在影响(单位:万元)

序号	借款企业债务的清偿结构				企业贷款的清偿顺序	企业贷款损失
	优先债	企业贷款	同级债	次级债		
1	0	2000	2000	6000	靠前	0
2	3000	2000	2000	3000	居中	500
3	6000	2000	2000	0	靠后	2000

由表 7-1 可知，当贷款在借款企业的债务清偿顺序中靠前时，企业贷款损失为 0 万元，即未发生任何损失；当贷款在借款企业的债务清偿顺序中居中时，企业贷款的损失为 500 万元，即发生部分损失；当企业贷款在借款企业的债务清偿顺序中靠后时，企业贷款损失为 2000 万元，即发生完全损失。

该运算案例说明，贷款在借款企业债务清偿顺序中的不同位置和在借款企业债务中的不同占比都可能给同一笔企业贷款带来截然不同的损失。本书将这种企业贷款的潜在风险称为来自借款企业债务清偿结构的信用风险，并认为在研究企业贷款保险定价问题时有必要充分考虑这类风险。

7.2 考虑借款企业债务清偿结构的企业贷款保险定价思路

7.2.1 虚拟的联合保险业务

为便于阐述建模思路，本节按 7.1.1 节对借款企业债务清偿结构的认识和对借款企业债务的分类方式，以参保企业贷款为参照点将借款企业的总债务按清偿先后顺序简化为优先债、参保企业贷款、同级债和次级债四类。

同时，为便于分析，分别用 D、D_1、D_{2L}、D_{2S}、D_3 表示借款企业债务清偿结构中的总债务、优先债、参保企业贷款、同级债和次级债，各符号脚标表示以参保企业贷款为参照点的企业债务清偿先后顺序，其中，1 代表优先、2 代表同级、3 代表次级。按照 7.1.1 节中的破产企业债务清偿原则，当借款企业发生破产时，将按照优先债（D_1）、参保企业贷款及同级债（即 $D_{2L}+D_{2S}$）、次级债（D_3）的顺序依次清偿；当借款企业的破产资产不足以偿还处于同一清偿优先级的参保企业贷款和同级债时，参保企业贷款及同级债将按相互的价值比例获得部分清偿。

为便于分析，首先需要虚构一个期限与企业贷款保险业务完全相同的联合保险业务，本书将其称为"虚拟联合保险业务"。它的投保人由两方构成：一方是在真实企业贷款保险业务中为参保企业贷款投保的债权人——银行等放贷机构；另一方则是与投保企业贷款处于同一债务清偿顺序的同级债的债权人。为简化描述，本书将这两方投保人称为"虚拟联合投保人"，并将它们在虚拟联合保险业务中需要缴纳的保费称之为"虚拟联合保费"。显然，虚拟联合保费包含着参保放贷机构需要向保险人缴纳的真实存在的企业贷款保险费率。

此外，根据基于期权理论的企业贷款保险定价原理假定：当企业贷款保险期末借款企业的资产市场价值 V_t 小于企业贷款保险期初借款企业的总债务时，便判定借款企业无力偿还包括贷款在内的全部债务，若企业此时破产，变现后的借款企业资产市场价值 V_t 将用于清偿借款企业的各项债务，不足清偿部分视为各项债务的损失；同时，为便于阐明建模思路，将虚拟联合保险业务的保险赔付率设为 100%，即保险公司将对虚拟联合投保人的损失承担 100%的赔付责任。

基于上述条件，关于虚拟联合保险业务的具体描述如下：虚拟联合投保人联合向保险公司支付虚拟联合保费，以避免处于同一债务清偿顺序的参保企业贷款及同级债(即 $D_{2L}+D_{2S}$)发生损失(本章将其称为"虚拟联合损失"，该损失包含参保企业贷款的真实损失)；在保险期末，如果借款企业的资产市场价值 V_t 小于保险期初借款企业的总债务，便判定借款企业无力偿还包括贷款在内的全部债务，若企业此时破产，借款企业将按照债务清偿原则对其所欠各项债务进行清偿，其中包括参与虚拟联合保险的参保企业贷款及同级债；如果按照破产企业债务清偿原则，借款企业破产时的资产市场价值 V_t 不足以偿还全部的参保企业贷款和同级债，则视为虚拟联合投保人发生损失，保险公司须对虚拟联合损失予以全额赔偿。

7.2.2 虚拟联合投保人的损益曲线

基于前述对虚拟联合保险业务的描述，随着保险期末借款企业的资产市场价值 V_t 的变化，虚拟联合保险业务自然会给虚拟联合投保人带来相应的损益，本章将其称为"虚拟联合损益"。随保险期末借款企业的资产市场价值 V_t 由大到小变化，虚拟联合损益将遇到以下几种情况，从而呈现出明显的阶段性特征。

第一阶段：当保险期末借款企业的资产市场价值大于等于优先债、参保企业贷款及同级债之和且小于借款企业的总负债时，即 $D_1+D_{2L}+D_{2S} \leqslant V_t<D$ 时，保险期末借款企业的资产市场价值 V_t 能够偿还全部优先债、参保企业贷款及同级债，参保企业贷款及同级债不会有任何损失。在 V_t 处于这一阶段所对应的虚拟联合保险业务中，虚拟联合投保人需要支付虚拟联合保费，但不会收到来自保险公司的任何赔付。

第二阶段：当保险期末借款企业的资产市场价值大于等于优先债且小于优先债、参保企业贷款及同级债之和时，即 $D_1 \leqslant V_t<D_1+D_{2L}+D_{2S}$ 时，保险期末借款企业的资产市场价值 V_t 必须优先用于偿还优先债；在偿清优先

债之后，剩下的借款企业的资产市场价值 V_t 只能偿还部分参保企业贷款及同级债，从而导致参保企业贷款及同级债发生部分虚拟联合损失。在 V_t 处于这一阶段所对应的虚拟联合保险业务中，虚拟联合投保人需要向保险人缴纳虚拟联合保费，它们将收到来自保险人对虚拟联合损失的全额赔付。此处需要注意的是，由于保险赔付与虚拟联合损失是等值的，保险赔付仅为参保企业贷款及同级债的一部分而非全部。

第三阶段：当保险期末借款企业的资产市场价值大于等于 0 且小于优先债时，即 $0 \leq V_t < D_1$ 时，保险期末借款企业的资产市场价值 V_t 仅够偿还部分"优先债"，故不可能有剩余部分参与清偿参保企业贷款及同级债，导致参保企业贷款及同级债发生全额损失。在 V_t 处于这一阶段所对应的虚拟联合保险业务中，虚拟联合投保人需要向保险人缴纳虚拟联合保费，但是将收到来自保险人对虚拟联合损失的赔付。此处需要注意的是，由于保险赔付与虚拟联合损失是等值的，保险赔付已是参保企业贷款及同级债的全部。

为便于进一步探讨，现在将上述虚拟联合损益随保险期末借款企业资产市场价值 V_t 的变化所呈现出的阶段性结果整理于表 7-2。

表 7-2　虚拟联合投保人在虚拟联合保险过程中的损益

阶段	V_t 的取值范围	收益	损失
第一阶段	$V_t \geq D_1 + D_{2L} + D_{2S}$	0	支付虚拟联合保费
第二阶段	$D_1 \leq V_t < D_1 + D_{2L} + D_{2S}$	得到与 $(D_{2L}+D_{2S})$ 联合损失等值的赔付	支付虚拟联合保费
第三阶段	$0 \leq V_t < D_1$	得到与 $(D_{2L}+D_{2S})$ 全额损失等值的赔付	支付虚拟联合保费

根据表 7-2 所列内容可描绘出虚拟联合投保人在虚拟联合保险过程中随保险期末借款企业资产市场价值 V_t 变动的损益曲线。为便于与真实的企业贷款保险损益曲线相区分，本章将其简称为"虚拟联合损益曲线"，如图 7-1 中的粗实线所示。

观察图 7-1 中的虚拟联合损益曲线：当 $0 \leq V_t < D_1$ 时，虚拟联合投保人的损益为参保企业贷款和同级债之和的全额价值减去虚拟联合保费支出（在损益轴中为一个正数），即虚拟联合损益曲线与横轴的垂直距离恰好是参保企业贷款和同级债之和的全额价值减去虚拟联合保费支出；当 $D_1 \leq V_t < D_1 + D_{2L} + D_{2S}$ 时，虚拟联合投保人的损益随 V_t 的增大而逐步递减，取值范围的上限是参保企业贷款和同级债之和的全额价值减去虚拟联合保费支出（在损益轴中为一个正数），取值范围的下限是对虚拟联合保费的支出（在

损益轴中为一个负数);当 $V_t \geqslant D_1+D_{2L}+D_{2S}$ 时,虚拟联合投保人的损益只有对虚拟联合保费的支出(在损益轴中为一个负数),即虚拟联合损益曲线与横轴的垂直距离恰好是虚拟联合保费的数额。

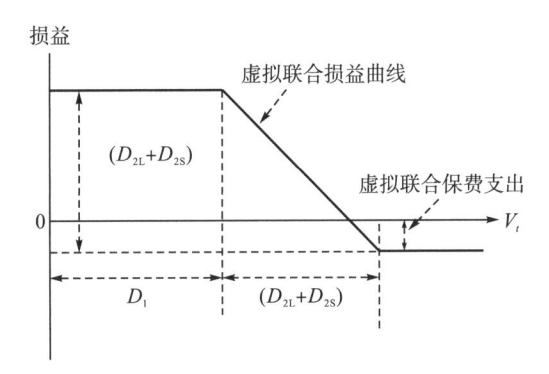

图 7-1 虚拟联合投保人的损益曲线

对照期权价差理论中的损益曲线不难发现,虚拟联合损益曲线这种随保险期末借款企业资产市场价值 V_t 变化的阶段性特征等同于熊市价差期权损益曲线随标的物资产价值变化呈现出的阶段性特征。

7.2.3 虚拟的熊市价差期权

基于 7.2.2 节的分析,本节应用第 6 章提出的基于期权理论的企业贷款保险定价原理和企业贷款保险期权定价基本模型,借助价差期权构造理论来求解虚拟联合保费,进而为求得被包括在虚拟联合保费中的企业贷款保险费率找到一条途径。

为求解假想中的虚拟联合保费,还需要虚拟一项损益曲线与图 7-1 中联合保险投保人损益曲线完全一致的熊市价差期权。为与第 6 章中的"虚拟欧式看跌期权"相区分,本章将该期权称为"虚拟熊市价差期权"。

根据价差期权理论,构造一个熊市价差期权需要进行如下操作:在买入一个执行价格较大的欧式看跌期权的同时,需要出售一个标的物、期限相同但执行价格较小的欧式看跌期权。因此,构造该虚拟熊市价差期权就意味着实际需要同时构造两个"虚拟欧式看跌期权",它们的标的物、期限均相同,但执行价格不同。

相应地,对上述虚拟熊市价差期权的基本描述如下:将保险期内借款企业资产市场价值的波动看作一种随机过程,并将保险期末借款企业的资

产市场价值 V_t 视作构成虚拟熊市价差期权所对应的两个虚拟欧式看跌期权的标的物；该虚拟熊市价差期权所对应的两个虚拟欧式看跌期权的距离到期日时间均为上述虚拟联合保险的保险期限，即企业贷款保险期限；借款企业总债务中的优先债为构成该虚拟熊市价差期权中那个需要出售的虚拟欧式看跌期权的执行价格；借款企业总债务中的优先债、参保企业贷款、同级债之和则为构成该虚拟熊市价差期权中那个需要买入的虚拟欧式看跌期权的执行价格。

基于上述虚拟过程，需要虚拟联合投保人缴纳的保费就等值于该虚拟熊市价差期权的价格。为便于进一步分析，同时为更直观地体现上述虚拟过程的思想，将该虚拟熊市价差期权的损益曲线，以及构成该虚拟熊市价差期权的两个虚拟欧式看跌期权的损益曲线同绘于图 7-2。

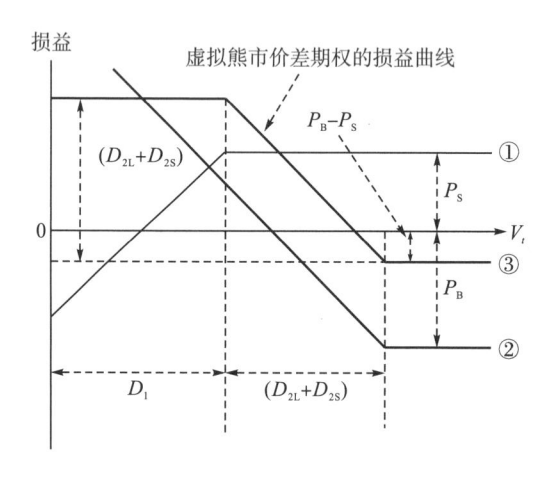

图 7-2　与虚拟联合损益曲线一致的虚拟熊市价差期权

图 7-2 中的虚拟熊市价差期权的损益曲线与图 7-1 中虚拟联合损益曲线完全一致，所绘的三条粗细不同的实线①、②、③分别代表着构造该虚拟熊市价差期权的三个步骤。

步骤 1：假想虚拟联合投保人出售一个以借款企业债务中的优先债 (D_1) 为执行价格的虚拟欧式看跌期权，考虑投保人出售该期权后随期权标的物价值 (V_t) 变化的损益曲线由实线①表示，并设虚拟联合投保人因出售该虚拟欧式看跌期权在理论上应收取的期权价格为 P_S。

步骤 2：假想虚拟联合投保人同时再买进一个以借款企业债务中的优先债、参保企业贷款、同级债之和 ($D_1+D_{2L}+D_{2S}$) 为执行价格的虚拟欧式看跌期权，考虑投保人买进该期权后随期权标的物价值 (V_t) 变化的损益曲线由实线②表示，并设虚拟联合投保人因买进该虚拟欧式看跌期权在理论上应支出的期权价格为P_B。

步骤 3：合并①、②两条虚拟欧式看跌期权的损益曲线，得到虚拟熊市价差期权随期权标的物价值(V_t)变化的损益曲线，由实线③表示。

观察图 7-2 中的实线③易发现：当$V_t \geq D_1+D_{2L}+D_{2S}$时，实线③与横轴的距离为($P_B-P_S$)，与图 7-1 中虚拟联合保险投保人需要缴纳的保费等值，即(P_B-P_S)便是虚拟联合保险中投保人需要缴纳的保费。而真正需要求解的企业贷款保险费率则可根据参保企业贷款(D_{2L})占参保企业贷款及同级债($D_{2L}+D_{2S}$)的价值比重，从虚拟联合保险投保人需要交纳的保费中计取；如果对企业贷款保险赔付比例有所设定，则还应考虑到企业贷款保险赔付比例。

以上便是考虑借款企业债务清偿结构的企业贷款保险定价思路。

7.3 模型构建

根据前述考虑债务清偿结构的企业贷款保险定价思路，对考虑债务清偿结构的企业贷款保险定价模型描述如下。

7.3.1 模型假设

为便于模型推导，基于企业贷款保险期权定价原理和定价思路，经适当调整 6.3 节中企业贷款保险期权定价基本模型的假设，提出考虑借款企业债务清偿结构的企业贷款保险定价模型的假设如下。

假设 1：当借款企业的资产市场价值低于优先债、参保企业贷款及同级债的本金与利息之和($D_1+D_{2L}+D_{2S}$)时，视为借款企业无力偿还全部贷款。

假设 2：借款企业的总负债(D)以及优先债(D_1)、参保企业贷款(D_{2L})、同级债(D_{2S})、次级债(D_3)所构成的借款企业债务清偿结构在企业贷款保险期内保持稳定。

假设 3：借款企业所在的市场是有效市场，借款企业在保险期内的资产市场价值及其波动率能够被准确测度。

假设 4：企业贷款保险金额由根据企业贷款合同计算出的在保险期内银行应收回的企业贷款本金和利息构成。

假设 5：保险期内的无风险利率保持不变。

7.3.2 模型推导

1. 参保企业贷款的损失

按假设 1，参保企业贷款的损失由借款企业在企业贷款保险期末的资产市场价值 V_t 与借款企业债务中的优先债、参保企业贷款及同级债的本金与利息之和 $(D_1+D_{2L}+D_{2S})$ 相比的不足部分决定。基于此，并参照表 7-2 中所描述的三个阶段，按 V_t 由大到小分以下三种情况讨论参保企业贷款损失的表达式。

第一种情况，当保险期末借款企业的资产市场价值大于等于优先债、参保企业贷款及同级债之和时，即当 $V_t \geqslant D_1+D_{2L}+D_{2S}$ 时，借款企业即便破产也能偿还全部优先债、参保企业贷款及同级债，参保企业贷款不会有损失。

第二种情况，当保险期末借款企业的资产市场价值大于等于优先债且小于优先债、参保企业贷款及同级债之和时，即当 $D_1 \leqslant V_t < D_1+D_{2L}+D_{2S}$ 时，破产的借款企业在偿还全部优先债之后，只能对部分参保企业贷款及同级债进行清偿，不足清偿部分视为参保企业贷款及同级债的共同损失，参保企业贷款与同级债的债权人按参保企业贷款与同级债的价值比例分摊共同损失。

第三种情况，当保险期末借款企业的资产市场价值大于等于 0 且小于优先债时，即当 $0 \leqslant V_t < D_1$ 时，破产的借款企业已无法完成优先债的清偿，更无力清偿参保企业贷款及同级债，参保企业贷款发生全额损失。

根据上述分析，可将参保企业贷款损失的表达式归纳如下：

$$L = \begin{cases} 0, & V_t \geqslant D_1 + D_{2L} + D_{2S} \\ \left[(D_{2L}+D_{2S})-(V_t-D_1)\right] \times \dfrac{D_{2L}}{D_{2L}+D_{2S}}, & D_1 \leqslant V_t < D_1 + D_{2L} + D_{2S} \\ D_{2L}, & 0 \leqslant V_t < D_1 \end{cases} \quad (7\text{-}1)$$

式中，L 为参保企业贷款的损失。

2. 企业贷款保险的纯保费

第一步，借鉴企业贷款保险期权定价基本模型的构建过程，同样假定借款企业的资产市场价值 V_t 服从几何布朗运动：

$$\mathrm{d}\ln V_t = \mu \mathrm{d}t + \sigma \mathrm{d}Z \quad (7\text{-}2)$$

式中，μ 为借款企业资产的即时预期回报；σ 为 μ 的波动率；Z 遵循标准维纳过程。

第二步，求解构成前述虚拟熊市价差期权的两个虚拟欧式看跌期权的价格。

(1) 求解以优先债、参保企业贷款、同级债之和 $(D_1+D_{2L}+D_{2S})$ 为执行价格的虚拟欧式看跌期权价格。

设前述虚拟联合投保人购买了一个以借款企业的资产市场价值 V_t 为标的物，以优先债、参保企业贷款、同级债之和 $(D_1+D_{2L}+D_{2S})$ 为执行价格，以保险期限为距离到期日时间的虚拟欧式看跌期权。

应用布莱克-斯科尔斯期权定价模型，便可得到购买该虚拟欧式看跌期权的价格 P_B：

$$P_B = (D_1 + D_{2L} + D_{2S}) e^{-r_f t} N(-d_2) - V_0 N(-d_1) \tag{7-3}$$

其中，

$$d_1 = \frac{\ln\left[V_0 / (D_1 + D_{2L} + D_{2S})\right] + (r_f + \sigma^2 / 2)t}{\sigma \sqrt{t}} \tag{7-4}$$

$$d_2 = d_1 - \sigma \sqrt{t} \tag{7-5}$$

式中，V_0 为借款企业在企业贷款保险期初的资产市场价值；r_f 为企业贷款保险期内的无风险利率；t 为企业贷款保险的期限；$N(\bullet)$ 为正态分布累积概率。

(2) 求解以优先债 (D_1) 为执行价格的虚拟欧式看跌期权价格。

设前述虚拟联合投保人同时还出售了一个以借款企业的资产市场价值 V_t 为标的物，以优先债 (D_1) 为执行价格，以企业贷款保险期限为距离到期日时间的虚拟欧式看跌期权。

同样应用布莱克-斯科尔斯期权定价模型，便可得到出售该虚拟欧式看跌期权的价格 P_S：

$$P_S = D_1 e^{-r_f t} N(-d_4) - V_0 N(-d_3) \tag{7-6}$$

其中，

$$d_3 = \frac{\ln(V_0 / D_1) + (r_f + \sigma^2 / 2)t}{\sigma \sqrt{t}} \tag{7-7}$$

$$d_4 = d_3 - \sigma \sqrt{t} \tag{7-8}$$

第三步，按考虑借款企业债务清偿结构的企业贷款保险定价思路，企业贷款保险的纯保费 (P_L) 应按参保企业贷款与同级债之比，同时考虑保险赔付比例的情况下，从两项看跌期权价格之差中计取，即：

$$P_{\mathrm{L}} = \left(P_{\mathrm{B}} - P_{\mathrm{S}}\right) \times \frac{D_{2\mathrm{L}} \times \delta}{D_{2\mathrm{L}} + D_{2\mathrm{S}}} \qquad (7\text{-}9)$$

式中，δ 为企业贷款保险业务中的赔付比例。

3. 求解 V_0 与 σ

观察式(7-3)~式(7-9)，与构建企业贷款保险期权定价基本模型时遇到的问题相同，即借款企业在企业贷款保险期初的优先债(D_1)、参保企业贷款($D_{2\mathrm{L}}$)、同级债($D_{2\mathrm{S}}$)、次级债(D_3)、保险期内的无风险率 r_f、保险期限 t 均相对容易获得，但借款企业在企业贷款保险期初的资产市场价值 V_0 以及借款企业资产市场价值在企业贷款保险期内的波动率 σ 均不易得到。因此，应用上述模型的前提条件同样是要先得到 V_0 和 σ。本章同样借鉴 Ronn 和 Verma (1986) 的研究成果，尝试通过建立两个方程来求解它们，具体过程如下。

首先，将借款企业在企业贷款保险期初的股权价值 E 视为以借款企业的总负债为执行价格的虚拟欧式看涨期权的价格。同第 6 章一样，为便于区分，本章将该期权及其价格分别称为"虚拟欧式看涨期权"和"虚拟欧式看涨期权价格"。与构成虚拟熊市价差期权的两个虚拟欧式看跌期权相比，该虚拟欧式看涨期权同样以企业贷款保险期内借款企业的资产市场价值 V_t 为期权标的物、以企业贷款保险期 t 为距离到期日时间，只是执行价格(借款企业的总负债)与式(7-3)和式(6-7)不同。

基于此，同样参照布莱克-斯科尔斯期权定价模型可列出计算该虚拟欧式看涨期权价格的公式，从而构建起第一个方程：

$$E = V_0 N(x_1) - D\mathrm{e}^{-r_f t} N(x_2) \qquad (7\text{-}10)$$

其中，

$$x_1 = \frac{\ln(V_0 / D) + \left(r_f + \sigma^2 / 2\right)t}{\sigma \sqrt{t}} \qquad (7\text{-}11)$$

$$x_2 = x_1 - \sigma \sqrt{t} \qquad (7\text{-}12)$$

式中，E 在资本市场上是可测的。构建该方程组的思路已直观地反映在了图 6-3 中。随后，同样利用借款企业股权价值的波动率和借款企业资产市场价值波动率之间的关系可构建起第二个方程：

$$\sigma = \frac{\sigma_E E}{V_0 N(x_1)} \qquad (7\text{-}13)$$

式中，σ_E 是借款企业股权价值在保险期内的波动率。对 σ_E 的具体求法详见式(6-12)~式(6-14)及相关部分，此处不再赘述。联立式(7-10)~式(7-13)

以及式(6-12)~式(6-14),运用 MATLAB 软件编写计算程序,便可求出计算虚拟熊市价差期权价格所需的 V_0 及 σ。

4. 企业贷款保险的保费率

将求得的 V_0 和 σ 代入式(7-3)~式(7-9)便可计算出虚拟熊市价差期权的价格,进而计算出纯保费 P_L。将 P_L 除以参保企业贷款金额 D_{2L},即可得到一次性支付的企业贷款保险纯费率(g):

$$g = \frac{P_L}{D_{2L}} = \delta \times \frac{P_B - P_S}{D_{2L} + D_{2S}} \tag{7-14}$$

最后,根据保费厘定原则,企业贷款保险保费中还应考虑到保险人开展企业贷款保险业务的营运费用、代理佣金、国家税收和利润附加等因素。因此,投保银行实际支付的保险费率还必须在纯保费率的基础上加上费用附加,具体算式如下:

$$g_{BS} = g + \varepsilon = \delta \times \frac{P_B - P_S}{D_{2L} + D_{2S}} + \varepsilon \tag{7-15}$$

式中,g_{BS} 为企业贷款保险业务的最终费率,脚标 BS 为熊市价差期权(bear spread);同时,此处沿用前面章节的做法,同样用保费附加率 ε 来体现保费附加。

7.4 运算案例

与前面章节相同,本章同样借助运算案例来验证模型并揭示相关定价规律。为绕开数据获取方面的困难,本章根据考虑借款企业债务清偿结构的企业贷款保险定价思路和企业贷款保险定价模型的特点,从股票市场和债券市场提取部分有用数据,以最贴近市场现实的方式构造运算案例,并对运算案例结果进行数值分析。

7.4.1 案例设计

为便于构造运算案例,首先假定借款企业是一家上市企业,并将该上市企业的长期借款视为需要参保的企业贷款,而保险公司需要计算出相应的保费。为避开 2008 年金融危机对资本市场的影响,将 2012 年 1 月 1 日至 2013 年 12 月 31 日设为保险期限,即保险期为 2 年。

参照 6.4 节的做法，考虑到目前中小企业的融资困境，为突出企业贷款保险的现实意义与可能对象，根据设置的保险期，本运算案例按下列条件在我国股票市场中筛选上市公司作为假想的借款企业。

条件 1：为确保借款企业是对企业贷款有着真实需求的正常运营的中小企业，借款企业应是在保险期内处于正常交易状态的非金融类中小板上市公司。

条件 2：为确保在本运算案例的假定下借款企业的负债中存在企业贷款，借款企业 2011 年公司年报中的长期借款不能为 0。

条件 3：为体现出投保银行对企业贷款所面临的信用风险的担忧，借款企业在保险期初的资产负债率高于 60%。

条件 4：为确保借款企业的股价在保险期内属正常波动，借款企业在保险期内股权价值 E 的单日波动率在 10%以内。

在上述条件均满足的前提下，结合我国上市公司已公布的相关年度财务报表和资本市场的历史数据，随机选取某上市公司（股票代码 002061）作为假想参保企业贷款的借款企业。

根据上述假定和保险期的起始时间，查阅假想借款企业 2011 年财务报表，将其中 3.82 亿元的长期借款视作参保企业贷款，并查到该借款企业同期的总负债为 13.44 亿元；计算需要的无风险利率则用保险初期中国人民银行执行的两年期固定存款利率(4.4%)近似；同时，为简化运算，计算中直接采用保险期内假想借款企业股权价值波动的真实数据来代替模拟数据，将保险赔付比例 δ 设为 100%，将保费附加率设为 0，并忽略借款企业各项债务的利率。

为便于数据分析，设 p_1、p_{2L}、p_{2S} 和 p_3 分别表示优先债（D_1）、参保企业贷款（D_{2L}）、同级债（D_{2S}）、次级债（D_3）占借款企业总债务的比例，由 p_1、p_{2L}、p_{2S}、p_3 的比值（$p_1 : p_{2L} : p_{2S} : p_3$）表示借款企业的债务清偿结构。

为便于比较研究，在参保企业贷款和借款企业总负债不变的条件下，本运算案例采取以下两种方式来变换借款企业的债务清偿结构：一是通过变换优先债占借款企业总债务的比重（p_1）来改变参保企业贷款在借款企业债务清偿顺序中的位置（表 7-3）；二是通过变换同级债占借款企业总债务的比重（p_{2S}）来改变参保企业贷款在同级债中的占比（表 7-4）。

表 7-3 随 p_1 变动的借款企业债务清偿结构

序号	借款企业的债务清偿结构			
	p_1	p_{2L}	p_{2S}	p_3
1	0.00	0.28	0.22	0.50
2	0.10	0.28	0.22	0.40
3	0.20	0.28	0.22	0.30
4	0.30	0.28	0.22	0.20
5	0.40	0.28	0.22	0.10
6	0.50	0.28	0.22	0.00

表 7-4 随 p_{2S} 变动的借款企业债务清偿结构

序号	借款企业的债务清偿结构			
	p_1	p_{2L}	p_{2S}	p_3
1	0.36	0.28	0.00	0.36
2	0.31	0.28	0.10	0.31
3	0.26	0.28	0.20	0.26
4	0.21	0.28	0.30	0.21
5	0.16	0.28	0.40	0.16
6	0.11	0.28	0.50	0.11
7	0.06	0.28	0.60	0.06
8	0.01	0.28	0.70	0.01
9	0.00	0.28	0.72	0.00

7.4.2 运算结果

根据上述运算案例条件，运用本章所建模型，借助 MATLAB 软件，可计算出当借款企业处于不同债务清偿结构时，保险人对同一笔企业贷款开展保险业务而应收取的不同保险纯费率(g_1)，结果见表 7-5 与表 7-6。

为比较考虑借款企业债务清偿结构前后对企业贷款保险费率的影响，本运算案例还应用第 6 章所建的企业贷款保险期权定价基本模型计算出了相同条件下忽略借款企业债务清偿结构时的企业贷款保险纯费率(g_0)，结果见表 7-5 与表 7-6。

表 7-5 随 p_1 变动的企业贷款保险费率

序号	借款企业的债务清偿结构				g_1/%	g_0/%
	p_1	p_{2L}	p_{2S}	p_3		
1	0.00	0.28	0.22	0.50	0.04	2.34
2	0.10	0.28	0.22	0.40	0.18	2.34
3	0.20	0.28	0.22	0.30	0.55	2.34
4	0.30	0.28	0.22	0.20	1.30	2.34
5	0.40	0.28	0.22	0.10	2.61	2.34
6	0.50	0.28	0.22	0.00	4.63	2.34

表 7-6 随 p_{2S} 变动的企业贷款保险费率

序号	借款企业的债务清偿结构				g_1/%	g_0/%
	p_1	p_{2L}	p_{2S}	p_3		
1	0.36	0.28	0.00	0.36	0.52	2.34
2	0.31	0.28	0.10	0.31	0.66	2.34
3	0.26	0.28	0.20	0.26	0.83	2.34
4	0.21	0.28	0.30	0.21	1.04	2.34
5	0.16	0.28	0.40	0.16	1.29	2.34
6	0.11	0.28	0.50	0.11	1.59	2.34
7	0.06	0.28	0.60	0.06	1.91	2.34
8	0.01	0.28	0.70	0.01	2.28	2.34
9	0.00	0.28	0.72	0.00	2.34	2.34

7.4.3 数据分析

观察表 7-5 与表 7-6 所列数据，当不考虑借款企业债务清偿结构时，企业贷款保险纯费率 g_0 始终为 2.34%；当考虑借款企业债务清偿结构时，企业贷款保险纯费率随借款企业清偿结构的变化呈现出较大差异。例如，当 $p_1:p_{2L}:p_{2S}:p_3$=0.50：0.28：0.22：0.00，即参保企业贷款及同级债的清偿次序排在最后，此时 g_1=4.63%>g_0，说明该条件下若忽略借款企业债务清偿结构，企业贷款保险费率将明显偏低；当 $p_1:p_{2L}:p_{2S}:p_3$=0.31：0.28：0.10：0.31，即参保企业贷款及同级债的清偿次序排在中间，此时 g_1=0.66%<g_0，说明该条件下若忽略借款企业债务清偿结构，企业贷款保险费率将明显偏高。

为直观反映企业贷款保险定价与优先债、同级债的关系，基于表 7-5 和表 7-6 所列的数据依次绘制出图 7-3 和图 7-4。

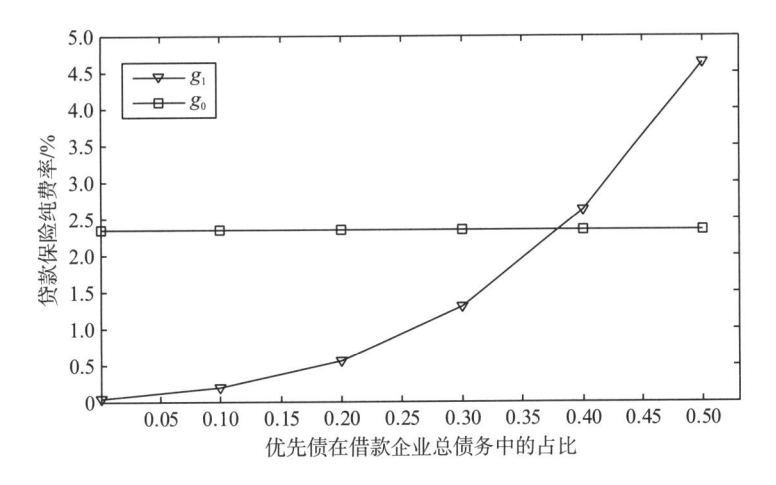

图 7-3 优先债的变动与企业贷款保险定价

观察图 7-3 可发现，g_1 向右上方弯曲，g_0 保持水平，g_1 与 g_0 相交于一点。说明在借款企业的债务清偿结构中，当参保企业贷款、同级债和债务总额均保持不变时，随着优先债比重的等量增加（即参保企业贷款在借款企业清偿顺序中的位置等距离往后移），参保企业贷款将面临不断加速上升的信用风险，企业贷款保险费率会随之加速升高；当优先债占到一定比重时，企业贷款保险费率将超过相同条件下忽略借款企业债务清偿结构的企业贷款保险费率。

由于在相同条件下的借款企业债务清偿结构中，当参保企业贷款、同级债和债务总额均保持不变时，次级债与优先债有着互补关系（即此长彼消的关系），故根据上述对优先债的分析可以推断：在上述相同条件下，随着次级债比重的等量增加（即参保企业贷款在借款企业清偿顺序中的位置等距离往前移），参保企业贷款将面临不断减速下降的信用风险，企业贷款保险费率会随之减速降低；当次级债占到一定比重时，企业贷款保险费率将低于相同条件下忽略借款企业债务清偿结构的企业贷款保险费率。

观察图 7-4 可发现，g_1 向右上方弯曲，g_0 保持水平，g_1 与 g_0 最终交汇于一点。说明在借款企业的债务清偿结构中，当参保企业贷款和债务总额保持不变时，随同级债比重的逐步增加（即参保企业贷款在清偿优先级相同的借款企业债务中的占比逐渐减小），参保企业贷款也将面临逐步上升的信用风险，企业贷款保险费率会随之逐步提高；然而，无论怎样变化，企业贷款保险费率始终不会超过相同条件下忽略借款企业债务清偿结构的企业贷款保险费率。

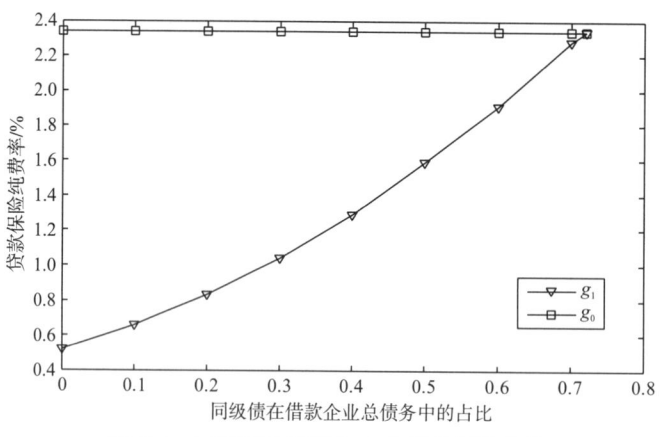

图 7-4 同级债的变动与企业贷款保险定价

7.5 本章小结

为使企业贷款保险费率更加真实地反映出来自借款企业债务清偿结构的信用风险，本章在第 6 章提出的基于期权理论的企业贷款保险定价原理和构建的企业贷款保险期权定价模型的基础上，结合通行的破产企业债务清偿原则，尝试性地应用期权价差理论，提出了考虑借款企业债务清偿结构的企业贷款保险定价模型。该模型综合考虑了借款企业债务清偿结构对信用风险的影响，能够较为准确地捕捉到隐藏于借款企业债务清偿结构中的信用风险，是对第 6 章所建模型的进一步优化。

回顾全章，可归纳出以下几点阶段性的理论观点。

(1) 企业贷款往往并非企业的全部负债，由于企业债务清偿顺序的客观存在，致使企业贷款在借款企业债务中的清偿优先级及其占比会给贷款的正常偿还带来风险，故在研究企业贷款保险定价问题时不能忽略来自借款企业债务清偿结构的信用风险。

(2) 在借款企业的债务清偿结构中，清偿顺序优先于企业贷款的优先债，有加重企业贷款信用风险的作用，且作用明显。为充分反映出此类信用风险，企业贷款保险价格应随优先债比重的增加而加速上升。

(3) 在借款企业的债务清偿结构中，清偿顺序次后于企业贷款的次级债，有减轻企业贷款所面临的信用风险的作用，且作用明显。为充分反映出此类信用风险，企业贷款保险价格应随次级债比重的增加而减速下降。

(4) 在借款企业的债务清偿结构中，清偿顺序与企业贷款相同的同级债，也有加重企业贷款所面临的信用风险的作用，但作用有限。为充分反映出此类信用风险，企业贷款保险价格应随同级债比重的增加而逐步上升。

第8章 考虑借款企业债务利率结构的企业贷款保险费率厘定模型

除了借款企业的债务清偿结构，借款企业的债务利率结构同样会对借款企业偿还贷款构成影响，给放贷机构带来信用风险。在企业融资渠道多元化和利率市场化的环境中，这种影响将变得越发明显。第6章基于看跌期权思想建立的企业贷款保险定价基本模型，为准确计量隐藏于借款企业债务利率结构中的信用风险奠定了基础。本章将继续在第6章所建模型的基础上，结合企业债务利率结构对信贷风险的影响，进一步构建起考虑借款企业债务利率结构的企业贷款保险费率厘定模型。

8.1 来自借款企业债务利率结构的信用风险

8.1.1 企业债务的利率结构

在企业融资渠道多元化和利率市场化的环境中，贷款往往只是借款企业众多负债中的一部分，各种负债的利率存在较大差异。认识企业债务的利率结构是从借款企业负债视角研究企业贷款保险定价问题的又一重要前提。

根据利率结构理论，企业债务的利率结构主要是指某一时点各种企业负债利率的差异和组成，包括利率的期限结构、利率的风险结构、利率的政策结构和利率的流动性结构等。其中，企业债务利率的期限结构和风险结构最为常见。

企业债务利率的期限结构是指债务期限的不同所导致的企业债务在利率上的差别。从债务期限的角度，可将企业债务分为长期债务和短期债务，期限在一年以上的称为长期债务；期限在一年以下的称为短期债务。在市场完备有效的条件下，同一清偿等级中，企业长期债务的利率高于企业短期债务的利率。

企业债务利率的风险结构是指债务违约风险的不同所导致的企业债务

在利率上的差别。从债务风险的角度，可将企业债务分为高风险债务和低风险债务。在市场完备有效的条件下，同一清偿等级中，企业高风险债务的利率高于企业低风险债务的利率。

企业债务利率的政策性结构是指债务享受政策优惠程度的不同所导致的企业债务在利率上的差别。从债务优惠政策的角度，可将企业债务分为享受政策优惠债务和无政策优惠债务。在市场完备有效的条件下，同一清偿等级中，享受政策优惠债务的利率低于无政策优惠债务的利率。

企业债务利率的流动性结构是指债务流动性的不同所导致的企业债务在利率上的差别。从债务流动性的角度，可将企业债务分为高流动性债务和低流动性债务。在市场完备有效条件下，同一清偿等级中，高流动性债务的利率低于低流动性债务的利率。

综上，无论从哪个角度来分析企业债务的利率结构，某一时点处于同一清偿等级的企业债务总是能够按照利率高低进行排序，其中就包括需要向放贷机构偿还的企业贷款。为便于研究，本章将借款企业在某一时点按利率高低排序的各类债务及其占比，统称为借款企业债务利率结构。

8.1.2 借款企业债务利率结构对贷款损失的影响

为探讨借款企业债务利率结构对企业贷款损失的影响，本章以企业贷款的利率水平为基准，按利率高低把借款企业的债务简单划分为三类：第一类是年利率高于贷款的债务（简称"高利率债"）；第二类是企业贷款；第三类是年利率低于贷款的债务（简称"低利率债"）。并假定上述三类企业债务具有相同的清偿优先权，各类债务按照到期价值占总债务到期价值的权重来分担债务总损失。

基于上述对借款企业债务利率结构的设置与假定，现通过一个运算案例说明借款企业债务利率结构对企业贷款保险定价的影响。运算案例中，某借款企业负债总额为 10000 万元，其中企业贷款保持 3000 万元不变；由于经营不善，借款企业资产市场价值在贷款到期时仅剩 9000 万元。如果这家企业分别有着如表 7-1 所示的 3 种不同的债务利率结构（高利率债、企业贷款、低利率债的年利率分别取 15%、9%、3%，期限均为 1 年，三者有着相同的清偿优先级），则按照各类债务到期价值占总债务到期价值的权重来分担总债务损失的计算原则，企业贷款将面临 3 种不同的贷款期望损失及 3 种贷款期望损失率（表 8-1）。

表 8-1　借款企业债务的利率结构对企业贷款期望损失的影响

序号	借款企业债务的利率结构/万元			到期债务本利和/万元	债务期望总损失/万元	企业分担的期望损失/万元	贷款期望损失率/%
	高利率债	贷款	低利率债				
1	1000	3000	6000	10770	1600	494	15.09
2	3500	3000	3500	10970	1900	570	17.43
3	6000	3000	1000	11170	2200	642	19.64

从该运算案例不难发现，在借款企业同一清偿优先级的全部债务中，非贷款类债务的不同利率及其比重，将不同程度地挤压借款企业偿还贷款的能力，给企业贷款带来不同的损失，引发不同的信贷风险。此即借款企业债务利率结构对贷款损失的影响，亦即来自借款企业债务利率结构的信用风险。

8.2　考虑借款企业债务利率结构的企业贷款保险定价思路

8.2.1　虚拟的总债务联合保险

为便于阐述建模思路，本节按 8.1 节的分析，以参保企业贷款为参照点，将借款企业的总债务按利率高低简化为高利率债（指利率高于企业贷款的债务）、参保企业贷款、低利率债（指利率低于企业贷款的债务）三类债务。当借款企业的破产资产不足以偿还总债务时，三类债务将按各自到期价值（每种债务的到期本利和）在总债务到期价值（每种债务到期本利和的汇总）中的占比获得部分清偿。

为便于分析，首先需要虚构一个期限与企业贷款保险业务完全相同的联合保险业务，本书将其称为"虚拟的总债务联合保险"。虚拟的联合投保人由三方构成：企业贷款保险业务的投保人、高利率债的债权人、低利率债的债权人。为简化描述，本书将这三方投保人统称为"总债务联合投保人"，并将投保人在虚拟联合保险业务中需要缴纳的保费称为"总债务联合纯保费"。显然，总债务联合纯保费包含着需要向保险人缴纳的企业贷款保险纯保费。

此外，根据第 6 章基于期权理论的企业贷款保险定价原理假定：当企业贷款保险期末借款企业的资产市场价值 V_t 小于企业贷款保险期初借款企业的总债务时，便判定借款企业无力全额偿还所有债务，变现后的借款企业资产市场价值 V_t 将用于清偿借款企业的各项债务，不足清偿部分视为各项债务的损失；同时，将虚拟联合保险业务的保险赔付比例设为 100%，即保险公司将对虚拟联合投保人的损失承担100%的赔付责任。

基于上述条件,关于虚拟的总债务联合保险的具体描述如下:联合投保人以总债务到期价值(每种债务到期本利和的汇总)为保险标的向保险人投保,按照各种债务的到期价值占比联合向保险公司支付保费,以避免企业总债务发生损失;在保险期末,如果借款企业的资产市场价值V_t小于保险期初借款企业的总债务,则视为借款企业无力全额偿还所有债务,借款企业将按各种债务到期价值比例对其所欠各项债务进行部分清偿(其中包括对企业贷款的部分清偿);不足以被清偿的总债务即被视为联合投保人发生的损失(该损失包含了参保企业贷款的损失),保险公司对其负责赔偿(该赔偿包含了对企业贷款损失的赔偿)。

8.2.2 虚拟联合投保人的损益曲线

在前述虚拟的总债务联合保险过程中,随着保险期末借款企业资产市场价值V_t的变化,虚拟的总债务联合保险会给联合投保人带来相应的损益,本章将其称为"联合投保人损益"。按保险期末借款企业资产市场价值V_t由大到小的变化,总债务联合损益将遇到以下几种情况,呈现出明显的阶段性特征。

第一阶段:当保险期末借款企业的资产市场价值大于或等于总负债时,保险期末借款企业的资产市场价值V_t能够偿还全部高利率债、企业贷款和低利率债,企业贷款不会有任何损失,总债务联合投保人需要支付总债务联合纯保费,但不会收到来自保险公司的任何赔付。

第二阶段:当保险期末借款企业的资产市场价值小于总负债时,保险期末借款企业的资产市场价值V_t不足以偿还全部企业债务,企业总债务产生联合损失;总债务联合投保人在支付总债务联合纯保费的同时,按照高利率债、企业贷款和低利率债各自到期价值占比获得来自保险机构的债务损失赔付,保险赔付总额与总债务联合损失相等。

为便于进一步探讨,现在将上述虚拟联合损益随保险期末借款企业资产市场价值V_t的变化所呈现出的阶段性特性整理于表8-2。

表8-2 随V_t变化的虚拟联合投保人的损益

阶段	V_t的取值范围	收益	损失
第一阶段	$V_t \geq$ 总债务	0	支付总债务联合纯保费
第二阶段	$0 \leq V_t <$ 总债务	得到与各类债务价值损失等值的赔付	支付总债务联合保费

根据表 8-2 可描绘出虚拟联合投保人随保险期末借款企业资产市场价值 V_t 变动的损益曲线。为便于与真实的企业贷款保险损益曲线相区分，本章将其简称为"虚拟联合投保人损益曲线"（图 8-1）。

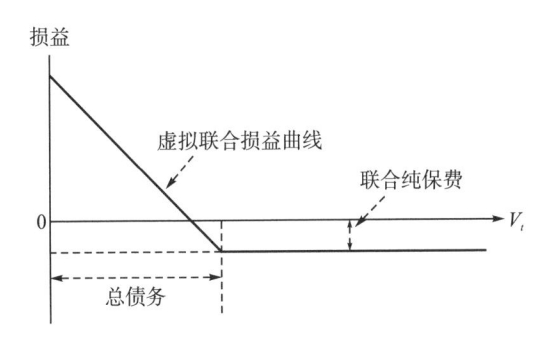

图 8-1　随 V_t 变化的虚拟联合投保人损益曲线

8.2.3　虚拟的欧式看跌期权

观察图 8-1，结合期权理论不难发现，联合投保人损益随保险期末借款企业资产市场价值 V_t 变化的阶段性特征等同于欧式看跌期权损益曲线随标的物资产价值变化而呈现出的阶段性特征。

相应地，虚拟总债务联合保险即可被视作一项欧式看跌期权，该期权的标的物为保险期末借款企业的资产市场价值 V_t，该期权执行价格为包括高利率债、企业贷款和低利率债在内的企业总债务，期权到期期限为保险期限。

基于上述认识和分析，应用第 6 章提出的基于看跌期权理论的企业贷款保险定价原理和企业贷款保险期权定价基本模型，借助欧式看跌期权理论来求解虚拟联合纯保费，并进一步按照企业贷款到期价值（企业贷款的到期本利和）在总债务到期价值（每种债务到期本利和的汇总）中的占比来求解企业贷款保险纯保费。此即考虑借款人债务利率结构的企业贷款保险定价思路。

8.3　考虑借款企业债务利率结构的企业贷款保险定价模型

8.3.1　模型假设

为便于模型构建，根据前述定价思路，结合借款企业债务利率结构对信贷风险的影响特点，考虑债务利率结构的企业贷款保险定价模型的假设如下。

假设 1：保险期限与企业贷款期限一致，对企业贷款损失的理赔发生在保险到期时。

假设 2：当借款企业在保险期末的资产市场价值低于全部负债的到期价值时，意味着借款企业无法完成全部债务的清偿，此时发生的企业贷款损失由保险赔付。

假设 3：借款企业各项负债的本金及利率结构在保险期内均保持不变。

假设 4：借款企业为上市公司，其所在的资本市场为有效市场。

8.3.2 模型推导

1. 借款企业债务的实际价值及其构成比例

当考虑借款企业债务的利率结构时，借款企业的全部负债在保险期末的价值 (D_t) 等于所有负债在保险期末的本金与利息之和：

$$D_t = L e^{r_L t} + \sum_{i=1}^{n-1} D_i e^{r_i t} \quad (t \geq 0) \tag{8-1}$$

式中，L 为企业贷款保险金额；D_i 为除企业贷款保险金额外借款企业第 i 种债务的本金；r_L 为银行贷款的年利率；r_i 为除银行贷款外借款企业的第 i 种债务的年利率；n 为借款企业债务的种类数量（含被保险贷款）；t 为企业贷款保险期限；把企业贷款保险期初设为 0 时刻，各项负债在 0 时刻之前产生的利息计入各负债本金。

企业贷款保险期初，总负债的价值为

$$D_0 = L + \sum_{i=1}^{n-1} D_i \tag{8-2}$$

设 α_{Lt} 为 t 时刻企业贷款保险金额 L 在借款企业总负债中所占的比例；α_{it} 为 t 时刻第 i 项负债（不包括被保险贷款）在借款企业总负债中所占的比例，表达式分别为

$$\alpha_{Lt} = \frac{L e^{r_L t}}{D_t} \tag{8-3}$$

$$\alpha_{it} = \frac{D_i e^{r_i t}}{D_t} \tag{8-4}$$

式中，$\alpha_{Lt} + \sum_{i=1}^{n-1}\alpha_{it} = 1$，$\alpha_{Lt} \geq 0$，$\alpha_{it} \geq 0$。由于包含贷款在内的各项负债的利率各不相同，故 α_{Lt} 和 α_{it} 并不是固定值，它们会基于各自利率(r_L 和 r_i)的大小，随 t 的变动而变动。

2. 计算企业贷款保险损失赔偿额

根据前述定价思想，当考虑借款企业债务的利率结构时，在企业贷款保险期末，借款企业资产市场价值 V_t 相比借款企业全部负债的实际价值 D_t 将出现或高或低两种情况。当 $V_t < D_t$ 时，保险人须向投保银行赔偿贷款价值的损失(B)；当 $V_t > D_t$ 时，银行贷款的价值不会发生损失。上述情况具体表达式如下：

$$B = \begin{cases} (D_t - V_t) \times \dfrac{Le^{r_L t}}{D_t} = (D_t - V_t) \times \alpha_{Lt}, & V_t < D_t \\ 0, & V_t \geq D_t \end{cases} \tag{8-5}$$

3. 计算企业贷款保险纯保费

借鉴 Merton(1977) 的研究方法，设借款企业的资产市场价值服从如下几何布朗运动：

$$\mathrm{d}\ln V_t = \mu \mathrm{d}t + \sigma \mathrm{d}Z \tag{8-6}$$

式中，V_t 为借款企业的资产市场价值；Z 遵循标准维纳过程；μ 为借款企业资产的即时预期回报；σ 为 μ 的波动率。应用布莱克-斯科尔斯期权定价模型来计算图 8-1 所示看跌期权的价格 P：

$$P = D_t e^{-rt} N(-d_2) - V_0 N(-d_1) \tag{8-7}$$

其中，

$$d_1 = \frac{\ln(V_0 / D_t) + t(r + \sigma^2 / 2)}{\sigma\sqrt{t}} \tag{8-8}$$

$$d_2 = d_1 - \sigma\sqrt{t} \tag{8-9}$$

式中，r 为无风险年利率。在 P 中应由企业贷款保险金额分担的部分记为 P_L，具体算式如下：

$$P_L = P \times \frac{Le^{r_L t}}{D_t} = P \times \alpha_{Lt} \tag{8-10}$$

4. 计算借款企业在企业贷款保险期初的资产市场价值 V_0 及其 σ

同第 6 章和第 7 章，找到借款企业在保险期初的资产市场价值 V_0 及其在保险期内的波动率 σ 是应用上述模型的前提。参照 Ronn 和 Verma(1986) 的研究成果，通过联立两个方程来求解 V_0 与 σ。

设存在一个看涨期权，标的物是借款企业资产的市场价值 V，执行价格是借款企业在企业贷款保险期初的总负债 D_0（含被保险贷款），距离到期日时间是企业贷款保险期 t，借款企业的股东是该期权的购买者，该期权的价格就是借款企业的股权价值 E，而 E 在有效的资本市场上是可观测的。由布莱克-斯科尔斯期权定价模型，E 可表示为

$$E = V_0 N(x) - D_0 \mathrm{e}^{-rt} N(x - \sigma\sqrt{t}) \tag{8-11}$$

式中，x 的表达式如下：

$$x = \frac{\ln(V_0 / D_0 \mathrm{e}^{-rt}) + \sigma^2 t / 2}{\sigma \sqrt{t}} \tag{8-12}$$

按照 Ronn 和 Verma(1986) 的方法，借款企业股权价值在保险期内的波动率 σ_E 和借款企业资产市场价值波动率 σ 之间的关系如下：

$$\sigma = \frac{\sigma_E E}{V_0 N(x_1)} \tag{8-13}$$

式中，σ_E 由如下公式计算得到：

$$\sigma_E = \sigma_d \sqrt{n} \tag{8-14}$$

式中，n 为股票交易天数；σ_d 为借款企业股票价格收益率的日波动率（可通过对保险期内借款企业股票价格或股权价值进行蒙特卡罗模拟得到）。

把式(8-11)作为第一个方程，式(8-13)作为第二个方程，两个方程中仅有 V_0 与 σ 为未知数，联立两个方程便可解出 V_0 和 σ。

5. 确定企业贷款保险定价水平

将解出的 V_0 和 σ 代入式(8-7)~式(8-10)即可计算出纯保费 P_L，再用其除以参保企业贷款金额 L 在保险期末的未来价值，便可得到企业贷款保险纯保费率 g：

$$g = \frac{P_L}{L \times \mathrm{e}^{r_L t}} \tag{8-15}$$

式中，g 是企业贷款保险定价的基础，代表着企业贷款保险的定价水平。限于主题，此处不对企业贷款保险的保费附加进行讨论。

8.4 运算案例

8.4.1 案例设计

某商业银行拟对向某借款企业发放的 1 年期贷款投保 1 年期的贷款保险，保险人需要考虑借款企业债务的利率结构制定出合理的保费。在保险期限内，该借款企业仅拥有 3 种负债(即 $n=3$)，按利率由低到高依次为低利率债务(年利率为 r_1)、银行贷款(年利率为 r_L)和高利率债务(年利率为 r_2)，即 $0<r<r_1<r_L<r_2$，r 为无风险利率，α_{10}、α_{L0}、α_{20} 分别为 $t=0$ 时低利率债务、银行贷款、高利率债务在借款企业总负债中的占比。为简化运算案例、突出本章重点，此处省去了如前两章先计算 V_0 及 σ 的过程，设定：在保险期初($t=0$ 时)借款企业资产市场价值 $V_0=15000$ 万元，保险期间借款企业资产市场价值的年波动率 $\sigma=0.3$；企业贷款保险期内，借款企业各项负债本金之和保持为 $D_0=10000$ 万元，银行贷款的本金 $L=3000$ 万元，$r_L=9\%$，1 年期无风险利率为 3%。

运算案例通过变动 α_{10}、α_{20} 和 r_1、r_2 的取值来改变借款企业债务的利率结构(表 8-2 和表 8-3)。因 $\alpha_{10}+\alpha_{L0}+\alpha_{20}=1$、$\alpha_{L0}$ 保持不变，故随 α_{20} 的变大，α_{10} 将变小。随后，应用本章所建模型，借助 MATLAB 软件，可计算出同一笔银行贷款在不同的借款企业利率结构下的企业贷款保险定价水平(企业贷款保险纯保费率)，结果见表 8-3 和表 8-4。

表 8-3 借款企业的高利率债对企业贷款保险定价影响

序号	借款企业的债务构成			企业贷款保险纯费率 $g/\%$ ($r_L=9\%$, $r_1=6\%$, 变动 r_2)				
	α_{10}	α_{L0}	α_{20}	$r_2=10\%$	$r_2=12\%$	$r_2=14\%$	$r_2=16\%$	$r_2=18\%$
1	0.70	0.30	0.00	1.87	1.87	1.87	1.87	1.87
2	0.60	0.30	0.10	1.92	1.94	1.97	2.00	2.03
3	0.50	0.30	0.20	1.97	2.02	2.07	2.13	2.19
4	0.40	0.30	0.30	2.02	2.10	2.18	2.27	2.36
5	0.35	0.30	0.35	2.04	2.14	2.24	2.34	2.45
6	0.30	0.30	0.40	2.07	2.18	2.29	2.41	2.54
7	0.20	0.30	0.50	2.12	2.26	2.41	2.56	2.73
8	0.10	0.30	0.60	2.18	2.34	2.52	2.72	2.92
9	0.00	0.30	0.70	2.23	2.43	2.64	2.88	3.12

表 8-4　借款企业的低利率债对企业贷款保险定价的影响

序号	借款企业的债务构成			企业贷款保险纯费率 g/% (r_L=9%, r_2=14%, 变动 r_1)		
	α_{10}	α_{L0}	α_{20}	r_1=4%	r_1=6%	r_1=8%
1	0.00	0.30	0.70	2.64	2.64	2.64
2	0.10	0.30	0.60	2.50	2.52	2.55
3	0.20	0.30	0.50	2.35	2.41	2.46
4	0.30	0.30	0.40	2.21	2.29	2.38
5	0.35	0.30	0.35	2.15	2.24	2.33
6	0.40	0.30	0.30	2.08	2.18	2.29
7	0.50	0.30	0.20	1.95	2.07	2.21
8	0.60	0.30	0.10	1.83	1.97	2.12
9	0.70	0.30	0.00	1.71	1.87	2.04

8.4.2　高利率债务对企业贷款保险定价的影响

在表 8-3 中，借款企业的债务结构按 α_{20} 由小到大分 9 种情况，r_2 的取值由小到大分 5 种情况。该表数据反映了借款企业债务利率结构中高利率债务变动对企业贷款保险定价水平的影响。

为便于更加直观地分析借款企业债务利率结构中高利率债务变动对企业贷款保险定价水平的影响，根据表 8-3 数据绘制出图 8-2。

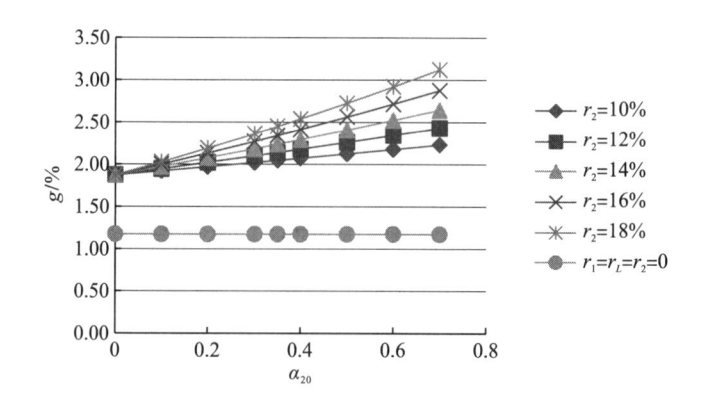

图 8-2　借款企业的高利率债务对企业贷款保险定价的影响

观察表 8-3 可发现，若保持 r_2=14% 不变，当借款企业的债务结构处于第 2 种情况（α_{10}=0.6、α_{L0}=0.3、α_{20}=0.1）时，g=1.97%；当借款企业的债务结构为第 8 种情况（α_{10}=0.1、α_{L0}=0.3、α_{20}=0.6）时，g=2.52%，两者相差 0.55

个百分点。该情况对应到图 8-2 中，为 $r_2=14\%$ 时随 α_{20} 增大向右上方倾斜的企业贷款保险定价曲线。这说明企业贷款保险定价水平应随借款企业债务中高利率债占比的增大而升高。

若保持借款企业第 5 种债务结构（$\alpha_{10}=0.35$、$\alpha_{L0}=0.3$、$\alpha_{20}=0.35$）不变，当 $r_2=10\%$ 时，$g=2.04\%$；当 $r_2=18\%$ 时，$g=2.45\%$，两者相差 0.41 个百分点。该情况对应到图 8-2 中，为 $\alpha_{20}=0.35$ 时随 r_2 的增大而上升的企业贷款保险纯费率。这说明企业贷款保险定价水平应随高利率债利率的升高而升高。

8.4.3 低利率债务对企业贷款保险定价的影响

在表 8-4 中，借款企业的债务结构同样按 α_{20} 由小到大分 9 种情况，r_2 的取值同样由小到大分 5 种情况。该表数据反映了借款企业债务利率结构中低利率债务变动对企业贷款保险定价水平的影响。

为便于更加直观地分析借款企业债务利率结构中低利率债务变动对企业贷款保险定价水平的影响，根据表 8-4 数据绘制出图 8-3。

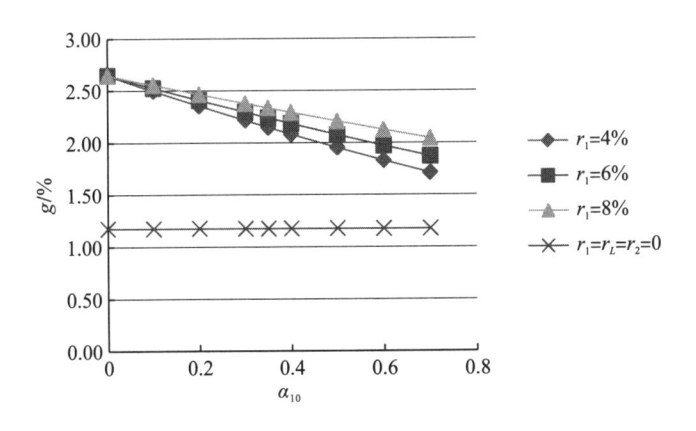

图 8-3 借款企业低利率债对企业贷款保险定价的影响

观察表 8-4 可发现，若保持 $r_1=6\%$ 不变，当借款企业债务结构处于第 3 种情况（$\alpha_{10}=0.2$、$\alpha_{L0}=0.3$、$\alpha_{20}=0.5$）时，$g=2.41\%$；当借款企业债务结构为第 7 种情况（$\alpha_{10}=0.5$、$\alpha_{L0}=0.3$、$\alpha_{20}=0.2$）时，$g=2.07\%$，两者相差 0.34 个百分点。该情况对应到图 8-3 中，为 $r_1=6\%$ 时随 α_{10} 增大向右下方倾斜的企业贷款保险定价曲线。这说明企业贷款保险定价水平应随借款企业债务中低利率债占比的增大而降低。

若保持借款企业第 5 种债务结构（$\alpha_{10}=0.35$、$\alpha_{L0}=0.30$、$\alpha_{20}=0.35$）不变，

当 r_1=4%时，g=2.15%；当 r_1=8%时，g=2.33%。该情况对应到图 8-3 中，为 α_{10}=0.35 时随 r_1 的增大而上升的企业贷款保险纯费率。这说明企业贷款保险定价水平应随低利率债利率的升高而升高。

为便于比较，再次应用本章模型计算出不考虑借款企业债务利率时（即 r_1=r_L=r_2=0），该运算案例的企业贷款保险纯费率 g 为 1.17%。此结果低于表 8-3 和表 8-4 中任意情况下的 g 值，这在图 8-2、图 8-3 中表现为低于任何企业贷款保险定价曲线的水平线。这说明如果不考虑隐藏于借款企业利率结构中的信贷风险，会使得企业贷款保险定价水平偏低，相关保险价格没有完全覆盖企业贷款保险业务的承保风险。

8.5　本章小结

为顺应当前企业多元化融资和利率市场化的趋势，使企业贷款保险费率更加真实地反映出来自借款企业债务利率结构的信用风险，本章在第 6 章提出的基于期权理论的企业贷款保险定价原理和企业贷款保险期权定价基本模型的基础上，尝试性地提出了考虑借款企业债务利率结构的企业贷款保险定价模型。该模型能够较为准确地捕捉到隐藏于借款企业债务利率结构中的信用风险，是对第 6 章所建模型的进一步优化。

回顾全章，可归纳出以下几点阶段性的理论观点。

(1)在多渠道融资和利率多元化及市场化的条件下，其他债务在借款企业总负债中的占比及其不同利率，同样会影响到被保险贷款的正常还贷，故企业贷款保险定价不能忽略来自借款企业债务利率结构的信用风险。

(2)在企业负债中，非贷款类债务的利率水平，是构成企业贷款信用风险的一个重要因素：若保持其他因素不变，企业贷款的信用风险将随非贷款类债务利率水平的升高而升高，进而推动企业贷款保险定价水平的升高。

(3)在企业负债中，比银行贷款利率高的债务（高利率债），是推高企业贷款信用风险的另一个重要因素：若保持其他因素不变，企业贷款的信用风险将随高利率债在借款企业债务中占比的增加而增大，进而推动企业贷款保险定价水平的升高。

(4)在企业负债中，比银行贷款利率低的债务（低利率债），是消减企业贷款信用风险的一个重要因素：若保持其他因素不变，企业贷款的信用风险将随低利率债在借款企业债务中占比的增加而减小，进而降低相应企业贷款保险的定价水平。

第四篇　保险免赔视角下的企业贷款保险定价模型

第二篇的研究对于社会信用评价体系的完善程度有着较高要求，而第三篇的研究又对资本市场价格的有效性有着较高要求，均在不同程度上限制了相关理论成果在小微企业信用信息非对称条件下的适应范围，企业贷款保险定价的理论发展仍需开辟新的研究路径。根据第一篇的介绍与分析，看涨期权理论对于从保险免赔的角度研究企业贷款尤其是中小微企业贷款的保险定价模型有着重要意义。

鉴于此，为便于在信用信息非对称条件下面向小微企业贷款保险科学定价，同时降低企业贷款保险定价研究对社会信用体系完善程度和资本市场价格有效性的依赖程度，本篇首先从保险免赔的角度，将欧式看涨期权原理引入企业贷款保险定价研究领域，提出基于看涨期权的企业贷款保险定价基本原理，并运用保险精算原理推导出基于看涨期权的企业贷款保险费率厘定基本模型；然后，结合企业贷款保险中设置最高赔付额、损失分担比例和还款展期的现象，运用价差期权构造原理，进一步推导出考虑有限赔付与还款展期的企业贷款保险费率厘定模型；最后，为便于在社会信用评价体系不完善的条件下科学地测算企业贷款保险补贴价格与风险补偿基金，针对典型情况构建保险免赔视角下的企业贷款保险补贴补偿测算模型。

第9章　考虑保险免赔的企业贷款保险费率厘定基本模型

保险免赔已成为保险机构防止投保人和被保险人道德风险的有效手段，已有研究将保险免赔额的设置与看涨期权思想相结合应用于公平保费的厘定，为创新企业贷款保险定价问题的研究带来了启发。本章将在保险精算理论的框架下，将对保险免赔的考虑引入贷款保险定价研究领域，运用看涨期权思想构建免赔视角下的企业贷款保险费率厘定基本模型，为贷款保险定价问题的研究开辟新路径。

9.1　保险免赔额与企业贷款保险定价

9.1.1　保险免赔额

保险免赔额是保险业务中免于保险赔付的额度，即保险人根据保险条件作出赔付前由被保险人或投保人自己承担的损失额度。当保险标的物的损失低于免赔额时，被保险人自行承担损失，保险人不向被保险人赔偿任何损失。免赔额通常由保险人根据保险标的的历史损失数据在保险合同中事先设定，具体由免赔额条款体现。目前，保险免赔额的形式主要有以下几种。

1. 绝对免赔额

绝对免赔额是指在保险人赔付之前，被保险人或投保人需要自行承担的损失金额。例如，在某保险合同中规定绝对免赔额为1万元，则当被保险人的实际损失在1万元以下时，保险人不予赔偿；而当被保险人的实际损失超过1万元时，保险人仅对超过部分予以赔偿。绝对免赔额的形式多见于财产保险，保险人通常将被保险人的单次损失与绝对免赔额相比较，作为支付财产损失赔偿的门槛依据。

2. 总计免赔额

总计免赔额是指将保险期内所有属于保险责任范围内的损失累计在一起，如果全部损失低于总计免赔额，保险人不承担任何赔付责任；如果累计损失超过总计免赔额，保险人将对所有超过部分的损失进行赔付。总计免赔额的形式常见于健康保险中，保险人通常将被保险人在一定日历年度内的累计医疗费用与总计免赔额相比较，作为支付医疗保险金的门槛依据。

3. 相对免赔额

相对免赔额是一个与绝对免赔额相对应的概念。如果被保险标的物的损失低于相对免赔额的比例或金额，保险人不承担任何赔偿责任；如果被保险标的物的损失高于相对免赔额的比例或金额，保险人将赔偿全部损失。相对免赔常应用于海运保险，保险人通常将被保险标的在海运期间的损失比例或金额与相对免赔额相比较，作为支付海运损失的门槛依据。

保险免赔额的作用主要有两点：一是免赔额的存在能将保险人从许多烦琐的小额理赔事件中解脱出来，减少小额理赔事件对保险公司人力物力的占用，从而降低保险机构的经营成本；二是免赔额的存在能促使投保人或被保险人尽到自身责任，自觉加强对被保险标的物的风险管控，在一定程度上避免保险事故的发生。

鉴于上述作用，免赔额已被广泛应用于财产保险、健康保险、医疗保险等小额理赔事件频发的险种之中。

9.1.2 企业贷款保险设置免赔额

企业贷款保险是投保人为规避贷款的损失风险，向保险公司投保的一项险种，能起到转移金融机构信贷风险敞口、促进金融机构放贷、拓展保险市场的作用。从企业贷款保险的实践现状来分析，企业贷款保险的投保人往往是申请贷款的借款人，而企业贷款保险的受益人一定是放出贷款的放贷人，保费则通常由投保人即借款人支付。换言之，企业贷款保险的投保人和受益人往往不是同一人，放贷人往往在无须支付保费的条件下，却能将其面临的信贷风险转移给保险人，成为贷款保险的受益方。

企业贷款保险的上述特点，极易导致追逐利润的放贷人在不履行或不尽责履行自身审贷义务的前提下，为了获得更多利息收入，而将未经严格审查的信贷风险或者过大的信贷风险通过企业贷款保险的形式转移给保险机构。这使得承保贷款保险的保险机构不仅要面临借款企业的信贷风险，还要面临放贷人不尽责履行审贷义务或风控义务的道德风险，对于在审贷方面缺乏业务经验、技术手段和数据储备的保险机构而言这显然是不利的。如果不加以控制，势必挫伤保险机构开展企业贷款保险业务的积极性。

鉴于上述风险的存在和免赔额的重要作用，免赔条款已被广泛应用于各种企业贷款保险合同中，免赔额的具体形式以绝对免赔为主。免赔条款的应用，不仅有效促进了放贷银行履行自身审贷责任、自觉加强对信贷风险的过程管控，在一定程度上有效避免了贷款违约行为的发生，还使保险机构从繁杂的小额贷款损失理赔事件中解脱出来，降低了该险种的运营成本。

9.1.3 保险免赔率对企业贷款保险定价的影响

如前所述，免赔额存在多种形式，且每个免赔额只是一个孤立的数值，不便于衡量企业贷款保险的免赔程度和进行相互比较，对于相关研究的深入开展不利。鉴于此，为便于衡量企业贷款保险的免赔程度，本节将免赔额与被保险贷款价值(贷款在保险到期时的本利和)之比称作企业贷款保险免赔率，并用其替代免赔额用于相关研究。

在引入企业贷款保险免赔率的条件下，根据前述对保险免赔额的分析，如果免赔率设置得越高，则意味着放贷人通过企业贷款保险转移给保险人的信贷风险越小，进而保险人的赔付责任就越小；反之，免赔率设置得越低，则意味着放贷人通过企业贷款保险转移给保险人的风险越大，进而保险人的赔付责任就越大。免赔率与保险风险、保险责任的上述关系，代表着免赔额与保险风险、保险责任的关系，因此免赔率的变化必然导致保险机构的企业贷款保险期望赔付率发生相应变化，进而影响到企业贷款保险定价。

此处，通过一个运算案例来分析保险免赔率对企业贷款保险定价的影响。设某商业银行准备对一家企业发放一笔贷款，需要通过企业贷款保险的形式来转移部分信贷风险。如果已知该类贷款损失率的概率分布，则在不计利息的情况下，可通过简单的运算，得到免赔率 K 分别为5%、10%、20%时所对应的保险期望赔付率(表9-1)。

表 9-1 免赔率对企业贷款保险期望赔付率的影响

序号	概率/%	贷款损失率/%	企业贷款保险期望赔付率/%		
			$K=5\%$	$K=10\%$	$K=20\%$
1	60.00	0.00	0.00	0.00	0.00
2	12.00	1.00	0.00	0.00	0.00
3	8.00	3.00	0.00	0.00	0.00
4	5.00	5.00	0.00	0.00	0.00
5	4.00	10.00	0.20	0.00	0.00
6	3.00	20.00	0.45	0.30	0.00
7	2.50	30.00	0.63	0.50	0.25
8	2.00	40.00	0.70	0.60	0.40
9	1.50	50.00	0.68	0.60	0.45
10	1.00	60.00	0.55	0.50	0.40
11	0.40	70.00	0.26	0.24	0.20
12	0.30	80.00	0.23	0.21	0.18
13	0.20	90.00	0.17	0.16	0.14
14	0.10	100.00	0.10	0.09	0.08
	合计		3.97	3.20	2.10

观察表 9-1 不难发现，一是免赔率类似于产生企业贷款保险赔付率的阈值，只有当贷款损失率超过免赔率时才会产生企业贷款保险赔付率；二是免赔率越高，企业贷款保险期望赔付率越低。总之，当贷款损失的概率分布一定时，保险期望赔付率将受到免赔率的显著影响。

同时，在保险精算理论中保险期望赔付率是制定保险纯费率的基础，而保险纯费率又是制定最终保险费率的核心部分，故可推断在企业贷款保险定价过程中，免赔率(免赔额)具有阈值效应，且企业贷款保险的纯费率应随免赔率(免赔额)的提高而降低。

9.2 基于欧式看涨期权的企业贷款保险定价原理

9.2.1 欧式看涨期权及其保险功能

欧式看涨期权是一项在期权到期时以执行价格买入标的证券的权利。执行该期权的前提条件只有一个，即在期权到期时，标的证券价格是否超过执行价格。如果期权到期时，标的证券价格超过执行价格，则理性的期权购买者将执行期权，以低于市场价格的执行价格向期权卖出方购买标的证券，以赚取市场价格高出执行价格的那部分价差；如果期权到期时，标的证券价格未超过执行价格，则理性的期权购买者将放弃行权。设 S_T 为到期日的股票市场价格($S_T>0$)，X 为期权执行价格($X>0$)，C 为期权执行价格，则易得欧式看涨期权购买方在期权到期时的损益 R_B：

$$R_B = \begin{cases} S_T - X - C, & S_T > X \\ -C, & S_T \leqslant X \end{cases} \tag{9-1}$$

为便于直观理解欧式看涨期权给期权买方带来的损益，可根据式(9-1)绘制出欧式看涨期权买方的损益曲线，如图9-1所示。

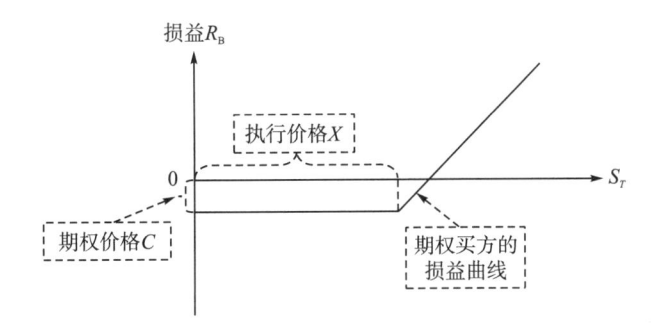

图 9-1　欧式看涨期权买方随 S_T 变化的损益曲线

观察图9-1可发现，在欧式看涨期权中，期权购买方用较小的损失(支付期权价格)给自己换取了一次在未来证券价格上涨时用较低价格(执行价格)买入标的证券的权利。当到期证券价格超过执行价格时，期权购买方的收益为扣除期权价格后的标的证券价值，它将随着到期证券价格的上升而同步上升；当到期证券价格低于执行价格时，理性的期权购买方会放弃执行期权，其损失则仅仅是购买期权的费用。

同理，也可得欧式看涨期权卖方在期权到期时的损益 R_S：

$$R_S = \begin{cases} -(S_T - X - C), & S_T > X \\ C, & S_T \leqslant X \end{cases} \tag{9-2}$$

为便于直观理解欧式看涨期权给期权卖方带来的损益，可根据式(9-2)绘制出欧式看涨期权卖方的损益曲线，如图9-2所示。

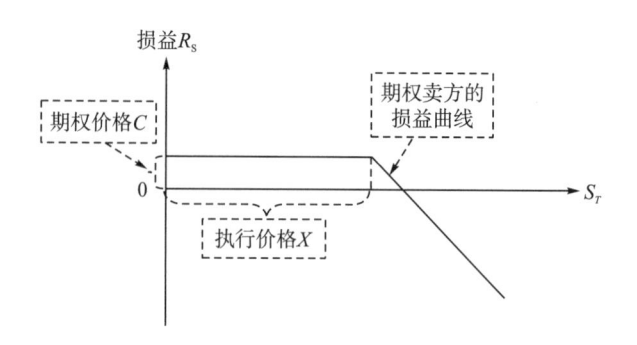

图 9-2 欧式看涨期权卖方随 S_T 变化的损益曲线

观察图 9-2 可发现,在欧式看涨期权中,期权卖方用以执行价格规避未来证券价格上涨风险的机会换取了卖出期权给自己带来的收益。当到期证券价格超过执行价格时,期权被理性的购买者执行,期权卖方的损失为扣除期权价格后的标的证券价值;当到期证券价格低于执行价格时,期权卖方将稳定获得期权价格带来的收益。

纵观上述对欧式看涨期权的分析可发现,欧式看涨期权类似于一份以规避标的证券价格上涨风险为目标、以标的证券价格为保险对象、以期权到期日为保险结束期、以执行价格为免赔额的保险;期权买入方类似于保险买入方,他将在期权到期时免受证券价格超过执行价格给自己带来的损失;期权卖出方类似于保险卖出方,他将获得卖出期权所带来的稳定收益。这反映出欧式看涨期权所具有的保险功能。

9.2.2 企业贷款保险的看涨期权属性

如前所述,保险人在设置保险免赔额的条件下制定企业贷款保险费率时,通常会重点考虑被保险贷款损失率、保险免赔率和保险期限 3 个关键要素。对比前述有关欧式看涨期权及其保险功能的分析,企业贷款保险的这 3 个要素分别与欧式看涨期权的期权标的、期权执行价格、期权到期日存在类似之处,具体分析如下。

1. 被保险贷款损失率与期权标的

被保险贷款的到期损失率反映着一定时期内同类贷款损失所实际服从的概率分布,是对某类借款人在一定时期内的信用状况的真实刻画。如果到期贷款损失率越高或其波动幅度越大,则意味着该类贷款的损失风险越大;如果到期贷款损失率越低或其波动幅度越小,则意味着该类贷款的损失风险越小。

总之,到期贷款损失率直接关系到保险人对企业贷款保险风险的度量与预测,它服从一定概率分布而上下波动的特性类似于欧式看涨期权的期权标的。

2. 保险免赔率与期权执行价格

如前所述,对于设置绝对免赔条款的企业贷款保险而言,当企业贷款保险合约到期时,保险人仅对超出免赔率的贷款损失进行理赔,而对于免赔率以下的贷款损失保险人则不承担任何理赔责任。换言之,只有当贷款损失率超过保险免赔率时,保险人才会对超出保险免赔率的贷款损失进行理赔,而对于保险免赔率以下的贷款损失保险人则不承担任何理赔责任。

总之,在企业贷款保险中保险免赔率对于放贷人是否有权获得贷款损失赔付起着门槛作用,等同于欧式看涨期权中执行价格的触发行权功能。故可以认为企业贷款保险的免赔率与欧式看涨期权的执行价格相类似。

3. 保险期限与期权到期日

企业贷款保险期限往往与参保贷款的期限同步。贷款基本属于固定期限的金融产品,故企业贷款保险的期限通常也是固定的。对于一项企业贷款保险而言,保险期限越长,借款人在保险期内发生违约而造成贷款损失的不确定性就越大;保险期限越短,借款人在保险期内发生违约而造成贷款损失的不确定性就越小。

总之,企业贷款保险和欧式看涨期权一样同属于固定期限,故可以认为企业贷款保险的期限与欧式看涨期权的期限相类似。

基于上述企业贷款保险与欧式看涨期权在多个关键要素上相类似的事实,可以将企业贷款保险视作一项由保险人向投保人出售的欧式看涨期权。该期权的标的物是保险到期时的贷款损失率;该期权的执行价格是保险人为企业贷款保险设定的保险免赔率;该期权的到期日是企业贷款保险设定的到期日。执行该期权的条件为保险到期时贷款损失率是否超过保险免赔率,即当到期贷款损失率大于企业贷款保险免赔率时,保险人向放贷人赔付超出免赔额的损失,放贷人自行承担免赔额以内的贷款损失;当到期贷款损失率小于企业贷款保险免赔率时,放贷人自行承担免赔额以内的损失,保险人不向放贷人赔付任何贷款损失,即该看涨期权未能达到行权条件。

9.2.3 基于看涨期权的企业贷款保险定价原理

为便于衡量和比较企业贷款保险给投保人带来的损益程度,本节将企业贷款保险给投保人带来的损益占被保险贷款理论价值的比例称为投保人损益率(r_B)。设 L_T 为保险到期时的贷款损失率、K 为保险免赔率、g_C 为企业贷款保险纯费率,结合前述分析,容易得到以保险免赔率为执行价格的企业贷款保险到期时投保人的损益率 r_B:

$$r_B = \begin{cases} L_T - K - g_C, & 0 \leqslant K < L_T \leqslant 1 \\ -g_C, & 0 \leqslant L_T \leqslant K \leqslant 1 \end{cases} \tag{9-3}$$

式中,$L_T \in [0,1]$,当 $L_T=0$ 时,代表保险到期时贷款无损失;当 $L_T=1$ 时,代表保险到期时贷款发生了完全损失。$K \in [0,1]$,当 $K=0$ 时,代表未设置任何免赔额,保险人将对所有贷款损失负责;当 $K=1$ 时,代表所设置的免赔额等价被保险贷款,保险人将不对任何贷款损失负责。

为便于理解企业贷款保险给投保人带来的损益率,根据式(9-3)可简单绘制出企业贷款保险投保人损益率随被保险贷款到期损失率变化的曲线,如图9-3所示。

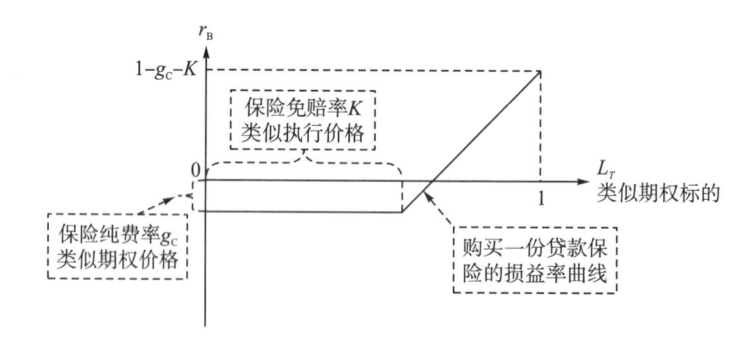

图 9-3 企业贷款保险购买方的损益率曲线

对比图9-3与图9-1,企业贷款保险购买方的损益曲线类似于买入一份以保险到期贷款损失率为标的、以保险免赔率为执行价格的欧式看涨期权,故可应用欧式看涨期权定价理论为购买企业贷款保险定价,此即基于看涨期权的企业贷款保险定价原理。另据图9-3可得,企业贷款保险买入方损益率 r_B 的取值范围为 $[-g_C, 1-g_C-K]$。

同理,为便于衡量和比较企业贷款保险给投保人带来的损益程度,本节将企业贷款保险给保险人带来的损益占被保险贷款理论价值的比例称为保险人损益率(r_S)。同样，也容易得到以免赔额为执行价格的企业贷款保险到期时保险人的收益率 r_S：

$$r_S = \begin{cases} -(L_T - K - g_C), & 0 \leqslant K < L_T \leqslant 1 \\ g_C, & 0 \leqslant L_T \leqslant K \leqslant 1 \end{cases} \quad (9\text{-}4)$$

同样，根据式(9-4)可简单绘制出企业贷款保险卖方的损益率随被保险企业贷款到期损失率变化的曲线，如图9-4所示。

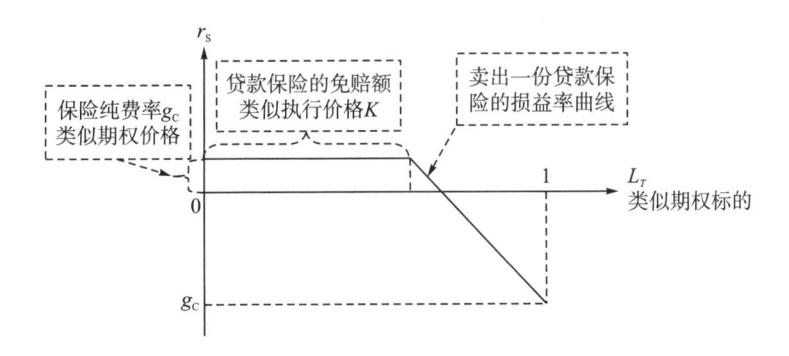

图9-4 企业贷款保险卖方的损益率曲线

对比图9-4与图9-2，企业贷款保险卖方的损益率曲线类似于卖出一份以保险到期贷款损失率为标的、以保险免赔率为执行价格的欧式看涨期权。同样，如果基本假设条件满足，即可借鉴欧式看涨期权定价理论为企业贷款保险定价，此即基于看涨期权的企业贷款保险定价原理。另据图9-4可得，企业贷款保险卖方损益率 r_S 的取值范围为 $[-(g_C+K-1), g_C]$。

值得一提的是，从上述分析可看出，在基于看涨期权的企业贷款保险定价原理中，期权标的 L_T、执行价格 K、买方损益率 r_B、卖方损益率 r_S 都是有界的，这区别于经典的期权定价原理，本书将其称为基于欧式看涨期权的企业贷款保险定价原理的有界性。

9.3 模型构建

根据免赔额视角下基于看涨期权的企业贷款保险定价原理，本节尝试构建相应的企业贷款保险定价模型。

9.3.1 统一量纲

为便于研究，需要对涉及的相关概念进行明确。贷款理论价值是指借款人按照贷款合同在一定期限内应偿付给放贷银行的全部本金与利息，它是本章计算贷款损失率、绝对免赔率、保险赔付率、保险纯费率的基础；贷款损失是指借款人在贷款到期时无法偿付给放贷银行的贷款本金损失和贷款利息损失；同类贷款是指各种特征(如：贷款用途、贷款期限、借款人所属行业和地域等)与被保险贷款基本一致的同种贷款；同类贷款损失率是指将同类贷款的历史损失率按时间先后顺序及相同时间间隔整理排序后的数据集。

为统一量纲，还需要明确贷款损失率、绝对免赔率、保险赔付率以及保险纯费率的算法。贷款损失率是指贷款损失与贷款理论价值之比；绝对免赔率是指绝对免赔额与被保险贷款的理论价值之比；保险赔付率是指保险赔付金额与被保险贷款理论价值之比；保险纯费率是指保险人收取的纯保费与被保险贷款理论价值之比。

需要说明的是，由于贷款损失的最小值为 0，而最大值为贷款理论价值，故上述定义下的贷款损失率、绝对免赔率、保险赔付率和保险纯费率的取值均为[0,1]。

9.3.2 模型假设

为便于构造基于欧式看涨期权的企业贷款保险定价基本模型，借鉴 Black 和 Scholes(1973)的期权定价理论，结合上述企业贷款保险期权定价原理，现对模型推导做出如下假设。

假设 1：保险公司能够根据贷款特征(例如借款人规模、贷款用途、所属行业、所属地域等)，获取到同类贷款的历史损失率。

假设 2：贷款损失率是连续的，遵循几何布朗运动，服从对数正态分布。

假设 3：保险到期时贷款损失率是否高于保险免赔率，是判断保险人是否赔付贷款损失的唯一标准，保险人仅对超出保险免赔率的贷款损失进行赔付。

9.3.3 企业贷款保险的期望赔付率

根据假设 2，贷款损失率 L_t 服从如下几何布朗运动：

$$\mathrm{d}\ln L_t = \mu \mathrm{d}t + \sigma \mathrm{d}W_t \tag{9-5}$$

式中，L_t 为 t 时刻的贷款损失率，$L_t \in [0,1]$；μ 为贷款损失率的漂移率；σ 为 μ 的波动率；W_t 遵循标准的维纳过程；t 为时间，$t \in [0,T]$，$t=0$ 代表企业贷款保险的期初时刻，$t=T$ 代表企业贷款保险的到期时刻。

根据随机过程理论(方兆本和缪柏其，2019)，满足上述假设的 L_t 同时应服从对数正态分布，故将 L_t 取对数后应服从如下正态分布：

$$\ln L_t \sim N\left[\left(\mu - \frac{\sigma^2}{2}\right)t, \sigma^2 t\right] \tag{9-6}$$

进一步分析，当保险期初的贷款损失率 L_0 给定时，取对数后的保险期末贷款损失率 L_T 亦应服从正态分布，其均值和方差分别为

$$E[\ln L_T] = \ln L_0 + \left(\mu - \frac{\sigma^2}{2}\right)T \tag{9-7}$$

$$\mathrm{Var}[\ln L_T] = \sigma^2 T \tag{9-8}$$

式中，T 为企业贷款保险的保险期限。由式(9-7)和式(9-8)可得 $\ln(L_T)$ 的概率密度函数：

$$f(\ln L_T) = \frac{1}{\sqrt{2\pi T}\sigma}\exp\left\{-\frac{\left[\ln L_T - \ln L_0 - \left(\mu - \frac{\sigma^2}{2}\right)T\right]^2}{2\sigma^2 T}\right\} \tag{9-9}$$

式中，$f(\ln L_T)$ 为 $\ln(L_T)$ 的概率密度函数。

在保险精算理论中，未来保险赔付的期望是保险定价即制定保险纯保费的基础，它通常由如下两个因素的乘积决定：一是未来潜在的保险赔付额；二是潜在保险赔付额对应的概率。因此，企业贷款保险期望赔付率理应是企业贷款保险定价即制定保险纯费率的基础，它由如下两个因素的乘积决定：一是未来潜在的企业贷款保险赔付率；二是潜在企业贷款保险赔付率对应的概率。

根据基于欧式看涨期权的企业贷款保险定价原理，在企业贷款保险期末存在两种情况：一是贷款损失率高于保险免赔率，保险人赔付贷款损失，企业贷款保险赔付率等于贷款损失率减去企业贷款保险免赔额；二是贷款损失率低于保险免赔率，保险人不赔付贷款损失，企业贷款保险赔付率为零。鉴于此，企业贷款保险在未来的潜在赔付率可表达成保险期末贷款损失率 L_T 的一个函数：

$$G = \begin{cases} 0, & 0 \leqslant L_T \leqslant K \\ L_T - K, & K < L_T \leqslant 1 \end{cases} \tag{9-10}$$

式中，G 为企业贷款保险在未来的潜在赔付率；K 为企业贷款保险的免赔率，$K\in(0,1)$。基于式(9-9)和式(9-10)以及上述关于企业贷款保险期望赔付率的认知，若令 $f(L_T)$ 为保险期末贷款损失率 L_T 的概率密度函数，则企业贷款保险期末期望赔付率的现值 EG 可表达为

$$\text{EG} = e^{-\mu T}\int_K^1 (L_T-K)f(L_T)\mathrm{d}L_T = e^{-\mu T}\int_{\ln K}^{\ln 1}(L_T-K)f(\ln L_T)\mathrm{d}(\ln L_T) \quad (9\text{-}11)$$

需要说明的是，式(9-11)在贴现贷款期望赔付率时，并没有同其他期权定价相关文献一样直接使用无风险利率作为贴现率，而是使用贷款损失率的漂移率 μ 作为贴现率。这样做主要基于以下三点考虑：一是此处的贴现对象不是可用价格表示的价值类数据，而是贷款损失率；二是贷款损失率的漂移率 μ 反映了单位时间内贷款损失率的变化情况；三是无风险利率通常只能反映单位时间内可用价格表示的价值类数据的变化情况。

将式(9-9)代入式(9-11)便可推导出企业贷款保险期望赔付率的现值：

$$\begin{aligned}\text{EG} = & L_0\left[N\left(\frac{\ln\left(\frac{L_0}{K}\right)+\left(\mu+\frac{\sigma^2}{2}\right)T}{\sigma\sqrt{T}}\right)-N\left(\frac{\ln\left(\frac{L_0}{1}\right)+\left(\mu+\frac{\sigma^2}{2}\right)T}{\sigma\sqrt{T}}\right)\right]\\ & -Ke^{-\mu T}\left[N\left(\frac{\ln\left(\frac{L_0}{K}\right)+\left(\mu-\frac{\sigma^2}{2}\right)T}{\sigma\sqrt{T}}\right)-N\left(\frac{\ln\left(\frac{L_0}{1}\right)+\left(\mu-\frac{\sigma^2}{2}\right)T}{\sigma\sqrt{T}}\right)\right]\end{aligned} \quad (9\text{-}12)$$

式中，EG 为企业贷款保险的期望赔付率现值；$N(\cdot)$ 为标准正态分布的累积概率函数。具体推导过程如下。

令 $x=\ln(L_T)$，则 $f(x)=f(\ln L_T)$，式(9-9)则变形为

$$f(x)=\frac{1}{\sqrt{2\pi T}\sigma}\exp\left\{-\frac{\left[x-\ln L_0-\left(\mu-\frac{\sigma^2}{2}\right)T\right]^2}{2\sigma^2 T}\right\} \quad (9\text{-}13)$$

式(9-11)则变形为

$$\text{EG}=e^{-\mu T}\int_{\ln K}^{\ln 1}e^x f(x)\mathrm{d}x - e^{-\mu T}K\int_{\ln K}^{\ln 1}f(x)\mathrm{d}x \quad (9\text{-}14)$$

令 $y=\dfrac{x-E[\ln L_T]}{\sqrt{\text{Var}[\ln L_T]}}$，则 $y\sim N(0,1)$，同时结合式(9-7)和式(9-8)，式(9-14)可变形为

$$\begin{aligned}
\mathrm{EG} &= \mathrm{e}^{-\mu T} \int_{\frac{\ln K - E[\ln L_T]}{\sqrt{\mathrm{Var}[\ln L_T]}}}^{\frac{\ln 1 - E[\ln L_T]}{\sqrt{\mathrm{Var}[\ln L_T]}}} \mathrm{e}^{\sqrt{\mathrm{Var}[\ln L_T]} y + E[\ln L_T]} f(y) \mathrm{d}y \\
&\quad - \mathrm{e}^{-\mu T} K \int_{\frac{\ln K - E[\ln L_T]}{\sqrt{\mathrm{Var}[\ln L_T]}}}^{\frac{\ln 1 - E[\ln L_T]}{\sqrt{\mathrm{Var}[\ln L_T]}}} f(y) \mathrm{d}y \\
&= L_0 \int_{\frac{\ln K - E[\ln L_T]}{\sqrt{\mathrm{Var}[\ln L_T]}}}^{\frac{\ln 1 - E[\ln L_T]}{\sqrt{\mathrm{Var}[\ln L_T]}}} \frac{1}{\sqrt{2\pi}} \mathrm{e}^{\frac{-(y-\sigma\sqrt{T})^2}{2}} \mathrm{d}y \\
&\quad - K\mathrm{e}^{-\mu T} \left[N\left(\frac{\ln\left(\frac{1}{L_0}\right) - \left(\mu - \frac{\sigma^2}{2}\right)T}{\sigma\sqrt{T}} \right) - N\left(\frac{\ln\left(\frac{K}{L_0}\right) - \left(\mu - \frac{\sigma^2}{2}\right)T}{\sigma\sqrt{T}} \right) \right]
\end{aligned} \quad (9\text{-}15)$$

式中，$N(\cdot)$ 为标准正态分布的累积概率函数。再令 $z = y - \sigma\sqrt{T}$，则式 (9-15) 可进一步变形为

$$\begin{aligned}
EG &= L_0 \int_{\frac{\ln K - E[\ln L_T]}{\sqrt{\mathrm{Var}[\ln L_T]}} - \sigma\sqrt{T}}^{\frac{\ln 1 - E[\ln L_T]}{\sqrt{\mathrm{Var}[\ln L_T]}} - \sigma\sqrt{T}} \frac{1}{\sqrt{2\pi}} \mathrm{e}^{\frac{-z^2}{2}} \mathrm{d}z \\
&\quad - K\mathrm{e}^{-\mu T} \left[N\left(\frac{\ln\left(\frac{1}{L_0}\right) - \left(\mu - \frac{\sigma^2}{2}\right)T}{\sigma\sqrt{T}} \right) - N\left(\frac{\ln\left(\frac{K}{L_0}\right) - \left(\mu - \frac{\sigma^2}{2}\right)T}{\sigma\sqrt{T}} \right) \right] \\
&= L_0 \left[N\left(\frac{\ln\left(\frac{L_0}{K}\right) + \left(\mu + \frac{\sigma^2}{2}\right)T}{\sigma\sqrt{T}} \right) - N\left(\frac{\ln\left(\frac{L_0}{1}\right) + \left(\mu + \frac{\sigma^2}{2}\right)T}{\sigma\sqrt{T}} \right) \right] \\
&\quad - K\mathrm{e}^{-\mu T} \left[N\left(\frac{\ln\left(\frac{L_0}{K}\right) + \left(\mu - \frac{\sigma^2}{2}\right)T}{\sigma\sqrt{T}} \right) - N\left(\frac{\ln\left(\frac{L_0}{1}\right) + \left(\mu - \frac{\sigma^2}{2}\right)T}{\sigma\sqrt{T}} \right) \right]
\end{aligned} \quad (9\text{-}16)$$

式 (9-12) 推导完毕。

9.3.4 参数估计

式 (9-12) 中，期限 T 和保险期初的贷款损失率 L_0 能直接得到，参数 μ 和 σ 不能直接得到，需要借助其他方法对它们进行估计。目前，对于 μ 和 σ 的估计，学术界存在如下两种方法。

第一种方法是将借款人的现有市场价值视为一项能与所构建的保险定价期权相互对冲的期权价格，通过构建一个与保险定价期权相反方向的期权定价方程来完成求解 (Ronn and Verma, 1986)。该方法常见于期权标的为借款人价值数据的存款保险期权定价模型 (Lee et al., 2015)。

第二种方法是借助充足的历史数据并运用极大似然法构建方程组来完成求解(Duan，1994)。该方法不仅适用于期权标的为借款人价值数据的保险期权定价模型(刘海龙和杨继光，2011；吕筱宁和秦学志，2015；袁金建等，2019)，也适用于期权标的为损失数据的医疗保险期权定价模型(郑红和游春，2011)。

本模型的期权标的是贷款损失率，属于损失类数据，而非借款人的价值类数据。如果采用第一种方法，在与贷款损失率有关的各种参数中，较难找到一个能够被用于构造反向期权定价方程的类似于借款人现有市场价值的参数；同时，第二种方法曾被学者们应用于解决以损失数据为期权标的的医疗保险定价问题。因此，本书首推第二种方法，即用极大似然法来估计 μ 和 σ。

在假设2的条件下，设保险人能得到与被保险贷款特征(如贷款用途、贷款期限、借款人所属行业和地域等)相符的一组时间间隔为 τ 年的单笔贷款同类损失率 $L_i(i=1,2,\cdots,n)$。结合式(9-7)和式(9-8)可知，$\ln\left(\dfrac{L_i}{L_{i-1}}\right)$ 同样服从正态分布，其均值和方差分别为

$$E\left[\ln\left(\frac{L_i}{L_{i-1}}\right)\right]=\left(\mu-\frac{\sigma^2}{2}\right)\tau \qquad (9\text{-}17)$$

$$\mathrm{Var}\left[\ln\left(\frac{L_i}{L_{i-1}}\right)\right]=\sigma^2\tau \qquad (9\text{-}18)$$

由式(9-17)和式(9-18)，可得 $\ln\left(\dfrac{L_i}{L_{i-1}}\right)$ 的概率密度函数：

$$f\left[\ln\left(\frac{L_i}{L_{i-1}}\right)\right]=\frac{1}{\sqrt{2\pi\tau}\sigma}\exp\left(-\frac{\left[\ln\left(\dfrac{L_i}{L_{i-1}}\right)-\left(\mu-\dfrac{\sigma^2}{2}\right)\tau\right]^2}{2\sigma^2\tau}\right) \qquad (9\text{-}19)$$

根据式(9-19)，可得如下似然函数：

$$\begin{aligned}L\left(\ln\left(\frac{L_i}{L_{i-1}}\right);\mu,\sigma^2\right)&=\prod_{i=2}^{n}f\left[\ln\left(\frac{L_i}{L_{i-1}}\right);\mu,\sigma^2\right]\\&=\left(2\pi\tau\sigma^2\right)^{-\frac{(n-1)}{2}}\exp\left\{-\frac{\sum_{i=2}^{n}\left[\ln\left(\dfrac{L_i}{L_{i-1}}\right)-\left(\mu-\dfrac{\sigma^2}{2}\right)\tau\right]^2}{2\sigma^2\tau}\right\}\end{aligned} \qquad (9\text{-}20)$$

对式(9-20)两边取对数，并分别对 μ 和 σ^2 求偏导，再经过求解便可得到参数 μ 和 σ 的极大似然估计量 $\hat{\mu}$ 和 $\hat{\sigma}$：

$$\begin{cases} \hat{\mu} = \dfrac{1}{T(n-1)}\sum_{i=2}^{n}\ln\left(\dfrac{L_i}{L_{i-1}}\right) + \dfrac{1}{2T(n-1)}\sum_{i=2}^{n}\left[\ln\left(\dfrac{L_i}{L_{i-1}}\right) - \dfrac{1}{n-1}\sum_{i=2}^{n}\ln\left(\dfrac{L_i}{L_{i-1}}\right)\right]^2 \\ \hat{\sigma} = \sqrt{\dfrac{1}{T(n-1)}\sum_{i=2}^{n}\left[\ln\left(\dfrac{L_i}{L_{i-1}}\right) - \dfrac{1}{n-1}\sum_{i=2}^{n}\ln\left(\dfrac{L_i}{L_{i-1}}\right)\right]^2} \end{cases} \quad (9\text{-}21)$$

9.3.5 企业贷款保险定价最终式

根据保险精算理论,保险基本纯费率应与保险期望赔付率的现值等价,将式(9-21)中 μ 和 σ 的估计值代入式(9-12),即可得到基于欧式看涨期权的企业贷款保险纯费率 g_C:

$$g_C = L_0\left[N\left(\dfrac{\ln\left(\dfrac{L_0}{K}\right) + \left(\hat{\mu}+\dfrac{\hat{\sigma}^2}{2}\right)T}{\hat{\sigma}\sqrt{T}}\right) - N\left(\dfrac{\ln\left(\dfrac{L_0}{1}\right) + \left(\hat{\mu}+\dfrac{\hat{\sigma}^2}{2}\right)T}{\hat{\sigma}\sqrt{T}}\right)\right] \\ - Ke^{-\mu T}\left[N\left(\dfrac{\ln\left(\dfrac{L_0}{K}\right) + \left(\hat{\mu}-\dfrac{\hat{\sigma}^2}{2}\right)T}{\hat{\sigma}\sqrt{T}}\right) - N\left(\dfrac{\ln\left(\dfrac{L_0}{1}\right) + \left(\hat{\mu}-\dfrac{\hat{\sigma}^2}{2}\right)T}{\hat{\sigma}\sqrt{T}}\right)\right] \quad (9\text{-}22)$$

式中,g_C 为基于欧式看涨期权思想、按照保险精算理论推导出的企业贷款保险纯费率。

有趣的是,如果将推导过程中被保险企业贷款到期损失率 L_T 的取值上限由"1"变成"∞",同时用无风险利率 r 折现期望赔付率,式(9-22)将变为

$$g_C = L_0 N\left(\dfrac{\ln\left(\dfrac{L_0}{K}\right) + \left(\mu+\dfrac{\sigma^2}{2}\right)T}{\sigma\sqrt{T}}\right) - Ke^{-rT} N\left(\dfrac{\ln\left(\dfrac{L_0}{K}\right) + \left(\mu-\dfrac{\sigma^2}{2}\right)T}{\sigma\sqrt{T}}\right) \quad (9\text{-}23)$$

式(9-23)形同经典的欧式看涨期权定价公式(Black and Scholes,1973),这印证了9.2.2节关于"贷款保险欧式看涨期权属性"的推断,并说明了基于看涨期权的企业贷款保险定价模型的推导过程和推导结果的科学性。

值得一提的是,通过式(9-23)得出的企业贷款保险纯费率,反映的是保险人对某类贷款进行保险时应收取的平均纯费率。在实际操作中,保险人还应按照保费厘定原则,有针对性地根据联合投保人(借款人与放贷人)的具体情况以及保险人开展企业贷款保险业务的营运费用、代理佣金、国家税收和利润附加等因素,在基本纯费率 g_C 的基础上对保险费率做出相应调整,方可得到最终的企业贷款保险费率 g:

$$g = \alpha g_c + \varepsilon \qquad (9\text{-}24)$$

式中，α 为根据被保险贷款的具体情况得出的个体差异调整系数；ε 为考虑保险人开展企业贷款保险业务的营运费用、代理佣金、国家税收和利润附加等因素后的保费附加率。限于研究主题，本书不对个体差异调整系数 α 和保费附加率 ε 做进一步探讨。

9.4 运算案例

由于贷款损失类数据涉及银行业风险管理水平的评价，其获取和运用受到行业主管部门和放贷机构的严格管控，且在相关文献及资料中难以找到符合本运算案例要求的连续而充足的贷款损失数据，所以本节根据本章构建的企业贷款保险定价模型对运算数据的要求，通过采集金融界公开的相关数据来构造运算案例，以期用最为贴近业界风险的方式来验证模型、揭示规律。

9.4.1 案例设计

运算案例假定某借款企业向某保险机构提出企业贷款保险申请，保险机构需要科学地制定企业贷款保险费率。保险机构经过对借款企业的初步分析，按其行业、地域、规模以及贷款用途等情况将该贷款归为某种类型。经数据共享，保险机构获得了该类型贷款在 2009 年季度至 2019 年 4 季度间每季度的贷款损失率，详见表 9-2。

表 9-2 运算案例所采用的同类企业贷款损失率数据

序号 i	样本对应时间	贷款损失率 L_i/%	序号 i	样本对应时间	贷款损失率 L_i/%
1	2010 年 1 季度	1.19	21	2015 年 1 季度	1.29
2	2010 年 2 季度	1.11	22	2015 年 2 季度	1.37
3	2010 年 3 季度	1.00	23	2015 年 3 季度	1.44
4	2010 年 4 季度	0.91	24	2015 年 4 季度	1.40
5	2011 年 1 季度	0.90	25	2016 年 1 季度	1.46
6	2011 年 2 季度	0.80	26	2016 年 2 季度	1.49
7	2011 年 3 季度	0.80	27	2016 年 3 季度	1.51
8	2011 年 4 季度	0.80	28	2016 年 4 季度	1.48
9	2012 年 1 季度	0.78	29	2017 年 1 季度	1.50
10	2012 年 2 季度	0.82	30	2017 年 2 季度	1.51

续表

序号 i	样本对应时间	贷款损失率 L_i/%	序号 i	样本对应时间	贷款损失率 L_i/%
11	2012 年 3 季度	0.85	31	2017 年 3 季度	1.51
12	2012 年 4 季度	0.81	32	2017 年 4 季度	1.52
13	2013 年 1 季度	0.83	33	2018 年 1 季度	1.53
14	2013 年 2 季度	0.86	34	2018 年 2 季度	1.57
15	2013 年 3 季度	0.87	35	2018 年 3 季度	1.67
16	2013 年 4 季度	0.88	36	2018 年 4 季度	1.79
17	2014 年 1 季度	0.94	37	2019 年 1 季度	1.88
18	2014 年 2 季度	0.99	38	2019 年 2 季度	2.30
19	2014 年 3 季度	1.11	39	2019 年 3 季度	2.48
20	2014 年 4 季度	1.16	40	2019 年 4 季度	2.32

数据来源：中国银行保险监督管理委员会。

数据源自原中国银行保险监督管理委员会公布的每季度全国城市商业银行不良贷款率，时间为 2009 年第 1 季度至 2019 年第 4 季度。这样做主要基于以下几点考虑。

(1) 遵守相关数据管控规定，从原中国银保监会官网获取公开数据，确保数据权威真实、易于获取。

(2) 依据我国城市商业银行主要的信贷服务对象，选取这类银行全国不良贷款率来模拟贷款保险面临的真实风险。

(3) 避开 2008 年次贷危机和 2020 年新冠疫情等异常因素对相关数据的影响，在此期间我国宏观经济总体运行平稳。

9.4.2 样本检验

贷款损失率服从对数正态分布是基于看涨期权的企业贷款保险定价模型中的重要假设条件，故在模型运算之前需要对样本数据 L_i 是否符合对数正态分布进行假设检验，而该检验等价于检验 $\ln(L_i)$ 是否符合正态分布。

鉴于此，为简化对样本数据 L_i 的检验过程，下面用 χ^2 拟合优度检验方法对 $\ln(L_i)$ 是否符合正态分布进行检验。原假设 H_0：取对数后的贷款损失率样本数据符合正态分布。备择假设 H_1：取对数后的贷款损失率样本数据不符合对数正态分布。具体检验步骤如下。

步骤 1：根据样本数据 L_i 得到 $\ln(L_i)$，并分别求出 $\ln(L_i)$ 的均值和方差，用以估计相关数据总体的均值和方差。

步骤 2：按照由小到大的顺序将 $\ln(L_i)$ 划分为 t 个区间，并确定各区间的频数 n_t ($t=1,2,\cdots,j$)，a_t 为划分第 t 个区间上界的实数。

步骤 3：计算 $\ln(L_i)$ 落入第 t 个区域的概率 p_t：

$$p_t = N\left\{\frac{a_t - E[\ln(L_i)]}{\sqrt{\mathrm{Var}[\ln(L_i)]}}\right\} - N\left\{\frac{a_{t-1} - E[\ln(L_i)]}{\sqrt{\mathrm{Var}[\ln(L_i)]}}\right\} \tag{9-25}$$

步骤 4：计算检验统计量 χ^2 的观察值：

$$\chi^2 = \sum_{t=1}^{k} \frac{(n_t - np_t)^2}{np_t} \tag{9-26}$$

步骤 5：在样本分区 t、总体参数数量 2、显著性水平 α 确定的条件下，查表得检验统计量 χ^2 的临界值。

步骤 6：对比检验统计量 χ^2 的观察值与临界值，若观察值小于临界值，则接受原假设；若观察值大于临界值，则拒绝原假设。

在本运算案例中，设显著水平 $\alpha=0.05$，将收集到的 40 个样本数据（$n=40$）代入上述步骤，算得检验统计量 χ^2 的观察值为 1.7038，部分检验过程数据见表 9-3。

表 9-3 样本数据服从对数正态分布的 χ^2 拟合优度检验

t	分组区间 ($a_t \sim a_{t-1}$)	各区间频数 n_t	区间概率 p_t	$40 \times p_t$	$\dfrac{(n_t - np_t)^2}{np_t}$
1	$-4.8536 \sim -4.4313$	19	0.3829	15.3162	0.8860
2	$-4.4313 \sim -4.1980$	9	0.2643	10.5709	0.2335
3	$-4.1980 \sim -4.0350$	7	0.1326	5.3041	0.5422
4	$-4.0350 \sim -3.6969$	5	0.1140	4.5618	0.0421

查 χ^2 分布分位数表得对应的检验统计量临界值为 3.8415。由于检验统计量 χ^2 的观察值小于其临界值，故接受原假设 H_0，即被检验数据在取对数后服从正态分布，意味着本运算案例的同类企业贷款损失率数据服从对数正态分布，满足本章所建模型运算对数据的要求。

9.4.3 运算结果

为避免来自放贷机构的道德风险，促使放贷机构尽到审贷义务，本运算案例将企业贷款保险的免赔率设置为贷款损失率样本数据的均值（1.29%），即保险到期时，保险机构只对超过贷款损失率均值的贷款损失进行保险赔付，保险机构不对低于贷款损失率均值的贷款损失进行保险赔付。同时，以样本数据中最末一期贷款损失率(2.32%)为初始贷款损失率 L_0；设定保险期限 T 为 1 年。

将样本数据代入式(9-13)～式(9-17)，求得 μ 和 σ 的年化极大似然估计量分别为 0.0759 和 0.1222。最后，将上述数据代入式(9-18)，即得到上述条件下 1 年期的企业贷款保险纯费率 g_C 为 1.12%。基于此，保险机构便可结合借款企业个体差异和保险运营成本，运用式(9-20)对企业贷款保险最终费率进行调整。

9.4.4 定价规律

较之前述章节，本章所建模型在计算企业贷款保险纯费率时综合考虑了企业贷款保险免赔率、保险期初同类企业贷款损失率、保险期限、同类贷款损失率的漂移率和波动率五大因素。本节运用上述运算案例数据，将依次探究企业贷款保险纯费率受上述几大因素影响的趋势，以便进一步揭示企业贷款保险定价的科学规律。

1. 保险免赔率 K 对企业贷款保险定价的影响

保持本运算案例其他参数取值不变，以企业贷款保险免赔率 $K=1.29\%$ 为参照点、以 0.05% 为步长，分别向正反两个方向变动企业贷款保险免赔率，同时观测记录下每次变动后对应的 1 年期企业贷款保险纯费率，并据此绘制出企业贷款保险纯费率随保险免赔率变化的曲线，以直观反映保险免赔率对企业贷款保险费率的影响规律，如图 9-5 所示。

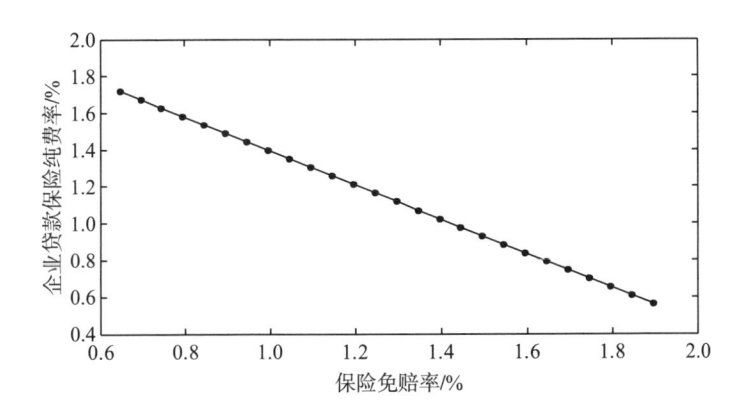

图 9-5 随保险免赔率变化的企业贷款保险定价曲线

观察图 9-5 可发现，企业贷款保险纯费率随着保险免赔率的提高而降低，反映出保险机构的赔付责任随保险免赔率的升高而下降的事实。

2. 保险期初同类企业贷款损失率 L_0 对企业贷款保险定价的影响

保持本运算案例其他参数取值不变，以保险期初同类企业贷款损失率 L_0=2.32%为参照点、以 0.05%为步长，分别向正反两个方向变动保险期初同类企业贷款损失率，同时观测记录每次变动后对应的 1 年期企业贷款保险纯费率，并据此绘制出企业贷款保险纯费率随保险期初同类企业贷款损失率变化的曲线，以直观反映保险期初同类企业贷款损失率对企业贷款保险纯费率的影响规律，如图 9-6 所示。

观察图 9-6 可发现，企业贷款保险纯费率随着保险期初同类企业贷款损失率的升高而升高，反映出被保险企业贷款的信贷风险随保险期初同类企业贷款损失率的升高而升高的事实。

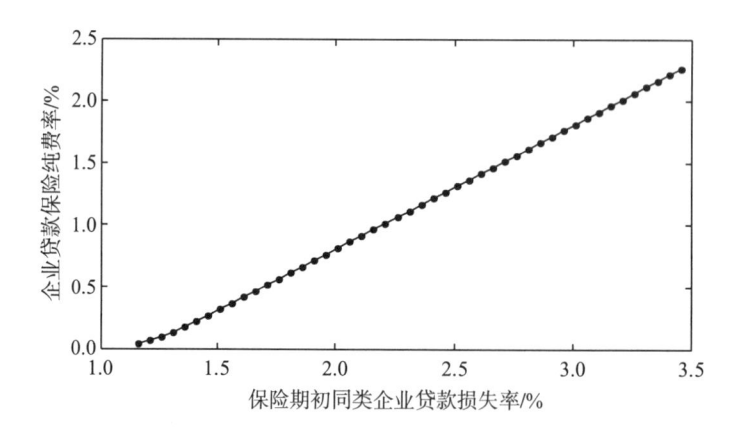

图 9-6 随保险期初同类企业贷款损失率变化的企业贷款保险定价曲线

3. 保险期限 T 对企业贷款保险定价的影响

保持本运算案例其他参数取值不变，以保险期限 T=1 年为参照点、以 1 季度为步长，分别往正反两个方向缩短和延长保险期限，同时观测记录每次变动后对应的企业贷款保险纯费率，并据此绘制出企业贷款保险纯费率随保险期限变化的曲线，以直观反映在本章所建模型中保险期限对企业贷款保险费率的影响规律，如图 9-7 所示。

第9章　考虑保险免赔的企业贷款保险费率厘定基本模型

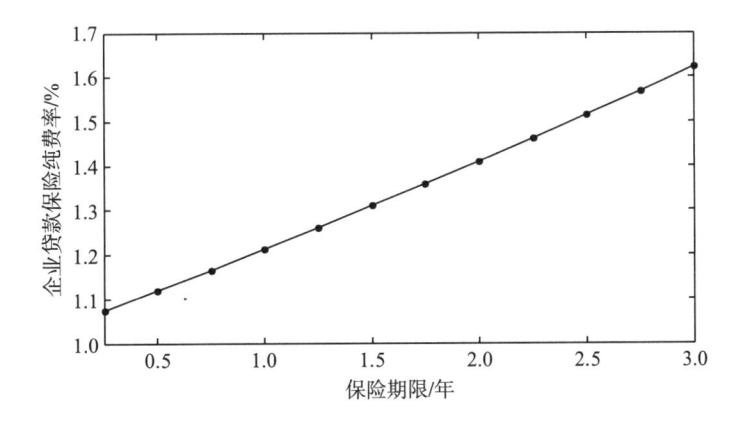

图 9-7　随保险期限变化的企业贷款保险定价曲线

观察图 9-7 可发现，企业贷款保险纯费率随着保险期限的变长而升高，反映出借款企业的违约风险随保险期限加长而升高的事实。

4. 同类贷款损失率的漂移率 μ 对企业贷款保险定价的影响

保持本运算案例其他参数取值不变，以同类贷款损失率的漂移率 $\mu=0.0759$ 为参照点、以 0.001 为步长，分别向正反两个方向变动同类贷款损失率的漂移率，同时观测记录每次变动后对应的企业贷款保险纯费率，并据此绘制出企业贷款保险纯费率随同类贷款损失率的漂移率变化的曲线，以直观反映在本章所建模型中同类贷款损失率的漂移率对企业贷款保险费率的影响规律，如图 9-8 所示。

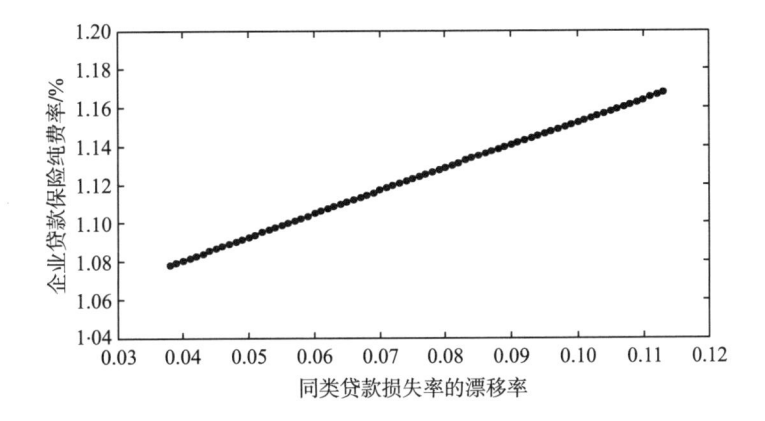

图 9-8　随同类贷款损失率的漂移率变化的企业贷款保险定价曲线

观察图 9-8 可发现，企业贷款保险纯费率随着同类贷款损失率的漂移率 μ 的加大而升高，反映出同类贷款损失率的漂移率 μ 对被保险企业贷款信贷风险的同向指针作用。

5. 同类贷款损失率的波动率 σ 对企业贷款保险定价的影响

保持本运算案例其他参数取值不变，以同类企业贷款损失率的波动率 $\sigma=0.1222$ 为参照点、以 0.001 为步长，分别向正反两个方向变动同类企业贷款损失率的波动率，同时观测记录每次变动后对应的企业贷款保险纯费率，并据此绘制出企业贷款保险纯费率随同类贷款损失率的波动率变化的曲线，以直观反映在本章所建模型中同类贷款损失率的波动率对企业贷款保险费率的影响规律，如图 9-9 所示。

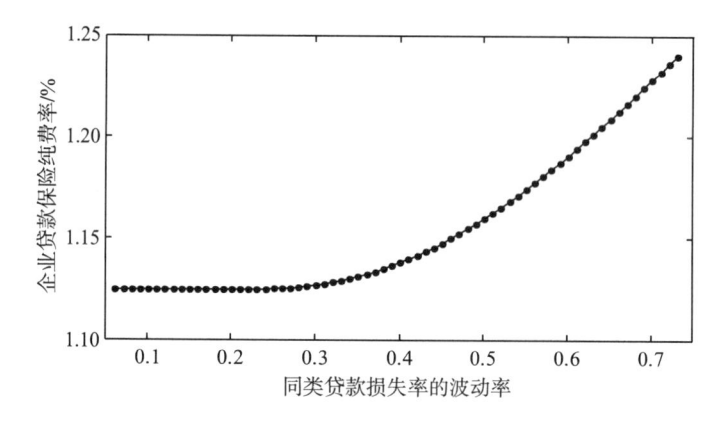

图 9-9 随同类贷款损失率的波动率变化的企业贷款保险定价曲线

观察图 9-9 可发现，当同类贷款损失率的波动率 σ 大到一定程度时，企业贷款保险纯费率将随其加大而升高，反映出同类贷款损失率的波动率 σ 对被保险企业贷款信贷风险的同向指针作用。

6. 定价规律小结与进一步分析

综上所述，在影响企业贷款保险定价的五大因素中，除保险免赔率的影响是反向作用外，其余因素对企业贷款保险定价的影响都是正向的，符合实际情况和前述分析；同时，在本章所建模型中，企业贷款保险费率随保险免赔率和保险期初同类企业贷款损失率的变化最为敏感。

值得关注的是，在上述保险定价影响因素中，由保险机构参与掌控的仅有保险免赔率和保险期限。图 9-10 进一步展示了企业贷款保险纯费率随保险免赔率 K 和保险期限 T 同时变化的趋势。

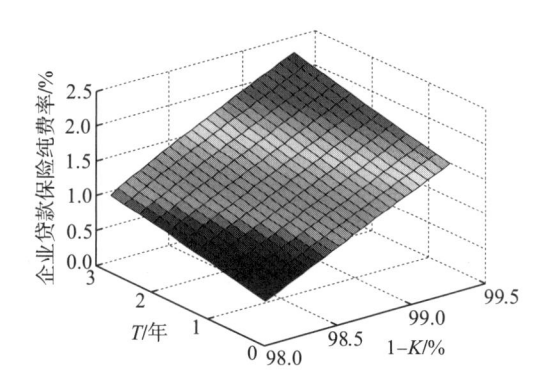

图 9-10　随免赔率 K 和保险期限 T 同时变化的企业贷款保险纯费率

观察图 9-10 可发现，如果在提高免赔率的同时适当缩短保险期限，会更大幅度地降低企业贷款保险纯费率，将为降低贷款保险价格和扩大贷款保险利润创造更大的空间。

9.5　本章小结

为打破前述企业贷款保险定价理论在适用范围上的局限，本章从保险免赔的全新角度，将看涨期权原理引入企业贷款保险定价研究领域，推导出了新的企业贷款保险定价模型。该模型的构建为学术界跳出已有路径继续研究贷款保险定价理论带来了全新思路，使得相关研究不再高度依赖资本市场有效性或者信用评价体系完善性成为可能，为在现实条件下更加科学地利用保险免赔条款和同类贷款损失数据制定保险价格开辟了新路径，对于发展企业贷款保险精算理论和信用风险转移定价理论具有重要的学术价值。

回顾全章，可归纳出以下几点阶段性的理论观点。

(1) 附带免赔条款的企业贷款保险合约可视作一项以企业贷款到期损失率(企业贷款到期损失)为期权标的物、以免赔率(免赔额)为执行价格、以保险到期日为期权到期日的欧式看涨期权，保险机构即期权卖出方，投保人即期权购买方，保险纯费率即卖出该期权的价格。

(2) 根据保险精算基本原理，利用被保险企业贷款的同类贷款损失率的历史数据，在综合考虑保险免赔率、保险期初同类贷款损失率、保险期限、同类贷款损失率的漂移率及波动率五大因素的情况下,即可推导出免赔额视角下的企业贷款保险纯费率厘定模型。

(3)在本章所建模型中,企业贷款保险的纯费率与保险期初贷款损失率、贷款损失率的漂移均方差、保险期限、贷款损失率的漂移率分别保持着不同程度的同向变化关系,而与保险免赔率则保持着较强的反向变化关系,在企业贷款保险精算过程中应准确把握上述因素对保险价格的影响方向与影响程度。

(4)如果承保机构在提高免赔率的同时适当缩短保险期限,会更大幅度地降低企业贷款保险纯费率,保险机构可主动利用这个定价规律为合理降低贷款保险价格和适度扩大承保利润创造更大空间。

第 10 章　考虑有限赔付与还款展期的企业贷款保险费率厘定模型

在企业贷款保险中设置最高赔付限额与损失分担比例，进一步使得保险机构在企业贷款保险过程中的理赔风险变得有限可控，是政府鼓励保险业开展诸如小微企业贷款保险的常见措施；而还款展期则是放贷机构面对可挽回的贷款损失时，给予特定借款企业的常见风险宽容政策。上述情况的存在对企业贷款保险的期望赔付率必然构成影响，必然会引起企业贷款保险费率的变化。鉴于此，本章将在第 9 章的研究基础上，通过模型优化，建立起兼顾最高赔付限额、损失分担比例与还款展期的企业贷款保险费率厘定模型。

10.1　有限赔付与还款展期对企业贷款保险定价的影响

10.1.1　有限赔付与还款展期在企业贷款保险中的实际存在

企业贷款保险意味着信贷风险从放贷机构向保险机构转移。出于风险管理的考虑，保险机构只会承接风险可控范围内的企业贷款保险业务。因此，当面对一些风险较大或风险不易度量的涉及中小微借款企业的贷款种类时(例如，小微企业贷款和涉农企业贷款保险等)，保险机构对于是否开展企业贷款保险业务往往顾虑重重。

然而，国民经济的发展和诸多社会问题的解决都离不开中小微企业的巨大贡献。为缓解中小微企业的贷款融资难题，支持实体经济发展，国家正在尝试各种解决方案。考虑到保险机构在风险管理方面的丰富经验与先进技术，鼓励保险机构针对涉及中小微借款企业的贷款种类开展企业贷款保险业务，以促进银行业向中小微企业放贷，便是其中一条重要的解决路径。

为降低保险机构承保中小微企业贷款种类的风险，支持保险机构尽可能地开展相关企业贷款保险业务，国家出台了一系列扶持措施，如《关于大力发展信用保证保险服务和支持小微企业的指导意见》(保监发〔2015〕6号)。这些政策概括起来主要包括两个方面：一方面，通过设置最高赔付限额和划定损失分担比例的形式，让开展企业贷款保险业务的保险机构所面临的赔付风险始终处于一个有限可控的范围内；另一方面，允许放贷机构对需要扶持的特定借款企业给予一定还款展期，以便使有还款潜力的借款企业在展期内自行挽回贷款损失，最大限度地避免贷款违约事件的发生，降低企业贷款保险赔付事件的实际发生频次。为简化理论研究，本章将上述两方面措施归纳为有限赔付与还款展期。

简言之，在上述现实背景下，对于企业贷款保险而言，有限赔付与还款展期将在一定范围内的特定借款企业中长期存在。因此，在系统研究企业贷款保险定价问题时，有必要对来自有限赔付与还款展期的影响加以重点考虑。

10.1.2 最高赔付额对企业贷款保险定价的影响

如前所述，设置最高赔付额是企业贷款保险有限赔付的主要措施之一。它允许保险机构设置最高赔付额，保险人仅对免赔额与最高赔付额之间的贷款损失进行赔付，对超出最高赔付额的贷款损失则由政府通过风险基金来平抑。最高赔付额给保险机构参与企业信贷风险的分担工作划定了风险分担上界，不仅有利于保护保险机构开展企业贷款保险业务的积极性，还为政府扶持相关企业贷款保险业务找到了切入点。为便于统一衡量有限赔付程度，本节用期望赔付率替代期望赔付额，用最高赔付率替代最高赔付额，对相关问题进行分析。其中，期望赔付率指被保险企业贷款损失的期望赔付额与被保险企业贷款理论价值的比值；最高赔付率指被保险企业贷款损失的最高配额与被保险企业贷款理论价值的比值。

此处，用一个简单的运算案例来说明最高赔付额与损失分担比例对企业贷款保险赔付率及企业贷款保险定价的影响。设某商业银行准备对某借款企业发放一笔贷款，计划通过企业贷款保险的形式来转移部分信贷风险。如果该类贷款损失率的概率分布已知，当保险免赔率 K=10%、保险分担比例 β=80%保持不变时，则在不计利息的情况下，可通过简单的运算，得到最高赔付率 B 分别为60%、80%和100%时所对应的保险期望赔付率(表10-1)。

表 10-1　最高赔付率对企业贷款保险期望赔付率的影响（$K=10\%$、$\beta=80\%$）

序号	概率/%	贷款损失率/%	企业贷款保险的期望赔付率/%		
			$B=60\%$	$B=80\%$	$B=100\%$
1	60.00	0.00	0.00	0.00	0.00
2	12.00	1.00	0.00	0.00	0.00
3	8.00	3.00	0.00	0.00	0.00
4	5.00	5.00	0.00	0.00	0.00
5	4.00	10.00	0.00	0.00	0.00
6	3.00	20.00	0.24	0.24	0.24
7	2.50	30.00	0.40	0.40	0.40
8	2.00	40.00	0.48	0.48	0.48
9	1.50	50.00	0.48	0.48	0.48
10	1.00	60.00	0.40	0.40	0.40
11	0.40	70.00	0.16	0.19	0.19
12	0.30	80.00	0.12	0.17	0.17
13	0.20	90.00	0.08	0.11	0.13
14	0.10	100.00	0.04	0.06	0.07
合计			2.40	2.53	2.56

观察表 10-1 可发现，当贷款损失率的概率分布、保险免赔率和保险分担比例一定时，保险期望赔付率将受到保险最高赔付率的影响，主要体现在随着最高赔付率的提高，企业贷款保险期望赔付率将逐步升高。由于保险期望赔付率是制定保险纯费率的基础，故可推断在企业贷款保险过程中，企业贷款保险费率应随着最高赔付率（最高赔付额）的提高而提高。

10.1.3　损失分担比例对企业贷款保险定价的影响

如前所述，设置损失分担比例是企业贷款保险有限赔付的又一主要措施。它允许保险机构在设置最高赔付额的同时再设置一个损失分担比例，并按此比例对免赔额与最高赔付额之间的贷款损失进行有限赔付，剩余的未赔付部分则由放贷机构自行承担或由政府通过风险基金来平抑。企业贷款保险损失分担比例同样给保险机构参与信贷风险的分担工作划定了风险分担边界，不仅有利于保护保险机构开展企业贷款保险业务的积极性，还有利于促进放贷机构在企业贷款保险期间继续尽到自身风控职责。为便于统一衡量有限赔付程度，本节同样用期望赔付率替代期望赔付额，用最高赔付率替代最高赔付额，对相关问题进行分析。

此处，用一个简单的运算案例来说明最高赔付额与损失分担比例对企业贷款保险赔付率及企业贷款保险定价的影响。设某商业银行准备对某借款企业发放一笔贷款，计划通过企业贷款保险的形式来转移部分信贷风险。如果该类贷款损失率的概率分布已知，当保险免赔率 $K=10\%$、最高赔付率 $B=80\%$ 保持不变时，则在不计利息的情况下，可通过简单的运算，得到保险损失分担比例 β 分别为 70%、80%和 90%时所对应的保险期望赔付率（表 10-2）。

表 10-2 损失分担比例对企业贷款保险期望赔付率的影响（$K=10\%$，$B=80\%$）

序号	概率/%	贷款损失率/%	保险期望赔付率/% $\beta=70\%$	$\beta=80\%$	$\beta=90\%$
1	60.00	0.00	0.00	0.00	0.00
2	12.00	1.00	0.00	0.00	0.00
3	8.00	3.00	0.00	0.00	0.00
4	5.00	5.00	0.00	0.00	0.00
5	4.00	10.00	0.00	0.00	0.00
6	3.00	20.00	0.21	0.24	0.27
7	2.50	30.00	0.35	0.40	0.45
8	2.00	40.00	0.42	0.48	0.54
9	1.50	50.00	0.42	0.48	0.54
10	1.00	60.00	0.35	0.40	0.45
11	0.40	70.00	0.17	0.19	0.22
12	0.30	80.00	0.15	0.17	0.19
13	0.20	90.00	0.10	0.11	0.13
14	0.10	100.00	0.05	0.06	0.06
	合计		2.22	2.53	2.85

观察表 10-2 可发现，当贷款损失率的概率分布、保险免赔率和保险最高赔付率一定时，保险期望赔付率将受到保险损失分担比例的影响，主要体现在随着保险损失分担比例的提高，企业贷款保险期望赔付率将逐步升高。由于保险期望赔付率是制定保险纯费率的基础，故可推断在企业贷款保险过程中，企业贷款保险费率应随着保险损失分担比例的提高而提高。

10.1.4 还款展期对企业贷款保险定价的影响

在企业贷款保险中，还款展期是指当贷款接近还款日时，借款企业出于对可能发生逾期还款的预判，主动向放贷机构提出的一种延长贷款期限的申请。放贷机构通常会在审查借款企业具体情况的基础上对还款展期申请予以核准；在还款展期内，待偿贷款余额需要继续计算利息。还款展期申请的批准与否，主要取决于放贷银行对借款企业在还款展期结束时是否具有能力尽到还款义务做出的综合研判。

值得一提的是，还款展期作为一项贷款融资宽容政策，给有潜力偿还贷款但暂时遇到还款困难的借款企业带来了缓冲时间，人为减少了贷款违约事件的发生，同时最大限度地降低了企业贷款保险理赔事件的发生频率，不仅有利于支持借款企业继续利用贷款发展生产，还有利于保护保险机构开展企业贷款保险的积极性。

然而，还款展期等同于延长了企业贷款保险的期限。基于前面章节的相关研究可知，贷款期限越长，保险期望赔付率将越高。由于保险期望赔付率是制定保险纯费率的基础，故在企业贷款保险过程中，企业贷款保险费率应随着还款展期的延长而提高。

10.2 考虑有限赔付与还款展期的企业贷款保险定价思路

在有限赔付与还款展期所涉及的三大要素中，保险损失分担比例可通过在第 8 章所建的企业贷款保险定价模型中直接加入一个比例参数予以实现，还款展期可通过直接延长第 8 章所建企业贷款保险定价模型中的保险期限予以实现，而对最高赔付额的考虑过程较为复杂。鉴于此，本节将在第 8 章和 9.1 节的研究基础上，探究同时考虑免赔额和最高赔付额的企业贷款保险定价思路，以便为模型构建奠定基础。

10.2.1 同时设置免赔额与最高赔付额时企业贷款保险买卖双方的损益

为便于分析最高赔付额下企业贷款保险买卖双方的损益，本节同样用免赔率替代免赔额、用最高赔付率替代最高赔付额、用贷款损失率替代贷款损失、用损益率替代损益进行相关研究，它们的计算基础均为被保险企业贷款的理论价值。

同时，设 L_T 为保险到期时的贷款损失率、K 为保险免赔率、B 为保险最高赔付率、g_C 为企业贷款保险纯费率、r_B 为企业贷款保险买方的损益率。由保险到期时的贷款损失率、保险免赔率、保险最高赔付率各自代表的含义易知：$L_T \in [0, 1]$，且 $0<K<B<1$。同时，可进一步推断：随着保险到期

时贷款损失率 L_T 相对于保险免赔率 K 与最高赔付率 B 由小到大变化，企业贷款保险买方的损益率 r_B 将遇到以下三种情况。

情况一：当 $0<L_T<K<B<1$ 时，代表保险到期时的贷款损失率低于保险免赔率，无需保险机构赔偿任何贷款损失，企业贷款保险买方的损益率为支出的保险纯费率 g_C，即 $r_B=-g_C$。

情况二：当 $0<K<L_T<B<1$ 时，代表保险到期时的贷款损失率超过了保险免赔率，但低于最高赔付率，保险机构应赔偿超出保险免赔率的贷款损失，企业贷款保险买方的损益率为到期贷款损失率 L_T 减保险免赔率 K 与支出的保险纯费率 g_C 之和，即 $r_B=L_T-(K+g_C)$。

情况三：当 $0<K<B<L_T<1$ 时，代表保险到期时的贷款损失率超过了最高赔付率，保险机构仅赔付介于保险免赔率与最高赔付率之间的贷款损失，企业贷款保险买方的损益率为最高赔付率 B 减保险免赔率 K 与支出的保险纯费率 g_C 之和，即 $r_B=B-(K+g_C)$。

综合上述三种情况，易得最高赔付率下企业贷款保险买方的损益率 r_B：

$$r_B = \begin{cases} -g_C, & 0<L_T<K<B<1 \\ L_T-K-g_C, & 0<K<L_T<B<1 \\ B-K-g_C, & 0<K<B<L_T<1 \end{cases} \tag{10-1}$$

根据式(10-1)，可绘制出最高赔付率下企业贷款保险买方的损益率曲线，如图 10-1 所示。

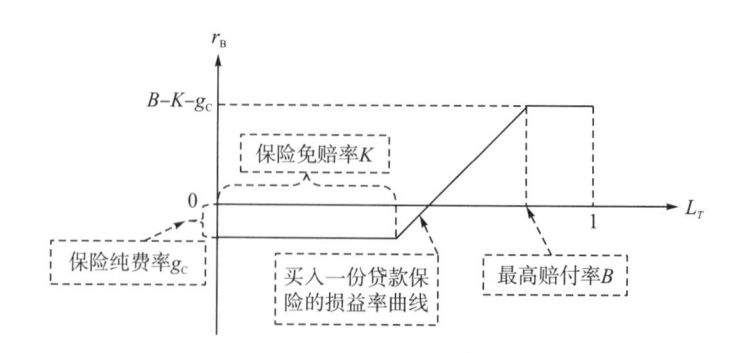

图 10-1 最高赔付率下企业贷款保险买方的损益率曲线

同理，还可进一步推断：随着保险到期时贷款损失率 L_T 相对于保险免赔率 K 与最高赔付率 B 由小到大变化，企业贷款保险卖方的损益率 r_S 同样会遇到以下三种情况。

情况一：当 $0<L_T<K<B<1$ 时，代表保险到期时的贷款损失率低于保险

免赔率，无须保险机构赔偿任何贷款损失，企业贷款保险卖方的损益率为收取的保险纯费率 g_C，即 $r_S = g_C$。

情况二：当 $0<K<L_T<B<1$ 时，代表保险到期时的贷款损失率超过了保险免赔率，但低于最高赔付率，保险机构应赔偿超出保险免赔率的贷款损失，企业贷款保险卖方的损益率为收取的保险纯费率 g_C 减到期贷款损失率 L_T 与免赔率 K 之差，即 $r_S = g_C - (L_T - K)$。

情况三：当 $0<K<B<L_T<1$ 时，代表保险到期时的贷款损失率超过了最高赔付率，保险机构仅赔付介于保险免赔率与最高赔付率之间的贷款损失，企业贷款保险卖方的损益率为收取的保险纯费率 g_C 减最高赔付率 B 与免赔率 K 之差，即 $r_S = g_C - (B - K)$。

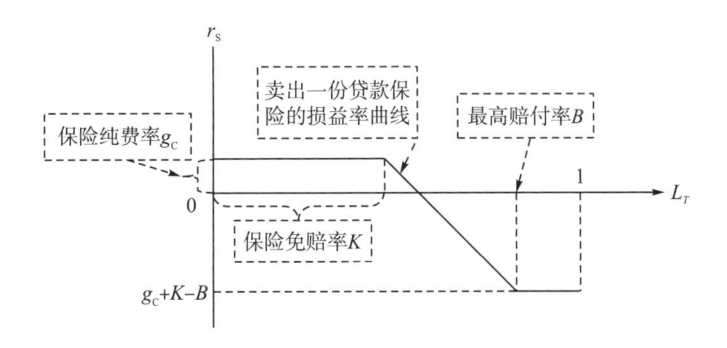

综合上述三种情况，经整理可得最高赔付率下企业贷款保险卖方的损益率 r_S：

$$r_S = \begin{cases} g_C, & 0 < L_T < K < B < 1 \\ g_C + K - L_T, & 0 < K < L_T < B < 1 \\ g_C + K - B, & 0 < K < B < L_T < 1 \end{cases} \tag{10-2}$$

根据式(10-2)，可绘制出最高赔付率下企业贷款保险卖方的损益率曲线，如图 10-2 所示。

图 10-2 最高赔付率下企业贷款保险卖方的损益率曲线

10.2.2 熊市价差期权

熊市价差期权是最普遍的价差期权类型之一，可以用两个欧式看涨期权通过如下操作予以构造：在买入一个执行价格较小的欧式看涨期权的同时，出售一个标的资产、到期日期相同但执行价格较大的欧式看涨期权。因此，构造一个熊市价差期权就意味着需要同时构造两个欧式看涨期权，它们的标的资产、到期日均相同，但执行价格不同，且操作方向相反。

为便于研究，本节需要构造一个熊市价差期权：针对相同到期日下的同一标的资产[其到期日价格为 $S_T(S_T>0)$]，在买入一个执行价格为 X_1 的欧式看涨期权(期权买入价格为 C_1)的同时，再卖出一个执行价格为 X_2 的欧式看涨期权(期权卖出价格为 C_2)，且 $X_1>X_2$。由于欧式看涨期权价格随执行价格大小反向变动，故当 $X_1>X_2$ 时，期权买入价格 C_1 应小于期权卖出价格 C_2，且构造熊市价差期权的综合价格 C 应为两个反向看涨期权价格之差，即 $C=C_2-C_1$。

进一步分析，在上述价差期权中，随着到期标的资产价格 S_T 相对于执行价格 X_1 和 X_2 由小到大变化，构造熊市价差期权的损益 R_B 将遇到如下三种情况。

情况一：当 $0<S_T<X_1$ 时，期权买方的损益为支出的期权价格 C，即 $R_B=-C$。

情况二：当 $X_1<S_T<X_2$ 时，期权买方的损益为到期标的资产价格 S_T 减执行价格 X_1 与支出的期权价格 C 之和，即 $R_B=S_T-(X_1+C)$。

情况三：当 $X_2<S_T<\infty$ 时，原有的欧式看涨期权失效，期权买方的损益为障碍价格 X_2 减执行价格 X_1 与支出的期权价格 C 之和，即 $R_B=X_2-(X_1+C)$。

综合上述三种情况，经整理可得构造熊市价差期权的损益 R_B：

$$R_B = \begin{cases} -C, & 0<S_T<X_1 \\ S_T-X_1-C, & X_1<S_T<X_2 \\ X_2-X_1-C, & S_T>X_2 \end{cases} \quad (10\text{-}3)$$

根据式(10-3)，可绘制出利用两个欧式看涨期权构造熊市价差期权的损益曲线，如图 10-3 所示。

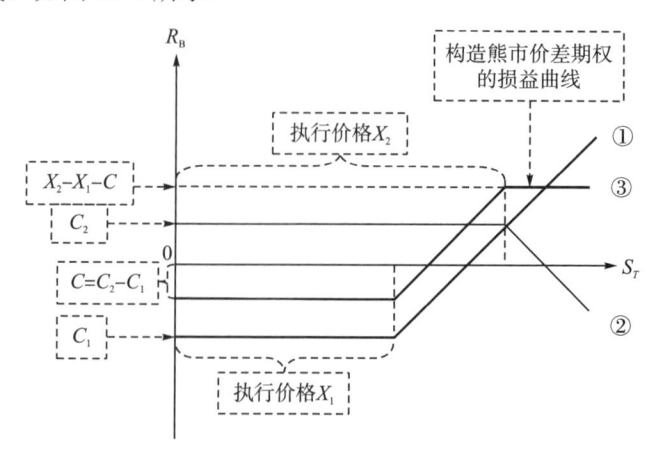

图 10-3 利用两个欧式看涨期权构造熊市价差期权的损益曲线

在图 10-3 中，曲线①是为了构造熊市价差期权而买入的一份执行价格为 X_1 的欧式看涨期权，买入该期权的价格为 C_1；曲线②是在相同标的资产和相同到期日的条件下，为构造熊市价差期权而卖出的一份执行价格为 X_2 的欧式看涨期权，卖出该期权的价格为 C_2；曲线③是在对冲了曲线①和曲线②所代表损益的基础上绘制出的构造熊市价差期权的损益曲线，构造熊市价差期权产生的综合价格为 C，它等于买入期权价格 C_1 与卖出期权价格 C_2 的差值。

10.2.3 基于价差期权理论的企业贷款保险定价思路

对比图 10-1 和图 10-3 发现，最高赔付率下企业贷款保险买方的损益率曲线与构造熊市价差期权的损益曲线同构：免赔率 K 即为价差期权中买入一个欧式看涨期权的执行价格 X_1，最高赔付率 B 即为价差期权中卖出一个欧式看涨期权的执行价格 X_2，企业贷款保险纯费率 g_C 即为构造价差期权而产生的综合价格 C。不同之处是贷款损失率 L_T、保险免赔率 K、最高赔付率 B 的取值范围是有界的，它们取值范围均为[0,1]。沿着这个思路，在保险标的和保险期限相同的条件下，如果能够同时求得执行价格为免赔率 K 的欧式看涨期权价格和执行价格为最高赔付率 B 的欧式看涨期权价格，则两个价格之差即为企业贷款保险的纯费率 g_C。

为直观呈现上述思路，本节综合图 10-1 和图 10-3 绘制出了基于价差期权的企业贷款保险定价思路图，如图 10-4 所示。

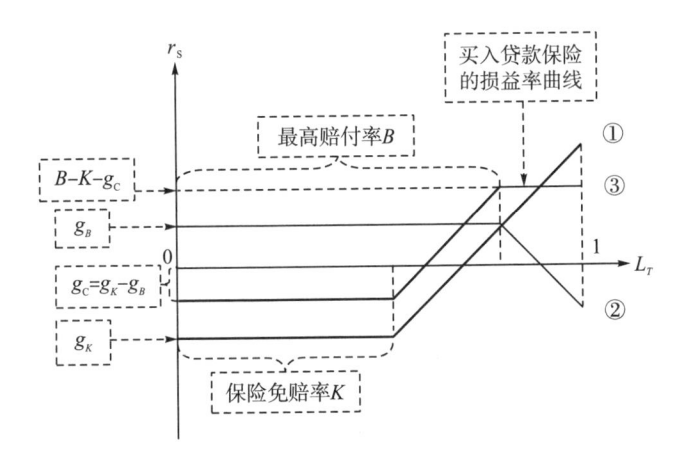

图 10-4 基于价差期权的企业贷款保险定价思路

结合图 10-4，基于价差期权的企业贷款保险定价思路具体表述如下。

(1) 图 10-4 中曲线①代表为构造如图 10-1 中企业贷款保险买方损益率曲线而买入的那份免赔率为 K 的企业贷款保险。根据第 9 章的研究，它即为买入了一份以免赔率 K 为执行价格的欧式看涨期权，所对应的期权价格即买入企业贷款保险的纯费率 g_K 可通过第 9 章所建的定价模型求得。

(2) 图 10-4 中曲线②代表为构造如图 10-1 中企业贷款保险买方损益率曲线而卖出的那份免赔率为 B 的企业贷款保险，根据第 9 章的研究，它即为卖出了一份以免赔率 B 为执行价格的欧式看涨期权，所对应的期权价格即卖出企业贷款保险的纯费率 g_B 同样可通过第 9 章所建的定价模型求得。

(3) 图 10-4 中曲线③是在对冲了曲线①和曲线②各自所代表损益率的基础上而绘制出的损益率曲线，它与图 10-1 中最高赔付率下企业贷款保险买方的损益率曲线同构，即为一条构造熊市价差期权的损益曲线；

(4) 与构造熊市价差期权的综合价格等于两个反向欧式看涨期权价格之差相同，上述买入一份企业贷款保险的纯费率 g_K 与卖出一份企业贷款保险的纯费率 g_B 的差值即为构造曲线③即最高赔付率下卖出一份企业贷款保险所对应的纯费率 g_C。

值得一提的是，由于贷款损失率 L_T、保险免赔率 K、最高赔付率 B 的取值范围均为[0,1]，反映在图 10-4 中便是一条有界的熊市价差期权的损益曲线。

10.3 模型构建

10.3.1 **模型假设**

为便于构造考虑有限赔付和还款展期的企业贷款保险定价基本模型，借鉴 Black 和 Scholes(1973) 的期权定价理论，结合上述企业贷款保险期权定价原理，现对模型推导做出如下假设。

假设 1：保险公司能够根据贷款特征(如借款企业规模、贷款用途、所属行业、所属地域等)，获取到同类贷款的历史损失率。

假设 2：贷款损失率是连续的，遵循几何布朗运动，服从对数正态分布。

假设 3：保险到期时贷款损失率是否介于保险免赔率与最高赔付率之间，是判断保险人是否赔付贷款损失的唯一标准，保险人仅对介于保险免赔率与最高赔付率之间的贷款损失按风险分担比例进行赔付。

假设4：企业贷款保险期限将随被保险贷款还款展期的存在而同步延长，延长期限与被保险贷款还款展期相同。

10.3.2 来自价差期权的模型推导

根据假设2，贷款损失率 L_t 服从如下几何布朗运动：
$$\mathrm{d}\ln L_t = \mu \mathrm{d}t + \sigma \mathrm{d}W_t \tag{10-4}$$
式中，L_t 为 t 时刻的贷款损失率，$L_t \in [0,1]$；μ 为贷款损失率的漂移率；σ 为 μ 的波动率；W_t 遵循标准的维纳过程；t 代表时间，$t \in [0, T+\tau]$，$t=0$ 代表企业贷款保险的期初时刻，$t=T$ 代表企业贷款保险的到期时刻，τ 代表还款展期，$t=T+\tau$ 代表随着还款展期的存在而实际发生的企业贷款保险期限。相应地，为在表述上与无还款展期的企业贷款保险期限相区别，该期限长度即为 $(T+\tau)$，该期限末所对应的贷款损失率称为展期后保险期末贷款损失率 $L_{T+\tau}$。

根据基于价差期权的企业贷款保险定价思路，在最高赔付额的条件下计算企业贷款保险纯保费的前提是要先针对同一保险标的和保险期限，计算出相当于执行价格分别为免赔率 K 和最高赔付率 B 的欧式看涨期权价格，也即免赔率分别为 K 和 B 的企业贷款保险纯费率。

按此思路，首先运用第9章所构建的免赔额视角下基于看涨期权的企业贷款保险定价模型，可求得免赔率为 K、保险损失分担比例为 β、保险期限为 $(T+\tau)$ 的企业贷款保险纯费率 g_K：

$$g_K = \beta L_0 \left[N\left(\frac{\ln\left(\frac{L_0}{K}\right) + \left(\hat{\mu} + \frac{\hat{\sigma}^2}{2}\right)(T+\tau)}{\hat{\sigma}\sqrt{T+\tau}} \right) - N\left(\frac{\ln\left(\frac{L_0}{1}\right) + \left(\hat{\mu} + \frac{\hat{\sigma}^2}{2}\right)(T+\tau)}{\hat{\sigma}\sqrt{T+\tau}} \right) \right]$$
$$-\beta K e^{-\mu(T+\tau)} \left[N\left(\frac{\ln\left(\frac{L_0}{K}\right) + \left(\hat{\mu} - \frac{\hat{\sigma}^2}{2}\right)(T+\tau)}{\hat{\sigma}\sqrt{T+\tau}} \right) - N\left(\frac{\ln\left(\frac{L_0}{1}\right) + \left(\hat{\mu} - \frac{\hat{\sigma}^2}{2}\right)(T+\tau)}{\hat{\sigma}\sqrt{T+\tau}} \right) \right]$$
$$\tag{10-5}$$

式中，$\hat{\mu}$ 和 $\hat{\sigma}$ 分别为对 μ 和 σ 的极大似然估计（具体估计过程见第9章）；L_0 为被保险贷款所属贷款种类在保险期初的损失率。

再次运用第9章所构建的免赔额视角下基于看涨期权的企业贷款保险定价模型，可求得以最高赔付率 B 为免赔率、保险损失分担比例为 β、保险期限为 $(T+\tau)$ 的企业贷款保险纯费率 g_B：

$$g_B = \beta L_0 \left[N\left(\frac{\ln\left(\frac{L_0}{B}\right) + \left(\hat{\mu} + \frac{\hat{\sigma}^2}{2}\right)(T+\tau)}{\hat{\sigma}\sqrt{T+\tau}}\right) - N\left(\frac{\ln\left(\frac{L_0}{1}\right) + \left(\hat{\mu} + \frac{\hat{\sigma}^2}{2}\right)(T+\tau)}{\hat{\sigma}\sqrt{T+\tau}}\right) \right]$$

$$-\beta B e^{-\mu(T+\tau)} \left[N\left(\frac{\ln\left(\frac{L_0}{B}\right) + \left(\hat{\mu} - \frac{\hat{\sigma}^2}{2}\right)(T+\tau)}{\hat{\sigma}\sqrt{T+\tau}}\right) - N\left(\frac{\ln\left(\frac{L_0}{1}\right) + \left(\hat{\mu} - \frac{\hat{\sigma}^2}{2}\right)(T+\tau)}{\hat{\sigma}\sqrt{T+\tau}}\right) \right]$$

(10-6)

随后，根据前述基于价差期权的企业贷款保险定价思路，综合式(10-5)和式(10-6)，便可求得执行价格分别为 K 和 B 的欧式看涨期权价格的企业贷款保险纯费率之差，即考虑有限赔付与还款展期的企业贷款保险纯费率 g_C：

$$g_C = g_K - g_B$$

$$= \beta L_0 \left[N\left(\frac{\ln\left(\frac{L_0}{K}\right) + \left(\hat{\mu} + \frac{\hat{\sigma}^2}{2}\right)(T+\tau)}{\hat{\sigma}\sqrt{(T+\tau)}}\right) - N\left(\frac{\ln\left(\frac{L_0}{B}\right) + \left(\hat{\mu} + \frac{\hat{\sigma}^2}{2}\right)(T+\tau)}{\hat{\sigma}\sqrt{(T+\tau)}}\right) \right]$$

$$-\beta K e^{-\mu(T+\tau)} \left[N\left(\frac{\ln\left(\frac{L_0}{K}\right) + \left(\hat{\mu} - \frac{\hat{\sigma}^2}{2}\right)(T+\tau)}{\hat{\sigma}\sqrt{(T+\tau)}}\right) - N\left(\frac{\ln\left(\frac{L_0}{1}\right) + \left(\hat{\mu} - \frac{\hat{\sigma}^2}{2}\right)(T+\tau)}{\hat{\sigma}\sqrt{(T+\tau)}}\right) \right]$$

$$+ \beta B e^{-\mu(T+\tau)} \left[N\left(\frac{\ln\left(\frac{L_0}{B}\right) + \left(\hat{\mu} - \frac{\hat{\sigma}^2}{2}\right)(T+\tau)}{\hat{\sigma}\sqrt{(T+\tau)}}\right) - N\left(\frac{\ln\left(\frac{L_0}{1}\right) + \left(\hat{\mu} - \frac{\hat{\sigma}^2}{2}\right)(T+\tau)}{\hat{\sigma}\sqrt{(T+\tau)}}\right) \right]$$

(10-7)

式(10-7)反映的是在有限赔付与还款展期的条件下保险人对某类贷款进行保险时应收取的纯费率。在实际操作中，保险人还应按照保费厘定原则，有针对性地根据借款企业与放贷人的具体情况以及保险人开展企业贷款保险业务的营运费用、代理佣金、国家税收和利润附加等因素，在纯费率 g_C 的基础上对保险费率做出相应调整，方可得到最终的企业贷款保险费率 g：

$$g = \alpha g_C + \varepsilon \quad (10\text{-}8)$$

式中，α 为根据被保险贷款的具体情况得出的个体差异调整系数；ε 为考虑保险人开展企业贷款保险业务的营运费用、代理佣金、国家税收和利润附加等因素后的保费附加率。限于研究主题，本书不对个体差异调整系数 α 和保费附加率 ε 做进一步探讨。

10.3.3 来自保险精算原理的模型推导

本节沿用第 8 章的模型推导过程，从保险精算理论的角度对考虑有限赔付与还款展期的企业贷款保险定价模型进行再次推导。

根据随机过程理论(方兆本和缪柏其，2011)，满足上述假设 2 的贷款损失率 L_t 同时应服从对数正态分布，故将 L_t 取对数后应服从如下正态分布：

$$\ln L_t \sim N\left[\left(\mu - \frac{\sigma^2}{2}\right)t, \sigma^2 t\right] \tag{10-9}$$

进一步分析，当保险期初的贷款损失率 L_0 给定时，取对数后的保险期末贷款损失率 $L_{T+\tau}$ 也应服从正态分布，其均值和方差分别为

$$E[\ln(L_{T+\tau})] = \ln(L_0) + \left(\mu - \frac{\sigma^2}{2}\right)(T+\tau) \tag{10-10}$$

$$\mathrm{Var}[\ln(L_{T+\tau})] = \sigma^2(T+\tau) \tag{10-11}$$

由式(10-10)和式(10-11)可得 $\ln(L_{T+\tau})$ 的概率密度函数：

$$f(\ln(L_{T+\tau})) = \frac{1}{\sqrt{2\pi(T+\tau)}\sigma} \exp\left(-\frac{\left[\ln(L_{T+\tau}) - \ln(L_0) - \left(\mu - \frac{\sigma^2}{2}\right)(T+\tau)\right]^2}{2\sigma^2(T+\tau)}\right)$$

$$\tag{10-12}$$

式中，$f(\ln(L_{T+\tau}))$ 为 $\ln(L_{T+\tau})$ 的概率密度函数。

在保险精算理论中，未来保险赔付的期望是保险定价即制定保险纯保费的基础，它通常由如下两个因素的乘积决定：一是未来潜在的保险赔付额；二是潜在保险赔付额对应的概率。因此，企业贷款保险期望赔付率理应是企业贷款保险定价即制定保险纯费率的基础，它由如下两个因素的乘积决定：一是未来潜在的企业贷款保险赔付率；二是潜在企业贷款保险赔付率对应的概率。

如前所述，当考虑有限赔付时，在保险期末承接企业贷款保险业务的保险机构的潜在赔付率将存在如下几种情况。

情况一：当贷款损失率低于保险免赔率时，保险人不赔付任何贷款损失，企业贷款保险赔付率为零。

情况二：当贷款损失率介于保险免赔率和保险最高赔付率之间时，保险人按保险损失分担比例赔付贷款损失，企业贷款保险赔付率等于保险损失分担比例与贷款损失率和保险免赔率之差的乘积。

情况三：当贷款损失率高于保险最高赔付率时，保险人仅按保险损失

分担比例赔付保险最高赔付率以下的贷款损失，企业贷款保险赔付率等于保险损失分担比例与最高赔付率和保险免赔率之差的乘积。

综合上述情况，保险机构在企业贷款保险中的潜在赔付率可表达成如下函数：

$$G = \begin{cases} 0, & 0 < L_{T+\tau} < K \\ \beta(L_{T+\tau} - K), & K < L_{T+\tau} < B \\ \beta(B - K), & B < L_{T+\tau} < 1 \end{cases} \quad (10\text{-}13)$$

式中，G 为企业贷款保险在未来的赔付率；β 为保险损失分担比例，$\beta \in (0,1)$；K 为企业贷款保险的免赔率，$K \in (0,1)$；B 为企业贷款保险的最高赔付率，$B \in (K, 1)$。基于式(10-12)和式(10-13)以及上述关于企业贷款保险赔付率的认知，若令 $f(L_{T+\tau})$ 为展期后保险期末贷款损失率 $L_{T+\tau}$ 的概率密度函数，则有限赔付与还款展期条件下企业贷款保险期末期望赔付率的现值可表达为

$$\begin{aligned}
EG &= e^{-\mu(T+\tau)} \int_K^B \beta(L_{T+\tau} - K) f(L_{T+\tau}) dL_{T+\tau} + e^{-\mu(T+\tau)} \int_B^1 \beta(B - K) f(L_{T+\tau}) dL_{T+\tau} \\
&= e^{-\mu(T+\tau)} \int_{\ln K}^{\ln B} \beta(L_{T+\tau} - K) f(\ln L_{T+\tau}) d(\ln L_{T+\tau}) \\
&\quad + e^{-\mu(T+\tau)} \int_{\ln B}^{\ln 1} \beta(B - K) f(\ln L_{T+\tau}) d(\ln L_{T+\tau})
\end{aligned}$$

$$(10\text{-}14)$$

值得一提的是，式(10-14)使用贷款损失率的漂移率 μ 作为贷款期望赔付率的贴现率。这样处理的原因详见第9章，此处不再赘述。

将式(10-12)代入式(10-14)便可推导出有限赔付与还款展期条件下企业贷款保险期望赔付率的现值：

$$\begin{aligned}
EG &= \beta L_0 \left[N\left(\frac{\ln\left(\frac{L_0}{K}\right) + \left(\mu + \frac{\sigma^2}{2}\right)(T+\tau)}{\sigma\sqrt{(T+\tau)}} \right) - N\left(\frac{\ln\left(\frac{L_0}{B}\right) + \left(\mu + \frac{\sigma^2}{2}\right)(T+\tau)}{\sigma\sqrt{(T+\tau)}} \right) \right] \\
&\quad - \beta K e^{-\mu(T+\tau)} \left[N\left(\frac{\ln\left(\frac{L_0}{K}\right) + \left(\mu - \frac{\sigma^2}{2}\right)(T+\tau)}{\sigma\sqrt{(T+\tau)}} \right) - N\left(\frac{\ln\left(\frac{L_0}{1}\right) + \left(\mu - \frac{\sigma^2}{2}\right)(T+\tau)}{\sigma\sqrt{(T+\tau)}} \right) \right] \\
&\quad + \beta B e^{-\mu(T+\tau)} \left[N\left(\frac{\ln\left(\frac{L_0}{B}\right) + \left(\mu - \frac{\sigma^2}{2}\right)(T+\tau)}{\sigma\sqrt{(T+\tau)}} \right) - N\left(\frac{\ln\left(\frac{L_0}{1}\right) + \left(\mu - \frac{\sigma^2}{2}\right)(T+\tau)}{\sigma\sqrt{(T+\tau)}} \right) \right]
\end{aligned}$$

$$(10\text{-}15)$$

式中，EG 为有限赔付与还款展期条件下企业贷款保险的期望赔付率现值；$N(\cdot)$ 为标准正态分布的累积概率函数。具体推导过程如下：

令 $x=\ln(L_{T+\tau})$，则 $f(x)=f(\ln L_{T+\tau})$，式 (10-12) 则变形为

$$f(x)=\frac{1}{\sqrt{2\pi(T+\tau)}\sigma}\exp\left\{-\frac{\left[x-\ln(L_0)-\left(\mu-\frac{\sigma^2}{2}\right)(T+\tau)\right]^2}{2\sigma^2(T+\tau)}\right\} \quad (10\text{-}16)$$

式 (10-14) 则变形为

$$EG = \beta e^{-\mu(T+\tau)}\int_{\ln K}^{\ln B}e^x f(x)\mathrm{d}x - \beta K e^{-\mu(T+\tau)}\int_{\ln K}^{\ln 1}f(x)\mathrm{d}x + \beta B e^{-\mu(T+\tau)}\int_{\ln B}^{\ln 1}f(x)\mathrm{d}x \quad (10\text{-}17)$$

令 $y=\dfrac{x-E[\ln(L_{T+\tau})]}{\sqrt{\mathrm{Var}[\ln(L_{T+\tau})]}}$，则 $y \sim N(0,1)$，同时结合式 (10-10) 和式 (10-11)，式 (10-17) 可变形为

$$\begin{aligned}
EG &= \beta e^{-\mu(T+\tau)}\int_{\frac{\ln K-E[\ln(L_{T+\tau})]}{\sqrt{\mathrm{Var}[\ln(L_{T+\tau})]}}}^{\frac{\ln B-E[\ln(L_{T+\tau})]}{\sqrt{\mathrm{Var}[\ln(L_{T+\tau})]}}} e^{\sqrt{\mathrm{Var}[\ln(L_{T+\tau})]}y+E[\ln(L_{T+\tau})]}f(y)\mathrm{d}y \\
&\quad -\beta K e^{-\mu(T+\tau)}\int_{\frac{\ln K-E[\ln(L_{T+\tau})]}{\sqrt{\mathrm{Var}[\ln(L_{T+\tau})]}}}^{\frac{\ln 1-E[\ln(L_{T+\tau})]}{\sqrt{\mathrm{Var}[\ln(L_{T+\tau})]}}}f(y)\mathrm{d}y + \beta B e^{-\mu(T+\tau)}\int_{\frac{\ln B-E[\ln(L_{T+\tau})]}{\sqrt{\mathrm{Var}[\ln(L_{T+\tau})]}}}^{\frac{\ln 1-E[\ln(L_{T+\tau})]}{\sqrt{\mathrm{Var}[\ln(L_{T+\tau})]}}}f(y)\mathrm{d}y \\
&= \beta L_0 \int_{\frac{\ln K-E[\ln(L_{T+\tau})]}{\sqrt{\mathrm{Var}[\ln(L_{T+\tau})]}}}^{\frac{\ln B-E[\ln(L_{T+\tau})]}{\sqrt{\mathrm{Var}[\ln(L_{T+\tau})]}}}\frac{1}{\sqrt{2\pi}}e^{-\frac{(y-\sigma\sqrt{T+\tau})^2}{2}}\mathrm{d}y \\
&\quad -\beta K e^{-\mu(T+\tau)}\left[N\left(\frac{\ln\left(\frac{1}{L_0}\right)-\left(\mu-\frac{\sigma^2}{2}\right)(T+\tau)}{\sigma\sqrt{T+\tau}}\right)-N\left(\frac{\ln\left(\frac{K}{L_0}\right)-\left(\mu-\frac{\sigma^2}{2}\right)(T+\tau)}{\sigma\sqrt{T+\tau}}\right)\right] \\
&\quad +\beta B e^{-\mu(T+\tau)}\left[N\left(\frac{\ln\left(\frac{1}{L_0}\right)-\left(\mu-\frac{\sigma^2}{2}\right)(T+\tau)}{\sigma\sqrt{T+\tau}}\right)-N\left(\frac{\ln\left(\frac{B}{L_0}\right)-\left(\mu-\frac{\sigma^2}{2}\right)(T+\tau)}{\sigma\sqrt{T+\tau}}\right)\right]
\end{aligned} \quad (10\text{-}18)$$

式中，$N(\cdot)$ 为标准正态分布的累积概率函数。再令 $z=y-\sigma\sqrt{T+\tau}$，则式 (10-18) 可进一步变形为

$$EG = \beta L_0 \int_{\frac{\ln K - E[\ln(L_{T+\tau})]}{\sqrt{\operatorname{Var}[\ln(L_{T+\tau})]}} - \sigma\sqrt{T+\tau}}^{\frac{\ln B - E[\ln(L_{T+\tau})]}{\sqrt{\operatorname{Var}[\ln(L_{T+\tau})]}} - \sigma\sqrt{T+\tau}} \frac{1}{\sqrt{2\pi}} e^{\frac{-z^2}{2}} \mathrm{d}z$$

$$-\beta K e^{-\mu(T+\tau)} \left[N\left(\frac{\ln\left(\frac{1}{L_0}\right) - \left(\mu - \frac{\sigma^2}{2}\right)(T+\tau)}{\sigma\sqrt{T+\tau}} \right) - N\left(\frac{\ln\left(\frac{K}{L_0}\right) - \left(\mu - \frac{\sigma^2}{2}\right)(T+\tau)}{\sigma\sqrt{T+\tau}} \right) \right]$$

$$+\beta B e^{-\mu(T+\tau)} \left[N\left(\frac{\ln\left(\frac{1}{L_0}\right) - \left(\mu - \frac{\sigma^2}{2}\right)(T+\tau)}{\sigma\sqrt{T+\tau}} \right) - N\left(\frac{\ln\left(\frac{B}{L_0}\right) - \left(\mu - \frac{\sigma^2}{2}\right)(T+\tau)}{\sigma\sqrt{T+\tau}} \right) \right]$$

$$= \beta L_0 \left[N\left(\frac{\ln\left(\frac{L_0}{K}\right) + \left(\mu + \frac{\sigma^2}{2}\right)(T+\tau)}{\sigma\sqrt{(T+\tau)}} \right) - N\left(\frac{\ln\left(\frac{L_0}{B}\right) + \left(\mu + \frac{\sigma^2}{2}\right)(T+\tau)}{\sigma\sqrt{(T+\tau)}} \right) \right]$$

$$-\beta K e^{-\mu(T+\tau)} \left[N\left(\frac{\ln\left(\frac{L_0}{K}\right) + \left(\mu - \frac{\sigma^2}{2}\right)(T+\tau)}{\sigma\sqrt{(T+\tau)}} \right) - N\left(\frac{\ln\left(\frac{L_0}{1}\right) + \left(\mu - \frac{\sigma^2}{2}\right)(T+\tau)}{\sigma\sqrt{(T+\tau)}} \right) \right]$$

$$+\beta B e^{-\mu(T+\tau)} \left[N\left(\frac{\ln\left(\frac{L_0}{B}\right) + \left(\mu - \frac{\sigma^2}{2}\right)(T+\tau)}{\sigma\sqrt{(T+\tau)}} \right) - N\left(\frac{\ln\left(\frac{L_0}{1}\right) + \left(\mu - \frac{\sigma^2}{2}\right)(T+\tau)}{\sigma\sqrt{(T+\tau)}} \right) \right]$$

(10-19)

式 (10-15) 推导完毕。

根据保险精算理论，保险基本纯费率应与保险期望赔付率的现值等价，将 9.3.3 节中对 μ 和 σ 的估计值 $\hat{\mu}$ 和 $\hat{\sigma}$（由于对参数 μ 和 σ 的估计过程同 9.3.3 节，故本章不再赘述）代入式 (10-15)，即可得到基于欧式看涨期权的企业贷款保险基本纯费率 g_C：

$$g_C = \beta L_0 \left[N\left(\frac{\ln\left(\frac{L_0}{K}\right) + \left(\hat{\mu} + \frac{\hat{\sigma}^2}{2}\right)(T+\tau)}{\hat{\sigma}\sqrt{(T+\tau)}} \right) - N\left(\frac{\ln\left(\frac{L_0}{B}\right) + \left(\hat{\mu} + \frac{\hat{\sigma}^2}{2}\right)(T+\tau)}{\hat{\sigma}\sqrt{(T+\tau)}} \right) \right]$$

$$-\beta K e^{-\mu(T+\tau)} \left[N\left(\frac{\ln\left(\frac{L_0}{K}\right) + \left(\hat{\mu} - \frac{\hat{\sigma}^2}{2}\right)(T+\tau)}{\hat{\sigma}\sqrt{(T+\tau)}} \right) - N\left(\frac{\ln\left(\frac{L_0}{1}\right) + \left(\hat{\mu} - \frac{\hat{\sigma}^2}{2}\right)(T+\tau)}{\hat{\sigma}\sqrt{(T+\tau)}} \right) \right]$$

$$+\beta B e^{-\mu(T+\tau)} \left[N\left(\frac{\ln\left(\frac{L_0}{B}\right) + \left(\hat{\mu} - \frac{\hat{\sigma}^2}{2}\right)(T+\tau)}{\hat{\sigma}\sqrt{(T+\tau)}} \right) - N\left(\frac{\ln\left(\frac{L_0}{1}\right) + \left(\hat{\mu} - \frac{\hat{\sigma}^2}{2}\right)(T+\tau)}{\hat{\sigma}\sqrt{(T+\tau)}} \right) \right]$$

(10-20)

不难发现，式(10-7)与式(10-20)完全相同，即基于价差期权理论推导出的企业贷款保险定价模型与基于保险精算理论推导出的企业贷款保险定价模型完全相同。这说明以基于价差期权的企业贷款保险定价思路构造的企业贷款保险定价模型符合基本的保险精算理论。

最后，基于保险精算理论推导出的企业贷款保险定价模型的最终表达式同式(10-8)，此处不再赘述。

10.4 运算案例

由于贷款损失数据涉及金融机构和借款企业的商业保密，按照金融业现行的内控制度，外界很难直接获取到准确的相关数据。鉴于此，沿用第9章的做法和数据来构造运算案例，以期用最贴近企业贷款保险承保风险的方式来验证模型、揭示规律。

10.4.1 案例设计

本运算案例假定某借款企业向某保险机构提出企业贷款保险申请，在有限赔付与还款展期的条件下，保险机构需要科学地制定企业贷款保险费率。经过对借款企业的初步分析，保险机构按其行业、地域、规模以及贷款用途等情况将该贷款归为某种类型，并能够采集到该类贷款的历史损失率数据。

本运算案例所采用的贷款损失率数据见表 9-2，采用该数据的原因见 9.4.1 节，对样本数据的检验过程和检验结果见 9.4.2 节，在此不再赘述。

基于第 9 章运算案例数据，为避免来自放贷机构的道德风险，促使放贷机构尽到审贷义务，本运算案例将同类贷款损失率样本数据的均值(K=1.29%)设置为企业贷款保险的免赔率，将同类贷款损失率数据均值加上一个标准差之后的值(B=1.74%)设置为企业贷款保险的最高赔付率，即保险到期时，保险机构只对损失率介于免赔率(1.29%)和最高赔付率(1.74%)之间的企业贷款损失进行保险赔付。同时，以样本数据中最末一期贷款损失率为初始贷款损失率(L_0=2.32%)；设定保险期限 T 为 1 年，还款展期设为 1 个季度(即 τ=0.25 年)；将保险机构分担损失的比例设为 0.7(即 β=0.7)。

按照上述对免赔率、最高赔付率、损失分担比例、还款展期的设置，随着还款展期结束时企业贷款损失率 $L_{T+\tau}$ 的不同，本运算案例中保险机构将面临着如下三种赔付情况。

（1）当还款展期结束时企业贷款损失率 $L_{T+\tau}$ 小于免赔率(K=1.29%)时，保险机构不赔付任何贷款损失。

（2）当还款展期结束时企业贷款损失率 $L_{T+\tau}$ 介于免赔率(K=1.29%)与最高赔付率(B=1.74%)之间时，保险机构仅对介于免赔率(K=1.29%)与最高赔付率(B=1.74%)之间的贷款损失按照 β=0.7 的比例进行保险赔付。

（3）当还款展期结束时企业贷款损失率 $L_{T+\tau}$ 大于最高赔付率(B=1.74%)时，保险机构仅对介于免赔率(K=1.29%)与最高赔付率(B=1.74%)之间的贷款损失按照 β=0.7 的比例进行保险赔付。

10.4.2 运算结果

首先，基于贷款损失的样本数据求得 μ 和 σ 的年化极大似然估计量 $\hat{\mu}$ 和 $\hat{\sigma}$ 分别为 0.0759 和 0.1222，求解过程同 9.4.3 节。

然后，将运算案例数据代入考虑有限赔付与还款展期的企业贷款保险定价模型，即得到本运算案例条件下的企业贷款保险纯费率(g_C=0.2863%)。基于该保险纯费率，保险机构便可结合借款企业个体差异和保险运营成本，运用式(10-7)对企业贷款保险最终费率进行调整。

值得一提的是，在其他条件不变的情况下，若令 B=100%、β=1，即取消最高赔付额与保险损失分担比例等有限赔付政策，则本运算案例的企业贷款保险基本纯费率将由 0.2863%变为 1.1468%。保险纯费率是保险风险的直接反映，故这种变化充分说明最高赔付额与保险损失分担比例能大幅度地降低保险机构承担的风险，对于促进放贷机构履行自身风险管控职责、增强保险机构的参与积极性、降低借款企业的融资成本均具有直接作用。

10.4.3 定价规律

本章所建模型在计算企业贷款保险纯费率时综合考虑了企业贷款保险免赔率、最高赔付率、保险损失分担比例、保险期初同类贷款损失率、保险期限、同类贷款损失率的漂移率及波动率七大因素。以下运用上述运算案例数据，探究企业贷款保险纯费率受上述几大因素影响的规律，以便更深入地从免赔额的视角发现企业贷款保险定价的科学规律。需要说明的是，由于保险损失分担比例对保险价格的影响规律较为浅显，且本章开篇部分已对其有过分析，故在此不再赘述。

1. 保险免赔率 K 对企业贷款保险定价的影响

保持本运算案例其他参数取值不变，以企业贷款保险免赔率 $K=1.29\%$ 为参照点、以 0.05% 为步长，分别向正反两个方向变动企业贷款保险免赔率，同时观测记录每次变动后对应的企业贷款保险纯费率，并据此绘制出企业贷款保险纯费率随保险免赔率变化的曲线，以直观反映保险免赔率对企业贷款保险费率的影响规律，如图 10-4 所示。

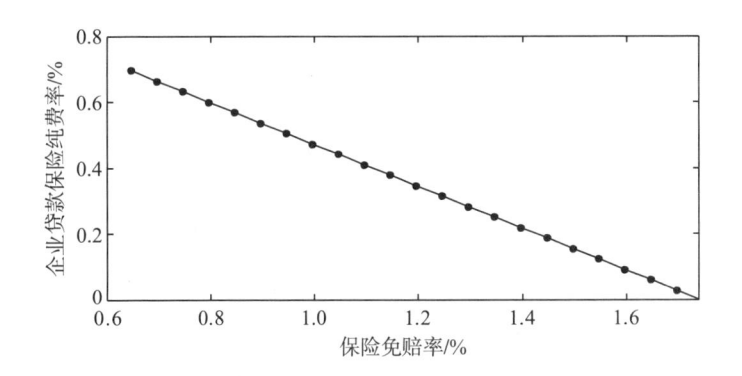

图 10-5　随保险免赔率变化的企业贷款保险定价曲线

观察图 10-5 可发现，保险免赔率单独持续提高将导致企业贷款保险纯费率持续下降，直至免赔率与最高赔付率重合时企业贷款保险纯费率将降为零。这符合保险机构在贷款保险过程中所承担的赔付责任会随免赔率的提高而持续减小的事实，也说明免赔率的取值应与最高赔付率保持一定距离才有实际意义。

对比图 9-5，在保险期限相差不大和其参数取值均相同的情况下，经本章模型计算的整体定价水平明显低于经第 9 章模型计算的结果，这充分说明了赔付上限和损失分担比例对承保风险的消减作用。

2. 最高赔付率对企业贷款保险定价的影响

保持本运算案例其他参数取值不变，以企业贷款保险最高赔付率 $B=1.74\%$ 为参照点、以 0.05% 为步长，分别向正反两个方向变动企业贷款保险免赔率，同时观测记录每次变动后对应的企业贷款保险纯费率，并据此绘制出企业贷款保险纯费率随最高赔付率变化的曲线，以直观反映最高赔付率对企业贷款保险费率的影响规律，如图 10-6 所示。

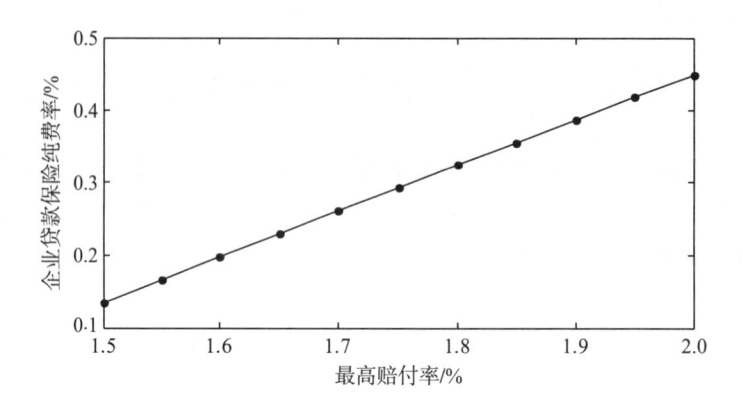

图 10-6　随最高赔付率 B 变化的企业贷款保险定价曲线

观察图 10-6 可发现，企业贷款保险纯费率随着保险最高赔付率的提高而升高，这符合保险机构在企业贷款保险过程中所承担的赔付责任会随最高赔付率的提高而持续增大的事实，与 10.1.2 节的分析结果一致。

3. 保险期初同类贷款损失率 L_0 对企业贷款保险定价的影响

保持本运算案例其他参数取值不变，以保险期初同类贷款损失率 L_0=2.32% 为参照点、以 0.05% 为步长，分别向正反两个方向变动保险期初同类贷款损失率，同时观测记录每次变动后对应的 1 年期企业贷款保险纯费率，并据此绘制出企业贷款保险纯费率随保险期初同类贷款损失率变化的曲线，以直观反映保险期初同类贷款损失率对企业贷款保险费率的影响规律，如图 10-7 所示。

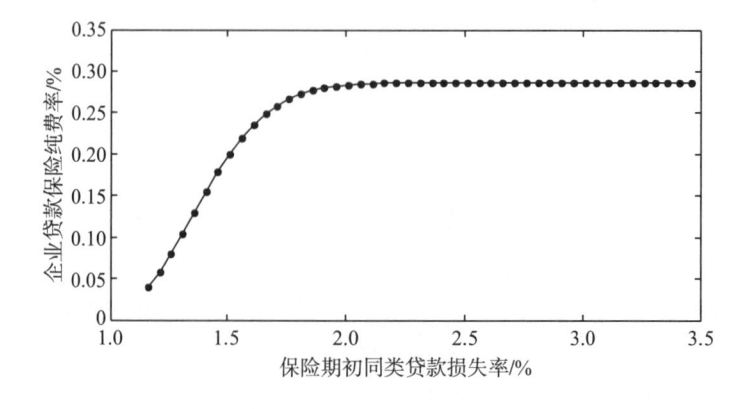

图 10-7　随保险期初同类贷款损失率变化的企业贷款保险定价曲线

观察图 10-7 可发现,保险期初同类贷款损失率单独持续提高必然会带动企业贷款保险纯费率上升,但当保险期初同类贷款损失率接近最高赔付率时,这种变化趋势会逐步减弱直至消失。这符合在企业贷款保险过程中保险机构的信贷风险会随保险期初同类贷款损失率的升高而加大的事实,也说明最高赔付率对于极端信贷风险的绝对阻隔作用。

4. 保险期限$(T+\tau)$对企业贷款保险定价的影响

保持本运算案例其他参数取值不变,以保险期限$(T+\tau)=1.25$ 年为参照点、以 1 季度为步长,分别往正反两个方向缩短和延长保险期限,同时观测记录每次变动后对应的企业贷款保险纯费率,并据此绘制出企业贷款保险纯费率随保险期限变化的曲线,以直观反映在本章所建模型中保险期限对企业贷款保险费率的影响规律,如图 10-8 所示。

图 10-8 中,从下到上依次是根据式(10-5)、式(10-6)、式(10-16)计算出的 g_K、g_B、g_C。由本章所建模型计算的企业贷款保险纯费率 g_C 随着保险期限的延长而降低,与第 9 章得出的结论似乎矛盾。然而,这恰好体现出前述同时设置免赔率与最高赔付率赋予企业贷款保险合约的免赔价差期权属性对企业贷款保险纯费率的综合影响,说明保险期限在同时设置免赔率与最高赔付率的条件下对企业贷款保险基准费率的影响效果存在相互抵消的现象,即 $g_C=g_K-g_B$。

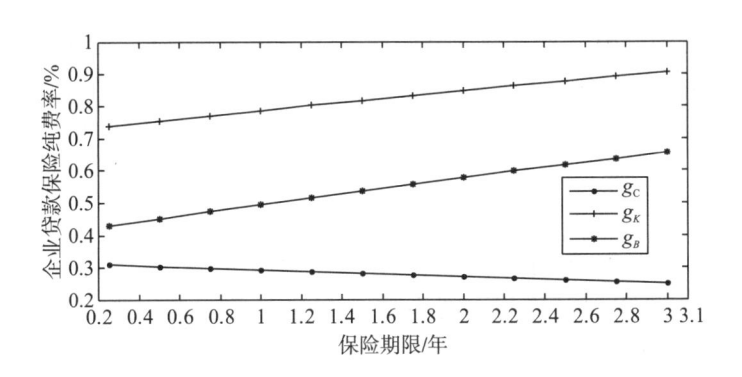

图 10-8 随保险期限变化的企业贷款保险定价曲线

例如,g_K 和 g_B 都遵循第 9 章得出的结论随保险期限同向变化,但由于 g_K 和 g_B 随保险期限同向变动的程度不一定相同,必然导致二者差值 (g_K-g_B) 不一定随保险期限同向变化,使得同时设置免赔率与最高赔付率时,企业贷款保险纯费率呈现出不一定随保险期限同向变化的独特性质。

5. 同类贷款损失率的漂移率 μ 对企业贷款保险定价的影响

保持本运算案例其他参数取值不变,以同类贷款损失率的漂移率 $\mu=0.0759$ 为参照点、以 0.001 为步长,分别向正反两个方向变动同类贷款损失率的漂移率,同时观测记录每次变动后对应的企业贷款保险纯费率,并据此绘制出企业贷款保险纯费率随同类贷款损失率的漂移率变化的曲线,以直观反映在本章所建模型中同类贷款损失率的漂移率对企业贷款保险费率的影响规律,如图 10-9 所示。

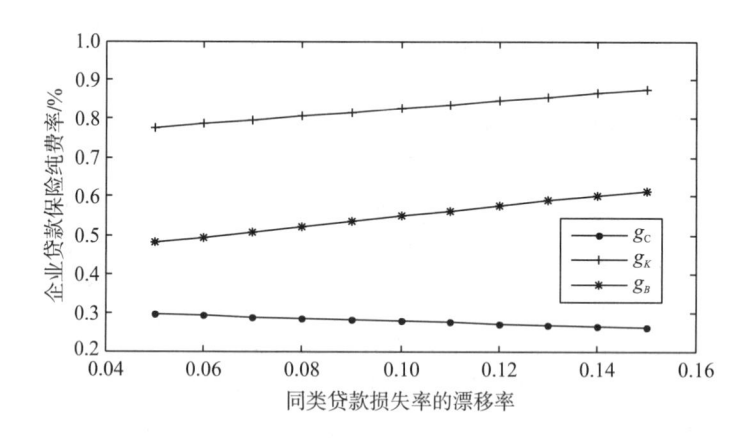

图 10-9　随同类贷款损失率的漂移率变化的企业贷款保险定价曲线

图 10-9 中,从下到上依次是根据式(10-5)、式(10-6)、式(10-16)计算出的 g_K、g_B、g_C。由本章所建模型计算的企业贷款保险纯费率 g_C 随着同类贷款损失率的漂移率变大而降低,与第 9 章得出的结论似乎矛盾。然而,与之前的分析同理,这恰好体现出前述同时设置免赔率与最高赔付率赋予企业贷款保险合约的免赔价差期权属性对企业贷款保险纯费率的综合影响,同样说明同类贷款损失率的漂移率在同时设置免赔率与最高赔付率的条件下对企业贷款保险基准费率的影响效果存在相互抵消的现象,即 $g_C=g_K-g_B$。同样反映出当同时设置免赔率与最高赔付率时,企业贷款保险纯费率不一定随同类贷款损失率的漂移率同向变化的独特性质。

6. 同类贷款损失率的波动率 σ 对企业贷款保险定价的影响

保持本运算案例其他参数取值不变,以同类贷款损失率的波动率 $\sigma=0.1222$ 为参照点、以 0.001 为步长,分别向正反两个方向变动同类贷款损失率的波动率,同时观测记录每次变动后对应的企业贷款保险纯费率,并据此绘制出企业贷款保险纯费率随同类贷款损失率的波动率变化的曲线,以直观反映在本章所建模型当中同类贷款损失率的波动率对企业贷款保险费率的影响规律,如图10-10所示。

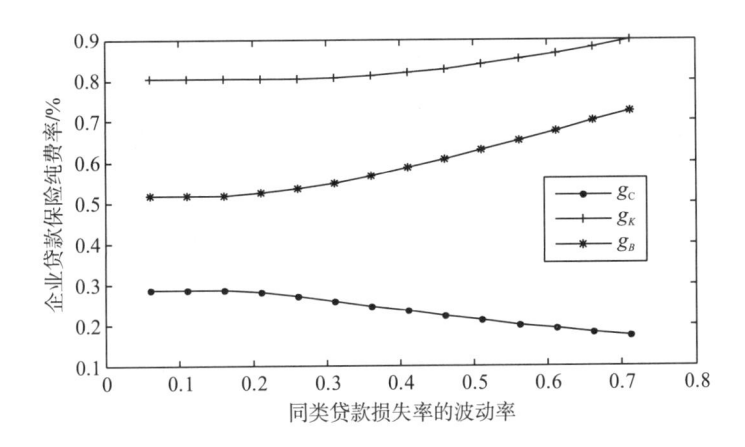

图 10-10 随同类贷款损失率的波动率变化的企业贷款保险定价曲线

图10-10中,从下到上依次是根据式(10-5)、式(10-6)、式(10-16)计算出的g_K、g_B、g_C。由本章所建模型计算的企业贷款保险纯费率g_C随着同类贷款损失率的波动率的变大而降低,与第9章得出的结论似乎矛盾。然而,与之前的分析同理,这恰好体现出前述同时设置免赔率与最高赔付率赋予企业贷款保险合约的免赔价差期权属性对企业贷款保险纯费率的综合影响,同样说明同类贷款损失率的波动率在同时设置免赔率与最高赔付率的条件下对企业贷款保险基准费率的影响效果存在相互抵消的现象,即$g_C=g_K-g_B$。同样反映出当同时设置免赔率与最高赔付率时,企业贷款保险纯费率不一定随同类贷款损失率的波动率同向变化的独特性质。

值得一提的是,由于还款展期实际上是保险期限的延长,还款展期对企业贷款保险费率的影响亦代表着保险期限对企业贷款保险费率的影响,故没有单独对还款展期对企业贷款保险定价的影响进行分析。

7. 定价规律小结与进一步分析

综上所述,对于本章新建模型,在影响企业贷款保险定价的七大因素中,免赔率对企业贷款保险定价水平起着明显的反向消减作用,最高赔付率、保险损失分担比例、保险期初同类贷款损失率对企业贷款保险定价水平起着不同程度的同向推高作用;由于同时设置免赔率与最高赔付率赋予企业贷款保险合约的价差期权属性保险期限(含还款展期)、同类贷款损失率的漂移率及波动率等因素对企业贷款保险定价水平的影响规律将不一定呈现出第 9 章揭示出的同向作用。

鉴于此，可以更一般地认为在免赔额(免赔率)和最高赔付额(最高赔付率)并存的条件下，保险期限(还款展期)、同类贷款损失率的漂移率及波动率对于企业贷款保险费率走势的最终影响并不仅限于这些因素的长短或大小，更取决于免赔额(免赔率)和最高赔付额(最高赔付率)的具体取值以及相互之间的制约。为更加直观深入探寻免赔额(免赔率)和最高赔付额(最高赔付率)对企业贷款保险定价的共同影响，以下借助本运算案例数据和相关模型运算，进一步绘制出了在其他初始条件均维持不变的条件下企业贷款保险纯费率随免赔率 K 和最高赔付率 B 同时变化的趋势图，如图 10-11 所示。

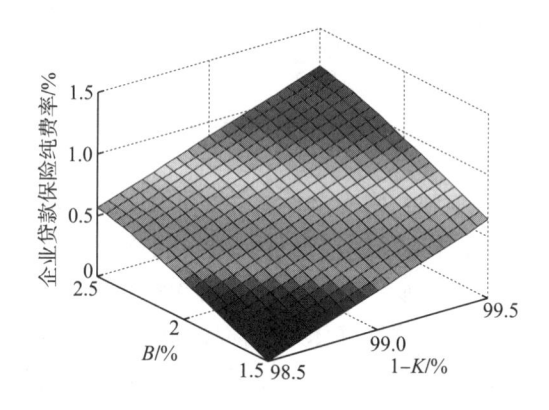

图 10-11　随免赔率和最高赔付率同时变化的企业贷款保险纯费率

根据图 10-11 可进一步深化前述认识，免赔率与最高赔付率之间的差距越大，企业贷款保险纯费率越高；免赔率与最高赔付率之间的差距越小，企业贷款保险纯费率越低。这符合保险机构的赔付责任大小随免赔率与最高赔付率之间的差距同向变化的事实。因此，在提高免赔率的同时适度降低最高赔付率，将使得企业贷款保险纯费率维持在一个比较低的水平，为降低企业贷款融资成本和增加保险利润预留更加充足的空间。

10.5　本章小结

考虑到最高赔付条款、保险损失分担比例与还款展期等业界实情对企业贷款保险定价的实际影响，为从免赔额视角更加深入地研究企业贷款保险定价理论，本章在第9章的研究基础上将价差期权原理再次引入企业贷款保险定价研究领域，从免赔角度推导出了考虑有限赔付与还款展期的企业贷款保险定价模型，并运用保险精算原理予以了证明，同时构造运算案例对企业贷款保险定价规律做了深入探讨。本章构建的模型为学术界在有限赔付与还款展期的条件下发展信贷风险转移定价理论探索了新途径，对于深入科学利用同类企业贷款损失数据、指导企业贷款保险精算实践具有较强的现实意义。

回顾全章，可归纳出以下几点阶段性的理论观点。

(1)在免赔额和最高赔付额条款并存的条件下，买入一份企业贷款保险等同于以被保险企业贷款到期损失(损失率)为期权标的，用两份期限相同操作方向相反的欧式看涨期权构造的一份熊市价差期权：免赔额(免赔率)即为构造价差期权过程中买入的那份欧式看涨期权的行权价，最高赔付额(最高赔付率)即为构造价差期权过程中卖出的那份欧式看涨期权的行权价，而企业贷款保险纯费率则即为该价差期权的价值，沿此思路可推导出考虑有限赔付和还款展期的企业贷款保险定价模型。

(2)在本章所建模型中，最高赔付率、保险损失分担比例、保险期初同类贷款损失率对企业贷款保险定价水平起着不同程度的同向推高作用，而免赔率则对企业贷款保险定价水平起着明显的反向消减作用。

(3)在本章所建模型中，由于同时设置免赔率与最高赔付率赋予企业贷款保险合约的价差期权属性的存在，保险期限(含还款展期)、同类贷款损失率的漂移率及波动率等其他定价因素对企业贷款保险定价水平的影响规律不一定会呈现出第9章揭示出的同向推动作用。

(4)企业贷款保险纯费率应随免赔率与最高赔付率之间的差距大小同向变化。保险机构可利用此特性，在提高免赔率的同时适度降低最高赔付率，将企业贷款保险纯费率维持在一个比较低的水平，为降低企业贷款融资成本或增加保险利润预留更加充足的空间。

第 11 章 保险免赔视角下的企业贷款保险补贴补偿测算模型

如第 5 章所述，为配合政府对中小企业尤其是小微企业实施的企业贷款保险融资扶持政策，有必要就如何科学测算企业贷款保险的价格补贴与风险补偿基金进行研究。不同于第 5 章，本章将在第 9 章和第 10 章的研究基础上，从保险免赔的视角，探讨企业贷款保险的补贴补偿测算模型，以降低相关理论对社会信用评价体系完善程度的依赖，为业界参考提供更多的理论选择。

11.1 免赔视角下企业贷款保险价格补贴与补偿基金的测算思路

11.1.1 免赔视角下测算企业贷款保险价格补贴与补偿基金的总体思路

政府利用财政扶持企业贷款保险发展的补贴补偿包含两项内容：一项是给予相关各方的风险价格补贴，另一项是为联合开展企业贷款保险业务的保险机构和放贷机构设立风险补偿基金。

1. 企业贷款保险的风险价格补贴

归纳各地扶持政策，企业贷款保险的风险价格补贴主要有两种形式：一种是直接或间接补贴给保险机构，具体是指政府向开展企业贷款保险的保险机构给予一定保费补贴或向借款企业给予一定的保险价格补贴，使得保险机构能在限价政策下取得与所承担风险相匹配的收益，保护保险机构开办企业贷款保险业务的积极性；另一种则是直接或间接补贴给放贷银行，具体是指政府向联合开展企业贷款保险的放贷机构给予一定价格补贴或向借款企业给予一定的贷款价格补贴，使得放贷机构能在限价政策下取得与所承担风险相匹配的收益，保护放贷机构发放企业贷款的积极性。

无论采取哪种形式,企业贷款保险的风险价格补贴本质上都是对银保双方风险价格的有益补充,与之对应的则是保险机构和放贷机构根据自身风险管理要求和风险承受能力不愿意分担或无力分担的那部分贷款损失。换言之,企业贷款保险的风险价格补贴应与财政分担的贷款损失相匹配,等同于企业贷款保险纯保费与保险机构分担的贷款损失之间的匹配关系。鉴于此,根据价格与风险对等原则,借鉴企业贷款保险纯保费与保险赔付贷款损失期望值的相等关系,可推断在同一笔企业贷款保险中,企业贷款保险风险价格补贴理应等同于财政分担企业贷款损失的期望值。

相应地,在此有必要引入企业贷款保险风险价格补贴率和企业贷款损失财政分担率这两个概念。前者是指企业贷款保险风险价格补贴与被保险企业贷款理论价值之比;后者是指财政分担的企业贷款损失与被保险企业贷款理论价值之比。如果用企业贷款保险风险价格补贴率替代企业贷款保险保费补贴、用企业贷款损失财政分担率的期望值替代财政分担企业贷款损失期望值,则上述推断还可表述为:在同一笔企业贷款保险中,风险价格补贴率应等同于财政分担贷款损失率的期望值。

2. 企业贷款保险的风险补偿基金

归纳各地扶持政策,企业贷款保险的风险补偿基金主要有两种形式:一种是直接补偿给保险机构,具体是指政府向开展企业贷款保险的保险机构设立一定额度的风险补偿基金,全部或部分补偿超过保险机构承受范围的企业贷款损失,保护保险机构开办企业贷款保险业务的积极性;另一种是直接补偿给放贷机构,具体是指政府向联合开展企业贷款保险的放贷机构设立一定额度的风险补偿基金,全部或部分补偿超过放贷机构承受范围的企业贷款损失,保护放贷机构联合保险机构开办企业贷款保险业务的积极性。

政府设立企业贷款保险风险补偿基金的目的是直接弥补保险机构和放贷机构根据自身风险管理要求和风险承受能力不愿意分担或无力分担的那部分贷款损失,故在特定时间和范围内的企业贷款保险风险补偿基金应与需要财政分担的企业贷款损失相匹配。因此,可以推断企业贷款保险的风险补偿基金应等同于特定时间及范围内财政分担贷款损失的期望值。

综上所述,对于一笔企业贷款保险,如果求得财政分担贷款损失的期望值,便得到了该笔企业贷款保险的风险价格补贴。换言之,如果求得企业贷款损失财政分担率的期望值便测算出了该笔企业贷款保险的风险价格补贴率。同时,在特定时间和范围内,如果求得财政在企业贷款保险业务中分担贷款损失的期望值,便测算出了特定条件下设立企业贷款保险风险补偿基金的规模。此即构建企业贷款保险价格补贴测算模型与企业贷款保险风险补偿基金测算模型的总体思路。

相应地,如第10章所述,在有限赔付前提下,保险机构仅对介于免赔额(免赔率)和最高赔付额(最高赔付率)之间的贷款损失按分担比例进行赔付,免赔额(免赔率)以下的贷款损失通常由放贷机构自行承担;而其余企业贷款损失则需要放贷机构和财政共同分担。因此,财政对于企业贷款损失的分担必然存在以下几类可供选择的典型方式:第一类方式,财政仅参与分担超过最高赔付额或最高赔付率的贷款损失;第二类方式,财政仅参与分担介于免赔额和最高赔付额之间或免赔率和最高赔付率之间的贷款损失;第三类方式,财政按不同比例分别参与分担超过最高赔付额或最高赔付率的贷款损失、介于免赔额和最高赔付额之间或免赔率和最高赔付率之间的贷款损失。

选择不同的分担方式,将产生不同的财政分担贷款损失期望值以及补贴补偿对象,导致每种分担方式下的风险价格补贴和风险补偿基金存在较大差异。鉴于此,为了更加准确而全面地测算企业贷款保险的风险价格补贴与风险补偿基金,需要在上述总体测算思路的基础上,根据具体的分担方式建立不同的测算模型,以便从免赔视角为企业贷款保险补贴补偿实践提供系统的理论支持。

11.1.2 第一类分担方式下企业贷款保险价格补贴与补偿基金的测算思路

如前所述,根据企业贷款保险的有限赔付模式和政府扶持企业贷款保险的现实情况,政府在企业贷款保险过程中分担贷款损失的第一类方式为:通过价格补贴和设置风险补偿基金的形式,全额或部分分担超过最高赔付额(最高赔付率)的企业贷款损失。在该方式下政府参与分担的是原本应由放贷银行自行承担的超过最高赔付额(最高赔付率)的企业贷款损失,故该方式下的风险补贴补偿对象实际为放贷银行。图11-1直观地展示了该分担方式。

如图11-1所示,对于政府而言,该分担方式所占用的财政资金除了与贷款违约风险和政府分担比例有关外,还取决于保险最高赔付额(最高赔付率)的设置。如果保险最高赔付额(最高赔付率)设置得越高,需要政府分担的超过保险最高赔付额(最高赔付率)的贷款损失就越少,风险价格补贴会随之降低,风险补偿基金也会随之变小,最终政府分担行为所占用的财政资金较小;如果保险最高赔付额(最高赔付率)设置得越低,需要政府分担的超过保险最高赔付额(最高赔付率)的贷款损失就越高,风险价格补贴会随之提高,风险补偿基金也会随之变大,最终政府分担行为所占用的财政资金较大。

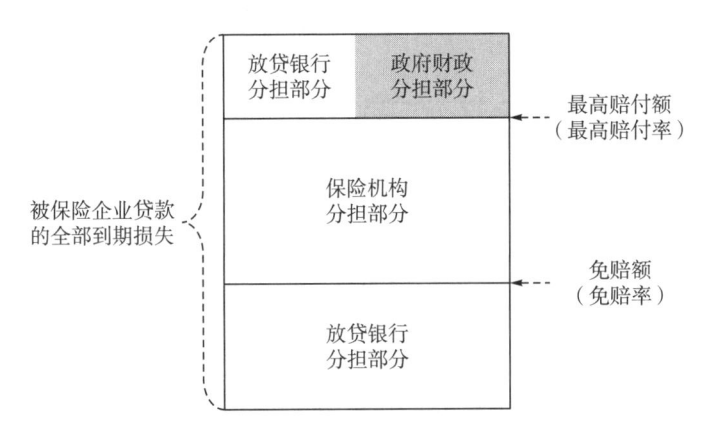

图 11-1　财政参与企业贷款损失分担的第一类方式

总之,在该分担方式下预测财政分担期望值时,除了要考虑贷款违约风险和政府分担比例外,还要重点关注保险最高赔付额(最高赔付率)的设置,基于此进行测算才能确保相关风险价格补贴和风险补偿基金的准确性。鉴于此,本章借鉴第 10 章考虑保险最高赔付额(最高赔付率)构建企业贷款保险定价模型的推导过程,充分考虑保险最高赔付额(最高赔付率)在该分担方式下对财政分担贷款损失期望值的影响机理,推导相应的企业贷款保险风险价格补贴测算模型和风险补偿基金测算模型。此即第一类分担方式下测算企业贷款保险财政补贴补偿的具体思路。

11.1.3　第二类分担方式下企业贷款保险价格补贴与补偿基金的测算思路

如前所述,根据企业贷款保险的有限赔付模式和政府扶持企业贷款保险的现实情况,政府在企业贷款保险过程中分担贷款损失的第二类方式为:通过价格补贴和设置风险补偿基金的形式,部分分担介于免赔额(免赔率)和最高赔付额(最高赔付率)之间的企业贷款损失。在该方式下政府参与分担的是原本应由保险机构承担的介于免赔额(免赔率)和最高赔付额(最高赔付率)之间的企业贷款损失,故该方式下的风险补贴补偿对象实际为保险机构。图 11-2 直观地展示了该分担方式。

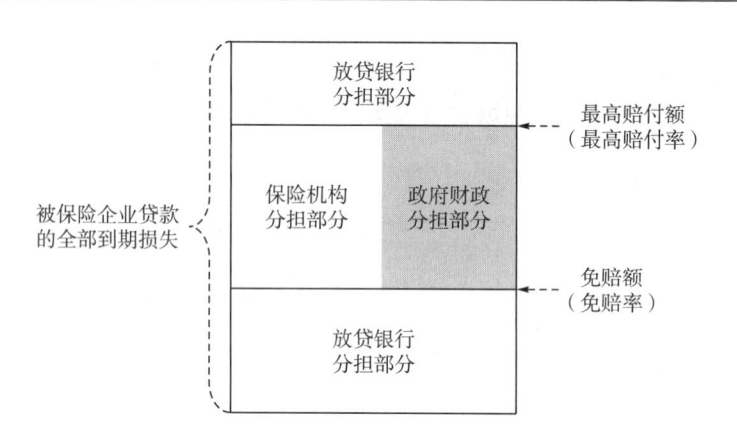

图 11-2　财政参与企业贷款损失分担的第二类方式

如图 11-2 所示,对于政府而言,该分担方式所占用的财政资金除了与贷款违约风险和政府分担比例有关外,还取决于保险免赔额(免赔率)与最高赔付额(最高赔付率)的设置。如果保险免赔额(免赔率)与最高赔付额(最高赔付率)之间的距离设置得越大,如保险免赔额(免赔率)设置得较低而保险最高赔付额(最高赔付率)设置得较高,需要政府分担的介于保险免赔额(免赔率)与最高赔付额(最高赔付率)的企业贷款损失期望值就会相应的增加,风险价格补贴随之提高,风险补偿基金也会随之变大,最终政府分担行为所占用的财政资金较大;如果保险免赔额(免赔率)与最高赔付额(最高赔付率)之间的距离设置得越小,如保险免赔额(免赔率)设置得较高而保险最高赔付额(最高赔付率)设置得较低,需要政府分担的介于保险免赔额(免赔率)与最高赔付额(最高赔付率)的企业贷款损失期望值就会相应的减小,风险价格补贴会随之降低,风险补偿基金也会随之变小,最终政府分担行为所占用的财政资金较小。

总之,在该分担方式下预测财政分担期望值时,除了要考虑贷款违约风险和政府分担比例外,还要重点关注保险免赔额(免赔率)与保险最高赔付额(最高赔付率)的设置,基于此进行测算才能确保相关风险价格补贴和风险补偿基金的准确性。鉴于此,本章借鉴第 10 章在兼顾保险免赔额(免赔率)与保险最高赔付额(最高赔付率)的前提下构建企业贷款保险定价模型的推导过程,充分考虑保险免赔额(免赔率)与保险最高赔付额(最高赔付率)在该分担方式下对财政分担贷款损失期望值的影响机理,推导相应的企业贷款保险风险价格补贴测算模型和风险补偿基金测算模型。此即第二类分担方式下测算企业贷款保险财政补贴补偿的具体思路。

11.1.4 第三类分担方式下企业贷款保险价格补贴与补偿基金的测算思路

如前所述,根据企业贷款保险的有限赔付模式和政府扶持企业贷款保险的现实情况,政府在企业贷款保险过程中分担贷款损失的第三类方式为:通过价格补贴和设置风险补偿基金的形式,不仅要全额或部分分担超过最高赔付额(最高赔付率)的贷款损失,还要部分分担介于免赔额(免赔率)和最高赔付额(最高赔付率)之间的贷款损失。在该方式下政府参与分担的是原本应由放贷银行自行承担的超过最高赔付额(最高赔付率)的企业贷款损失,以及原本应由保险机构承担的介于免赔额(免赔率)和最高赔付额(最高赔付率)之间的企业贷款损失,故该方式下的风险补贴补偿对象实际为放贷银行和保险机构。图 11-3 直观地展示了该分担方式。

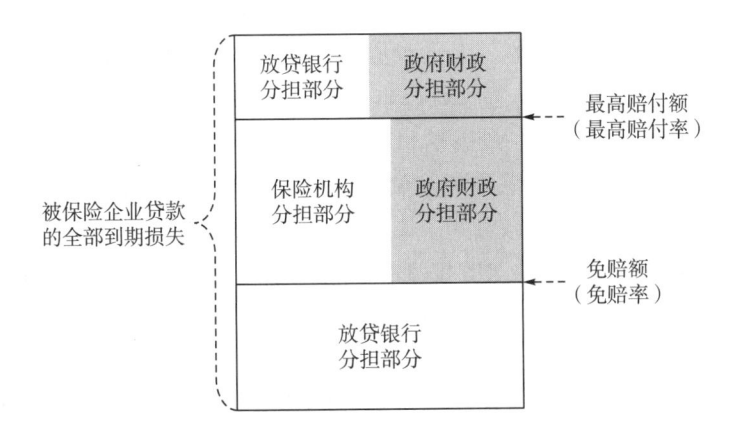

图 11-3　财政参与企业贷款损失分担的第三类方式

如图 11-3 所示,对于政府而言,该分担方式所占用的财政资金除了与贷款违约风险和政府分担比例有关外,还取决于保险免赔额(免赔率)与最高赔付额(最高赔付率)的设置。

一方面,如果保险最高赔付额(最高赔付率)设置得越高,需要政府分担的超过保险最高赔付额(最高赔付率)的贷款损失就越少,对放贷银行的风险价格补贴和风险补偿基金会随之降低,最终政府分担行为所占用的财政资金较小;如果保险最高赔付额(最高赔付率)设置得越低,需要政府分担的超过保险最高赔付额(最高赔付率)的贷款损失就越高,对放贷银行的风险价格补贴和风险补偿基金会随之增加,最终政府分担行为所占用的财政资金较大。

另一方面，如果保险免赔额(免赔率)与最高赔付额(最高赔付率)之间的距离设置得越大，如保险免赔额(免赔率)设置得较低而保险最高赔付额(最高赔付率)设置得较高，需要政府分担的介于保险免赔额(免赔率)与最高赔付额(最高赔付率)之间的企业贷款损失期望值就会相应的增加，对保险机构的风险价格补贴和风险补偿基金会随之增加，最终政府分担行为所占用的财政资金较大；如果保险免赔额(免赔率)与最高赔付率)之间的距离设置得越小，如保险免赔额(免赔率)设置得较高而保险最高赔付额(最高赔付率)设置得较低，需要政府分担的介于保险免赔额(免赔率)与最高赔付额(最高赔付率)之间的企业贷款损失期望值就会相应的减小，对保险机构的风险价格补贴和风险补偿基金会随之减少，最终政府分担行为所占用的财政资金较小。

总之，在该分担方式下预测财政分担期望值时，除了要考虑贷款违约风险和政府分担比例外，还要重点关注保险免赔额(免赔率)与保险最高赔付额(最高赔付率)的设置，基于此进行测算才能确保相关风险价格补贴和风险补偿基金的准确性。鉴于此，本章借鉴第 10 章在兼顾保险免赔额(免赔率)与保险最高赔付额(最高赔付率)的前提下构建企业贷款保险定价模型的推导过程，充分考虑保险免赔额(免赔率)与保险最高赔付率)在该分担方式下对财政分担贷款损失期望值的影响机理，推导相应的企业贷款保险风险价格补贴测算模型和风险补偿基金测算模型。此即第三类分担方式下测算企业贷款保险财政补贴补偿的具体思路。

11.2 第一类分担方式下企业贷款保险价格补贴与补偿基金测算模型

11.2.1 模型假设

模型推导所用到的贷款损失率、赔付率、免赔率和最高赔付率的含义和表达式同第 10 章和第 11 章。为便于构造第一类分担方式下的企业贷款保险补贴补偿测算模型，结合第一类分担方式下企业贷款保险补贴补偿测算思路，参照第 10 章的做法，现对模型推导做出如下假设。

假设 1：政府相关部门能够根据贷款特征(如借款企业规模、贷款用途、所属行业、所属地域等)，获取到同类贷款的历史损失率。

假设 2：企业贷款损失率是连续的，遵循几何布朗运动，服从对数正态分布。

假设 3：保险到期时企业贷款损失率是否超出最高赔付率，是判断财政是否参与企业贷款损失分担的唯一标准，财政仅对超出最高赔付率的贷款损失按比例进行分担。

假设 4：保险期限与贷款期限同步。

11.2.2 模型推导

根据假设 2，贷款损失率 L_t 服从如下几何布朗运动：
$$\mathrm{d}\ln L_t = \mu \mathrm{d}t + \sigma \mathrm{d}W_t \tag{11-1}$$
式中，L_t 为 t 时刻的贷款损失率，$L_t \in [0,1]$；μ 为贷款损失率的漂移率；σ 为 μ 的波动率，W_t 遵循标准的维纳过程；t 为时间，$t \in [0,T]$，$t=0$ 代表企业贷款保险的期初时刻，$t=T$ 代表企业贷款保险的到期时刻。

根据随机过程理论(方兆本和缪柏其，2011)，满足上述假设的 L_t 同时应服从对数正态分布，故将 L_t 取对数后应服从如下正态分布：
$$\ln L_t \sim N\left[\left(\mu - \frac{\sigma^2}{2}\right)t, \sigma^2 t\right] \tag{11-2}$$

进一步分析，当保险期初的贷款损失率 L_0 给定时，取对数后的保险期末贷款损失率 L_T 也应服从正态分布，其均值和方差分别为
$$E[\ln(L_T)] = \ln(L_0) + \left(\mu - \frac{\sigma^2}{2}\right)T \tag{11-3}$$
$$\mathrm{Var}[\ln(L_T)] = \sigma^2 T \tag{11-4}$$
式中，T 为企业贷款保险的保险期限。由式(11-3)和式(11-4)可得 $\ln(L_T)$ 的概率密度函数：
$$f(\ln(L_T)) = \frac{1}{\sqrt{2\pi T}\sigma} \exp\left\{-\frac{\left[\ln(L_T) - \ln(L_0) - \left(\mu - \frac{\sigma^2}{2}\right)T\right]^2}{2\sigma^2 T}\right\} \tag{11-5}$$
式中，$f(\ln(L_T))$ 为 $\ln(L_T)$ 的概率密度函数。

财政分担贷款损失的期望值是计算企业贷款保险风险价格补贴与风险补偿基金的基础，它通常由如下两个因素的乘积决定：一是未来由财政分担的企业贷款损失；二是相关贷款损失所对应的概率。为便于研究，此处用财政分担贷款损失率的期望值替代财政分担贷款损失的期望值来计算企业贷款保险风险价格补贴与风险补偿基金。相应地，财政分担贷款损失率的期望值应由如下两个因素的乘积决定：一是未来由财政分担的企业贷款损失率；二是财政分担贷款损失率对应的概率。

根据第一类分担方式下企业贷款保险补贴补偿测算思路，在企业贷款保险期末，当贷款损失率高于保险最高赔付率时，由财政按比例分担超出部分的贷款损失；当贷款损失率低于保险最高赔付率时，财政不分担任何贷款损失，财政分担贷款损失率为零。因此，财政分担的企业贷款损失率可表达成保险期末贷款损失率 L_T 的一个函数：

$$G_1 = \begin{cases} 0, & 0 < L_T < B < 1 \\ \gamma_B(L_T - B), & 0 < B < L_T < 1 \end{cases} \quad (11\text{-}6)$$

式中，G_1 为第一类分担方式下财政分担的贷款损失率；B 为保险最高赔付率，$B \in (0,1)$；γ_B 为财政对超过最高赔付额（最高赔付率）贷款损失的分担比例，$\gamma_B \in [0,1]$。当 $\gamma_B=0$ 时，代表政府对超过保险最高赔付额（最高赔付率）的企业贷款损失不予分担；当 $0<\gamma_B<1$ 时，代表政府对超过保险最高赔付额（最高赔付率）的企业贷款损失部分分担；当 $\gamma_B=1$ 时，代表政府对超过保险最高赔付额（最高赔付率）的企业贷款损失全额分担。

基于式(11-3)和式(11-4)以及上述关于财政分担贷款损失率的认知，若令 $f(L_T)$ 代表保险期末贷款损失率 L_T 的概率密度函数，则第一类分担方式下财政在保险期末分担企业贷款损失率的期望现值 EG_1 可表达为

$$EG_1 = e^{-\mu T} \int_B^1 \gamma_B(L_T - B) f(L_T) dL_T = e^{-\mu T} \int_{\ln B}^{\ln 1} \gamma_B(L_T - B) f(\ln L_T) d(\ln L_T) \quad (11\text{-}7)$$

值得一提的是，式(11-7)在贴现贷款期望赔付率时，并没有同其他期权定价相关文献一样直接使用无风险利率作为贴现率，而是使用贷款损失率的漂移率 μ 作为贴现率，这样做的原因详见 9.3.3 节。

将式(11-5)代入式(11-7)便可推导出第一类分担方式下财政在保险期末分担企业贷款损失率的期望现值 EG_1：

$$\begin{aligned} EG_1 = \gamma_B L_0 & \left[N\left(\frac{\ln\left(\frac{L_0}{B}\right) + \left(\mu + \frac{\sigma^2}{2}\right)T}{\sigma\sqrt{T}} \right) - N\left(\frac{\ln\left(\frac{L_0}{1}\right) + \left(\mu + \frac{\sigma^2}{2}\right)T}{\sigma\sqrt{T}} \right) \right] \\ & - \gamma_B B e^{-\mu T} \left[N\left(\frac{\ln\left(\frac{L_0}{B}\right) + \left(\mu - \frac{\sigma^2}{2}\right)T}{\sigma\sqrt{T}} \right) - N\left(\frac{\ln\left(\frac{L_0}{1}\right) + \left(\mu - \frac{\sigma^2}{2}\right)T}{\sigma\sqrt{T}} \right) \right] \end{aligned} \quad (11\text{-}8)$$

式中，$N(\cdot)$ 为标准正态分布的累积概率函数，其他参数含义如前所述，具体推导过程可参考 9.3.3 节。根据 11.1.1 节的论述，企业贷款保险风险价格补贴率应与财政分担贷款损失率的期望值相等，故式(11-8)也为第一类分担方式下企业贷款保险风险价格补贴率的一种表达式。

在此基础上,参照 9.3.4 节的做法对式(11-8)中的参数 μ 和 σ 进行估计,对应的估计值 $\hat{\mu}$ 和 $\hat{\sigma}$ 的表达式见式(9-17),并将其代入式(11-8)即得第一类分担方式下企业贷款保险风险价格补贴率 s_1 的最终表达式:

$$s_1 = \gamma_B L_0 \left[N\left(\frac{\ln\left(\frac{L_0}{B}\right) + \left(\hat{\mu} + \frac{\hat{\sigma}^2}{2}\right)T}{\hat{\sigma}\sqrt{T}} \right) - N\left(\frac{\ln\left(\frac{L_0}{1}\right) + \left(\hat{\mu} + \frac{\hat{\sigma}^2}{2}\right)T}{\hat{\sigma}\sqrt{T}} \right) \right]$$
$$-\gamma_B B e^{-\hat{\mu}T} \left[N\left(\frac{\ln\left(\frac{L_0}{B}\right) + \left(\hat{\mu} - \frac{\hat{\sigma}^2}{2}\right)T}{\hat{\sigma}\sqrt{T}} \right) - N\left(\frac{\ln\left(\frac{L_0}{1}\right) + \left(\hat{\mu} - \frac{\hat{\sigma}^2}{2}\right)T}{\hat{\sigma}\sqrt{T}} \right) \right]$$

(11-9)

进一步,根据 11.1.1 节的论述,求得特定时间和地域范围内财政在企业贷款保险业务中分担贷款损失的期望值,便测算出了特定条件下企业贷款保险风险补偿基金的设立规模。基于该思路,设第一类分担方式下放贷机构在某个特定时间和地域范围内通过企业贷款保险共发放 n 类贷款,其中发放的第 i 类贷款总规模为 V_i。此时,汇总需要政府补偿的各类企业贷款损失期望值即可得到第一类分担方式下企业贷款保险风险补偿基金 F_1:

$$F_1 = \sum_{i=1}^{n}(s_{1i} \times V_i)$$
$$= \sum_{i=1}^{n} \left\{ \gamma_{Bi} V_i L_{0i} \left[N\left(\frac{\ln\left(\frac{L_{0i}}{B_i}\right) + \left(\hat{\mu}_i + \frac{\hat{\sigma}_i^2}{2}\right)T_i}{\hat{\sigma}_i\sqrt{T_i}} \right) - N\left(\frac{\ln\left(\frac{L_{0i}}{1}\right) + \left(\hat{\mu}_i + \frac{\hat{\sigma}_i^2}{2}\right)T_i}{\hat{\sigma}_i\sqrt{T_i}} \right) \right] \right.$$
$$\left. -\gamma_{Bi} V_i B_i e^{-\hat{\mu}_i T_i} \left[N\left(\frac{\ln\left(\frac{L_{0i}}{B_i}\right) + \left(\hat{\mu}_i - \frac{\hat{\sigma}_i^2}{2}\right)T_i}{\hat{\sigma}_i\sqrt{T_i}} \right) - N\left(\frac{\ln\left(\frac{L_{0i}}{1}\right) + \left(\hat{\mu}_i - \frac{\hat{\sigma}_i^2}{2}\right)T_i}{\hat{\sigma}_i\sqrt{T_i}} \right) \right] \right\}$$

(11-10)

此即第一类分担方式下企业贷款保险风险补偿基金的测算模型。需要说明的是,式(11-10)的每个参数含义同前,只是每个参数符号的右下角多了一个 i,意为第 i 类被保险企业贷款。

11.2.3 运算案例

1. 案例设计

假定为缓解某类借款企业遇到的贷款融资难题,政府准备通过前述第一类分担方式,以风险价格补贴或设立风险补偿基金的形式,支持银保双方联合针对这类借款企业开展贷款保险业务。在开展补贴补偿工作之前，政府部门需要较为准确地测算出相关的风险价格补贴率和风险补偿基金。

经估算，在特定时间和地域范围内该类借款企业贷款的申请总额为 10 亿元，即 V=10 亿元。此处延续第 9 章的做法，假定政府相关部门通过数据共享采集到了相应种类贷款历史损失率数据（表 9-2），对样本数据的检验过程和检验结果同 9.4.2 节。

本运算案例各参数初始取值如下：将同类贷款损失率数据均值（1.29%）加上一个标准差之后的结果（1.74%）设为企业贷款保险的最高赔付率（即 B=1.74%）；将财政分担超过保险最高赔付额（最高赔付率）的贷款损失的比例设为 1（即 γ_B=1），即财政全额分担超过保险最高赔付额（最高赔付率）的贷款损失；将企业贷款保险期限设为 1 年（即 T=1 年）；将样本数据中最末一期贷款损失率（2.32%）设为初始贷款损失率 L_0。

此外，基于贷款损失的样本数据求得 μ 和 σ 的年化极大似然估计量，求解过程及结果见 9.4.3 节。

2. 运算结果

在第一类分担方式下，随着到期贷款损失率 L_T 的不同，本运算案例中政府将面临如下两种财政分担情况：第一，当到期贷款损失率 L_T 小于最高赔付率时，财政不分担任何贷款损失；第二，当到期贷款损失率 L_T 大于最高赔付率时，财政按照 γ_B=1 的比例分担超过保险最高赔付率的部分贷款损失。

基于上述情况，将本运算案例数据代入第一类分担方式下的企业贷款保险补贴补偿测算模型，便可得到第一类分担方式下的企业贷款保险风险价格补贴率（s_1=0.7073%）以及企业贷款保险风险补偿基金（F_1=707.3 万元）。

该结果说明，在本运算案例条件下，为帮助特定时间和地域范围内的某类借款企业从放贷机构取得总额 10 亿元的贷款融资，财政可对放贷机构给予每笔被保险企业贷款理论价值 0.7073% 的风险价格补贴，或可设立总金额为 707.3 万元的风险补偿基金，以帮助放贷机构分担超过最高赔付额（最高赔付率）的企业贷款损失，从而保护放贷机构同保险机构联合开展企业贷款保险业务的积极性，最终达到投入少量财政资金带动银保双方助力相关企业发展的目的。

3. 企业贷款保险补贴补偿测算规律

较之第 5 章的同类模型，本节所建的企业贷款保险补贴补偿测算模型在计算第一类分担方式下企业贷款保险的风险价格补贴率和风险补偿基金时，综合考虑了最高赔付率、保险期初同类贷款损失率、保险期限、同类贷款损失率的漂移率及波动率五大因素。以下运用上述运算案例数据，依次探究企业贷款保险的风险价格补贴率和风险补偿基金在第一类分担方式下受上述几大因素影响的趋势，以便系统揭示第一类分担方式下的企业贷款保险补贴补偿测算规律。

需要说明的是，如式(11-10)所示，风险补偿基金与风险价格补贴存在天然的内在联系，各决定因素对风险价格补贴测算结果的影响规律即为其对风险补偿基金测算结果的影响规律，故本节仅以各决定因素对风险价格补贴率测算结果的影响规律为例研究各决定因素对企业贷款保险补贴补偿测算结果的影响规律；同时，本节所建模型中第一类分担方式下财政分担比例对企业贷款保险补贴补偿测算结果的影响规律较为浅显，故不再对其进行分析。

1) 最高赔付率 B 对企业贷款保险补贴补偿测算结果的影响

保持本运算案例其他参数取值不变，以最高赔付率 B=1.74%为参照点、以 0.05%为步长，分别向正反两个方向变动最高赔付率，同时观测记录每次变动后对应的 1 年期企业贷款保险的风险价格补贴率，并据此绘制出企业贷款保险风险价格补贴率随最高赔付率变化的曲线，以直观反映最高赔付率对企业贷款保险补贴补偿测算结果的影响规律，如图 11-4 所示。

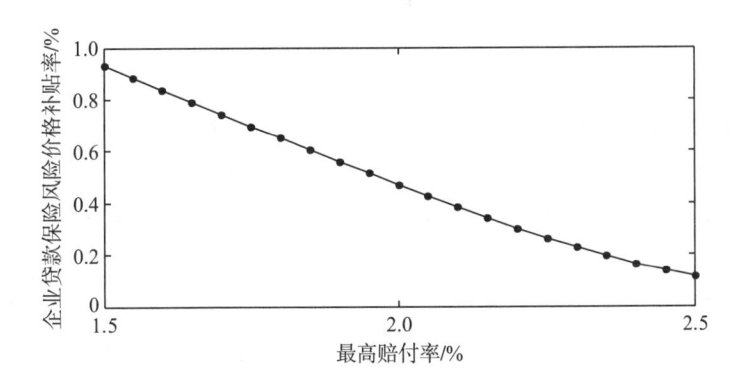

图 11-4　随最高赔付率变化的企业贷款保险价格补贴曲线

观察图 11-4 可发现，企业贷款保险补贴补偿测算结果随着最高赔付率的提高而降低，符合在第一类风险分担方式下政府对企业贷款保险的扶持责任随最高赔付率的升高而减小的事实。

2) **保险期初同类贷款损失率 L_0 对企业贷款保险补贴补偿测算结果的影响**

保持本运算案例其他参数取值不变，以保险期初同类贷款损失率 L_0=2.32%为参照点、以 0.05%为步长，分别向正反两个方向变动保险期初同类贷款损失率，同时观测记录每次变动后对应的 1 年期企业贷款保险风险价格补贴率，并据此绘制出企业贷款保险风险价格补贴率随保险期初同类企业贷款损失率变化的曲线，以直观反映保险期初同类贷款损失率对企业贷款保险补贴补偿测算结果的影响规律，如图 11-5 所示。

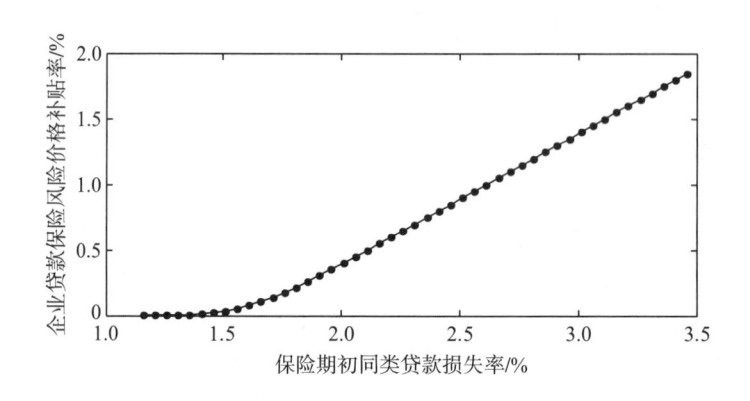

图 11-5 随保险期初同类企业贷款损失率变化的企业贷款保险风险价格补贴曲线

观察图 11-5 可发现，企业贷款保险价格补贴率随着保险期初同类贷款损失率的加大而升高，符合在第一类风险分担方式下政府对企业贷款保险的扶持责任随保险期初同类贷款损失率的升高而增大的事实。

3) **保险期限 T 对企业贷款保险补贴补偿测算结果的影响**

保持本运算案例其他参数取值不变，以保险期限 T=1 年为参照点、以 1 季度为步长，分别往正反两个方向缩短和延长保险期限，同时观测记录每次变动后对应的企业贷款保险风险价格补贴率，并据此绘制出企业贷款保险风险价格补贴率随保险期限变化的曲线，以直观反映在本章所建模型中保险期限对企业贷款保险补贴补偿测算结果的影响规律，如图 11-6 所示。

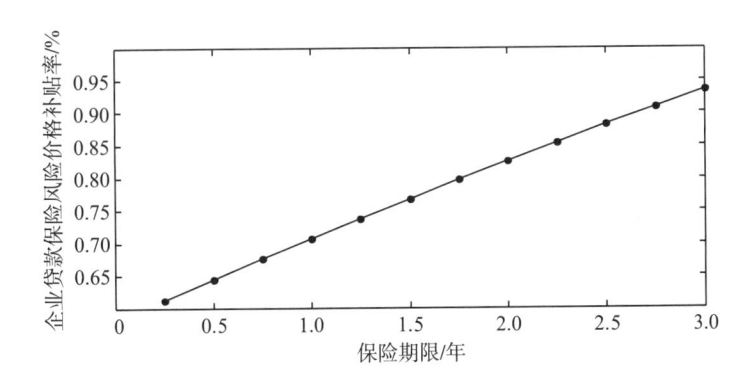

图 11-6　随保险期限变化的企业贷款保险风险价格补贴曲线

观察图 11-6 可发现，企业贷款保险风险价格补贴率随着保险期限的变长而升高，反映出借款企业的违约风险随保险期限延长而升高的现实情况，符合在第一类风险分担方式下政府对企业贷款保险的扶持责任随保险期限的延长而增大的事实。

4) 同类贷款损失率的漂移率 μ 对企业贷款保险补贴补偿测算结果的影响

保持本运算案例其他参数取值不变，以同类贷款损失率的漂移率 $\mu=0.0759$ 为参照点、以 0.01 为步长，分别向正反两个方向变动同类贷款损失率的漂移率，同时观测记录每次变动后对应的企业贷款保险风险价格补贴率，并据此绘制出企业贷款保险风险价格补贴率随同类贷款损失率的漂移率变化的曲线，以直观反映在本章所建模型中同类贷款损失率的漂移率对企业贷款保险补贴补偿测算结果的影响规律，如图 11-7 所示。

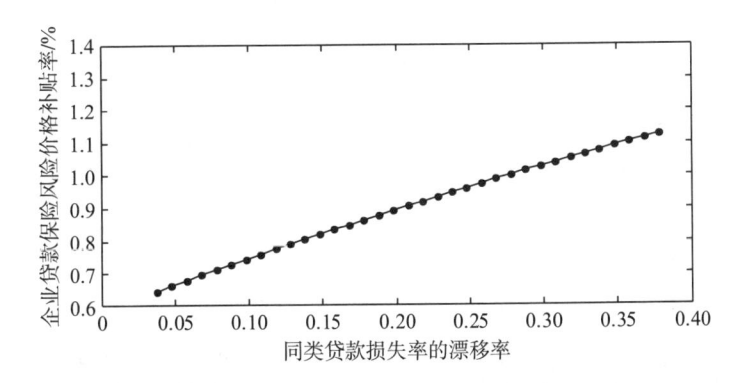

图 11-7　随同类贷款损失率的漂移率变化的企业贷款保险风险价格补贴曲线

观察图 11-7 可发现，企业贷款保险风险价格补贴率随着同类贷款损失率的漂移率 μ 的加大而升高，反映出同类贷款损失率的漂移率 μ 对被保险企业贷款信贷风险的同向指针作用，符合在第一类风险分担方式下政府对企业贷款保险的扶持责任随同类贷款损失率的漂移率 μ 的变大而增大的事实。

5) 同类贷款损失率的波动率 σ 对企业贷款保险补贴补偿测算结果的影响

保持本运算案例其他参数取值不变，以同类企业贷款损失率的波动率 $\sigma=0.1222$ 为参照点、以 0.001 为步长，分别向正反两个方向变动同类企业贷款损失率的波动率，同时观测记录每次变动后对应的企业贷款保险风险价格补贴率，并据此绘制出企业贷款保险风险价格补贴率随同类贷款损失率的波动率变化的曲线，以直观反映在本章所建模型中同类贷款损失率的波动率对企业贷款保险补贴补偿测算结果的影响规律，如图 11-8 所示。

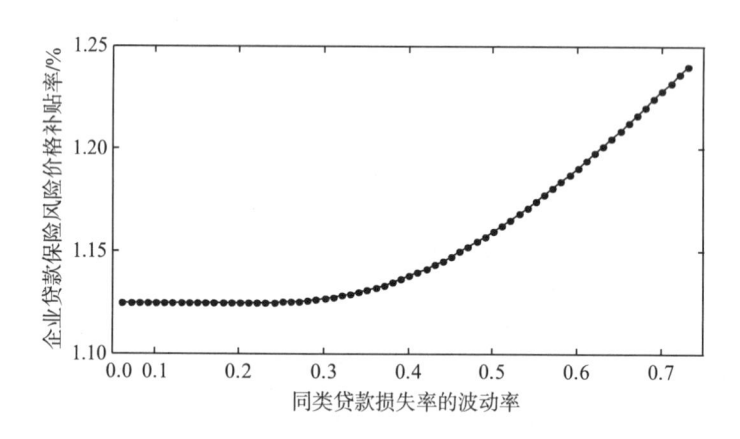

图 11-8　随同类贷款损失率的波动率变化的企业贷款保险风险价格补贴曲线

观察图 11-8 可发现，当同类贷款损失率的波动率 σ 大到一定程度时，企业贷款保险风险价格补贴率将随其加大而升高，反映出同类贷款损失率的波动率 σ 对被保险企业贷款信贷风险的同向指针作用，符合在第一类分担方式下政府对企业贷款保险的扶持责任随同类贷款损失率的波动率 σ 的变大而增大的事实。

6) 第一类分担方式下企业贷款保险补贴补偿测算规律小结

综上所述，第一类分担方式下，除财政分担比例外，还有五大因素影响着企业贷款保险的风险价格补贴与风险补偿基金的测算结果。其中，最高赔付率具有反向削减作用，保险期初同类贷款损失率、保险期限、同类贷款损失率的漂移率及波动率等因素都具有同向推动作用；同时，企业贷款保险补贴补偿测算结果受最高赔付率和保险期初贷款损失率的影响最为敏感。

11.3 第二类分担方式下企业贷款保险价格补贴与补偿基金测算模型

11.3.1 模型假设

模型推导所用到的贷款损失率、赔付率、免赔率和最高赔付率的含义和表达式同第 10 章和第 11 章。为便于构造第二类分担方式下的企业贷款保险补贴补偿测算模型，结合第二类分担方式下企业贷款保险补贴补偿测算思路，参照第 10 章的做法，现对模型推导做出如下假设。

假设 1：政府相关部门能够根据贷款特征(如借款企业规模、贷款用途、所属行业、所属地域等)，获取到同类贷款的历史损失率。

假设 2：贷款损失率是连续的，遵循几何布朗运动，服从对数正态分布。

假设 3：保险到期时企业贷款损失率是否介于免赔率和最高赔付率之间，是判断财政是否参与企业贷款损失分担的唯一标准，财政仅对介于免赔率和最高赔付率的贷款损失按比例进行分担。

假设 4：保险期限与贷款期限同步。

11.3.2 模型推导

本模型前面部分的推导过程同式(11-1)～式(11-5)，此处不再赘述。在本模型推导过程中，同样用财政分担贷款损失率的期望值替代财政分担贷款损失的期望值来测算企业贷款保险风险价格补贴与风险补偿基金，并遵从财政分担贷款损失率的期望值由未来财政分担的贷款损失率及其对应概率共同决定的规律。

根据第二类分担方式下企业贷款保险补贴补偿测算思路，在企业贷款保险期末，当被保险企业贷款损失率低于保险免赔率时，财政不分担任何贷款损失，财政分担贷款损失率为零；当被保险企业贷款损失率介于保险免赔率与保险最高赔付率之间时，由财政按比例分担介于保险免赔率与保险最高赔付率之间的贷款损失，财政分担贷款损失率为保险期末贷款损失率与保险免赔率之差乘以财政分担比例；当被保险企业贷款损失率高于保险最高赔付率时，由财政按比例分担介于保险免赔率与保险最高赔付率之间的贷款损失，财政分担贷款损失率为保险最高赔付率与保险免赔率之差乘以财政分担比例。因此，第二类分担方式下财政分担贷款损失率可表达成保险期末贷款损失率 L_T 的一个函数：

$$G_2 = \begin{cases} 0, & 0 < L_T < K < 1 \\ \gamma_K(L_T - K), & 0 < K < L_T < B < 1 \\ \gamma_K(B - K), & 0 < B < L_T < 1 \end{cases} \quad (11\text{-}11)$$

式中，G_2 为第二类分担方式下财政分担贷款损失率；K 为企业贷款保险的免赔率，$K \in (0,1)$；B 为保险最高赔付率，$B \in (0,1)$；γ_K 为财政对介于保险免赔率与保险最高赔付率的贷款损失的分担比例，$\gamma_K \in [0,1]$。当 $\gamma_K = 0$ 时，代表政府对介于保险免赔率与保险最高赔付率的贷款损失不予分担；当 $0 < \gamma_K < 1$ 时，代表政府对介于保险免赔率与保险最高赔付率的贷款损失部分分担；当 $\gamma_K = 1$ 时，代表政府对介于保险免赔率与保险最高赔付率的贷款损失全额分担。

基于式(11-5)和式(11-11)以及上述关于财政分担贷款损失率的认知，若令 $f(L_T)$ 为保险期末贷款损失率 L_T 的概率密度函数，则第二类分担方式下财政在保险期末分担企业贷款损失率的期望现值 EG_2 可表达为

$$\begin{aligned} EG_2 &= e^{-\mu T} \int_K^B \gamma_K(L_T - K) f(L_T) dL_T + e^{-\mu T} \int_B^1 \gamma_K(B - K) f(L_T) dL_T \\ &= e^{-\mu T} \int_{\ln K}^{\ln B} \gamma_K(L_T - K) f(\ln L_T) d(\ln L_T) + e^{-\mu T} \int_{\ln B}^{\ln 1} \gamma_K(B - K) f(\ln L_T) d(\ln L_T) \end{aligned}$$
$$(11\text{-}12)$$

式中，$f(\ln L_T)$ 代表 $\ln L_T$ 的概率密度函数。

值得一提的是，式(11-12)在贴现贷款期望赔付率时，同样使用贷款损失率的漂移率 μ 作为贴现率，理由同9.3.3节，此处不再赘述。

将式(11-5)代入式(11-12)便可推导出第二类分担方式下财政在企业贷款保险期末分担贷款损失率的期望现值 EG_2：

$$\begin{aligned} EG_2 = \gamma_K L_0 & \left[N\left(\frac{\ln\left(\frac{L_0}{K}\right) + \left(\mu + \frac{\sigma^2}{2}\right)T}{\sigma\sqrt{T}} \right) - N\left(\frac{\ln\left(\frac{L_0}{B}\right) + \left(\mu + \frac{\sigma^2}{2}\right)T}{\sigma\sqrt{T}} \right) \right] \\ -\gamma_K K e^{-\mu T} & \left[N\left(\frac{\ln\left(\frac{L_0}{K}\right) + \left(\mu - \frac{\sigma^2}{2}\right)T}{\sigma\sqrt{T}} \right) - N\left(\frac{\ln\left(\frac{L_0}{1}\right) + \left(\mu - \frac{\sigma^2}{2}\right)T}{\sigma\sqrt{T}} \right) \right] \\ +\gamma_K B e^{-\mu T} & \left[N\left(\frac{\ln\left(\frac{L_0}{B}\right) + \left(\mu - \frac{\sigma^2}{2}\right)T}{\sigma\sqrt{T}} \right) - N\left(\frac{\ln\left(\frac{L_0}{1}\right) + \left(\mu - \frac{\sigma^2}{2}\right)T}{\sigma\sqrt{T}} \right) \right] \end{aligned} \quad (11\text{-}13)$$

式中，$N(\cdot)$ 为标准正态分布的累积概率函数，其他参数含义如前所述，

具体推导过程可参考 9.3.3 节。根据 11.1.1 节的论述，企业贷款保险风险价格补贴率与财政分担贷款损失率的期望值相等，故式(11-13)也为第二类分担方式下企业贷款保险风险价格补贴率的表达式。

在此基础上，参照 9.3.4 节的做法对式(11-13)中的参数 μ 和 σ 进行估计，对应的估计值 $\hat{\mu}$ 和 $\hat{\sigma}$ 的表达式见式(9-17)，并将其代入式(11-13)即得第二类分担方式下企业贷款保险风险价格补贴率 s_2 的最终表达式：

$$\begin{aligned} s_2 = &\gamma_K L_0 \left[N\left(\frac{\ln\left(\frac{L_0}{K}\right) + \left(\hat{\mu}+\frac{\hat{\sigma}^2}{2}\right)T}{\hat{\sigma}\sqrt{T}} \right) - N\left(\frac{\ln\left(\frac{L_0}{B}\right) + \left(\hat{\mu}+\frac{\hat{\sigma}^2}{2}\right)T}{\hat{\sigma}\sqrt{T}} \right) \right] \\ &-\gamma_K K e^{-\hat{\mu}T}\left[N\left(\frac{\ln\left(\frac{L_0}{K}\right) + \left(\hat{\mu}-\frac{\hat{\sigma}^2}{2}\right)T}{\hat{\sigma}\sqrt{T}} \right) - N\left(\frac{\ln\left(\frac{L_0}{1}\right) + \left(\hat{\mu}-\frac{\hat{\sigma}^2}{2}\right)T}{\hat{\sigma}\sqrt{T}} \right) \right] \\ &+\gamma_K B e^{-\hat{\mu}T}\left[N\left(\frac{\ln\left(\frac{L_0}{B}\right) + \left(\hat{\mu}-\frac{\hat{\sigma}^2}{2}\right)T}{\hat{\sigma}\sqrt{T}} \right) - N\left(\frac{\ln\left(\frac{L_0}{1}\right) + \left(\hat{\mu}-\frac{\hat{\sigma}^2}{2}\right)T}{\hat{\sigma}\sqrt{T}} \right) \right] \end{aligned} \quad (11\text{-}14)$$

进一步，根据 11.1.1 节的论述，求得特定时间和地域范围内财政在企业贷款保险业务中分担贷款损失的期望值，便测算出了特定条件下企业贷款保险风险补偿基金的设立规模。基于该思路，设第二类分担方式下放贷机构在某个特定时间和地域范围内通过企业贷款保险共发放 n 类贷款，其中发放的第 i 类贷款总规模为 V_i。此时，汇总需要政府补偿的各类企业贷款损失期望值即可得到第二类分担方式下企业贷款保险风险补偿基金 F_2：

$$\begin{aligned} F_2 = &\sum_{i=1}^{n}(s_{2i} \times V_i) \\ = &\sum_{i=1}^{n}\left\{ \gamma_{Ki} V_i L_{0i}\left[N\left(\frac{\ln\left(\frac{L_{0i}}{K_i}\right) + \left(\hat{\mu}_i+\frac{\hat{\sigma}_i^2}{2}\right)T_i}{\hat{\sigma}_i\sqrt{T_i}} \right) - N\left(\frac{\ln\left(\frac{L_{0i}}{B_i}\right) + \left(\hat{\mu}_i+\frac{\hat{\sigma}_i^2}{2}\right)T_i}{\hat{\sigma}_i\sqrt{T_i}} \right) \right] \right. \\ &-\gamma_{Ki} V_i K_i e^{-\hat{\mu}_i T_i}\left[N\left(\frac{\ln\left(\frac{L_{0i}}{K_i}\right) + \left(\hat{\mu}_i-\frac{\hat{\sigma}_i^2}{2}\right)T_i}{\hat{\sigma}_i\sqrt{T_i}} \right) - N\left(\frac{\ln\left(\frac{L_{0i}}{1}\right) + \left(\hat{\mu}_i-\frac{\hat{\sigma}_i^2}{2}\right)T_i}{\hat{\sigma}_i\sqrt{T_i}} \right) \right] \\ &\left. +\gamma_{Ki} V_i B_i e^{-\hat{\mu}_i T_i}\left[N\left(\frac{\ln\left(\frac{L_{0i}}{B_i}\right) + \left(\hat{\mu}_i-\frac{\hat{\sigma}_i^2}{2}\right)T_i}{\hat{\sigma}_i\sqrt{T_i}} \right) - N\left(\frac{\ln\left(\frac{L_{0i}}{1}\right) + \left(\hat{\mu}_i-\frac{\hat{\sigma}_i^2}{2}\right)T_i}{\hat{\sigma}_i\sqrt{T_i}} \right) \right] \right\} \end{aligned}$$

$$(11\text{-}15)$$

此即第二类分担方式下企业贷款保险风险补偿基金的测算模型。需要说明的是，式(11-15)的每个参数含义如前，只是每个参数符号的右下角多了一个 i，意为第 i 类被保险企业贷款。

11.3.3 运算案例

1. 案例设计

假定为缓解某类借款企业遇到的贷款融资难题，政府准备通过前述第二类分担方式，以风险价格补贴或设立风险补偿基金的形式，支持银保双方联合针对这类借款企业开展贷款保险业务。在开展补贴补偿工作之前，政府部门需要较为准确地测算出相关的风险价格补贴率和风险补偿基金。

经估算，在特定时间和地域范围内该类借款企业贷款的申请总额为 10 亿元，即 V=10 亿元。此处延续第 9 章的做法，假定政府相关部门通过数据共享采集到了相应种类贷款历史损失率数据(表 9-2)，对样本数据的检验过程和检验结果同 9.4.2 节。

本运算案例各参数初始取值如下：将贷款损失率样本数据的算术均值(1.29%)设置为企业贷款保险的免赔率(即 K=1.29%)；将同类贷款损失率数据均值(1.29%)加上一个标准差之后的结果(1.74%)设为企业贷款保险的最高赔付率(即 B=1.74%)；将财政分担介于保险免赔率与保险最高赔付率的贷款损失的比例设为 0.3（即 γ_K=0.3)；将企业贷款保险期限设为 1 年(即 T=1 年)；将样本数据中最末一期贷款损失率(2.32%)设为初始贷款损失率 L_0。

此外，基于贷款损失的样本数据求得 μ 和 σ 的年化极大似然估计量，结果及求解过程见 9.4.3 节。

2. 运算结果

在第二类分担方式下，随着到期贷款损失率 L_T 的不同，政府将面临如下三种财政分担情况：第一，当到期贷款损失率 L_T 小于免赔率时，财政不分担任何贷款损失；第二，当到期贷款损失率 L_T 介于免赔率与最高赔付率之间时，财政仅对介于免赔率与最高赔付率之间的贷款损失按照 γ_K=0.3 的比例进行分担；第三，当到期贷款损失率 L_T 大于最高赔付率时，财政仅对介于免赔率与最高赔付率之间的贷款损失按照 γ_K=0.3 的比例进行分担。

基于上述情况,将本运算案例数据代入第二类分担方式下企业贷款保险补贴补偿测算模型,便可得到在第二类分担方式下的企业贷款保险风险价格补贴率(s_2=0.1227%)以及企业贷款保险风险补偿基金(F_1=122.7万元)。

运算结果说明,在本运算案例条件下,为帮助特定时间和地域范围内的某类借款企业从放贷机构取得总额10亿元的贷款融资,财政可对每笔企业贷款保险业务向保险机构给予每笔被保险企业贷款理论价值0.1227%的风险价格补贴,或可设立总金额为122.7万元的风险补偿基金,以帮助保险机构分担介于免赔额(免赔率)和最高赔付额(最高赔付率)之间的企业贷款损失,从而保护保险机构对于企业贷款保险业务的承保积极性,最终达到投入少量财政资金带动银保双方助力相关企业发展的目的。

3. 企业贷款保险补贴补偿测算规律

在第二类分担方式下,运用本节所建模型测算企业贷款保险的风险价格补贴率和风险补偿基金时,综合考虑了保险免赔率、最高赔付率、保险期初同类贷款损失率、保险期限、同类贷款损失率的漂移率及波动率六大因素。以下运用上述运算案例数据,依次探究企业贷款保险的风险价格补贴率和风险补偿基金在第二类分担方式下受上述几大因素影响的趋势,以便系统揭示第二类分担方式下的企业贷款保险补贴补偿测算规律。

需要说明的是,如式(11-15)所示,由于风险补偿基金与风险价格补贴存在天然的内在联系,各决定因素对风险价格补贴测算结果的影响规律即为其对风险补偿基金测算结果的影响规律,故本节仅以各决定因素对风险价格补贴率测算结果的影响规律为例研究各决定因素对企业贷款保险补贴补偿测算结果的影响规律;同时,本节所建模型中第二类分担方式下财政分担比例对企业贷款保险补贴补偿测算结果的影响规律较为浅显,故不再对其进行分析。

1) 保险免赔率 K 对企业贷款保险补贴补偿测算结果的影响

保持本运算案例其他参数取值不变,以企业贷款保险免赔率 K=1.29% 为参照点、以0.05%为步长,分别向正反两个方向变动企业贷款保险免赔率,同时观测记录每次变动后对应的企业贷款保险风险价格补贴率,并据此绘制出企业贷款保险风险价格补贴率随保险免赔率变化的曲线,以直观反映保险免赔率对企业贷款保险补贴补偿测算结果的影响规律,如图11-9所示。

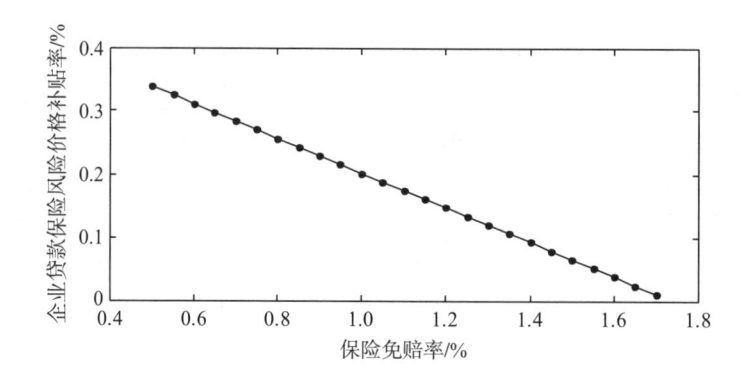

图 11-9　随保险免赔率变化的企业贷款保险风险价格补贴曲线

观察图 11-9 可发现，免赔率单独持续提高将导致企业贷款保险风险价格补贴率持续下降，直至免赔率与最高赔付率重合时企业贷款保险风险价格补贴率将降为零，符合在第二类分担方式下政府对企业贷款保险的扶持责任随免赔率的提高而持续减小的事实。

2) 最高赔付率 B 对企业贷款保险补贴补偿测算结果的影响

保持本运算案例其他参数取值不变，以最高赔付率 B=1.74%为参照点、以 0.05%为步长，分别向正反两个方向变动企业贷款保险最高赔付率，同时观测记录每次变动后对应的企业贷款保险风险价格补贴率，并据此绘制出企业贷款保险风险价格补贴率随最高赔付率变化的曲线，以直观反映最高赔付率对企业贷款保险补贴补偿测算结果的影响规律，如图 11-10 所示。

观察图 11-10 可发现，企业贷款保险风险价格补贴率随着保险最高赔付率的提高而升高，符合在第二类风险分担方式下政府对企业贷款保险的扶持责任随最高赔付率的升高而增大的事实。

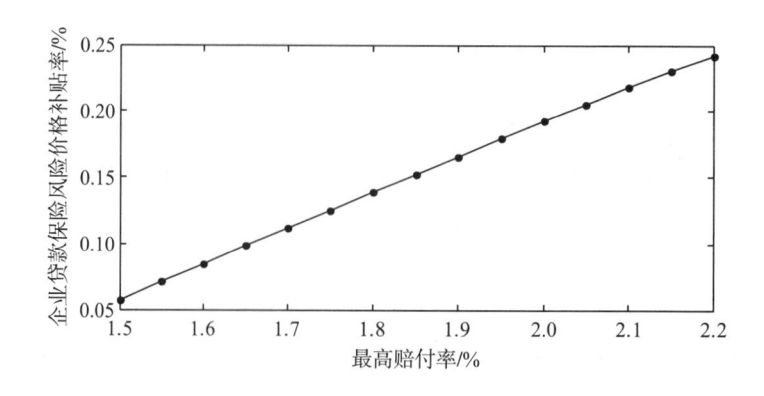

图 11-10　随最高赔付率 B 变化的企业贷款保险风险价格补贴曲线

3) 保险期初同类贷款损失率 L_0 对企业贷款保险补贴补偿测算结果的影响

保持本运算案例其他参数取值不变,以保险期初同类贷款损失率 L_0=2.32%为参照点、以 0.05%为步长,分别向正反两个方向变动保险期初同类贷款损失率,同时观测记录每次变动后对应的 1 年期企业贷款保险风险价格补贴率,并据此绘制出企业贷款保险风险价格补贴率随保险期初同类贷款损失率变化的曲线,以直观反映保险期初同类贷款损失率对企业贷款保险补贴补偿测算结果的影响规律,如图 11-11 所示。

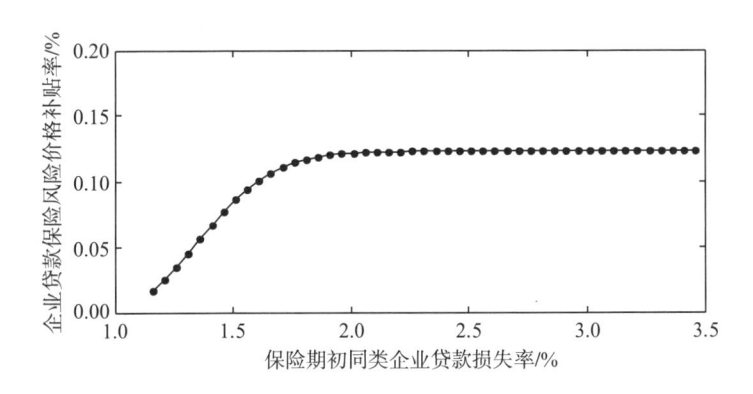

图 11-11 随保险期初同类企业贷款损失率变化的企业贷款保险风险价格补贴曲线

观察图 11-11 可发现,保险期初同类贷款损失率的单独持续提高必然会带动企业贷款保险风险价格补贴率的上升,但当保险期初同类贷款损失率接近最高赔付率时,这种变化趋势会逐步减弱直至消失。这符合在第二类风险分担方式下政府对企业贷款保险的扶持责任随保险期初同类贷款损失率的升高而增大的事实,再次说明了最高赔付率对于极端信贷风险的绝对阻隔作用。

4) 保险期限 T 对企业贷款保险补贴补偿测算结果的影响

保持本运算案例其他参数取值不变,以保险期限 T=1 年为参照点、以 1 季度为步长,分别往正反两个方向缩短和延长保险期限,同时观测记录每次变动后对应的企业贷款保险风险价格补贴率,并据此绘制出企业贷款保险风险价格补贴率随保险期限变化的曲线,以直观反映在本节所建模型中保险期限对企业贷款保险补贴补偿测算结果的影响规律,如图 11-12 所示。

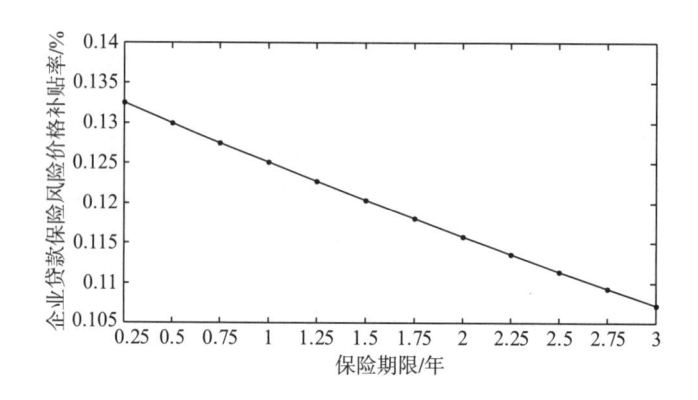

图 11-12 随保险期限变化的企业贷款保险风险价格补贴曲线

观察图 11-12 可发现，由本节所建模型计算的企业贷款保险风险价格补贴率随着保险期限的延长而降低，与 11.2.3 节得出的结论似乎矛盾。然而，这恰好体现出第 10 章所述的同时设置免赔率与最高赔付率赋予企业贷款保险合约的价差期权属性。受此属性影响，在第二类风险分担方式下，企业贷款保险补贴补偿测算结果将呈现出不一定随保险期限同向变化的独特性质。具体分析可参考 10.4.3 节，在此不再赘述。

5) 同类贷款损失率的漂移率 μ 对企业贷款保险补贴补偿测算结果的影响

保持本运算案例其他参数取值不变，以同类贷款损失率的漂移率 $\mu=0.0759$ 为参照点、以 0.01 为步长，分别向正反两个方向变动同类贷款损失率的漂移率，同时观测记录每次变动后对应的企业贷款保险风险价格补贴率，并据此绘制出企业贷款保险风险价格补贴率随同类贷款损失率的漂移率变化的曲线，以直观反映在本节所建模型中同类贷款损失率的漂移率对企业贷款保险补贴补偿测算结果的影响规律，如图 11-13 所示。

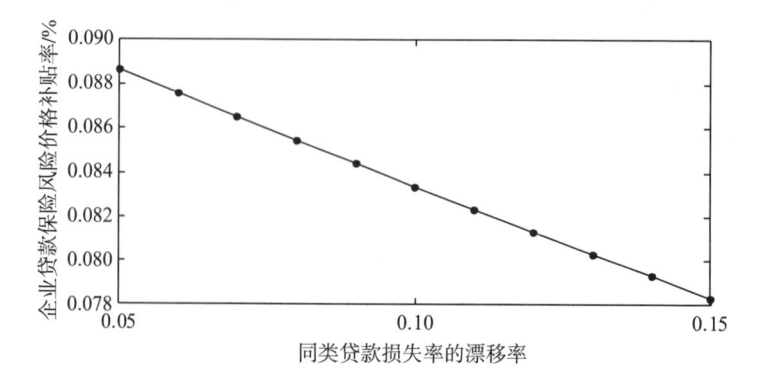

图 11-13 随同类贷款损失率的漂移率变化的企业贷款保险风险价格补贴曲线

观察图 11-13 可发现，由本节所建模型计算的企业贷款保险风险价格补贴率随着同类贷款损失率的漂移率的变大而降低，与 11.2.3 节得出的结论似乎矛盾。然而，与之前的分析同理，这恰好体现出第 10 章所述的同时设置免赔率与最高赔付率赋予企业贷款保险合约的价差期权属性。受此属性影响，在第二类风险分担方式下，企业贷款保险补贴补偿测算结果将呈现出不一定随同类贷款损失率的漂移率同向变化的独特性质。具体分析可参考 10.4.3 节，在此不再赘述。

6) **同类贷款损失率的波动率 σ 对企业贷款保险补贴补偿测算结果的影响**

保持本运算案例其他参数取值不变，以同类企业贷款损失率的波动率 $\sigma=0.1222$ 为参照点、以 0.001 为步长，分别向正反两个方向变动同类企业贷款损失率的波动率，同时观测记录每次变动后对应的企业贷款保险风险价格补贴率，并据此绘制出企业贷款保险风险价格补贴率随同类贷款损失率的波动率变化的曲线，以直观反映在本节所建模型中同类贷款损失率的波动率对企业贷款保险补贴补偿测算结果的影响规律，如图 11-14 所示。

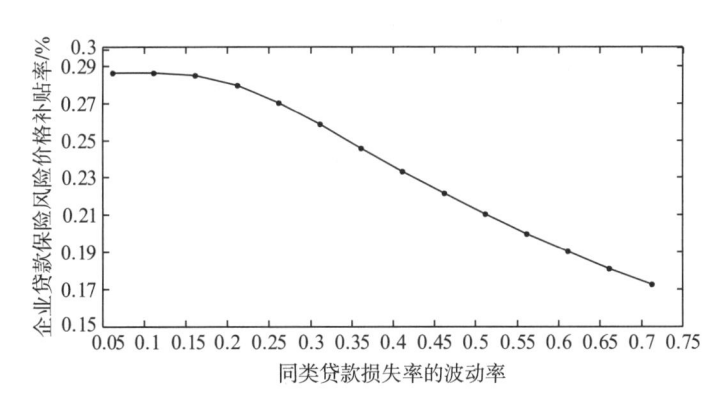

图 11-14 随同类贷款损失率的波动率变化的企业贷款保险风险价格补贴曲线

观察图 11-14 可发现，由本节所建模型计算的企业贷款保险风险价格补贴率随着同类贷款损失率的波动率的变大而降低，与 11.2.3 节得出的结论似乎矛盾。然而，与之前的分析同理，这恰好体现出第 10 章所述的同时设置免赔率与最高赔付率赋予企业贷款保险合约的价差期权属性。受此属性影响，在第二类风险分担方式下，企业贷款保险补贴补偿测算结果将呈现出不一定随同类贷款损失率的波动率同向变化的独特性质。具体分析可参考 10.4.3 节，在此不再赘述。

7) **第二类风险分担方式下企业贷款保险补贴补偿测算规律小结**

综上所述，第二类风险分担方式下，除财政分担比例外，还有六大因素影响着企业贷款保险风险价格补贴与风险补偿基金的测算结果。其中，免赔率对企业贷款保险补贴补偿测算结果起着明显的反向消减作用，最高赔付率、保险期初同类贷款损失率对企业贷款保险补贴补偿测算结果起着不同程度的同向推高作用；但由于同时设置免赔率与最高赔付率赋予企业贷款保险合约的价差期权属性的存在，保险期限、同类贷款损失率的漂移率及波动率等其他决定因素对企业贷款保险补贴补偿测算结果的影响规律将不一定呈现出 11.3.3 节揭示的同向推动作用。

11.4　第三类分担方式下企业贷款保险价格补贴与补偿基金测算模型

11.4.1　模型假设

模型推导所用到的贷款损失率、赔付率、免赔率和最高赔付率的含义和表达式同第 10 章和第 11 章。为便于构造第三类分担方式下的企业贷款保险补贴补偿测算模型，结合第三类分担方式下企业贷款保险补贴补偿测算思路，参照第 10 章的做法，现对模型推导做出如下假设。

假设 1：政府相关部门能够根据贷款特征(如借款企业规模、贷款用途、所属行业、所属地域等)，获取到同类贷款的历史损失率。

假设 2：企业贷款损失率是连续的，遵循几何布朗运动，服从对数正态分布。

假设 3：保险到期时贷款损失率是否超出保险免赔率，是判断财政是否介入贷款损失赔付的唯一标准，财政对介于保险免赔率和保险最高赔付率之间的贷款损失，以及对超出最高赔付率的贷款损失按不同比例进行分担。

假设 4：保险期限与企业贷款期限同步。

11.4.2　模型推导

本模型前面部分的推导过程同式(11-1)～式(11-5)，此处不再赘述。在本模型推导过程中，同样用财政分担贷款损失率的期望值替代财政分担贷款损失的期望值来测算企业贷款保险风险价格补贴与风险补偿基金，并遵从财政分担贷款损失率的期望值由未来由财政分担的贷款损失率及其对应概率共同决定的规律。

第 11 章　保险免赔视角下的企业贷款保险补贴补偿测算模型

根据第三类分担方式下企业贷款保险补贴补偿测算思路，在企业贷款保险期末，当贷款损失率低于保险免赔率时，财政不分担任何贷款损失，财政分担贷款损失率为零；当贷款损失率介于保险免赔率与保险最高赔付率之间时，由财政按比例分担介于保险免赔率与保险最高赔付率之间的贷款损失，财政分担贷款损失率为保险期末贷款损失率与保险免赔率之差乘以财政分担比例；当贷款损失率高于保险最高赔付率时，由财政按不同比例分担介于保险免赔率与保险最高赔付率之间的贷款损失和超出最高赔付率的贷款损失，财政分担贷款损失率为保险最高赔付率与保险免赔率之差乘以相应的财政分担比例，以及保险期末贷款损失率与保险最高赔付率之差乘以相应的财政分担比例。

鉴于此，第三类分担方式下财政分担贷款损失率可表达成保险期末贷款损失率 L_T 的一个函数：

$$s_3 = \begin{cases} 0, & 0 < L_T < K < 1 \\ \gamma_K(L_T - K), & 0 < K < L_T < B < 1 \\ \gamma_K(B - K) + \gamma_B(L_T - B), & 0 < B < L_T < 1 \end{cases} \tag{11-16}$$

式中，s_3 为第三类分担方式下财政分担贷款损失率；K 为企业贷款保险的免赔率，$K \in (0,1)$；B 为保险最高赔付率，$B \in (0,1)$；γ_B 为财政对超过保险最高赔付率的企业贷款损失的分担比例，$\gamma_B \in [0,1]$；当 $\gamma_B=0$ 时，代表政府对超过保险最高赔付额(最高赔付率)的企业贷款损失不予分担；当 $0<\gamma_B<1$ 时，代表政府对超过保险最高赔付额(最高赔付率)的企业贷款损失部分分担；当 $\gamma_B=1$ 时，代表政府对超过保险最高赔付额(最高赔付率)的企业贷款损失全额分担；γ_K 为财政对介于保险免赔率与保险最高赔付率之间的企业贷款损失的分担比例，$\gamma_K \in [0,1]$。当 $\gamma_K=0$ 时，代表政府对介于保险免赔率与保险最高赔付率之间的企业贷款损失不予分担；当 $0<\gamma_K<1$ 时，代表政府对介于保险免赔率与保险最高赔付率之间的企业贷款损失部分分担；当 $\gamma_K=1$ 时，代表政府对介于保险免赔率与保险最高赔付率之间的企业贷款损失全额分担。

基于式(11-5)和式(11-16)以及上述关于财政分担贷款损失率的认知，若令 $f(L_T)$ 为保险期末贷款损失率 L_T 的概率密度函数，则在第三类分担方式下财政在企业贷款保险期末分担贷款损失率的期望现值 EG_3 可表达为

$$\begin{aligned} EG_3 &= e^{-\mu T} \int_K^B \gamma_K(L_T - K) f(L_T) dL_T + e^{-\mu T} \int_B^1 [\gamma_K(B - K) + \gamma_B(L_T - B)] f(L_T) dL_T \\ &= e^{-\mu T} \int_{\ln K}^{\ln B} \gamma_K(L_T - K) f(\ln L_T) d(\ln L_T) \\ &\quad + e^{-\mu T} \int_{\ln B}^{\ln 1} [\gamma_K(B - K) + \gamma_B(L_T - B)] f(\ln L_T) d(\ln L_T) \end{aligned}$$

$$\tag{11-17}$$

式中，$f(\ln L_T)$ 为 $\ln L_T$ 的概率密度函数。

值得一提的是，式(11-17)在贴现贷款期望赔付率时，同样使用贷款损失率的漂移率 μ 作为贴现率，理由同 9.3.3 节，此处不再赘述。将式(11-5)代入式(11-17)便可推导出第三类分担方式下财政在企业贷款保险期末分担贷款损失率的期望现值 EG_3：

$$EG_3 = (\gamma_B + \gamma_K)L_0 \left[N\left(\frac{\ln\left(\frac{L_0}{K}\right) + \left(\mu + \frac{\sigma^2}{2}\right)T}{\sigma\sqrt{T}} \right) - N\left(\frac{\ln\left(\frac{L_0}{B}\right) + \left(\mu + \frac{\sigma^2}{2}\right)T}{\sigma\sqrt{T}} \right) \right]$$

$$- \gamma_K K e^{-\mu T} \left[N\left(\frac{\ln\left(\frac{L_0}{K}\right) + \left(\mu - \frac{\sigma^2}{2}\right)T}{\sigma\sqrt{T}} \right) - N\left(\frac{\ln\left(\frac{L_0}{1}\right) + \left(\mu - \frac{\sigma^2}{2}\right)T}{\sigma\sqrt{T}} \right) \right]$$

$$+ (\gamma_K - \gamma_B) B e^{-\mu T} \left[N\left(\frac{\ln\left(\frac{L_0}{B}\right) + \left(\mu - \frac{\sigma^2}{2}\right)T}{\sigma\sqrt{T}} \right) - N\left(\frac{\ln\left(\frac{L_0}{1}\right) + \left(\mu - \frac{\sigma^2}{2}\right)T}{\sigma\sqrt{T}} \right) \right]$$

(11-18)

式中，$N(\cdot)$ 为标准正态分布的累积概率函数，其他参数含义如前所述，具体推导过程可参考 9.3.3 节。根据 11.1.1 节的论述，企业贷款保险风险价格补贴率与财政分担贷款损失率的期望值相等，故式(11-18)也为第三类分担方式下企业贷款保险风险价格补贴率的表达式。

在此基础上，参照 9.3.4 的做法对式(11-18)中的参数 μ 和 σ 进行估计，对应的估计值 $\hat{\mu}$ 和 $\hat{\sigma}$ 的表达式见式(9-17)，并将其代入式(11-18)即得第三类分担方式下企业贷款保险风险价格补贴率 s_3 的最终表达式：

$$s_3 = (\gamma_B + \gamma_K)L_0 \left[N\left(\frac{\ln\left(\frac{L_0}{K}\right) + \left(\hat{\mu} + \frac{\hat{\sigma}^2}{2}\right)T}{\hat{\sigma}\sqrt{T}} \right) - N\left(\frac{\ln\left(\frac{L_0}{B}\right) + \left(\hat{\mu} + \frac{\hat{\sigma}^2}{2}\right)T}{\hat{\sigma}\sqrt{T}} \right) \right]$$

$$- \gamma_K K e^{-\hat{\mu} T} \left[N\left(\frac{\ln\left(\frac{L_0}{K}\right) + \left(\hat{\mu} - \frac{\hat{\sigma}^2}{2}\right)T}{\hat{\sigma}\sqrt{T}} \right) - N\left(\frac{\ln\left(\frac{L_0}{1}\right) + \left(\hat{\mu} - \frac{\hat{\sigma}^2}{2}\right)T}{\hat{\sigma}\sqrt{T}} \right) \right]$$

$$+ (\gamma_K - \gamma_B) B e^{-\hat{\mu} T} \left[N\left(\frac{\ln\left(\frac{L_0}{B}\right) + \left(\hat{\mu} - \frac{\hat{\sigma}^2}{2}\right)T}{\hat{\sigma}\sqrt{T}} \right) - N\left(\frac{\ln\left(\frac{L_0}{1}\right) + \left(\hat{\mu} - \frac{\hat{\sigma}^2}{2}\right)T}{\hat{\sigma}\sqrt{T}} \right) \right]$$

(11-19)

进一步，根据 11.1.1 节的论述，求得特定时间和地域范围内财政在企业贷款保险业务中分担贷款损失的期望值，便测算出了特定条件下企业贷款保险风险补偿基金的设立规模。基于该思路，设第三类分担方式下放贷机构在某个特定时间和地域范围内通过企业贷款保险共发放 n 类贷款，其中发放的第 i 类贷款总规模为 V_i。此时，汇总需要政府补偿的各类企业贷款损失期望值即可得到第三类分担方式下企业贷款保险风险补偿基金 F_3：

$$\begin{aligned}F_3 &= \sum_{i=1}^{n}(s_{3i} \times V_i)\\ &= \sum_{i=1}^{n}\left\{(\gamma_{\mathrm{B}i}+\gamma_{\mathrm{K}i})V_iL_{0i}\left[N\left(\frac{\ln\left(\frac{L_{0i}}{K_i}\right)+\left(\hat{\mu}_i+\frac{\hat{\sigma}_i^2}{2}\right)T_i}{\hat{\sigma}_i\sqrt{T_i}}\right)-N\left(\frac{\ln\left(\frac{L_{0i}}{B_i}\right)+\left(\hat{\mu}_i+\frac{\hat{\sigma}_i^2}{2}\right)T}{\hat{\sigma}_i\sqrt{T_i}}\right)\right]\right.\\ &\quad -\gamma_{\mathrm{K}i}V_iK_i\mathrm{e}^{-\hat{\mu}_iT_i}\left[N\left(\frac{\ln\left(\frac{L_{0i}}{K_i}\right)+\left(\hat{\mu}_i-\frac{\hat{\sigma}_i^2}{2}\right)T}{\hat{\sigma}_i\sqrt{T_i}}\right)-N\left(\frac{\ln\left(\frac{L_{0i}}{1}\right)+\left(\hat{\mu}_i-\frac{\hat{\sigma}_i^2}{2}\right)T}{\hat{\sigma}_i\sqrt{T_i}}\right)\right]\\ &\quad \left.+(\gamma_{\mathrm{K}i}-\gamma_{\mathrm{B}i})V_iB_i\mathrm{e}^{-\hat{\mu}_iT_i}\left[N\left(\frac{\ln\left(\frac{L_{0i}}{B_i}\right)+\left(\hat{\mu}_i-\frac{\hat{\sigma}_i^2}{2}\right)T}{\hat{\sigma}_i\sqrt{T_i}}\right)-N\left(\frac{\ln\left(\frac{L_{0i}}{1}\right)+\left(\hat{\mu}_i-\frac{\hat{\sigma}_i^2}{2}\right)T}{\hat{\sigma}_i\sqrt{T_i}}\right)\right]\right\}\end{aligned}$$

(11-20)

式(11-20)即为第三类分担方式下企业贷款保险风险补偿基金的测算模型。

11.4.3 运算案例

1. 案例设计

假定为缓解某类借款企业遇到的贷款融资难题，政府准备通过前述第三类分担方式，以风险价格补贴或设立风险补偿基金的形式，支持银保双方联合针对这类借款企业开展贷款保险业务。在开展补贴补偿工作之前，政府部门需要较为准确地测算出相关的风险价格补贴率和风险补偿基金。

经估算，在特定时间和地域范围内该类借款企业贷款的申请总额为 10 亿元，即 V=10 亿元。此处延续第 9 章的做法，假定政府相关部门通过数据共享采集到了相应种类贷款历史损失率数据(表 9-2)，对样本数据的检验过程和检验结果同 9.4.2 节。

本运算案例各参数初始取值如下：将贷款损失率样本数据的算数均值 (1.29%) 设置为企业贷款保险的免赔率(即 K=1.29%)；将同类贷款损失率数据均值(1.29%)加上一个标准差之后的结果(1.74%)设为企业贷款保险

的最高赔付率(即 $B=1.74\%$);将财政分担超过保险最高赔付额(最高赔付率)的贷款损失的比例设为 1(即 $\gamma_B=1$),即财政全额分担超过保险最高赔付额(最高赔付率)的贷款损失;将财政分担介于保险免赔率与保险最高赔付率的贷款损失的比例设为 0.3(即 $\gamma_K=0.3$);将企业贷款保险期限设为 1 年(即 $T=1$ 年);将样本数据中最末一期贷款损失率(2.32%)设为初始贷款损失率 L_0。

此外,基于贷款损失的样本数据求得 μ 和 σ 的年化极大似然估计量,结果及求解过程见 9.4.3 节。

2. 运算结果

在第三类分担方式下,根据到期贷款损失率 L_T 的不同,本运算案例中政府将面临如下三种财政分担情况:第一,当到期贷款损失率 L_T 小于保险最高赔付率($B=1.74\%$)时,财政不分担任何贷款损失;第二,当到期贷款损失率 L_T 介于免赔率($K=1.29\%$)与最高赔付率($B=1.74\%$)之间时,财政仅对介于免赔率($K=1.29\%$)与最高赔付率($B=1.74\%$)之间的贷款损失按照 $\gamma_K=0.3$ 的比例进行分担;第三,当保险到期贷款损失率 L_T 大于最高赔付率($B=1.74\%$)时,财政不仅要按照 $\gamma_B=1$ 的比例分担超过保险最高赔付率的全部贷款损失,还要对介于免赔率($K=1.29\%$)与最高赔付率($B=1.74\%$)之间的贷款损失按照 $\gamma_K=0.3$ 的比例进行分担。

基于上述情况,将本运算案例数据代入第三类分担方式下企业贷款保险补贴补偿测算模型,便可得到在第三类分担方式下的企业贷款保险风险价格补贴率 $s_3=0.83\%$(其中,面向保险机构的风险价格补贴率为 0.1227%,面向放贷机构的风险价格补贴率为 0.7073%)、企业贷款保险风险补偿基金 $F_3=830$ 万元(其中,为保险机构设立的风险补偿基金为 122.7 万元,为放贷机构设立的风险补偿基金为 707.3 万元)。

运算结果说明,在本运算案例条件下,为帮助特定时间和地域范围内的某类借款企业从放贷机构取得总额 10 亿元的贷款融资,财政可对每笔企业贷款保险业务向保险机构和放贷机构给予每笔被保险企业贷款理论价值 0.83%的风险价格补贴,或为保险机构和放贷机构设立总金额为 830 万元的风险补偿基金,帮助保险机构分担介于免赔额(免赔率)和最高赔付额(最高赔付率)之间的企业贷款损失,同时帮助放贷机构分担超过最高赔付额(最高赔付率)的企业贷款损失,从而保护保险机构和放贷机构开展企业贷款保险业务的积极性,最终达到投入少量财政资金带动银保双方助力相关企业发展的目的。

3. 企业贷款保险补贴补偿测算规律

观察式(11-19)和式(11-20)不难发现，第三类分担方式本质上是对第一类和第二类分担方式的同时兼顾，即存在如下关系：

$$\begin{cases} s_3 = s_1 + s_2 \\ F_3 = F_1 + F_2 \end{cases} \quad (11\text{-}21)$$

因此，在第三类分担方式下，分析各因素对企业贷款保险补贴补偿测算结果的影响方向和影响程度，可综合参考在第一类分担方式下的测算规律和第二类分担方式下的测算规律，具体可分为以下三种情况考虑。

(1) $s_1 > s_2$ 情况下，政府主要分担超过最高赔付额(最高赔付率)的企业贷款损失，财政主要面向企业贷款保险放贷的银行进行补贴补偿。此时，各因素对于企业贷款保险补贴补偿测算结果的影响方向和影响程度从整体上近似于第一类分担方式，即企业贷款保险补贴补偿测算结果随保险期限 T 的增加而增加、随同类贷款损失率的漂移率 μ 的增加而增加、随同类贷款损失率的漂移率均方差 σ 的增加而增加、随保险期初同类贷款损失率 L_0 的增加而增加，唯独随保险最高赔付率 B 的增加而减少。

(2) $s_1 < s_2$ 情况下，政府主要分担介于免赔额(免赔率)和最高赔付额(最高赔付率)之间的企业贷款损失，财政主要面向承保企业贷款保险的保险机构进行补贴补偿。此时，各因素对于企业贷款保险补贴补偿测算结果的影响方向和影响程度从整体上近似于第二类分担方式，即免赔率对企业贷款保险补贴补偿测算结果起着明显的反向消减作用，最高赔付率、保险期初同类贷款损失率对企业贷款保险补贴补偿测算结果起着不同程度的同向推高作用；但由于同时设置免赔率与最高赔付率赋予企业贷款保险合约的价差期权属性的存在，保险期限、同类贷款损失率的漂移率及波动率等其他决定因素对企业贷款保险补贴补偿测算结果的影响规律将不一定呈现出同向推动作用。

(3) $s_1 = s_2$ 情况下，政府分担超过最高赔付额(最高赔付率)的企业贷款损失与分担介于免赔额(免赔率)和最高赔付额(最高赔付率)之间的企业贷款损失相当，财政面向联合开展企业贷款保险的保险机构和放贷银行进行对等的补贴补偿。此时，各因素对于企业贷款保险补贴补偿测算结果的影响方向和影响程度需要根据具体数据进行度量。

11.5 本章小结

为保护银保双方联合开展企业贷款保险业务的积极性，政府会在特定时间和特定范围内针对特定借款企业的贷款保险进行风险价格补贴或设置风险补偿基金，从而达到分散特定借款企业的信贷风险、缓解特定借款企业贷款融资困局的目的。为使各级政府在扶持企业贷款保险发展时，能够从免赔视角更加科学而准确地测算相关风险补贴价格与风险补偿基金，更加精准高效地发挥财政资金的杠杆作用，本章在第9章和第10章的研究基础上，针对银保政之间三类典型的风险分担方式，构建了相应的企业贷款保险风险价格补贴测算模型和企业贷款保险风险补偿基金测算模型，可为政府相关部门提供理论参考。

回顾全章，可归纳出以下几点阶段性的理论观点。

(1) 免赔视角下，由于保险免赔额与保险最高赔付额的同时存在，可将财政对企业贷款损失的分担方式划分为三类：第一类，政府仅参与分担最高赔付额之上无法被放贷银行承担的企业贷款损失；第二类，政府仅参与分担介于免赔额和最高赔付额之间无法被保险机构承担的企业贷款损失；第三类，政府既要参与分担超过最高赔付额而未被放贷银行承担的企业贷款损失，又要参与分担介于免赔额和最高赔付额之间未被保险机构承担的企业贷款损失。

(2) 在第一类分担方式下，除财政分担比例外，还有五大因素影响着企业贷款保险的风险价格补贴与风险补偿基金的测算结果。其中，最高赔付率对企业贷款保险补贴补偿测算结果起着较大的反向消减作用，保险期初同类贷款损失率、保险期限、同类贷款损失率的漂移率及波动率等因素对企业贷款保险补贴补偿测算结果起着不同程度的同向推动作用；此时，补贴补偿测算者应重视最高赔付率和保险期初贷款损失率(或相关企业贷款近期损失数据)对企业贷款保险补贴补偿测算结果的影响。

(3) 在第二类风险分担方式下，除财政分担比例外，还有六大因素影响着企业贷款保险的风险价格补贴与风险补偿基金的测算结果。其中，免赔率对企业贷款保险补贴补偿测算结果起着明显的反向消减作用，最高赔付率、保险期初同类贷款损失率对企业贷款保险补贴补偿测算结果起着不同程度的同向推高作用；但由于同时设置免赔率与最高赔付率赋予企业贷款保险合约的价差期权属性的存在，保险期限、同类贷款损失率的漂移率及波动率等其他决定因素对企业贷款保险补贴补偿测算结果的影响规律将不一定呈现同向推动作用。此时，补贴补偿测算者应重视免赔率、最高赔付率和保险期初同类贷款损失率(或相关企业贷款近期损失数据)对企业贷款保险补贴补偿测算结果的影响。

(4)在第三类分担方式下，当财政以分担超过最高赔付额(最高赔付率)未被放贷银行承担的企业贷款损失为主时，各因素对企业贷款保险补贴补偿测算结果的影响方向和影响程度整体上近似于第一类分担方式；当财政以分担介于保险免赔额(免赔率)和最高赔付额(最高赔付率)未被保险机构承担的企业贷款损失为主时，各因素对企业贷款保险补贴补偿测算结果的影响方向和影响程度整体上类似于第二类分担方式；当财政补贴补偿银保双方的力度相当时，各因素对企业贷款保险补贴补偿测算结果的影响方向和影响程度要视实际情况和具体数据而定。

第五篇　复杂条件下的企业贷款保险定价模型

  第二篇至第四篇分别从借款企业信用等级、借款企业负债和免赔条款设置等不同视角对企业贷款保险定价问题进行了研究，由浅入深地构建了在不同条件下科学厘定贷款保险价格的理论模型，系统提出了有关企业贷款保险科学定价的理论观点，极大地丰富了企业贷款保险定价的基础理论。然而，由于研究视角和适用条件的差异，每种企业贷款保险定价理论在面对复杂多变的现实条件时，将存在不同程度的局限性。

  鉴于此，为更加全面地构建企业贷款保险定价基础理论，最大限度地扩大理论适用范围，本篇首先在归纳前述所建企业贷款保险费率厘定模型的基础上，提出复杂条件下的企业贷款保险综合定价原理与理论模型；然后进一步提出复杂条件下的企业贷款保险补贴补偿综合测算原理与理论模型，以供后续研究参考。

第 12 章　复杂条件下的企业贷款保险费率厘定模型

本章将在分析归纳第二篇至第四篇相关研究成果的基础上,提出适用于复杂条件的企业贷款保险综合定价原理,并构建相应的企业贷款保险综合定价理论模型,以期搭建起更加全面的企业贷款保险定价理论模型体系,进一步扩大研究成果的适用范围。

12.1　已建企业贷款保险费率厘定模型的对比分析

12.1.1　借款企业信用等级视角下的企业贷款保险费率厘定模型

本书第二篇从借款企业信用等级视角,相继提出的基于贷款非预期损失和极端损失的企业贷款保险费率厘定模型、基于 RAROC 的企业贷款保险费率厘定模型,均是对基于贷款预期损失的企业贷款保险定价理论的直接改进,相关归纳和分析如下。

1. 基于非预期损失和极端损失的企业贷款保险费率厘定模型

1) 模型的定价依据
该模型的主要定价依据为基于借款企业信用等级及未来变化路径而计算的企业贷款非预期损失期望值和极端损失期望值。

2) 模型的理论条件
(1) 信用评级体系是完善的,能较为准确且及时地反映借款企业的信用状况及其转移方向和转移概率。
(2) 借款企业信用状况恶化和违约行为是导致企业贷款出现损失的两大原因。
(3) 企业贷款保险金额和度量企业贷款损失的标准均以保险期内企业贷款的风险不变价值为基准。

(4) 借款企业的违约行为将立即导致企业贷款合同的终止和企业贷款清偿的发生。

(5) 企业贷款的违约回收率按企业贷款的类型服从一定特征的 β 分布。

(6) 企业贷款保险业务转移的是表现为企业贷款非预期损失和极端损失的信用风险。

3) 模型求解的关键

被保险企业贷款的损失分布是计算企业贷款非预期损失和极端损失的期望值的前提，故被保险企业的信用等级在保险期限内沿各路径变化的概率以及对应的企业贷款价值是求解模型的关键。

4) 考虑的主要因素

借款企业的信用评级、信用转移概率矩阵、保险期限等。

5) 模型的独特优势

该模型是借款企业信用等级视角下厘定企业贷款保险纯费率的基础模型，适用于在现行信用评价体系下能被准确及时度量信用等级的借款企业。该模型擅长捕捉隐藏于借款企业信用等级及其变化过程中的信贷风险，有助于学者们在完善的社会信用评价体系下，基于企业贷款损失分布，运用现代金融风险管理理论，针对借款企业展开更加深入的贷款保险费率厘定理论研究。

6) 模型的理论局限

该模型对借款企业所处的信用评价体系要求较高，即对企业信用评价数据的准确性和及时性要求较高，社会信用评价体系不完善，企业信用等级评价的缺失、不准确或不够及时都会影响企业贷款保险费率的厘定。

2. 基于 RAROC 的企业贷款保险费率厘定模型

1) 模型的定价依据

该模型的主要定价依据为企业贷款保险业务给银保双方带来的风险调整后收益 RAROC 以及满足银保双方 RAROC 目标的保费。

2) 模型的理论条件

(1) 借助现有的信用风险度量模型能够较为准确地度量出企业贷款损失的概率分布。

(2) 银保双方对于企业贷款的非预期损失、经济资本和 RAROC 等有着相同的认识与计算方法。

该模型的其他理论条件同基于贷款非预期损失与极端损失的企业贷款保险费率厘定模型，此处不再赘述。

3) 模型求解的关键

企业贷款保险转移的是为企业贷款非预期损失配置的经济资本，而经济资本又是度量 RAROC 的基础，故被保险企业的信用等级在保险期限内沿各路径变化的概率以及对应的企业贷款价值、与企业贷款对应的经济资本都是求解该模型测算的关键。

4) 考虑的主要因素

借款企业的信用评级、信用转移概率矩阵、保险期限、经济资本配置、新增业务的净利润、放贷银行和保险公司的 RAROC 目标等。

5) 模型的独特优势

该模型适合于在完善的信用评价体系下、银保双方均推行经济资本管理时的企业贷款保险费率厘定。该模型擅长捕捉隐藏于借款企业信用等级变化中的信用风险，有助于学者们在完善的社会信用评价体系下，运用贷款损失分布或顺应风险管理的发展趋势，针对所有纳入征信体系的企业展开更加深入的贷款保险费率厘定理论研究。

6) 模型的理论局限

该模型不仅对借款企业所处的信用评价体系要求较高，同时也要求银保双方均采用经济资本来管理风险，社会信用评价体系不完善，企业信用等级评价的缺失、不准确、不及时，或者经济资本管理水平不高都将影响企业贷款保险费率的厘定。

12.1.2 借款企业负债视角下的企业贷款保险费率厘定模型

本书第三篇从借款企业负债视角，相继提出的基于看跌期权的企业贷款保险费率厘定基本模型、考虑借款企业债务清偿结构的企业贷款保险费率厘定模型、考虑借款企业债务利率结构的企业贷款保险费率厘定模型，均是借助看跌期权对企业贷款保险定价理论的拓展，相关归纳和分析如下。

1. 基于看跌期权的企业贷款保险费率厘定基本模型

1) 模型的定价依据

该模型的主要定价依据为借款企业在保险期末的资产市场价值能否足够偿还包括企业贷款在内的总债务。

2) 模型的理论条件

(1) 借款企业的资产市场价值是否低于其总负债价值，是判断借款企业是否会违约而导致企业贷款出现损失的关键因素。

(2)借款企业的资产市场价值服从几何布朗运动。

(3)借款企业的总负债和企业贷款的金额在企业贷款保险期内均保持不变。

(4)借款企业所在的资本市场是有效市场,借款企业在企业贷款保险期内的资产市场价值及其波动率能够被准确测度。

(5)保险期内的无风险利率保持不变。

3)考虑的主要因素

企业贷款在借款企业总负债中的占比、借款企业的资产市场价值及其波动率、保险公司开展企业贷款保险业务的综合成本。

4)模型求解的关键

相对于总负债,借款企业的资产市场价值及其波动率对于企业贷款保险定价至关重要,故它们是求解模型的关键。

5)模型的独特优势

该模型适合为处于有效资本市场中的上市企业厘定贷款保险费率,擅长捕捉隐藏于借款企业债务结构中的信用风险,有助于学者们在有效的资本市场内,运用借款企业的市场价值信息,针对上市企业展开更加深入的贷款保险费率厘定理论研究。

6)模型的理论局限

该模型对借款企业所处资本市场的有效性要求较高,即对借款企业市场价值信息的准确性和及时性要求较高,借款企业所处资本市场的有效程度会影响企业贷款保险费率厘定的准确性,同时该模型无法用于处于资本市场之外的借款企业尤其是小微企业的企业贷款保险费率厘定。

2. 考虑借款企业债务清偿结构的企业贷款保险费率厘定模型

1)模型的定价依据

该模型的主要定价依据为借款企业在保险期末的资产市场价值能否足够偿还包括企业贷款在内的总债务中以投保企业贷款为参照基准的优先债和同级债。

2)模型的理论条件

(1)当借款企业的资产市场价值低于优先债、参保企业贷款及同级债之和时,视为参保企业贷款出现损失。

(2)借款企业的总负债,以及优先债、参保企业贷款、同级债、次级债所构成的借款企业债务清偿结构在企业贷款保险期内保持稳定。

该模型的其他理论条件同基于看跌期权的企业贷款保险费率厘定模型，此处不再赘述。

3) 考虑的主要因素

借款企业各项债务的构成及清偿顺序、借款企业的资产市场价值、保险公司开展企业贷款保险的综合成本。

4) 模型的独特优势

该模型擅长捕捉隐藏于借款企业债务清偿结构中的信用风险，有助于学者们在有效的资本市场内，运用借款企业的市场价值信息，针对上市企业展开更加深入的贷款保险费率厘定理论研究。

该模型的求解关键、理论局限均与基于看涨期权的企业贷款保险费率厘定模型相同，故此处不再赘述。

3. 考虑借款企业债务利率结构的企业贷款保险费率厘定模型

1) 模型的定价依据

该模型的主要定价依据为借款企业在保险期末的资产市场价值能否足够偿还包括企业贷款在内的总负债的本利和。

2) 模型的理论条件

(1) 企业贷款与同级债具有相同的清偿优先权。

(2) 判断借款企业是否会违约的标准是借款企业资产市场价值是否低于总负债的本金与利息之和。

(3) 借款企业各项负债的利率结构在企业贷款保险期内均保持不变。

该模型的其他理论条件同基于看跌期权的企业贷款保险费率厘定模型，此处不再赘述。

3) 考虑的主要因素

借款企业各项债务的构成及利率结构、借款企业的资产市场价值、保险公司开展企业贷款保险的综合成本。

4) 模型的独特优势

该模型擅长捕捉隐藏于借款企业债务利率结构中的信用风险，有助于学者们在有效的资本市场内，运用借款企业的市场价值信息，针对上市企业展开更加深入的贷款保险费率厘定理论研究。

该模型的求解关键、理论局限均与基于看涨期权的企业贷款保险费率厘定模型相同，故此处不再赘述。

12.1.3 保险免赔视角下的企业贷款保险费率厘定模型

本书第四篇从免赔额视角,相继提出的考虑保险免赔的企业贷款保险费率厘定基本模型、考虑有限赔付与还款展期的企业贷款保险费率厘定模型,均是借助看涨期权对企业贷款保险定价理论的拓展,相关归纳和分析如下。

1. 考虑保险免赔的企业贷款保险费率厘定基本模型

1) 模型的定价依据
保险免赔额条件下企业贷款保险的赔付期望值是该模型的主要定价依据。

2) 模型的理论条件
(1) 保险公司能够根据贷款特征(如借款企业规模、贷款用途、所属行业、所属地域等),获取到同类贷款的历史损失率数据。
(2) 同类贷款的历史损失率数据遵循几何布朗运动,服从对数正态分布。
(3) 保险到期时企业贷款损失率是否高于保险免赔率,是判断保险机构是否赔付贷款损失的唯一标准,保险机构仅对超出保险免赔率的贷款损失进行赔付。

3) 考虑的主要因素
企业贷款保险免赔率、保险期初同类贷款损失率、保险期限、同类贷款损失率的漂移率及波动率。

4) 模型求解的关键
同类企业贷款损失率的漂移率及波动率对于企业贷款保险定价至关重要,故它们是求解该模型的关键。

5) 模型的独特优势
该模型适合用于同类贷款损失数据较为充足的一切企业贷款尤其是小微企业贷款厘定带有保险免赔额的贷款保险费率的厘定,擅长捕捉隐藏于一定空间和时间范围同类贷款历史损失数据中的信用风险,有助于学者们在细分企业贷款种类的条件下,运用充足的同类贷款损失数据,针对各类企业尤其是小微企业展开更加深入的贷款保险费率厘定理论研究。

6) 模型的理论局限
模型对企业贷款的细分程度和同类贷款损失数据的充足性要求较高,这给模型带来了理论局限:当企业贷款种类细分程度不够或同类贷款历史损失数据不够充分时,会影响企业贷款保险费率厘定的准确性。

2. 考虑有限赔付与还款展期的企业贷款保险费率厘定模型

1) 模型的定价依据

保险免赔额、最高赔付额、保险损失分担比例以及还款展期条件下企业贷款保险的赔付期望值是该模型的主要定价依据。

2) 模型的理论条件

(1) 保险到期时贷款损失率是否介于保险免赔率与最高赔付率之间，是判断保险机构是否赔付贷款损失的唯一标准，保险机构仅对介于保险免赔率与最高赔付率之间的贷款损失进行赔付。

(2) 企业贷款保险期限将随被保险贷款还款展期的存在而同步延长，延长期限与被保险贷款还款展期相同。

该模型的其他理论条件同考虑保险免赔的企业贷款保险费率厘定基本模型，此处不再赘述。

3) 考虑的主要因素

企业贷款保险免赔率、保险最高赔付率、保险损失分担比例、保险期初同类贷款损失率、保险期限、还款展期、同类贷款损失率的漂移率及其方差。

此外，该模型的求解关键、独特优势、理论局限均与考虑保险免赔的企业贷款保险费率厘定基本模型相同，故此处不再赘述。

12.1.4 各类企业贷款保险定价模型的适用对象

为便于后续研究和学者参考，本节将第二篇至第四篇介绍的单一视角下的不同企业贷款保险定价模型的优势、局限及适用条件和对象汇总于表 12-1 中。

表 12-1 各类企业贷款保险定价模型的适用对象

建模视角	优势	局限	适用条件	适用对象
借款企业信用等级	擅长捕捉隐藏于借款企业信用等级及其变化过程中的信用风险	模型对社会信用评价体系完善程度要求较高，受制于企业信用评价数据的准确性及时性；模型缺乏对保险免赔条款和借款企业负债状况的考虑	完善的企业信用评价体系	大中型企业的贷款保险
借款企业负债	擅长捕捉隐藏于借款企业债务结构中的信用风险	模型对借款企业所处资本市场的有效性要求较高，受制于借款企业市场价值信息的准确性和及时性；模型缺乏对借款企业信用等级和保险免赔条款的考虑	有效的资本市场	上市企业的贷款保险
保险免赔条款	擅长在信用评价体系和资本市场不完善的非对称条件下，捕捉隐藏于同类贷款损失数据中的信用风险	模型对企业贷款种类的细分程度要求较高，受制于同类企业贷款损失数据的充足程度；模型缺乏对借款企业信用等级和借款企业负债状况的考虑	充足的同类企业贷款损失数据	小微企业的贷款保险

由表 12-1 可看出，单一视角下的不同企业贷款保险定价模型有着不同的优势、局限和适用条件，这些共同决定了不同模型有着不同的适用对象。价格制定者可根据借款企业及企业贷款保险定价实践的具体条件和现实需求选择相应模型；同时，单一视角下的不同企业贷款保险定价模型的局限性也制约着模型适应复杂条件的能力，这正是本章探索复杂条件下企业贷款保险定价模型的原因。

12.2　第一类复杂条件下的企业贷款保险费率厘定模型

12.2.1　企业贷款保险定价面临的第一类复杂条件

综合本书第二篇和第三篇的研究以及定价实践环境中可能出现的情况，本节将借款企业信用等级视角下和借款企业负债视角下企业贷款保险费率厘定模型的理论条件合并定义为"企业贷款保险定价面临的第一类复杂条件"，涉及的主要条件如下。

(1) 信用评级体系和信用转移概率矩阵能较为准确地反映出企业贷款保险期内借款企业的信用状况及其转移概率。

(2) 企业贷款的违约回收率按企业贷款的类型服从一定特征的 β 分布。

(3) 借助现有的信用风险度量模型能够较为准确地度量出企业贷款损失的概率分布。

(4) 银保双方对于企业贷款的非预期损失、经济资本和 RAROC 等有着相同的认识与计算方法。

(5) 借款企业的资产市场价值服从几何布朗运动。

(6) 借款企业的总负债和企业贷款的金额在企业贷款保险期内均保持不变。

(7) 借款企业所在的资本市场是有效市场，借款企业在企业贷款保险期内的资产市场价值及其波动率能够被准确测度。

(8) 保险期内的无风险利率保持不变。

(9) 包括企业贷款在内的各种债务存在清偿先后顺序。

综合上述条件，可将企业贷款保险定价面临的第一类复杂条件进一步归纳为"兼顾借款企业债务状况和借款企业信用等级的企业贷款保险定价条件"。

12.2.2 第一类复杂条件下的企业贷款保险定价思路

在第一类复杂条件下,第二篇和第三篇构建的模型在制定企业贷款保险价格时似乎都适用。然而,这会给企业贷款保险定价带来困扰,即对同一笔企业贷款保险可能出现多个保险定价。因此,如何综合第二篇和第三篇所建模型的各自优势,在第一类复杂条件下制定出科学兼顾借款企业债务状况和借款企业信用等级的企业贷款保险价格,是一个值得探索的问题。

在第二篇所建的两个企业贷款保险费率厘定模型中,最具代表性的是基于 RAROC 的企业贷款保险费率厘定模型。它最为全面地反映了第二篇所建模型面临的条件,重点解决了根据银保双方的 RAROC 目标找到贷款保险纯费率取值范围的问题。

在第三篇所建的三个企业贷款保险费率厘定模型中,最具代表性的是考虑借款企业债务清偿结构的企业贷款保险费率厘定模型。它最为全面地反映了第三篇所建模型面临的条件,重点解决了根据企业市场价值与企业负债结构之间的关系来确定贷款保险纯费率的问题。

考虑到上述两个模型在第二篇和第三篇所建模型中的代表性,在第一类复杂条件下可将基于 RAROC 的企业贷款保险费率厘定模型和考虑借款企业债务清偿结构的企业贷款保险费率厘定模型作为基础,以后者为企业贷款保险纯费率的主表达式,以前者为企业贷款保险纯费率的取值范围,构建兼顾借款企业债务状况和借款企业信用等级的企业贷款保险费率厘定模型。此即第一类复杂条件下的企业贷款保险定价思路。

12.2.3 第一类复杂条件下的企业贷款保险定价理论模型

根据第一类复杂条件下的企业贷款保险费率厘定思路,综合相关模型表达式可给出第一类复杂条件下的企业贷款保险纯费率厘定模型表达式:

$$\begin{cases} g = (P_B - P_S)\dfrac{D_{2L}}{D_{2L} + D_{2S}} \\ \dfrac{E\mathrm{UL}_\alpha \times (1 + \mathrm{RAROC}_A) + C}{V_f} \leqslant g \leqslant \dfrac{E\mathrm{UL}_\alpha \times (1 + \mathrm{RAROC}_B) + R_X}{V_f} \end{cases} \quad (12\text{-}1)$$

式中,各分式的推导和各参数含义同前述相关章节;第一个算式源于式(7-9),代表第一类复杂条件下企业贷款保险纯费率的主表达式;第二个算式源于式(4-8),代表第一类复杂条件下企业贷款保险纯费率的取值范围。整个模型的含义为兼顾借款企业债务状况和借款企业信用等级的企业贷款保险纯费率。

此外，在应用式(12-1)进行运算时，可能会出现经第一个算式计算的企业贷款保险纯费率没有落在经第二个算式计算的取值范围内的情况。在该情况下，应优先考虑保护保险公司的展业积极性，使保险价格全面覆盖各种承保风险，故建议在经第二篇和第三篇所属模型运算结果当中取最大值作为企业贷款保险纯费率，具体表达式如下：

$$g = \max\left(\frac{E\,UL_\alpha \times (1+RAROC_A)+C}{V_f}, (P_B - P_S)\frac{D_{2L}}{D_{2L}+D_{2S}}\right) \quad (12\text{-}2)$$

式中，各分式的推导和各参数含义同前述相关章节；左侧算式源于式(4-8)，代表第二篇所属典型条件下的满足保险公司 RAROC 目标的企业贷款保险纯费率下限；右侧算式源于式(7-9)，代表第三篇所属典型条件下的企业贷款保险纯费率。

12.3 第二类复杂条件下的企业贷款保险费率厘定模型

12.3.1 企业贷款保险定价面临的第二类复杂条件

综合本书第二篇和第四篇的研究以及定价实践环境中可能出现的情况，本节将借款企业信用等级视角下和保险免赔视角下企业贷款保险费率厘定模型的理论条件合并定义为"企业贷款保险定价面临的第二类复杂条件"，涉及的主要条件如下。

(1)信用评级体系和信用转移概率矩阵能较为准确地反映出企业贷款保险期内借款企业的信用状况及其转移概率。

(2)企业贷款的违约回收率按企业贷款的类型服从一定特征的β分布。

(3)借助现有的信用风险度量模型能够较为准确地度量出企业贷款损失的概率分布。

(4)银保双方对于企业贷款的非预期损失、经济资本和 RAROC 等有着相同的认识与计算方法。

(5)保险公司能够根据贷款特征(如借款企业规模、贷款用途、所属行业、所属地域等)，获取到同类贷款的历史损失率数据。

(6)同类贷款的历史损失率数据遵循几何布朗运动，服从对数正态分布。

(7)企业贷款保险合约设置免赔率和最高赔付率，保险人仅对介于保险免赔率与最高赔付率之间的贷款损失进行赔付。

综合上述条件，可将企业贷款保险定价面临的第二类复杂条件归纳为"兼顾保险免赔条款和借款企业信用等级的企业贷款保险定价条件"。

12.3.2 第二类复杂条件下的企业贷款保险定价思路

在第二类复杂条件下，第二篇和第四篇构建的模型在制定企业贷款保险价格时似乎都适用。然而，这同样会给企业贷款保险定价带来困扰，即对同一笔企业贷款保险可能出现多个保险定价。因此，如何综合第二篇和第四篇所建模型的各自优势，在第二类复杂条件下制定出科学兼顾保险免赔条款和借款企业信用等级的企业贷款保险价格，同样是一个值得探索的问题。

在第二篇所建的两个企业贷款保险定价模型中，最具代表性的是基于RAROC的企业贷款保险费率厘定模型。它最为全面地反映了第二篇所建模型所面临的条件，重点解决了根据银保双方的RAROC目标找到贷款保险纯费率取值范围的问题。

在第四篇所建的两个企业贷款保险定价模型中，最具代表性的是考虑有限赔付的企业贷款保险费率厘定模型。它最为全面地反映了第四篇所建模型所面临的条件，重点解决了根据同类贷款损失率与免赔率之间的关系来确定贷款保险纯费率的问题。

考虑到上述两个模型在第二篇和第四篇中的代表性，在第二类复杂条件下可从第二篇和第四篇中选择基于RAROC的企业贷款保险费率厘定模型和考虑有限赔付的企业贷款保险费率厘定模型作为基础，以后者为企业贷款保险纯费率的主表达式，以前者为企业贷款保险纯费率的取值范围，构建兼顾保险免赔条款和借款企业信用等级的企业贷款保险定价模型。此即第二类复杂条件下的企业贷款保险定价思路。

12.3.3 第二类复杂条件下的企业贷款保险定价理论模型

根据第二类复杂条件下的企业贷款保险费率厘定思路，综合相关模型表达式可给出第二类复杂条件下的企业贷款保险纯费率厘定模型表达式：

$$\begin{cases} g = g_K - g_B \\ \dfrac{E\mathrm{UL}_\alpha \times (1+\mathrm{RAROC}_A) + C}{V_f} \leqslant g \leqslant \dfrac{E\mathrm{UL}_\alpha \times (1+\mathrm{RAROC}_B) + R_X}{V_f} \end{cases} \quad (12\text{-}3)$$

式中，各分式的推导和各参数含义同前述相关章节；第一个算式源于式(10-7)，代表第二类复杂条件下的企业贷款保险纯费率的主表达式；第二个算式源于式(4-8)，代表第二类复杂条件下的企业贷款保险纯费率的取值范围。整个模型的含义为兼顾保险免赔条款和借款企业信用等级的企业贷款保险纯费率。

此外，在应用式(12-3)进行运算时，可能会出现经第一个算式计算的企业贷款保险纯费率没有落在经第二个算式计算的取值范围内的情况。在该情况下，应优先考虑保护保险公司的展业积极性，使保险价格全面覆盖各种承保风险，故建议在经第二篇和第四篇所属模型运算结果当中取最大值作为企业贷款保险纯费率，具体表达式如下：

$$g = \max\left(\frac{EUL_\alpha \times (1+RAROC_A) + C}{V_f}, g_K - g_B\right) \qquad (12\text{-}4)$$

式中，各分式的推导和各参数含义同前述相关章节；左侧算式源于式(4-8)，代表第二篇所属典型条件下的满足保险公司 RAROC 目标的企业贷款保险纯费率下限；右侧算式源于式(10-7)，代表第四篇所属典型条件下的企业贷款保险纯费率。

12.4 第三类复杂条件下的企业贷款保险费率厘定模型

12.4.1 企业贷款保险定价面临的第三类复杂条件

综合本书第三篇和第四篇的研究以及保险定价实践环境中可能出现的情况，本节将借款企业债务视角下和保险免赔视角下企业贷款保险费率厘定模型的理论条件合并定义为"企业贷款保险定价面临的第三类复杂条件"，涉及的主要条件如下。

(1)借款企业的资产市场价值服从几何布朗运动。

(2)借款企业的总负债和企业贷款的金额在企业贷款保险期内均保持不变。

(3)借款企业所在的资本市场是有效市场，借款企业在企业贷款保险期内的资产市场价值及波动率能够被准确测度。

(4)保险期内的无风险利率保持不变。

(5)包括贷款在内的企业各种债务存在清偿先后顺序。

(6)保险公司能够根据贷款特征(如借款企业规模、贷款用途、所属行业、所属地域等)，获取到同类贷款的历史损失率数据。

(7) 同类贷款的历史损失率数据遵循几何布朗运动，服从对数正态分布。

(8) 企业贷款保险合约设置免赔率和最高赔付率，保险人仅对介于保险免赔率与最高赔付率之间的贷款损失进行赔付。

综合上述条件，可将企业贷款保险定价面临的第三类复杂条件归纳为"兼顾借款企业债务状况和保险免赔的企业贷款保险定价条件"。

12.4.2 第三类复杂条件下的企业贷款保险定价思路

在第三类复杂条件下，第三篇和第四篇构建的模型在制定企业贷款保险价格时似乎都适用。然而，这同样会给企业贷款保险定价带来困扰，即对同一笔企业贷款保险可能出现多个保险定价。因此，如何综合第三篇和第四篇所建模型的各自优势，在第三类复杂条件下制定出科学兼顾借款企业债务状况和保险免赔的企业贷款保险价格，同样是一个值得探索的问题。

在第三篇所建的三个企业贷款保险费率厘定模型中，最具代表性的是考虑借款企业债务清偿结构的企业贷款保险费率厘定模型。它最为全面地反映了第三篇所建模型所面临的条件，重点解决了根据企业市场价值与企业负债结构之间的关系来确定贷款保险纯费率的问题。

在第四篇所建的两个企业贷款保险费率厘定模型中，最具代表性的是考虑有限赔付与还款展期的企业贷款保险费率厘定模型。它最为全面地反映了第四篇所建模型所面临的条件，重点解决了根据同类贷款损失率与免赔率之间的关系来确定贷款保险纯费率的问题。

因此，本书从第三篇和第四篇中选择考虑借款企业债务清偿结构的企业贷款保险费率厘定模型和考虑有限赔付与还款展期的企业贷款保险费率厘定模型作为基础，从保护保险公司展业积极性的角度考虑，依据风险保守原则确定保险纯费率的主要表达式，构建兼顾借款企业债务状况和保险免赔条款的企业贷款保险费率厘定模型。此即第三类复杂条件下的企业贷款保险定价思路。

12.4.3 第三类复杂条件下的企业贷款保险定价理论模型

根据第三类复杂条件下的企业贷款保险定价思路，综合相关模型表达式可给出第三类复杂条件下的企业贷款保险费率厘定模型的表达式：

$$g = \max\left((P_B - P_S)\frac{D_{2L}}{D_{2L} + D_{2S}}, g_K - g_B\right) \qquad (12\text{-}5)$$

式中，各算式的推导和各参数含义同前述相关章节；左侧算式源于式(7-9)，代表其中一个第三类复杂条件下企业贷款保险纯费率的主表达式；右侧算式源于式(10-7)，代表其中另一个第三类复杂条件下企业贷款保险纯费率的主表达式。整个模型的含义为兼顾借款企业债务状况和保险免赔条款的企业贷款保险纯费率。

利用式(12-5)制定的保险纯费率能够确保覆盖兼顾借款企业债务状况和保险免赔条款的企业贷款保险的承保风险，有利于保护保险公司的展业积极性。

12.5 第四类复杂条件下的企业贷款保险费率厘定模型

12.5.1 企业贷款保险定价面临的第四类复杂条件

综合本书第二篇至第四篇的研究以及保险定价实践中可能出现的情况，本节将借款企业信用等级视角下、借款企业负债视角下和保险免赔视角下企业贷款保险费率厘定模型的理论条件合并定义为"企业贷款保险定价面临的第四类复杂条件"，涉及的主要条件如下。

(1)信用评级体系和信用转移概率矩阵能较为准确地反映出企业贷款保险期内借款企业的信用状况及其转移概率。

(2)企业贷款的违约回收率按企业贷款的类型服从一定特征的β分布。

(3)借助现有的信用风险度量模型能够较为准确地度量出企业贷款损失的概率分布。

(4)银保双方对于企业贷款的非预期损失、经济资本和RAROC等有着相同的认识与计算方法。

(5)银保双方的风险容忍度相同。

(6)借款企业的资产市场价值服从几何布朗运动。

(7)借款企业的总负债和企业贷款的金额在企业贷款保险期内均保持不变。

(8)借款企业所在的资本市场是有效市场,借款企业在企业贷款保险期内的资产市场价值及其波动率能够被准确测度。

(9)保险期内的无风险利率保持不变。

(10)包括贷款在内的企业各种债务存在清偿先后顺序。

(11) 保险公司能够根据贷款特征(如借款企业规模、贷款用途、所属行业、所属地域等)，获取到同类贷款的历史损失率数据。

(12) 同类贷款的历史损失率数据遵循几何布朗运动，服从对数正态分布。

(13) 企业贷款保险合约设置免赔率和最高赔付率，保险人仅对介于保险免赔率与最高赔付率之间的贷款损失进行赔付。

综合上述条件，可将企业贷款保险定价面临的第四类复杂条件归纳为"兼顾借款企业债务状况、借款企业信用等级及保险免赔条款的企业贷款保险定价条件"。

12.5.2 第四类复杂条件下的企业贷款保险定价思路

在第四类复杂条件下，第二篇至第四篇构建的模型在制定企业贷款保险价格时似乎都适用。然而，这同样会给企业贷款保险定价带来困扰，即对同一笔企业贷款保险可能出现多个保险定价。因此，如何综合第二篇至第四篇所建模型的各自优势，在第四类复杂条件下制定出科学兼顾借款企业债务状况、借款企业信用等级及保险免赔条款的企业贷款保险价格，同样是一个值得探索的问题。

在第二篇所建的两个企业贷款保险费率厘定模型中，最具代表性的是基于 RAROC 的企业贷款保险费率厘定模型。它最为全面地反映了第二篇所建模型所面临的条件，重点解决了根据银保双方的 RAROC 目标找到贷款保险纯费率取值范围的问题。

在第三篇所建的三个企业贷款保险费率厘定模型中，最具代表性的是考虑借款企业债务清偿结构的企业贷款保险费率厘定模型。它最为全面地反映了第三篇所建模型所面临的条件，重点解决了根据企业市场价值与企业负债结构之间的关系来确定贷款保险纯费率的问题。

在第四篇所建的两个企业贷款保险费率厘定模型中，最具代表性的是考虑有限赔付与还款展期的企业贷款保险费率厘定模型。它最为全面地反映了第四篇所建模型所面临的条件，重点解决了根据同类贷款损失率与免赔率之间的关系来确定贷款保险纯费率的问题。

因此，本书从第二篇至第四篇中分别选择基于 RAROC 的企业贷款保险费率厘定模型、考虑借款企业债务清偿结构的企业贷款保险费率厘定模型和考虑有限赔付与还款展期的企业贷款保险费率厘定模型作为基础，以基于 RAROC 的企业贷款保险费率厘定模型计算保险纯费率的取值范围，依据风险保守原则确定保险纯费率的主要表达式,在第四类复杂条件下制定出科学兼顾借款企业债务清偿结构、借款企业信用等级及保险免赔条款的企业贷款保险价格。此即第四类复杂条件下的企业贷款保险费率定价思路。

12.5.3 第四类复杂条件下的企业贷款保险定价理论模型

根据第四类复杂条件下的企业贷款保险费率厘定思路,综合相关模型表达式可给出第四类复杂条件下的企业贷款保险费率厘定模型的表达式:

$$\begin{cases} g = \max\left((P_B - P_S)\dfrac{D_{2L}}{D_{2L} + D_{2S}}, g_K - g_B\right) \\ \dfrac{EUL_\alpha \times (1 + RAROC_A) + C}{V_f} \leqslant g \leqslant \dfrac{EUL_\alpha \times (1 + RAROC_B) + R_X}{V_f} \end{cases} \quad (12\text{-}6)$$

式中,各算式的推导和各参数含义同前述相关章节;第一个算式的左侧算式源于式(7-9),代表其中一个第四类复杂条件下的企业贷款保险纯费率的主表达式;第一个算式的右侧算式源于式(10-7),代表其中另一个第四类复杂条件下的企业贷款保险纯费率的主表达式;第二个算式源于式(4-8),代表第四类复杂条件下的企业贷款保险纯费率的取值范围。整个模型的含义为兼顾借款企业债务状况、银保双方 RAROC 目标和保险免赔条款的企业贷款保险纯费率。

此外,在应用式(12-6)进行运算时,可能会出现经第一个算式计算的企业贷款保险纯费率没有落在经第二算式计算的取值范围内的情况。在该情况下,应优先考虑保护保险公司的展业积极性,确保保险价格能全面覆盖各种承保风险,故建议在经第二篇至第四篇所属模型运算结果当中取最大值作为企业贷款保险纯费率,具体表达式如下:

$$g = \max\left(\dfrac{EUL_\alpha \times (1 + RAROC_A) + C}{V_f}, (P_B - P_S)\dfrac{D_{2L}}{D_{2L} + D_{2S}}, g_K - g_B\right) \quad (12\text{-}7)$$

式中,各算式的推导和各参数含义同前述相关章节;左侧算式源于式(4-8),代表第二篇所属典型条件下的满足保险公司 RAROC 目标的企业贷款保险纯费率下限;居中算式源于式(7-9),代表第三篇所属典型条件下的企业贷款保险纯费率;右侧算式源于式(10-7),代表第四篇所属典型条件下的企业贷款保险纯费率。

利用式(12-7)制定的保险纯费率能够确保覆盖兼顾借款企业债务状况、借款企业信用等级及保险免赔条款的承保风险,有利于保护保险公司的展业积极性。

12.6 本章小结

第二篇至第四篇在单一视角条件下构建的各种企业贷款保险定价模型都存在不同程度的理论局限，对复杂条件的适应能力不足。基于对单一视角条件下企业贷款保险定价模型的优势与局限的对比分析，本章进一步提出了不同复杂条件下的企业贷款保险综合定价原理与理论模型。

回顾全章，可归纳出以下几点阶段性的理论观点。

(1) 借款企业信用等级视角下的企业贷款保险费率厘定模型擅长捕捉隐藏于借款企业信用等级变化中的信用风险，有助于学者们在完善的社会信用评价体系下，运用贷款损失分布或顺应风险管理的发展趋势，针对纳入征信体系的企业展开更加深入的贷款保险费率厘定理论研究；然而，该类模型对企业信用级的准确性和及时性以及银保双方经济资本管理水平的要求较高，给该类模型应用带来了局限。

(2) 借款企业负债视角下的企业贷款保险费率厘定模型擅长捕捉隐藏于借款企业债务结构中的信用风险，有助于学者们在有效的资本市场内，运用借款企业的市场价值信息，针对上市企业展开更加深入的贷款保险费率厘定理论研究；然而，该类模型对借款企业市场价值信息的准确性和及时性要求较高，即对借款企业所在资本市场的有效性要求较高，给该类模型应用带来了局限。

(3) 保险免赔视角下的企业贷款保险费率厘定模型擅长捕捉隐藏于一定空间和时间范围同类贷款历史损失数据中的信用风险，有助于学者们在细分企业贷款种类的条件下，运用充足的同类贷款损失数据，针对各类企业尤其是小微企业展开更加深入的贷款保险费率厘定理论研究；然而，该类模型对企业贷款的细分程度和同类贷款损失数据的充足性要求较高，给该类模型应用带来了局限。

(4) 兼顾借款企业债务状况和借款企业信用等级是企业贷款保险定价实践面临的第一类复杂条件。在该条件下，可以在基于 RAROC 的企业贷款保险定价模型和考虑借款企业债务清偿结构的企业贷款保险定价模型的基础上，以前者作为保险纯费率的取值范围，以后者作为保险纯费率的主要表达式，酌情综合构建企业贷款保险定价模型。

(5) 兼顾借款保险免赔条款和借款企业信用等级是企业贷款保险定价实践面临的第二类复杂条件。在此条件下，可以在基于 RAROC 的企业贷款保险定价模型和考虑有限赔付与还款展期的企业贷款保险费率厘定模型的基础上,以前者作为保险纯费率的取值范围,以后者作为保险纯费率的主要表达式,酌情综合构建企业贷款保险定价模型。

(6)兼顾借款企业债务状况和借款保险免赔条款是企业贷款保险定价实践面临的第三类复杂条件。在此条件下,可以在考虑借款企业债务清偿结构的企业贷款保险定价模型和考虑有限赔付的企业贷款保险费率厘定模型的基础上,依据承保风险最小化和保险收益最大化的原则来确定保险纯费率的主要表达式,酌情综合构建企业贷款保险定价模型。

(7)兼顾借款企业债务状况、借款企业信用等级及保险免赔条款是企业贷款保险定价实践面临的第四类复杂条件。在此条件下,可以在基于 RAROC 的企业贷款保险定价模型、考虑借款企业债务清偿结构的企业贷款保险定价模型和考虑有限赔付的企业贷款保险费率厘定模型的基础上,以基于 RAROC 的企业贷款保险定价模型计算保险纯费率的取值范围,依据承保风险最小化和保险收益最大化的原则来确定保险纯费率的主要表达式,酌情综合构建企业贷款保险定价模型。

第13章　复杂条件下的企业贷款保险补贴补偿测算模型

在财政资金较为有限的背景下,本章将在分析归纳第 5 章和第 11 章所建企业贷款保险补贴补偿测算理论的基础上,提出复杂条件下的企业贷款保险补贴补偿综合测算原理,并构建相应的企业贷款保险风险价格补贴模型和企业贷款保险风险基金补偿测算模型,以便从保险补贴补偿测算的角度进一步完善企业贷款保险定价基础模型体系。

13.1　已建企业贷款保险补贴补偿测算模型的对比分析

13.1.1　信用等级视角下的企业贷款保险补贴补偿测算模型分析

本书第二篇从借款企业信用等级视角,相继提出的第一类分担方式、第二类分担方式和第三类分担方式下的企业贷款保险补贴补偿测算模型,均是借助社会信用评价数据对企业贷款保险补贴补偿测算理论的构建,相关归纳和分析如下。

1. 第一类分担方式下的企业贷款保险补贴补偿测算模型

1) 模型的测算依据

从借款企业信用等级视角分析,在第一类分担方式下,政府参与被保险企业贷款极端损失的分担,该模型的主要测算依据为政府按比例分担的被保险企业贷款极端损失的期望值。

2) 模型的理论条件

(1) 在企业贷款保险中,通过政府补贴补偿分担的是表现为贷款极端损失的信贷风险。

(2) 借款企业信用状况的恶化和违约行为是导致贷款出现损失的两大原因,借款企业的违约行为将导致贷款终止和贷款清偿的发生。

(3)企业贷款保险金额和度量贷款损失的标准均以保险期内企业贷款的风险不变价值为基准。

(4)信用评级体系和某类借款企业的信用转移概率矩阵能较为准确地反映出企业贷款保险期内该类借款企业的信用状况及其转移概率。

(5)企业贷款的违约回收率按贷款类型服从一定特征的β分布。

3) 考虑的主要因素

借款企业的初始信用评级、企业信用等级的转移路径、保险期限。

4) 模型的求解关键

利用信用转移概率矩阵求出经不同信用风险转移路径后的企业贷款损失概率分布是求解该模型的关键。

5) 模型的独特优势

该模型擅长捕捉隐藏于借款企业信用等级变化过程中的信贷风险，有助于学者们在完善的社会信用评价体系下，基于企业贷款损失分布，运用现代金融风险管理理论，针对所有纳入信用评价体系的企业展开更加深入的贷款保险补贴补偿理论研究。该模型适用于测算信用等级能被准确及时度量的借款企业的贷款保险风险价格补贴与风险补偿基金。

6) 模型的理论局限

该模型对借款企业所处的信用评价体系要求较高，即对企业信用评价数据的准确性和及时性要求较高，社会信用评价体系不完善，企业信用等级评价的缺失、不准确或不及时都会影响到企业贷款保险补贴补偿测算的准确性。

2. 第二类分担方式下的企业贷款保险补贴补偿测算模型

1) 模型的测算依据

从借款企业信用等级视角分析，在第二类分担方式下，政府参与被保险企业贷款非预期损失的分担。该模型的主要测算依据为政府按比例分担的被保险企业贷款非预期损失的期望值。

2) 模型的理论条件

在企业贷款保险中，通过政府补贴补偿分担的是表现为贷款非预期损失的信用风险；其余理论条件同第一类分担方式下的企业贷款保险补贴补偿测算模型，此处不再赘述。

该模型考虑的主要因素、求解关键、独特优势、理论局限均与第一类分担方式下的企业贷款保险补贴补偿测算模型相同，此处不再赘述。

3. 第三类分担方式下的企业贷款保险补贴补偿测算模型

1) 模型的测算依据

从借款企业信用等级视角分析，在第三类分担方式下，政府参与被保险企业贷款非预期损失和极端损失的分担。该模型的主要测算依据为政府按比例分担的被保险企业贷款非预期损失和极端损失的期望值。

2) 模型的理论条件

在企业贷款保险中，通过政府补贴补偿分担的是表现为贷款非预期损失和极端损失的信用风险；其余理论条件同第一类分担方式下的企业贷款保险补贴补偿测算模型，此处不再赘述。

该模型考虑的主要因素、求解关键、独特优势、理论局限均与第一类分担方式下的企业贷款保险补贴补偿测算模型相同，故此处不再赘述。

13.1.2 保险免赔视角下的企业贷款保险补贴补偿测算模型分析

本书第四篇从保险免赔视角分析，相继提出的第一类分担方式、第二类分担方式和第三类分担方式下的企业贷款保险补贴补偿测算模型，均是借助免赔条款对企业贷款保险补贴补偿测算理论的构建，相关归纳和分析如下。

1. 第一类分担方式下的企业贷款保险补贴补偿测算模型

1) 模型的测算依据

从保险免赔视角分析，在第一类分担方式下，政府参与对超过最高赔付额(最高赔付率)的企业贷款损失的分担，该模型的主要测算依据为政府按比例分担的超过最高赔付额(最高赔付率)的企业贷款损失的期望值。

2) 模型的理论条件

(1) 保险到期时企业贷款损失率是否超出保险最高赔付率，是判断财政是否参与企业贷款损失分担的标准，政府仅对超出最高赔付率的企业贷款损失按比例进行分担。

(2) 政府相关部门能够根据贷款特征(如借款企业规模、贷款用途、所属行业、所属地域等)，获取到被保险企业贷款的同类贷款的历史损失率。

(3) 企业贷款损失率遵循几何布朗运动，服从对数正态分布。

(4) 保险期限与贷款期限同步。

3) 考虑的主要因素

企业贷款保险的最高赔付率、保险期限、同类贷款损失率。

4) 模型求解的关键

从保险免赔角度分析，同类贷款损失率的漂移率及波动率对于测算企业贷款保险的风险补贴价格和风险补偿基金至关重要，它们是求解该模型的关键。

5) 模型的独特优势

该模型擅长捕捉隐藏于一定空间和时间范围内同类企业贷款损失数据中的信贷风险，有助于学者们在企业贷款种类细分的条件下，运用保险免赔条款，针对各类企业尤其是小微企业展开更加深入的贷款保险补贴补偿测算理论研究。该模型适用于在同类企业贷款损失数据较为充足条件下为某类企业尤其是小微企业的贷款保险测算风险价格补贴与风险补偿基金。

6) 模型的理论局限

该模型对企业贷款的细分程度和同类贷款损失数据的充足性要求较高，当企业贷款种类不够细分和同类贷款历史损失数据不够充分时，会影响到测算企业贷款保险风险价格补贴和风险补偿基金的准确性。

2. 第二类分担方式下的企业贷款保险补贴补偿测算模型

1) 模型的测算依据

从保险免赔视角分析，在第二类分担方式下，政府参与对介于免赔额（免赔率）和最高赔付额（最高赔付率）之间的企业贷款损失的分担。该模型的主要测算依据为政府按比例分担的介于免赔额（免赔率）和最高赔付额（最高赔付率）之间的企业贷款损失的期望值。

2) 模型的理论条件

保险到期时企业贷款损失率是否介于保险免赔率与保险最高赔付率之间，是判断政府是否参与企业贷款损失分担的标准，政府对介于保险免赔率与保险最高赔付率之间的企业贷款损失按比例进行分担；其余理论条件同第一类分担方式下的企业贷款保险补贴补偿测算模型，此处不再赘述。

3) 考虑的主要因素

企业贷款保险免赔率、企业贷款保险的最高赔付率、保险期限、同类贷款损失率。

该模型的求解关键、独特优势、理论局限均与第一类分担方式下的企业贷款保险补贴补偿测算模型相同，此处不再赘述。

3. 第三类分担方式下的企业贷款保险补贴补偿测算模型

1) 模型的测算依据

从保险免赔视角分析，在第三类分担方式下，由政府参与分担的超过最高赔付额（最高赔付率）以及介于免赔额（免赔率）和最高赔付额（最高赔付率）之间的企业贷款损失，该模型的主要测算依据为政府按比例分担的超过最高赔付额（最高赔付率）以及介于免赔额（免赔率）和最高赔付额（最高赔付率）之间的企业贷款损失的期望值。

2) 模型的理论条件

保险到期时贷款损失率是否超出保险免赔率，是判断政府是否参与企业贷款损失分担的标准，政府对介于保险免赔率与保险最高赔付率之间的贷款损失和对超出最高赔付率的贷款损失按不同比例进行分担；其余理论条件同第一类分担方式下的企业贷款保险补贴补偿测算模型，此处不再赘述。

该模型的求解关键、独特优势、理论局限均与第一类分担方式下的企业贷款保险补贴补偿测算模型相同，此处不再赘述。

13.1.3 各类企业贷款保险补贴补偿测算模型的适用对象

为便于后续研究和学者参考，将第二篇至第三篇所涉及的单一视角下的不同企业贷款保险补贴补偿测算模型的主要优势、局限及适用范围汇总于表 13-1 中。

表 13-1 各类企业贷款保险补贴补偿测算模型的适用对象

建模视角	优势	局限	适用条件	适用对象
借款企业信用等级	擅长捕捉隐藏于借款企业信用等级及其变化过程中的信贷风险	模型对社会信用评价体系完善程度要求较高，受限于企业信用评价数据的准确性和及时性；模型缺乏对保险免赔条款的考虑	完善的企业信用评价体系	大中型企业的贷款保险
保险免赔条款	擅长在信用评价体系不完善的非对称条件下，捕捉隐藏于同类贷款损失数据中的信贷风险	模型对企业贷款种类的细分程度要求较高，受限于同类企业贷款损失数据的充足程度；模型缺乏对借款企业信用等级的考虑	充足的同类企业贷款损失数据	小微企业的贷款保险

由表 13-1 可看出，单一视角下的不同企业贷款保险补贴补偿测算模型有着不同的优势、局限和适用条件，决定了它们有着不同的适用对象，测算者可根据借款企业及企业贷款保险补贴补偿实践的具体条件和现实需求选择相应模型；然而，单一视角下的不同企业贷款保险补贴补偿测算模型

的局限性也制约着模型适应复杂条件的能力，可能导致测算的企业贷款保险风险价格补贴率或风险补偿基金偏高，故有必要对复杂条件下企业贷款保险补贴补偿测算模型进行一定探索，以便完善企业贷款保险补贴补偿测算模型体系和更加全面地指导实践。

13.2 第一类复杂条件下的企业贷款保险补贴补偿测算模型

13.2.1 企业贷款保险补贴补偿测算面临的第一类复杂条件

在政府能用于扶持企业贷款保险发展的财政资金较为有限的现实背景下，本节综合本书第二篇和第四篇的研究以及测算实践中可能出现的情况，将借款企业信用等级视角下和保险免赔视角下第一类分担方式的企业贷款保险补贴补偿模型的理论条件合并定义为"企业贷款保险补贴补偿面临的第一类复杂条件"，涉及的主要条件如下。

(1) 为扶持企业贷款保险的发展，政府既可以参与分担表现为企业贷款极端损失的信贷风险，又可以参与分担表现为超出最高赔付率的企业贷款损失。

(2) 企业贷款保险金额和度量贷款损失的标准均以保险期内企业贷款的风险不变价值为基准。

(3) 信用评级体系和某类借款企业的信用转移概率矩阵能较为准确地反映出企业贷款保险期内该类借款企业的信用状况及其转移概率。

(4) 企业贷款的违约回收率按企业贷款类型服从一定特征的β分布。

(5) 政府相关部门能够根据贷款特征（如借款企业规模、贷款用途、所属行业、所属地域等），获取到被保险企业贷款的同类贷款的历史损失率。

(6) 企业贷款损失率遵循几何布朗运动，服从对数正态分布。

(7) 保险期限与贷款期限同步。

13.2.2 第一类复杂条件下的企业贷款保险补贴补偿测算思路

在第一类复杂条件下，政府通过价格补贴和设置风险补偿基金的形式，参与分担企业贷款极端损失或超出最高赔付率的企业贷款损失中的较小值。这意味着政府将按一定比例参与分担超过"企业贷款 $VaR_{1-\alpha}$ 值"的那部分原本应由放贷机构自行承担的企业贷款损失，或者按一定比例参与分担超过最高赔付额（最高赔付率）的企业贷款损失。

如图 5-1 和图 11-1 中的阴影部分即为政府在第一类复杂条件下或将分担的企业贷款损失。对于政府而言，该分担方式所占用的财政资金除了与政府分担比例有关之外，还取决于企业贷款极端损失期望值或保险最高赔付额(最高赔付率)的设置。如果企业贷款极端损失期望值越大，需要政府分担的企业贷款极端损失就越高，风险价格补贴会随之提高，风险补偿基金也会随之变大，最终政府分担行为所占用的财政资金较大；如果保险最高赔付额(最高赔付率)设置得越低，需要政府分担的超过保险最高赔付额(最高赔付率)的贷款损失就越高，风险价格补贴会随之提高，风险补偿基金也会随之变大，最终政府分担行为所占用的财政资金也较大。

总之，为最大限度发挥财政资金扶持企业贷款保险发展的杠杆效应，在第一类复杂条件下应重点兼顾企业贷款极端损失期望值的大小和保险最高赔付额(最高赔付率)的设置，综合第 5 章和第 11 章在第一类分担方式下推导相应企业贷款保险补贴补偿测算模型的做法，构建确保政府投入最小的企业贷款保险风险价格补贴测算模型及风险补偿基金测算模型。此即第一类复杂条件下企业贷款保险的补贴补偿测算思路。

13.2.3 第一类复杂条件下的企业贷款保险补贴补偿测算模型

基于第一类复杂条件下企业贷款保险的补贴补偿测算思路，综合式(5-4)和式(11-9)的推导过程，可得第一类复杂条件下企业贷款保险风险价格补贴率 s_1 的表达式：

$$s_1 = \min \left\{ \frac{\sum_{\hat{\text{VaR}}_{1-\alpha} < L_m \leq V_f} \gamma_1 (L_m - \hat{\text{VaR}}_{1-\alpha}) \times \dfrac{n_{\hat{\text{VaR}}_{1-\alpha} < L_m \leq V_f}}{n}}{V_f}, \right. \tag{13-1}$$

$$\gamma_B L_0 \left[N\left(\frac{\ln\left(\frac{L_0}{B}\right) + \left(\hat{\mu} + \frac{\hat{\sigma}^2}{2}\right)T}{\hat{\sigma}\sqrt{T}} \right) - N\left(\frac{\ln\left(\frac{L_0}{1}\right) + \left(\hat{\mu} + \frac{\hat{\sigma}^2}{2}\right)T}{\hat{\sigma}\sqrt{T}} \right) \right]$$

$$\left. -\gamma_B B e^{-\hat{\mu}T} \left[N\left(\frac{\ln\left(\frac{L_0}{B}\right) + \left(\hat{\mu} - \frac{\hat{\sigma}^2}{2}\right)T}{\hat{\sigma}\sqrt{T}} \right) - N\left(\frac{\ln\left(\frac{L_0}{1}\right) + \left(\hat{\mu} - \frac{\hat{\sigma}^2}{2}\right)T}{\hat{\sigma}\sqrt{T}} \right) \right] \right\}$$

式中，各符号含义同第 5 章和第 11 章。基于式(13-1)和第一类复杂条件下企业贷款保险的补贴补偿测算思路，综合式(5-6)和式(11-10)的推导过程，可进一步得到第一类复杂条件下企业贷款保险风险补偿基金 F_1 的表达式：

$$F_1 = \min\left\{\sum_{j=1}^{J}(s_{1j} \times Q_j), \sum_{i=1}^{n}(s_{1i} \times V_i)\right\} \tag{13-2}$$

式中，各符号含义同第5章和第11章。

利用式(13-1)和式(13-2)能在第一类复杂条件下测算出政府扶持企业贷款保险发展所需的最小风险价格补贴率和最小风险补偿基金，为政府在第一类复杂条件下利用有限的财政资金最大限度地推动企业贷款保险发展提供理论参考。

13.3　第二类复杂条件下的企业贷款保险补贴补偿测算模型

13.3.1　企业贷款保险补贴补偿测算面临的第二类复杂条件

在政府能用于扶持企业贷款保险发展的财政资金较为有限的现实背景下，本节综合本书第二篇和第四篇的研究以及测算实践中可能出现的情况，将借款企业信用等级视角下和保险免赔视角下第二类分担方式的企业贷款保险补贴补偿模型的理论条件合并称之为"企业贷款保险补贴补偿面临的第二类复杂条件"，涉及的主要条件如下。

为扶持企业贷款保险的发展，政府既可以参与分担表现为企业贷款非预期损失的信贷风险，又可以参与分担表现为介于免赔率和最高赔付率之间的企业贷款损失；其余理论条件同第一类复杂条件下的企业贷款保险补贴补偿测算模型，此处不再赘述。

13.3.2　第二类复杂条件下的企业贷款保险补贴补偿测算思路

在第二类复杂条件下，政府通过价格补贴和设置风险补偿基金的形式，参与分担企业贷款非预期损失或介于免赔率与最高赔付率之间的企业贷款损失中的较小值。这意味着政府将按一定比例参与分担超过企业贷款预期损失的那部分原本应由放贷机构自行承担的企业贷款损失，或者按一定比例参与分担介于免赔率与最高赔付率之间的企业贷款损失。

如图5-2和图11-2图中的阴影部分即为政府在第二类复杂条件下或将分担的企业贷款损失。对于政府而言，该分担方式所占用的财政资金除了与政府分担比例有关之外，还取决于企业贷款非预期损失期望值或免赔率与最高赔付率的设置。如果企业贷款非预期损失期望值越大，需要政府分担的企业贷款非预期损失就越高，风险价格补贴会随之提高，风险补偿基金也会随之变大，最终政府分担行为所占用的财政资金较大；如果保险免赔额(免赔率)与最高赔付额(最高赔付率)之间的距离设置得越大，如保险免赔额(免赔率)设置得较低而保险最高赔付额(最高赔付率)设置得较高，则需要政府分担的介于保险免赔额(免赔率)与最高赔付额(最高赔付率)的企业贷款损失期望就会相应的增加，风险价格补贴应随之提高，风险补偿基金也会随之变大，最终政府分担行为所占用的财政资金较大。

总之，为最大限度发挥财政资金扶持企业贷款保险发展的杠杆效应，在第二类复杂条件下应重点兼顾企业贷款非预期损失期望值的大小以及免赔额(免赔率)和最高赔付额(最高赔付率)的设置，综合第 5 章和第 11 章在第二类分担方式下推导相应企业贷款保险补贴补偿测算模型的做法，构建确保政府投入最小的企业贷款保险风险价格补贴测算模型及风险补偿基金测算模型。此即第二类复杂条件下企业贷款保险的补贴补偿测算思路。

13.3.3 第二类复杂条件下的企业贷款保险补贴补偿测算模型

基于第二类复杂条件下企业贷款保险的补贴补偿测算思路，综合式(5-11)和式(11-14)的推导过程，可得第二类复杂条件下的企业贷款保险风险价格补贴 s_2 的表达式：

$$s_2 = \min \left\{ \begin{array}{l} \dfrac{\displaystyle\sum_{\hat{\mathrm{EL}}<L_m \leqslant \hat{\mathrm{VaR}}_{1-\alpha}} \gamma_2(L_m - \hat{\mathrm{EL}}) \times \dfrac{n_{\hat{\mathrm{EL}}<L_m \leqslant \hat{\mathrm{VaR}}_{1-\alpha}}}{n}}{V_f} \\ + \dfrac{\displaystyle\sum_{\hat{\mathrm{VaR}}_{1-\alpha}<L_m \leqslant V_f} \gamma_2(\hat{\mathrm{VaR}}_{1-\alpha} - \hat{\mathrm{EL}}) \times \dfrac{n_{\hat{\mathrm{VaR}}_{1-\alpha}<L_m \leqslant V_f}}{n}}{V_f} \end{array} \right. ,$$

$$\gamma_K L_0 \left[N\left(\dfrac{\ln\left(\dfrac{L_0}{K}\right) + \left(\hat{\mu} + \dfrac{\hat{\sigma}^2}{2}\right)T}{\hat{\sigma}\sqrt{T}}\right) - N\left(\dfrac{\ln\left(\dfrac{L_0}{B}\right) + \left(\hat{\mu} + \dfrac{\hat{\sigma}^2}{2}\right)T}{\hat{\sigma}\sqrt{T}}\right) \right] \quad (13\text{-}3)$$

$$-\gamma_K K e^{-\hat{\mu}T}\left[N\left(\dfrac{\ln\left(\dfrac{L_0}{K}\right) + \left(\hat{\mu} - \dfrac{\hat{\sigma}^2}{2}\right)T}{\hat{\sigma}\sqrt{T}}\right) - N\left(\dfrac{\ln\left(\dfrac{L_0}{1}\right) + \left(\hat{\mu} - \dfrac{\hat{\sigma}^2}{2}\right)T}{\hat{\sigma}\sqrt{T}}\right) \right]$$

$$+\gamma_K B e^{-\hat{\mu}T}\left[N\left(\dfrac{\ln\left(\dfrac{L_0}{B}\right) + \left(\hat{\mu} - \dfrac{\hat{\sigma}^2}{2}\right)T}{\hat{\sigma}\sqrt{T}}\right) - N\left(\dfrac{\ln\left(\dfrac{L_0}{1}\right) + \left(\hat{\mu} - \dfrac{\hat{\sigma}^2}{2}\right)T}{\hat{\sigma}\sqrt{T}}\right) \right] \Bigg\}$$

式中，各符号含义同第 5 章和第 11 章。基于式(13-3)和第二类复杂条件下企业贷款保险的补贴补偿测算思路，综合式(5-13)和式(11-15)的推导过程，可进一步得到第二类复杂条件下的企业贷款保险风险补偿基金 F_2 的表达式：

$$F_2 = \min\left\{\sum_{j=1}^{J}(s_{2j} \times Q_j), \sum_{i=1}^{n}(s_{2i} \times V_i)\right\} \quad (13\text{-}4)$$

式中，各符号含义同第5章和第11章。利用式(13-3)和式(13-4)能在第二类复杂条件下测算出政府扶持企业贷款保险发展所需的最小风险价格补贴率和最小风险补偿基金，为政府在第二类复杂条件下利用有限的财政资金最大限度地推动企业贷款保险发展提供理论参考。

13.4 第三类复杂条件下的企业贷款保险补贴补偿测算模型

13.4.1 企业贷款保险补贴补偿测算面临的第三类复杂条件

在政府能用于扶持企业贷款保险发展的财政资金较为有限的现实背景下，本节综合本书第二篇和第四篇的研究以及测算实践中可能出现的情况，将借款企业信用等级视角下和保险免赔视角下第三类分担方式的企业贷款保险补贴补偿模型的理论条件合并称为"企业贷款保险补贴补偿面临的第三类复杂条件"，涉及的主要条件如下。

为扶持企业贷款保险的发展，政府既可以参与分担表现为企业贷款非预期损失和极端损失的信贷风险，又可以参与分担表现为一切超过免赔率的企业贷款损失；其余理论条件同第一类复杂条件下的企业贷款保险补贴补偿测算模型，此处不再赘述。

13.4.2 第三类复杂条件下的企业贷款保险补贴补偿测算思路

在第三类复杂条件下，政府通过价格补贴和设置风险补偿基金的形式，参与分担企业贷款的非预期损失和极端损失或介于免赔率和最高赔付率之间的企业贷款损失。这意味着政府将按一定比例参与分担超过企业贷款预期损失的那部分原本应由放贷机构自行承担的企业贷款损失，或者按一定比例参与分担介于免赔率和最高赔付率之间的企业贷款损失。

如图5-3和图11-3中的阴影部分即为政府在第三类复杂条件下或将分担的企业贷款损失。对于政府而言，如果企业贷款非预期损失和极端损失的期望值越大，需要政府分担的企业贷款非预期损失就越高，风险价格补贴会随之提高，风险补偿基金也会随之变大，最终政府分担行为所占用的财政资金较大；如果保险免赔额（免赔率）设置得越低，需要政府分担的超过免赔额（免赔率）的企业贷款损失就越高，风险价格补贴会随之提高，风险补偿基金也会随之变大，最终政府分担行为所占用的财政资金也较大。

总之，为最大限度发挥财政资金扶持企业贷款保险发展的杠杆效应，在第三类复杂条件下应重点兼顾企业贷款非预期损失和极端损失期望值的大小以及免赔额（免赔率）和最高赔付额（最高赔付率）的设置，综合第5章和第11章在第三类分担方式下推导相应企业贷款保险补贴补偿测算模型的做法，构建确保政府投入最小的企业贷款保险风险价格补贴测算模型及风险补偿基金测算模型。此即第三类复杂条件下企业贷款保险的补贴补偿测算思路。

13.4.3 第三类复杂条件下的企业贷款保险补贴补偿测算模型

基于第三类复杂条件下企业贷款保险的补贴补偿测算思路，综合式(5-17)和式(11-19)的推导过程，可得第三类复杂条件下的企业贷款保险风险价格补贴 s_3 的表达式：

$$s_3 = \min\left\{\frac{1}{V_f}\sum_{\hat{\mathrm{EL}}<L_m\leq\hat{\mathrm{VaR}}_{1-\alpha}}\gamma_2(L_m-\hat{\mathrm{EL}})\times\frac{n_{\hat{\mathrm{EL}}<L_m\leq\hat{\mathrm{VaR}}_{1-\alpha}}}{n}\right.$$

$$+\frac{1}{V_f}\sum_{\hat{\mathrm{VaR}}_{1-\alpha}<L_m\leq V_f}\left[\gamma_1(V_f-\hat{\mathrm{VaR}}_{1-\alpha})+\gamma_2(\hat{\mathrm{VaR}}_{1-\alpha}-\hat{\mathrm{EL}})\right]\times\frac{n_{\hat{\mathrm{VaR}}_{1-\alpha}<L_m\leq V_f}}{n},$$

$$(\gamma_\mathrm{B}+\gamma_\mathrm{K})L_0\left[N\left(\frac{\ln\left(\frac{L_0}{K}\right)+\left(\hat{\mu}+\frac{\hat{\sigma}^2}{2}\right)T}{\hat{\sigma}\sqrt{T}}\right)-N\left(\frac{\ln\left(\frac{L_0}{B}\right)+\left(\hat{\mu}+\frac{\hat{\sigma}^2}{2}\right)T}{\hat{\sigma}\sqrt{T}}\right)\right]$$

$$-\gamma_\mathrm{K}Ke^{-\hat{\mu}T}\left[N\left(\frac{\ln\left(\frac{L_0}{K}\right)+\left(\hat{\mu}-\frac{\hat{\sigma}^2}{2}\right)T}{\hat{\sigma}\sqrt{T}}\right)-N\left(\frac{\ln\left(\frac{L_0}{1}\right)+\left(\hat{\mu}-\frac{\hat{\sigma}^2}{2}\right)T}{\hat{\sigma}\sqrt{T}}\right)\right]$$

$$\left.+(\gamma_\mathrm{K}-\gamma_\mathrm{B})Be^{-\hat{\mu}T}\left[N\left(\frac{\ln\left(\frac{L_0}{B}\right)+\left(\hat{\mu}-\frac{\hat{\sigma}^2}{2}\right)T}{\hat{\sigma}\sqrt{T}}\right)-N\left(\frac{\ln\left(\frac{L_0}{1}\right)+\left(\hat{\mu}-\frac{\hat{\sigma}^2}{2}\right)T}{\hat{\sigma}\sqrt{T}}\right)\right]\right\}$$

(13-5)

式中，各符号含义同第5章和第11章。基于式(13-5)和第三类复杂条件下企业贷款保险的补贴补偿测算思路,综合式(5-19)和式(11-20)的推导过程,可进一步得到第三类复杂条件下的企业贷款保险风险补偿基金 F_3 的表达式:

$$F_3 = \min\left\{\sum_{j=1}^{J}(s_{3j} \times Q_j), \sum_{i=1}^{n}(s_{3i} \times V_i)\right\} \qquad (13\text{-}6)$$

式中,各符号含义同第 5 章和第 11 章。利用式(13-5)和式(13-6)能在第三类复杂条件下测算出政府扶持企业贷款保险发展所需的最小风险价格补贴率和最小风险补偿基金,为政府在第三类复杂条件下利用有限的财政资金最大限度地推动企业贷款保险发展提供理论参考。

13.5 本章小结

为在财政资金较为有限的背景下,克服单一视角条件下企业贷款保险补贴补偿测算模型的理论局限,更加全面地构建企业贷款保险定价模型理论体系,本章在分析归纳单一视角条件下企业贷款保险补贴补偿测算模型的基础上,进一步提出了复杂条件下的企业贷款保险补贴补偿测算思路,并相继构建起多个复杂条件下的企业贷款保险补贴补偿测算模型。

回顾全章,可归纳出以下几点阶段性的理论观点。

(1)借款企业信用等级视角下的企业贷款保险补贴补偿测算模型擅长捕捉隐藏于借款企业信用等级变化中的信用风险,有助于学者们在完善的社会信用评价体系下,运用贷款损失分布或顺应风险管理的发展趋势,针对所有纳入征信体系的企业尤其是小微企业展开更加深入的贷款保险补贴补偿理论研究;然而,该类模型对企业信用评价数据的准确性和及时性要求较高,同时忽视了企业贷款保险合约中的免赔条款对补贴补偿测算的影响,可能导致测算的企业贷款保险风险价格补贴率或风险补偿基金偏高。

(2)保险免赔视角下的企业贷款保险补贴补偿测算模型擅长捕捉隐藏于一定空间和时间范围同类贷款历史损失数据中的信用风险,有助于学者们在细分企业贷款种类的条件下,运用充足的同类贷款损失数据,针对各类企业尤其小微企业展开更加深入的贷款保险补贴补偿测算理论研究;然而,该类模型对企业贷款的细分程度和同类贷款损失数据的充足性要求较高,同时忽视了借款企业信用等级对补贴补偿测算的影响,可能导致测算的企业贷款保险风险价格补贴率或风险补偿基金偏高。

(3)在财政较为有限的背景下兼顾借款企业信用等级和保险免赔条款,政府既可以参与分担表现为企业贷款极端损失的信贷风险,又可以参与分担表现为超出最高赔付率的企业贷款损失,是企业贷款保险补贴补偿测算实践面临的第一类复杂条件。综合第 5 章和第 11 章在第一类分担方式下推导相应企业贷款保险补贴补偿测算模型的做法,能构建出在该复杂条件下测算政府扶持企业贷款保险发展所需的最小风险价格补贴率和最小风险补偿基金的模型,为政府在该复杂条件下利用有限的财政资金最大限度地推动企业贷款保险发展提供理论参考。

(4) 在财政较为有限的背景下兼顾借款企业信用等级和保险免赔条款,政府既可以参与分担表现为企业贷款非预期损失的信贷风险,又可以参与分担表现为介于免赔率和最高赔付率之间的企业贷款损失,是企业贷款保险补贴补偿测算实践面临的第二类复杂条件。综合第 5 章和第 11 章在第二类分担方式下推导相应企业贷款保险补贴补偿测算模型的做法,能构建出在该复杂条件下测算政府扶持企业贷款保险发展所需的最小风险价格补贴率和最小风险补偿基金的模型,为政府在该复杂条件下利用有限的财政资金最大限度地推动企业贷款保险发展提供理论参考。

(5) 在财政较为有限的背景下兼顾借款企业信用等级和保险免赔条款,政府既可以参与分担表现为企业贷款非预期损失和极端损失的信贷风险,又可以参与分担表现为超过免赔率的企业贷款损失,是企业贷款保险补贴补偿测算实践面临的第三类复杂条件。综合第 5 章和第 11 章在第三类分担方式下推导相应企业贷款保险补贴补偿测算模型的做法,能构建出在该复杂条件下测算政府扶持企业贷款保险发展所需的最小风险价格补贴率和最小风险补偿基金的模型,为政府在该复杂条件下利用有限的财政资金最大限度地推动企业贷款保险发展提供理论参考。

参 考 文 献

安平, 张琅, 葛艳辉, 2021. 个人贷款保证保险定价研究[J]. 保险研究(3): 54-65.

巴曙松, 游春, 2015. 我国小微型企业贷款保证保险相关问题研究[J]. 经济问题(1): 1-6.

巴曙松, 刘晓依, 朱元倩, 等, 2019. 巴塞尔Ⅲ: 金融监管的十年重构[M]. 北京: 中国金融出版社.

白保中, 宋逢明, 朱世武, 2009. Copula 函数度量我国商业银行资产组合信用风险的实证研究[J]. 金融研究(4): 129-142.

柏雪冬, 2009. 引入贷款保险机制化解民营企业贷款风险: 基于宁夏民营企业融资的视角[J]. 西部金融(7): 59-60.

曹道胜, 何明升, 2006. 商业银行信用风险模型的比较及其借鉴[J]. 金融研究(10): 90-97.

陈迪红, 王清涛, 2013. 我国财产保险公司承保业务线经济资本的度量[J]. 财经理论与实践, 34(4): 18-22.

陈帆, 丁悦, 2019. 贷款保证保险: 国际经验与我国对策[J]. 金融经济(10): 41-44.

陈荣达, 王泽, 李泽西, 等, 2017. 厚尾分布情形下的信用资产组合风险度量[J]. 管理科学学报, 20(3): 46-55.

陈荣达, 虞欢欢, 余乐安, 等, 2018. 混合泊松违约强度下信用资产组合风险度量[J]. 管理科学学报, 21(12): 54-69.

陈文辉, 2015. 中国偿二代的制度框架和实施路径[J]. 中国金融(5): 9-12.

陈文辉, 2016. 保险偿二代的实施重点[J]. 中国金融(13): 9-11.

陈学民, 吴仰儒, 2012. 中国商业银行存款保险定价与模式选择[J]. 财经论丛(1): 62-68.

陈志国, 2008. 欧盟保险偿付能力Ⅱ改革的最新进展[J]. 保险研究(9): 88-92.

陈忠阳, 2018. 巴塞尔协议Ⅲ改革风险管理挑战和中国应对策略[J]. 国际金融研究(8): 66-77.

程铖, 石晓军, 张顺明, 2014. 基于 Esscher 变换的巨灾指数期权定价与数值模拟[J]. 中国管理科学, 22(1): 20-28.

程鹏, 吴冲锋, 李为冰, 2002. 信用风险度量和管理方法研究[J]. 管理工程学报, 16(1): 70-74.

迟国泰, 章穗, 齐菲, 2012. 小企业贷款信用评价模型及实证研究: 基于最优组合赋权视角[J]. 财经问题研究(9): 63-69.

崔兴岩, 吴青, 李芸, 2013. 高房价下个人住房抵押贷款保险发展策略研究[J]. 经济问题(12): 44-48.

戴国强, 吴许均, 2005. 基于违约概率和违约损失率的贷款定价研究[J]. 国际金融研究(10): 43-48.

邓超, 敖宏, 胡威, 等, 2010. 基于关系型贷款的大银行对小企业的贷款定价研究[J]. 经济研究, 45(2): 83-96.

参考文献

丁波, 巴曙松, 2010. 中国地震巨灾期权定价机制研究[J]. 中国管理科学, 18(5): 34-39.

董晓林, 冯韵, 管煜茹, 2018. 贷款保证保险缓解农户信贷配给了吗? [J]. 农村经济(3): 58-64.

窦尔翔, 熊灿彬, 2011. 基于 RAROC 的我国金融机构的风险与效率分析: 以商业银行和保险公司为例[J]. 国际金融研究(1): 83-89.

范南, 2002. Creditmetric 模型及其对我国银行信用风险管理的借鉴[J]. 金融论坛, 7(5): 50-54.

方兆本, 缪柏其, 2019. 随机过程[M]. 3 版. 北京: 科学出版社.

福建社科院课题组, 2012. 世界各国(地区)促进中小微企业发展的主要做法及借鉴意义[J]. 亚太经济(6): 91-98.

高琦, 2015. 小额贷款保证保险发展制约因素及对策研究: 基于四川的比较分析[J]. 西南金融(10): 61-65.

高志坚, 2008. 对我国现阶段住房抵押贷款保险问题的对策[J]. 山西财经大学学报, 30(S1): 140.

顾海峰, 2012a. 基于银保协作路径的商业银行信用风险预警机制研究[J]. 财经理论与实践, 33(7): 2-6.

顾海峰, 2012b. 银保协作视角下商业银行信用风险转移实现机制探讨[J]. 现代财经, 32(10): 51-57.

顾海峰, 2013a. 信用突变下商业银行信用风险测度模型研究: 基于熵权物元可拓的分析[J]. 当代经济科学, 35(1): 49-55.

顾海峰, 2013b. 银保协作下商业银行信用风险的传导及管控机制研究: 基于系统科学的分析视阈[J]. 国际金融研究(2): 58-66.

顾海峰, 2013c. 银保协作下商业银行主观信用风险形成机理探析: 基于道德风险的分析视角[J]. 现代财经, 33(3): 78-85.

郭翔宇, 武宁, 李晴, 2021. 我国涉农贷款保证业务的实践缺陷及优化对策[J]. 农业经济(7): 94-96.

郭心义, 郝博雯, 赵乐, 2013. 北京市涉农小额信贷保证保险费率测算[J]. 保险研究(3): 81-87.

郭左践, 罗艳华, 徐放, 2012. 小微企业贷款保险模式创新[J]. 中国金融(5): 48-49.

国务院法制办公室, 2010. 中华人民共和国企业破产法: 实用版[M]. 北京: 中国法制出版社.

韩嵩, 李晓俊, 2018. 大数据背景下我国企业信用研究综述: 基于 CSSCI 检索论文的分析[J]. 金融理论与实践(10): 107-113.

郝项超, 2013. 商业银行所有权改革对贷款定价决策的影响研究[J]. 金融研究(4): 43-56.

胡炳志, 吴亚玲, 2013. 我国大陆地震巨灾价差期权定价研究[J]. 保险研究(12): 14-22.

胡胜, 雷欢欢, 胡华强, 2018. 基于 Logistic 模型的我国房地产企业信用风险度量研究[J]. 中国软科学(12): 157-164.

黄国平, 2014. 监管资本、经济资本及监管套利: 妥协与对抗中演进的巴塞尔协议[J]. 经济学(季刊), 14(4): 863-886.

黄纪宪, 顾柳柳, 2014. 贷款 RAROC 模型定价与银行定价比较研究[J]. 金融论坛, 19(5): 46-57.

黄建辉, 林强, 2019. 保证保险和产出不确定下订单农业供应链融资中的政府补贴机制[J]. 中国管理科学, 27(3): 53-65.

黄一凡, 孟生旺, 2022. 中国地震指数保险设计与定价研究[J]. 统计研究, 39(4): 108-121.

金明植, 张雪梅, 2013. 德国复兴信贷银行的职能演变研究[J]. 区域金融研究(5): 32-38.

赖叔懿, 陈华芳, 彭思源, 2008. 我国银行存款保险的期权定价研究[J]. 保险研究(4): 21-24.

李朝锋, 方斌, 代钧珂, 2013. 基于 C-H-N-I 框架的我国和欧盟偿付能力监管体系比较分析[J]. 保险研究(7): 68-77.

李钢, 赵武, 曾勇, 2010. 去周期影响的存款保险费率定价研究[J]. 金融研究(7): 171-180.

李广子, 2015. 小额贷款保证保险的前景[J]. 中国金融(14): 90-91.

李姗姗, 吴涛, 2009. 信用风险度量: VaR 值的计算方法研究[J]. 金融理论与实践(7): 70-73.

李文中, 2014. 小额贷款保证保险在缓解小微企业融资难中的作用: 基于银、企、保三方的博弈分析[J]. 保险研究(2): 75-84.

李晓洁, 魏巧琴, 2010. 信用风险、出口信用保险和出口贸易关系的研究[J]. 财经研究, 36(5): 113-122.

李兴法, 王庆石, 2006. 基于 CreditMetrics 模型的商业银行信用风险应用研究[J]. 财经问题研究(12): 47-53.

李秀芳, 邓平紧, 2018. 风险相依结构下保险公司经济资本量化研究: 以利率风险和资产收益率风险为例[J]. 保险研究(3): 57-66.

李永, 胡帅, 王艳萍, 2014. 破产理论视角下的巨灾权益卖权定价[J]. 系统工程, 32(3): 55-62.

李勇, 郝璐颐, 2015. 涉农及小微企业贷款保证保险的寿光模式[J]. 中国保险(9): 42-47.

李志学, 张丽, 2011. 环境责任保险费率的 Black-Scholes 期权定价方法[J]. 统计与决策, 27(9): 33-35.

梁丽丽, 2015. 农村金融机构试行贷款"双保险"制度的构想[J]. 商业经济(1): 19-20.

梁世栋, 2011. 商业银行风险计量理论与实务: 《巴塞尔资本协议》核心技术[M]. 北京: 中国金融出版社.

林乐芬, 何婷, 2019a. 乡村振兴背景下银保合作金融创新研究: 基于江苏涉农贷款保证保险试点情况调查[J]. 学海(1): 178-187.

林乐芬, 何婷, 2019b. 银保合作下涉农贷款保证保险区域发展的需求差异研究: 以江苏省农业保险贷为例[J]. 中央财经大学学报(2): 43-52.

刘海龙, 杨继光, 2011. 基于银行监管资本的存款保险定价研究[J]. 管理科学学报, 14(3): 73-82.

刘新海, 2014. 阿里巴巴集团的大数据战略与征信实践[J]. 征信, 32(10): 10-14, 69.

娄成武, 郑红, 2010. 社区医疗服务政府治理的期权模式[J]. 中国软科学(8): 81-90.

吕筱宁, 秦学志, 2015. 异质信念下存款保险的存款稳定效应测算[J]. 系统工程理论与实践, 35(4): 817-827.

孟令松, 范雨佳, 喻旭兰, 2016. P2P 网络信贷保险风险准备金定价研究: 基于风险中性原则[J]. 经济体制改革(6): 150-155.

孟生旺, 刘乐平, 肖争艳, 等, 2015. 非寿险精算学[M]. 3 版. 北京: 中国人民大学出版社.

慕文涛, 陈典发, 陈冀, 2013. 非正态数据下商业银行信用风险和经济资本度量[J]. 系统工程理论与实践, 33(6): 1372-1379.

欧阳越秀, 严奕杨, 李夏晴, 2019. 我国财产保险公司偿付能力风险管理问题研究: 基于内控视角及灰色关联分析法[J]. 保险研究(2): 16-27.

彭红枫, 肖祖沔, 2016. 互联网保险的期权定价框架: 基于 Monte Carlo 数值模拟分析[J]. 保险研究(5): 36-47.

彭建刚, 2011. 商业银行经济资本管理研究[M]. 北京: 中国金融出版社.

彭澎, 吴承尧, 肖斌卿, 2018. 银保互联对中国农村正规信贷配给的影响: 基于4省1014户农户调查数据的分析[J]. 中国农村经济(8): 32-45.

沈沛龙, 任若恩, 2002. 现代信用风险管理模型和方法的比较研究[J]. 经济科学(3): 32-41.

沈庆劼, 2014. 资本压力、股权结构与商业银行监管资本套利: 基于1994—2011年我国商业银行混合截面数据[J]. 管理评论, 26(10): 56-63.

宋湘宁, 2010. 高额医疗费用保险的期权定价方法研究[J]. 保险研究(9): 3-9.

隋聪, 任小倩, 2012. 中美商业银行净利差比较及贷款定价差异研究[J]. 金融论坛, 17(11): 55-63.

隋聪, 邢天才, 2013. 基于非完全利率市场化的中国银行业贷款定价研究[J]. 国际金融研究(12): 82-93.

隋聪, 迟国泰, 闫达文, 2009. 基于 DEA 二分法的贷款定价模性[J]. 预测, 28(5): 27-31.

孙祁祥, 2013. 保险学[M]. 5版. 北京: 北京大学出版社.

孙祁祥, 2016. 再论保险业的变与不变[J]. 中国金融(19): 103-104.

孙祁祥, 孙立明, 2002. 保险经济学研究述评[J]. 经济研究, 37(5): 48-57, 94.

唐吉平, 陈浩, 2004. 贷款信用保险定价研究[J]. 金融研究(10): 77-83.

唐吉平, 陈浩, 陈德付, 2006. 信贷资产组合保险策略定价研究[J]. 数量经济技术经济研究, 23(4): 118-127.

王博, 2009. 关于巨灾期权定价方法的探讨[J]. 统计与决策, 25(9): 33-35.

王和, 2014. 大数据时代保险变革研究[M]. 北京: 中国金融出版社.

王慧, 张国君, 2018. KMV 模型在我国上市房地产企业信用风险度量中的应用[J]. 经济问题(3): 36-40.

王丽珍, 李静, 2011. 基于 RAROC 的保险基金投资策略研究[J]. 保险研究(5): 96-102.

王少群, 刘浏, 2015. 贷款保证保险融资调查[J]. 中国金融(8): 91-92.

王向楠, 2018. 财产险业务线的系统性风险研究[J]. 保险研究(9): 44-55.

王晓博, 刘伟, 辛飞飞, 2018. 政府担保预期、存款保险限额与银行风险承担[J]. 管理评论, 30(10): 14-25.

王颖, 叶安琪, 2014. 欧盟保险偿付能力改革理论前沿[J]. 经济问题(4): 39-43.

王宇晨, 王媛媛, 2014. 信用保证保险助力中小企业融资的国际经验及启示[J]. 时代金融(3): 344-346.

魏岚, 2013. 农户小额信贷风险评价体系研究[J]. 财经问题研究(8): 125-128.

魏志宏, 2004. 中国存款保险定价研究[J]. 金融研究(5): 99-105.

文忠平, 周圣, 史本山, 2012. 贷款损失保险及其在中国商业银行经济资本管理中的应用[J]. 上海金融(1): 28-33.

武剑, 2009. 商业银行经济资本配置与管理: 全面风险管理之核心工具[M]. 北京: 中国金融出版社.

习近平, 2022. 高举中国特色社会主义伟大旗帜为全面建设社会主义现代化国家而团结奋斗: 在中国共产党第二十次全国代表大会上的报告[M]. 北京: 人民出版社.

谢平, 邹传伟, 刘海二, 2015. 互联网金融的基础理论[J]. 金融研究(8): 1-12.

谢世清, 2010. 论巨灾期权及其演进[J]. 经济理论与经济管理, 30(6): 36-42.

谢世清, 梅云云, 2011. 天气衍生品的运作机制与精算定价[J]. 财经理论与实践, 32(6): 39-43.

谢亚伟, 金德民, 2009. 工程项目风险管理与保险[M]. 北京: 清华大学出版社.

许玲燕, 王慧敏, 仇蕾, 2018. 基于农作物生长季的干旱指数巨灾期权定价模型及其应用[J]. 保险研究(6): 66-76.

许友传, 2017. 工业部门的信用风险及其前瞻性拨备要求: 基于杠杆与融资成本的视角[J]. 财经研究, 43(7): 107-118.

许友传, 裘佳杰, 2011. 信用风险缓释工具对商业银行贷款定价之影响[J]. 财经论丛(4): 55-61.

亚太农协农业金融研究中心课题组, 2020. 金融服务小微企业国际比较研究[J]. 农业发展与金融(1): 67-71.

杨栋, 张建龙, 2009. 农户信贷有风险吗: 基于CreditMetrics模型的分析[J]. 山西财经大学学报, 31(3): 85-89.

杨继光, 刘海龙, 2009. 商业银行组合信用风险经济资本测度方法研究[J]. 金融研究(4): 143-158.

杨继光, 刘海龙, 许友传, 2010. 基于信用风险经济资本测度的贷款定价研究[J]. 管理评论, 22(7): 33-38, 45.

杨晶晶, 2023. 信用保证保险业务发展情况分析与建议[J]. 上海保险(10): 57-60.

杨秀云, 蒋园园, 段珍珍, 2016. KMV模型在我国商业银行信用风险管理中的适用性分析及实证检验[J]. 财经理论与实践, 37(1): 34-40.

杨雅明, 李静, 2018. 保险公司经济资本与"偿二代"资本对比研究: 基于相关性风险的聚合度量[J]. 保险研究(8): 81-90.

杨扬, 周一憨, 周宗放, 2017. 基于文本大数据的企业信用风险评估[J]. 大数据, 3(1): 44-50.

余嘉勉, 2018. 农村金融贷款保险制度: 创新与规制[J]. 农村经济(10): 91-96.

袁金建, 刘海龙, 刘小涛, 2019. 基于时变波动率的存款保险定价研究[J]. 管理科学学报, 22(3): 113-126.

张宝金, 任若恩, 2006. 监管宽容条件下的存款保险定价研究[J] 山西财经大学学报, 28(2): 95-98.

张宝金, 任若恩, 2007a. 基于商业银行资本配置的存款保险定价方法研究[J]. 金融研究(1): 53-60.

张宝金, 任若恩, 2007b. 未保险存款的利率对存款保险定价的影响[J]. 系统工程, 25(4): 88-91.

张金宝, 任若恩, 2007c. 银行债务的清偿结构与存款保险定价[J]. 金融研究(6): 35-43.

张能福, 张佳, 2010. 改进的KMV模型在我国上市公司信用风险度量中的应用[J]. 预测, 29(5): 48-52.

张希, 2018. 德国银行体系助力小微企业融资对我国的启示[J]. 农村金融研究(9): 48-51.

张宗益, 吴恒宇, 吴俊, 2012. 商业银行价格竞争与风险行为关系: 基于贷款利率市场化的经验研究[J]. 金融研究(7): 1-3, 5.

赵尚梅, 刘娜, 贺江, 等, 2017. 存款保险限额研究: 银行风险承担视角[J]. 管理评论, 29(10): 9-20.

赵英伟, 2013. 我国"影子银行"的信用风险聚集: 基于历次金融危机的视角分析[J]. 财经科学(11): 24-33.

赵宇龙, 2018. 偿付能力监管助力保险扶贫[J]. 中国金融(19): 62-63.

郑红, 2011. 基于期权定价视角的医疗保险精算原理与方法[J]. 系统工程, 29(2): 27-32.

郑红, 2015. 医疗保险精算的期权定价理论及其应用[M]. 北京: 清华大学出版社.

郑红, 游春, 2011. 补充医疗保险的障碍期权定价方法及其应用[J]. 中国管理科学, 19(6): 169-176.

郑红, 郭亚军, 曾华, 2010. 基于供需均衡的保险精算与期权定价相关性[J]. 东北大学学报(自然科学版), 31(7): 1046-1049.

郑振华, 熊幸红, 2008. 新《企业破产法》对银行信贷业务的影响及对策[J]. 金融论坛, 13(8): 58-63.

中国保险监督管理委员会, 2015. 保险公司偿付能力监管规则 1-17 号[R]. 北京: 中国保险监督管理委员会.

中国人民银行, 2013. 金融研究报告[R]. 北京: 中国人民银行.

中国人民银行成都分行课题组, 2018. 小微企业信贷市场的均衡动态: 四川小微企业整群抽样调查报告[J]. 西南金融(2): 3-10.

周朝阳, 王皓白, 2012. 基于 RAROC 模型的商业银行贷款定价实证研究[J]. 统计与决策, 28(21): 166-169.

周桦, 张娟, 2017. 偿付能力监管制度改革与保险公司成本效率: 基于中国财险市场的经验数据[J]. 金融研究(4): 128-142.

朱南军, 何小伟, 2008. 欧盟保险偿付能力监管标准Ⅱ: 框架、理念和影响[J]. 南方金融(6): 31-34.

庄慧彬, 王卓, 2011. 发展融资型保险产品破解农村融资难题[J]. 上海金融(2): 114-116.

Alessandri P, Drehmann M, 2010. An Economic Capital Model Integrating Credit and Interest Rate Risk in the Banking Book[J]. Journal of Banking and Finance, 34(4): 730-742.

Altman E I, 1989. Measuring Corporate Bond Mortality and Performance[J]. Journal of Finance, 44(4): 909-922.

Altman E I, Saunders A, 1997. Credit Risk measurement: Developments Over the Last 20 Years[J]. Journal of Banking and Finance, 21(11/12): 1721-1742.

Andersson F, Mausser H, Rosen D, et al., 2001. Credit risk optimization with Conditional Value-at-Risk criterion[J]. Mathematical Programming, 89(2): 273-291.

Arora N, Gandhi P, Longstaff F A, 2012. Counterparty credit risk and the credit default swap market[J]. Journal of Financial Economics, 103(2): 280-293.

Bandyopadhyay A, Saha A, 2007. RAROC & EVA: The New Drivers of Business Growth in Indian Banks[R]. India: National Institute of Bank Management.

Basel Committee on Banking Supervision, 2011. Basel III: A global regulatory framework for more resilient banks and banking systems[M]. Basel: Bank for International Settlements.

Basel Committee on Banking Supervision, 2017. Basel Ⅲ: finalising post-crisis reforms[M]. Basel: Bank for International Settlements.

Bauer W, Ryser M, 2004. Risk Management Strategies for Banks[J]. Journal of Banking and Finance, 28(2): 331-352.

Black F, Scholes M, 1973. The Pricing of Options and Corporate Liabilities[J]. Journal of Political Economy, 81(3): 637-654.

Biagini F, Bregman Y, Meyer-Brandis T, 2008. Pricing of Catastrophe Insurance Options under Immediate Loss Reestimation[J]. Journal of Applied Probability, 45(3): 831-845.

Bladt M, Rydberg T H, 1998. An actuarial approach to option pricing under the physical measure and without market assumptions[J]. Insurance: Mathematics and Economics, 22(1): 65-73.

Brandimarte P, 2006. Numerical Methods in Finance and Economics A MATLAB-Based Introduction[M]. 2nd ed. New York: John Wiley & Sons Inc.

Breeden J L, Parker R, Steinebach C, 2012. A Through-the-cycle Model for Retail Lending Economic Capital[J]. International Journal of Forecasting, 28(1): 133-138.

Bruggeman V, 2007. Capital Market Instruments for Catastrophe Risk Financing[C]//American Risk and Insurance Association 2007 Annual Meeting.

Buckham D, Wahl J, Rose S, 2010. Executive's Guide To Solvency II[M]. New York: John Wiley & Sons Inc.

Carty L V, Lieberman D, 1996. Defaulted Bank Loan Recoveries[R]. Manhattan: Moody's Investors Service.

Chang C C, Chung S L, Yu M T, 2006. Loan Guarantee Portfolios and Joint Loan Guarantees with Stochastic Interest Rates[J]. Quarterly Review of Economics and Finance, 46(1): 16-35.

Chen S, Jiang X Q, He H B, et al., 2020. A Pricing Model with Dynamic Repayment Flows for Guaranteed Consumer Loans[J]. Economic Modelling, 91: 1-11.

Christiansen M C, Denuit M M, Lazar D, 2012. The Solvency II square-root Formula for Systematic Biometric Risk[J]. Insurance: Mathematics and Economics, 50(2): 257-265.

Cocozza R, Orlando A, 2009. Managing Structured Bonds: An Analysis Using RAROC and EVA[J]. Journal of Risk Management in Financial Institutions, 2(4): 409-426.

Credit Suisse First Boston, 1997. CreditRisk$^+$: A credit risk management framework[R]. New York: Credit Suisse First Boston.

Crouhy M, 2006. Risk Management, Capital Attribution Risk and Performance Measurement[R]. Zurich: Risk and Portfolio Management Conference of Swiss Exchange.

Crouhy M, Dan G L, Mark R, 2000. A comparative analysis of current credit risk models[J]. Journal of Banking and Finance, 24(1/2): 59-117.

Cummins J D, 2008. Cat bonds and other risk-linked securities: state of the market and recent developments[J]. Risk Management and Insurance Review, 11(1): 23-47.

Cummins J D, Geman H, 1995. Pricing Catastrophe Insurance Futures and Call Spreads: An Arbitrage approach[J]. Journal of Fix Income, 4(4): 46-57.

Dietsch M, Petey J, 2002. The Credit Risk in SME Loans Portfolios: Modeling Issue, Pricing, and Capital Requirement[J]. Journal of Banking and Finance, 26(2): 303-323.

Dimitriyadis I, Oney U N, 2009. Deductibles in Health Insurance[J]. Journal of Computational and Applied Mathematics, 233(1): 51-60.

Dorfleitner G, Priberny C, Schuster S, et al., 2016. Description-text related soft information in peer-to-peer lending-Evidence from two leading European platforms[J]. Journal of Banking and Finance, 64: 169-187.

Dreze J H, Schokkaert E, 2013. Arrow's theorem of the deductible: Moral hazard and stop-loss in health insurance[J]. Journal of Risk and Uncertainty, 47(2): 147-163.

Duan J C, 1994. Maximum likelihood estimation using price data of the derivative contract[J]. Mathematical Finance, 4(2): 155-167.

Duan J C, Yu M T, 1999. Capital Standard, Forbearance and Deposit Insurance Pricing under GARCH[J]. Journal of Banking and Finance, 23: 1691-1706.

Duffie D, Singleton K J, 2003. Credit Risk: Pricing, Measurement, and Management[M]. Princeton: Princeton University Press.

Ellyne M, Cheng R, 2014. Valuation of Deposit Insurance in South Africa Using An Option-Based Model[J]. African Development Review, 26(1): 148-159.

Engelmann B, Kamga-Wafo G L, 2010. Measuring the Performance of Illiquid Equity Investments: What Can We Learn from the Loan Market?[J]. The Journal of Private Equity, 13(3): 39-46.

Episcopos A, 2004. The Implied Reserves of the Bank Insurance Fund[J]. Journal of Banking and Finance, 28(7): 1617-1635.

Fabrice M, 2010. Credit Insurance in Support of International Trade Observations Throughout The Crisis[R]. Berne Union.

Finger C C, 2001. The One-Factor Credit Metrics Model in New Basel Capital Accord[J]. Risk Metrics Journal, 9-18.

Freixas X, Rochet J C, 1998. Fair Pricing of Deposit Insurance. Is It Possible? Yes. Is It Desirable? No. [J]. Research in Economics, 52(3): 217-232.

Gatzert N, Martin M, 2012. Quantifying Credit and Market Risk under Solvency II: Standard Approach Versus Internal Model[J]. Insurance: Mathematics and Economics, 51(3): 649-666.

Geman H, Karoui E N, Rochet J C, 1995. Changes of Numeraie, Changes of Probability Measure and Option Pricing[J]. Journal of Applied Probability, 32(2): 443-458.

Gordy M B, 2000. A Comparative Anatomy of Credit Risk Models[J]. Journal of Banking and Finance (24): 119-149.

Grundke P, 2007. Computational aspects of integrated market and credit portfolio models[J]. OR Spectrum, 29(2): 259-294.

Gupton G M, Finger C C, Bhatia M, 1997. CreditMetrics™—Technical Document[M]. New York: J. P. Morgan & Co. Incorporated.

Gupton G M, Gates D, Carty L V, 2000. Bank-loan loss given default[R]. Manhattan: Moody's Investors Service.

He Z G, Xiong W, 2012. Rollover Risk and Credit Risk[J]. The Journal of Finance, 67(2): 391-429.

Hull J C, 2014. Options, Futures, and Other Derivatives[M]. 9th ed. Sudbury: Prentice Hall.

Hwang D Y, Shie F S, Wang K, et al., 2009. The pricing of deposit insurance considering bankruptcy costs and closure policies[J]. Journal of Banking and Finance, 33(10): 1909-1919.

Kealhofer S, 1997. Portfolio Management of Default Risk[R]. San Franciso: KMV Corporation.

Koo E, Kim G, 2017. Explicit Formula for the Valuation of Catastrophe Put Option with Exponential Jump and Default risk[J]. Chaos Solitons and Fractals, 101: 1-7.

Lai V S, Soumaré I, 2010. Credit insurance and investment: A contingent claims analysis approach[J]. International Review of Financial Analysis, 19(2): 98-107.

Lee S C, Lin C T, Tsai M S, 2015. The Pricing of Deposit Insurance in The Presence of Systematic Risk[J]. Journal of Banking and Finance, 51(2): 1-11.

Liang J H, Ye X L, 2017. The research on high-tech SMEs loan guarantee insurance pricing-evidence on credit measurement model[C]. In: 8th China International Conference on Insurance and Risk Management, Guilin: 286-300.

Liang X, Dong Y H, 2014. A Markov Chain Copula Model for Credit Default Swaps with Bilateral Counterparty Risk[J]. Communications in Statistics Theory and Methods, 43(3): 498-514.

Liang X, Wang G J, Li H, 2014. Pricing credit default swaps with bilateral counterparty risk in a reduced form model with Markov regime switching[J]. Applied Mathematics and Computation, 230: 290-302.

Lima F G, Junior S C D C, Júnior T P, et al., 2014. Performance of the Different RAROC Models And Their Relation with the Creation of Economic Value[J]. Contaduría y Administración (4): 87-104.

Mango D F, Major J A, Adler A, et al., 2013. Capital Tranching: A RAROC Approach to Assessing Reinsurance Cost Effectiveness[J]. Variance (7): 82-91.

Mao H, Ostaszewski K M, Carson J M, et al., 2013. Pricing of deposit insurance considering investment, deductibles, and policy limit[J]. Journal of Insurance Issues, 36(2): 149-174.

Marcus A J, Shaked I, 1984. The Valuation of FDIC Deposit Insurance Using Option-pricing Estimates[J]. Journal of Money, Credit and Banking, 16(4): 446-460.

Mark R M, Bishop W V, 2007. The flexibility of RAROC[J]. Teradata Magazine (3): 1-2.

McKinsey Company, 1998. CreditPortfolioView™ Approach Documentation and User's Documentation[R]. Zurich: McKinsey and Company.

Merton R C, 1977. An Analytic Derivation of the Cost of Deposit Insurance and Loan Guarantee-An Application of Modern Option Pricing Theory[J]. Journal of Banking and Finance, 1: 3-11.

Miran J, 2013. Credit Insurance[M]. Pittsburgh: Academic Press.

Naimy V Y, 2012. The RAROC As An Alternative Model of Analyzing the Lebanese Bank's Performance and Capital Allocation[J]. Journal of Business and Financial Affairs, 1(1): 1-5.

Nakada P, Shah H, Koyluoglu U, et al., 1999. P&C RAROC: A Catalyst for Improved Capital Management in the Property and Casualty Insurance Industry[J]. The Journal of Risk Finance, 1(1): 52-69.

Nicoletti B, 2016. Digital Insurance Business Innovation in the Post-Crisis Era[M]. New York: Palgrave Macmillan.

Parlour C A, Winton A, 2009. Laying off Credit Risk: Loan Sales Versus Credit Default Swaps[J]. Journal of Financial Economics, 107(1): 25-45.

Puustelli A, Koskinen L, Luoma A, 2008. Bayesian Modelling of Financial Guarantee Insurance[J]. Insurance Mathematics and Economics, 43(2): 245-254.

Repullo R, Suarez J, 2004. Loan pricing under Basel capital requirements[J]. Journal of Financial Intermediation, 13(4): 496-521.

Ronn E I, Verma A K, 1986. Pricing Risk-Adjusted Deposit Insurance: An Option-based Model[J]. Journal of Finance, 41(4): 871-895.

Saunders A, Allen L, 2002. Credit Risk Measurement: New Approaches to Value at Risk and Other Paradigms[M]. New York: John Wiley & Sons Inc.

Saunders A, Allen L, 2010. Credit Risk Management in and out of the Financial Crisis-New Approaches to Value at Risk and Other Paradigms[M]. 3rd ed. New York: John Wiley & Sons Inc.

Sironi A, Zazzara C, 2004. Applying credit risk models to deposit insurance pricing: Empirical evidence from the Italian banking system[J]. Journal of Banking Regulation, 6(1): 10-32.

Stoughton N M, Zechner J, 2007. Optimal Capital Allocation Using RAROC and EVA [J]. Journal of Financial Intermediation, 16(3): 312-342.

Su X N, Wang W S, 2012. Pricing Options with Credit Risk in a Reduced Form Model[J]. Journal of the Korean Statistical Society, 41(4): 437-444.

Szpiro G G, 1985. Optimal insurance coverage[J]. The Journal of Risk and Insurance, 52(4): 704-710.

Tian L, Liu F, Xu Y F, 2012. On Economic Capital Allocation for Property Insurance: from Aspect of Underwriting Risks in Financial Engineering[J]. Systems Engineering Procedia, 4: 46-53.

Woodard J D, Yi J, Crocker K, 2020. Estimation of insurance deductible demand under endogenous premium rates[J]. Journal of Risk and Insurance, 87(2): 477-500.

Zhu S S, Fukushima M, 2009. Worst-case Conditional Value-at-Risk with Application to Robust Portfolio Management[J]. Operations Research, 57(5): 1155-1168.